U0635126

长城砖

Religion/ Identity/ Justice

Monks & Concubines in Trials of the Song Dynasty

宋代的身分 与审判

（上）

僧人犯罪

柳立言———

著

赵晶 修订

天津出版传媒集团

天津人民出版社

图书在版编目（CIP）数据

宋代的身分与审判：上、下 / 柳立言著；赵晶修
订. -- 天津：天津人民出版社，2024.5
（长城砖）
ISBN 978-7-201-19972-6

Ⅰ.①宋… Ⅱ.①柳… ②赵… Ⅲ.①法制史—研究
—中国—宋代 Ⅳ.①D929.44

中国国家版本馆CIP数据核字(2024)第019889号

宋代的身分与审判：上、下
SONGDAI DE SHENFEN YU SHENPAN : SHANG / XIA

出　　版	天津人民出版社
出 版 人	刘锦泉
地　　址	天津市和平区西康路35号康岳大厦
邮政编码	300051
邮购电话	(022)23332469
电子信箱	reader@tjrmcbs.com

特约校订	云梦沙
总 策 划	沈海涛
策　　划	金晓芸　燕文青
责任编辑	燕文青
装帧设计	图文游击工作室
	汤　磊

印　　刷	河北鹏润印刷有限公司
经　　销	新华书店
开　　本	880毫米×1230毫米　1/32
印　　张	15.75
字　　数	300千字
版次印次	2024年5月第1版　2024年5月第1次印刷
定　　价	138.00元

序　言

　　现代不少国家的宪法都提到一些影响人民法律权益的因素，例如《中华人民共和国宪法》第三十四条说："中华人民共和国年满十八周岁的公民，不分民族、种族、性别、职业、家庭出身、宗教信仰、教育程度、财产状况、居住期限，都有选举权和被选举权；但是依照法律被剥夺政治权利的人除外。"所提到的性别、宗教、种族和出身等因素，即可能影响法律的执行，今日尚且如此，昔日是否更为严重，还是今不如昔？

　　本书要探讨的问题，就是宗教和身分这两个因素与宋代司法的关系。这是一个很广泛的问题，必须一步一步分解为众多的小问题，才能给出较完备的答案。如用今天的法律概念，第一步便是分出刑事和民事案件，第二步是针对两者提出各自专属的问题，有时是互不相通的。众所周知，虽然没有绝对的划分，宋代已具备民刑有别的意识和相应的审判流程，故本书亦分两种情况处理：一是当人犯罪时，如杀人放火强盗奸淫，其身分对司法有何影响？二是当人们主张自身的权利时，如承受遗产、监护子女和立嗣，其身分对司法有何影响？这是本书分为上编和下编的大致标准，当然有不能一刀两断的地方。

上编以僧人为例，处理第一种情况，即僧人犯罪时，他们的宗教身分如何影响司法。事实上，"僧人"这个身分的来源就是宗教，故重点自在宗教。所以选择僧人，不是因为对其他宗教人士没有兴趣，而是因为时间、篇幅和能力都有限，只能日后再写。无论如何，佛教是宋代人力和财力都最多，而且是合法和有组织性的宗教，其重要性不言而喻，而根据不完全的统计，宋僧犯罪率偏高，其原因耐人寻味。在过去，无论是史学或法学界，对僧人犯罪和审判的研究可说寥寥无几，本书尝试回答四个针对犯罪的问题：僧人所犯何罪（what）、为何犯罪（why）、如何犯罪（how、who、whom、when、where）和如何被审判（how）。

四个问题之中，尤其希望读者注意僧人犯罪原因和法官作出裁判的复杂性。众所周知，犯罪原因会影响法官的定罪量刑，本书强调佛教的"自律"和外界的"他律"都出了问题，甚至是僧人跟官吏、缙绅和民众联手犯罪，构成共业。在探讨审判时，本书指出三种情况：一是依法裁判，维护了当事人的权益，可算是公平和公正；二是逾法裁判，无疑是损害了当事人的权益；三是无法裁判，亦是损害了当事人尤其是受害者的权益。什么是自律，佛教在宋代的特殊发展（如信仰、修行和管理）跟僧人犯罪有何关系？什么是他律，作为司法者的士大夫跟僧人犯罪有何关系？为何出现不同的审判结果，跟思想界的排佛有何关系，又跟佛教作为一种社会势力有何关系？读者不妨凭历史常识先行猜想，再到书里寻找答案，也许有意料不到之处，或能指出本书不足之处。无论如何，僧人犯罪是佛教史稀见的一章，可增加我们对佛教的认识；审判僧人也是司法史少见的一章，可丰富司法史的内容和面貌。

下编以妾为例，处理第二种情况，即妾主张她的权利时，其身分如何影响司法。所以先探讨妾，是因为两个特别的原因：一是妾身未明。对妾的研究已有不少，但引起的困惑也不少。妾的身分是来自婚姻，婢的身分是来自职业，两者性质截然不同，但学人时常将她们混为一谈，研究时也把合法与违法、把法律面的"身分/地位"跟现实面的"命运/遭遇"混淆，于是把妾的权利误当婢的权利，把婢的责任误当妾的责任，有人说妾愈来愈"家属化"，有人却说其"物格化"程度愈深，可谓南辕北辙。究竟应如何分辨妾与婢？二是妾的权利大都法无明文。毫无疑问，如承受夫产和立嗣，寡妻的权利法有明文，而寡妾是以"轻重相明"（如轻于妻但重于婢）的方式来比较类推的，亦即寡妾的一些权利在立法上是不太明确的，结果往往取决于司法上的裁定，那么司法者是根据什么来裁定的？他们的裁定是否有某种程度的共通？又能否反映时人对妾的评价轻重？

针对这两个问题，本书首先站在司法者的立场，必须先确定当事人的真正身分，即替妾验明正身，才能进入审判。众所周知，传统中国社会的一大特点是身分等级制，一个人先天或后天的身分，如皇亲国戚、士、农、工、商、军、僧、道、妻、妾、人力（男仆）和女使（女仆）等，决定了他的权责和地位，而用来维护身分等级制的，主要是礼和法，本书乃在礼和法上指出正式的妾（侧室、次妻）与泛称的妾（如妾婢、婢妾、婢、妓）的大异小同，论辩的问题包括其来源是买还是娶、是终身还是定期、能否转嫁转赠借腹生子、需否服丧守节、能否转卖，以及是否会受株连等，也同时指出两者容易混淆的原因，包括史料上的混称，和妾与婢的中间层"妾婢"的出现等。性别史和社会史的研究者是否也先要弄清楚某位女性的真正身分，才能探讨她的家庭地位和社会活动呢？社会史和法律史是否应加强科际整合呢？其次，本书讨论司法者如何轻重相举，认定妾的责任和权益，指出有些权责是以"妾"的身分获得的，有些是以"生母"的身分获得的，两者不可混为一谈。就前者来说，寡妾对亡夫遗产的承受权经历了一个从无到有的立法过程和司法实践，她夫死不必从子，大胆的还供应情人。就后者来说，她取得了亡夫遗产的保管权和教令权，甚至在户绝的情况下，因手握遗产而提高了立嗣权。这些都是宋代较前代进步之处，既提高了妾的权责，也增加了我们对宋代女性法律权责的了解，研究者可更正确地探讨宋元明清的连续与转变了。毫无疑问，身分等级制及相关的礼与法，是中国传统社会的重要基础，从前者的变动来观察后者的变动，是较能从大见大的。

读者不难发觉，本书以宗教和身分作为引子，试图回答法律史上一个重要的问题：什么因素影响审判？这是非常现实的问题，假如读者正好面临司法审判，也会有兴趣知道法官将根据什么来作出判决。他是理论型法官吗？务实型吗？法条型吗？神谕型吗？政党型吗？财可通神型吗？女权运动型吗？这些倾向对审判的影响大不大？作出审判的是人，但无论过去或现在，我们是否因为囿于法律的迷思（myth），把法律追求的理想（未然）当作已然或必然，以致有意低估了个人因素对审判的影响？

法律有什么理想？今日强调司法独立，对审判有两层意义：一是审判不受外力（特别是政治力量）的干扰；二是审判者坚持法律信念，如公平（equality）、公正（justice）、衡平（equitability）、理性（rational）和客观（objectivity）等，排除"非法律"因素的考虑，故司法女神蒙上双眼，表示无视于肤色（种族）、性别、性向、身分和宗教等，而据此作出的判决，应是稳定（certain）、一致（consistent）、可预期（predictable）和非个人（impersonal）的。但是，常识告诉我们，世上有许多不是凭科学或理性就可理解的现象，宗教或信仰就是如此，所产生的宗教性或灵异性案件，如灵媒治病无效被控欺骗等，究竟应如何审理，不能单看执法者的理智，还要看他的信仰，只是其影响有大有小，有正面有负面而已。所以，本书不时强调执法者个人因素对司法的影响，审判毕竟不是做科学实验，我们不要陷入另一种迷信。

那么如何探讨人的因素？在本书的上编中，将司法者的身分一分为二：一是作为"大夫"，指出不能单从法律角度，而应站在宋代地方长官的立场，来了解当代司法，因为除了司法之外，地方长官还要扮演其他角色，完成其他任务，例如治安、财政、教化和兴学等，还要留意朝廷对佛教当下的政策，例如抑佛，这些都会影响他的审判；二是作为"士"，指出他个人对佛教的态度（例如也是排佛）和他的信仰（如不相信灵异鬼神），也会影响审判；至于下编，我们相信，不少士大夫的生母可能就是妾，有些位极人臣，如有名的宰相韩琦和史弥远，当妾凭子贵的个案增加后，对立法和司法有何影响，虽然没有直接证据，也是值得思索的。

尽管法无明文，司法者对一些常见的问题仍会作出较一致的裁判。例如庶母通常只能对亲子能行使亡夫财产的保管权和教令权，不能对非亲生子行使，这裁决的根据，自是妾权不能大于妻权的法理。又如妾对无后的亲生子通常拥有某种程度的立嗣权，这裁决的根据，自是"所生母"的情理。我们能掌握的案例虽然不多，但不难看到司法者所运用的，不是什么出人意表的点子，而大都是法之常理和人之常情，应具有一定的普遍性或代表性。

即使是手握法典，也不见得能依法而判，因为一部法典之中，时有不周全、法无明文，甚至两法相竞的地方，也依赖执法者运用情、理和礼，来补法之不足。本书也探讨四者的关系，这当然是一直以来的热门话题。最难解决的，自属不易界定执法者口中的"情"和"理"，尤其是情。本书指出，某些法条在订立时，自会包括人情的考虑在内，例如特别照顾弱者的法条，自会出于同情。故有时执法者口中的情，不过是法内之情，不是法外之情，学人分辨清楚，便不会认为是以情逾法了。有些情，若换作当事人的"利益"来理解，便能豁然开朗，那当然不一定符合"所有"当事人的情了，要同时符合原告和被告的利益，谈何容易，人情的作用并不如学人想象的大。

必须强调，本书是研究司法史而非立法史。两者的不同是立法史要尽量找出相关的全部法条，并尽可能探究立法的背景和立法者的想法，而司法史的焦点是审判，需要指出司法者面对什么问题，引用什么法条、是否正确、有无遗漏，并探讨司法者为何作出如此的判决。前者有如法官熟读所有法条，后者是他判案时只引用相关的法条，不会引用无关的法条。

本书也重视史料的解读和研究的途径。合理的推论必须建立在对史料的正确解读上，但近年来的一个强烈感受正是，年轻学子对宋代法律史料的理解能力愈来愈差。史料说"兆一娘近日既亡，则所得税产，朱新恩合与立子承绍"，常识告诉我们，除非是非常特殊的情况，宋人是不会替在室女（未嫁之女）立子承绍的，否则所立之子岂非要从母姓，故兆一娘去世之前，应已结婚了，丈夫可能就是朱新恩，但有年轻学人说她跟妹妹是"两个在室女"。史料说"娶妾仍立婚契，即验妻妾俱名为婚"，意指纳妾跟娶妻一样，都属婚姻性质，但有年轻学人将之解读为"契约写立完成后，买卖双方及牙侩在契上鉴押，'妾俱名'。以便日后验证"。这还属于单一文句的误读，遇到比较复杂的内容，更是错误百出，令人落泪，不知法律史研究的前途在哪里。有见及此，遇到较难解的案例，本书只得不厌其详，希望提供一个较明白和较可用的解读。遇到学人时常引用的史料，本书认为可疑不足以作为证据的，也详加解说，希望学人以后再引用时加以注意。

就研究途径来说，任何研究领域都经过"开拓—发展—成熟"的阶段，而衡量它的成熟程度，不外看三件事：掌握的史料是否充足，提出的问题是否重要、深入和全面，研究的方法是否能有效地回答问题。个人时常感到困难的，不是提出大问题，而是不知道应把这个大问题分解成哪些小问题（how to break a big question down into small component questions)，以便逐一回答，最后才能比较完满地解决这个大问题。好像宋代较西方先进的地方为何停滞不前终至落后这个大问题，就是因为未能分解成适当和充足的小问题来回答，到目前尚无让人满意的答案。本书一个重要目的，就是尝试将一个大问题分解为若干小问题或切入点（cutting points)，希望能得到较完备的答案。例如将寡妾对亡夫遗产的承受权细分为代夫承分、生分、受养、保管和教令权等，将立嗣权细分为优先、提名、同意和决定权等，希望学人能针对同一种权利产生对话，不是各说各的权。

读者当会发现，对某些历史人物，本书有时注明生卒年或中举年，有些却没有，诸如此类，并非表示体例前后不一，而是反映个人对近年来学术界盲目追求形式主义的反动。随着史料的电子化和普及，许多人物、地名和书目等资料唾手可得，更不用说中西历对照了，这是数十年前的汉学家设计写作格式时所无法想象的，他们昔日的许多考虑在今日已属多余，许多昔日的知识亦已变为今日的常识。何况，资料愈易获得，引用就应愈发简单，才符合技术进步是为了使生活"更为简便"的目的，而不是弄得更为复杂，例如把论文书目弄得跟图书馆的编目一样。所以，本书采取实用主义，以生卒年为例，一是对论证无用时不加，有用时才加，二是加在真正发挥作用的地方而不一定是加在该人物首次出现的地方。我建议同学大胆地跟老师说：跟论证无关的史料，例如某人的生卒年，为何要放在论文里？把生卒年放在人物第一次出现的地方，有何用处？为何不放在真正需要出现的地方，例如用他的生卒年来断定他的判词的年代？说不出一个道理和用处的规定，就不必盲从了。连国家的宪法都并非一成不变，何况是论文的写作格式。西方学人只用阿拉伯数字便可清楚标示卷数和页数，而中国学人却要用汉字去标卷数，用阿拉伯数字去标页数，如"卷三三，页16"，西方学人连 p 和 pp 都可以省去，而中国学人要用"页123"来表示"专书"的页数，同时又用"2：456"来表示"期刊"的页数，那不表示中国人比西方人学问大，只表示头脑、时间和精神都用错了地方。我理想中的书目格式，是注释与书目一样，不必改来改去，中西也尽量一样，记一套格式便可以了，至于标点，能少用一个就少用一个，例如在书名与卷数之间加一个逗号，就十分无谓。

最后，感谢张国刚先生的邀稿，否则本书不会面世。感谢林盈廷、徐健晃、曾斌涵和锺旻圜四位同学，除了整理、制作注释和书目外，他们阅读全书，撰写意见，一再讨论。

从他们初拟的序言和结论，个人相信，大学二年级以上，应能掌握本书的重点。也感谢李宗翰博士在最后关头提出宝贵的意见，助我写定序言和修改正文的疏漏。当然，错误由我个人负责。我曾在台湾政治大学法律系明白告诉学生，研究法律史的最大收获，就是深切体会到，再公正的法官也会偶然误判，再精练的律师也会打输官司，那么再高明的学者呢？以此共勉。

柳立言

2010年10月5日识于南港

新版编辑说明：

本书修订内容，以"云注"（云梦沙补注）、"赵案"（赵晶案语）、"柳答"（柳立言回答）的形式在注释中呈现，修订详情可参阅本书后记。另，注释中出处注等编排于章末，以角标[1]等标示；说明注等编排于页下，以圈码①等标示。

目 录

上编

僧人犯罪

前　言

　　犯罪既是社会史的重要课题，也是法律史不可或缺的部分，甚至可以说，司法史就是罪与罚的历史。犯罪出自人为，研究犯罪自应以人作为对象，但人有各种身分，如贵族、官员、士人、农人、工人、商人、军人和僧人等。他们的犯罪既有相同，亦有差异，理应分别研究，以显示其特点。

　　理论上僧人较一般人更不应犯罪，因为佛教的戒律，例如不杀生、不偷盗、不淫乱、不妄语、不饮酒等五戒，从行为上防止僧人犯罪，而佛教的信仰，例如地狱轮回及因果报应等，则从思想上防止僧人犯罪。但是，宋代政书《会要》的释道门中，就有不少僧人犯罪。僧人的涉案率只能粗估，以宋代人口平均8000万而僧人约25万计算，比例是320：1①，而两宋之交成书的《折狱龟鉴》，共收历代案件280个，涉及僧人的有15件，比例是18.67：1；在这280个案件中，宋代约占135件，涉

----

　　① 神宗至高宗中期，僧尼的平均数目在20万至24万之间，僧尼之比约8.3:1，见黄敏枝，《宋代对佛教教团的管理政策》，收入氏著《宋代佛教社会经济史论集》(台北：学生书局，1989)，页349—411。

及僧人的共4件，比例是33.75：1。（见附件录·一）南宋中叶的《名公书判清明集》（后文或简称《清明集》）共收南宋案件475个，涉及僧人的约有17件，比例是27.94：1。（见附录·二）故僧人涉案率可说偏高。近人编的《中国历代名案集成》，五代两宋共收166件，跟僧人有关的至少6件，比例是27.67：1，也不低。[1]就算将疑似案（如伪僧）和僧人并非加害人的案件扣除，甚至打过对折，比例仍远远高于320：1。特别值得注意的是，闻名遐迩的《洗冤集录》说："凡检验承牒之后，不可接见在近官员、秀才、术人、僧道，以防奸欺，及招词诉。"①看来僧人不但可能犯法，还会妨碍司法。

与一般人比较，僧人犯罪有几点值得注意。第一，理论上僧人较一般人更不应犯罪，因为他们每天的修行，都在训练自己做个好人，特别是大乘佛教，教导僧人不但要解脱自己，还要救赎世人。所以，宋代僧人犯罪，是否是因为当时的修行方法出了问题？第二，僧人与一般人最大的不同，在于他们的信仰（由此产生与众不同的行为，如不杀生和禁欲等），论者甚至认为地狱轮回及因果报应等信仰，正好作为法律之辅助，从思想上阻却犯罪。所以，宋代僧人犯罪，是否因为当时的佛教信仰出了问题？第三，僧人与一般人不同，

---

① ［宋］宋慈著，杨奉琨校译，《洗冤集录校译》（北京：群众出版社，1980）卷1，页13。又见［宋］宋慈著，罗时润、田一民、关信译释，《洗冤集录译释》（福州：福建科学技术出版社，1992）卷1，页21。［清］徐松辑，《宋会要辑稿》（台北：新文丰出版公司，1976影印北平图书馆1936年缩影本）刑法6，页67说："勘会在狱病囚，官给药物医治，病重责出，自有成宪。……仰诸路监司、守倅检察，毋致违戾，即不得在职医官纠差医、僧，及货卖药人直狱，恣行追扰，启幸生事，以致淹延。"看来僧人有不少机会接触罪犯。 （接下页）

是属于一个特殊的团体（佛教组织），而该团体有着特殊的行为规范（如戒律和清规）。所以，宋代僧人犯罪，是否因为当时的佛教管理出了问题？由上述可知，僧人犯罪较一般人犯罪更为复杂：既要研究个人，也要研究个人所属的团体；既要针对大环境（一般社会），也要兼顾小环境（佛教社会）与犯罪的关系。正如16世纪欧洲基督教在改革前的堕落，不单是个别教士的问题，也是整个教会的问题，宋代僧人犯罪，是否也跟当时佛教本身的发展有关？

为了限定研究范围，下文所谓犯罪，不是指违反佛门私法（如戒、律和清规等教义，以下简称"佛法"），而是指违反了适用于全体百姓的国家法律（国法），或是违反了专门针对僧人而设的国法。但由于三者有重叠之处，故有时触犯佛

（续上页）云注：刘琳、刁忠民、舒大刚、尹波等校点，《宋会要辑稿》（上海：上海古籍出版社，2014，页8567）皆作"即不得在职医官纠差僧医"，与本书句读有别，"医僧"或是一个独立群体，而非"医、僧"两个群体。

赵案：张九成《横浦集》卷16《寄僧僧序》称，自己患病时，有僧正慈懿开出奇方，"医僧"即有所指。而此处在职医官所能纠察的对象，也必然与"医""药"相关，"医、僧"之间的顿号或可删。

柳答：以医僧对售药者，两者性质相同，确有可能。未知马泓波如何标点？［赵案：亦作"医僧"。参见马泓波点校，《宋会要辑稿·刑法》（郑州：河南大学出版社，2011），页788。］无论如何，请考虑三点：其一，医僧限于懂医术之僧人，而医、僧则包括一般的医生与僧人，还有药贩，三者均不得直狱。如《宋会要》所指包括一般的医生，就要保留医、僧。其二，医僧限于懂医术之僧人，那么医僧以外的其他僧人能否直狱？可否一查薛梅卿教授的《中国监狱史》有无交代可以直狱的人士？［赵案：查无。参见薛梅卿主编，《中国监狱史》（北京：群众出版社，1986），页93—111；薛梅卿、赵晓耕主编，《两宋法制通论》（北京：法律出版社，2002），页469—514。］其三，如是仅指懂医术的僧人，亦即诏令竟然特别针对他们，那么这些医僧的名誉实在欠佳，甚至被视为司法"淹延"的要角。为僧如此可恶，为医僧如此更可恶，大有愧于"医"字。究竟宋代的僧团出了什么问题？一般僧人的名声不佳，连医僧也如此。

法亦同时触犯了国法，必须简单说明。

首先，宋代的国法大部分适用于全体臣民，僧人违反它们，例如赌博犯夜，不管与佛法有无关系，都是违反国法。国法若干条文，如禁止杀人、偷盗和奸淫等，与佛法不谋而合（如对应五戒中的不杀生、不偷盗、不淫乱），犯僧便同时违反了佛法和国法，也应同时受到佛法和国法的制裁，不能说仅是违反佛法。国家专门针对僧人而设的法令，与佛法重叠的更多，例如两者都禁止僧人娶妻、饮酒、杀生，犯僧也是同时违反佛法和国法，不能说仅是违反佛法。较特别的是唐宋律都有"不应得为而为"（简称"不应为"）之条，对付法无明文的轻罪，刑罚从笞四十至杖八十，执法者可用来支持未与国法重叠的佛法，例如处罚违反十善中离两舌、离恶口、离贪欲、离绮语和离瞋恚的僧人。[2] 这当然应视为个案，罚与不罚因执法者而异，未可笼统视为触犯国法。

其次，佛法与国法的关系大致有四：第一，有些佛法取得"类国法"（quasistate law）的地位和效力。众所周知，佛法《百丈清规》在宋初因杨亿的奏请，被政府承认合法，故其丛林制度风行全国，其清规也具有类国法的地位，犯僧可交由官府以公权力依照清规强制处罚，这是与私法很大的差别。这并非特例，范仲淹后人把义庄规矩具报朝廷，也获得类国法的地位。十分可惜，今日已难睹《百丈清规》的真面目，故利用其后继者《禅苑清规》（1103）时，就不能说其具有类国法的地位。较安全的做法是，只说违反了《禅苑清规》，不要说违反了国法。第二，正如前述，有些佛法与国法重叠相合，违反它们就是同时违反佛法和国法。重叠的原因，有时是不谋而合，有时是国法吸纳佛法，有时是佛法吸纳国法（即以国法为母法）。《禅苑清规》有些条文就很明显是来自国法，如规定僧众请假游山，只可半月，超过者要事先向尚书省祠部申请。所以犯此清规者不但违反佛法，也违反国法，不能说仅是违反佛法。然而，尽管罪名相同，佛法和国法施加的刑罚有同亦有异，大致有两种情况：一是各施各法，例如佛法把杀人、奸淫和偷盗的僧人逐出教团，而国法处以死刑、流刑、徒刑等。二是重叠，即两者处以大致相同的刑罚，例如还俗。重叠的原因亦大致同上，有时是佛法吸收国法的处罚方式，有时是国法接受佛法的处罚方式。所以，当法官以国法判处之刑罚与佛法相同时，学人的着眼点不应是刑罚之内容，而是法官判处此刑罚之根据（法源），如根据是国家法典，则属国法之执行。也就是说，纵使法典上明白规定，犯此法之僧人交由寺院按戒律处分，亦应视为政府"授权"甚至"命令"寺院处分，仍属国法之执行。第三，有些佛法与国法矛盾相冲，例如佛教以化恶为善为宗旨，本应接纳罪犯为徒，但国法禁止；佛教对众生一视同仁，没有理由不向军队传教，但国法禁止；僧人本应跟常人一样可以习武，但国法禁止；僧人偷渡出境寻究佛学或弘扬佛说，虽是佛教之伟人，却是国法之罪人。也就是说，国家利益的考虑与佛教发展的需要，有时会有冲突，有些僧人为了贯彻佛法而触犯国法。究竟哪些国法是有碍佛法的，值得专题研究。第四，有些佛法既不与国法重叠相合，也不矛盾相冲，例如《禅苑清规》连对僧人大小便都有规定，犯僧只能说违反佛法，不能说违反国法。

就宋及前代的研究来说，过去由于各种原因，历史学人较多留意僧人对社会的贡献，如筑桥、修路、兴水利、慈幼、养老、济贫、医疗、赈灾和筑义冢等，却甚少研究僧人对社会秩序的破坏。尤其是三武一宗（北魏太武帝、北周武帝、唐武宗、后周世宗）之后，国家不再灭佛，除了跟佛教信仰有关的大规模乱事（事实上跟合法的僧人和寺院不一定有关），或少数僧人与政治人物挂钩犯法外，僧众犯罪乏人研究，纵使是专门探讨佛教与社会的论著，虽然不乏高论，也甚少触及僧人犯罪，这反映了学人很少把犯罪视为社会生活史的研究主题[3]①，倒是研究法律的瞿同祖先生眼光独到，把"巫术与宗教"当作《中国法律与中国社会》（1947）的专章，揭示宗教、犯罪与社会的关系。目前所见，对三武一宗的研究，虽不免提到僧人犯法冒禁，但因史料缺乏，多语

---

① 云注：在本书首次出版后，又见刘树友所著《〈夷坚志〉所见宋代僧道的另一面》[上、下，分载姜锡东主编，《宋史研究论丛》17（保定：河北大学出版社，2015），页479—501；《渭南师范学院学报》2016.11，页73—79]，以《夷坚志》收录的僧人故事为例，揭示其频频犯罪、严重影响世俗民众生活的一面。

柳答：在《夷坚志》中找到僧人的恶行并不困难，难在进一步分析，如何种恶行较多、受害人又以何人较多？僧人是否连士大夫也敢下手？又可进一步探究的是，在《夷坚志》单一著作中，对僧人的正面描述多还是负面描述多？我一直主张，统计时应先一本一本书分开统计，例如《夷坚志》的正负比例是1：2，A书也是1：2，B书却是2：1，等等，并留意作者或编者的身分，看看是否为反佛之人等，最后才综合统计。此外，也要统计其他宗教人士来比较，假如发现僧人的正面描述比例与道士和巫觋差不多，但负面的超过道和巫，那就有趣了。

焉不详。蓝吉富《隋代佛教史述论》（1974）有一小节名为
《从唐高祖的沙汰佛教诏，看佛教对隋代社会的不良影响》，
蓝氏说："平心而论，佛教在隋代拥有数十万僧徒，其中之
存有少数伪劣分子，自是不足深怪。……然而其事却是由于
佛教昌盛所间接引起的历史现象，自亦不容忽视。"[4] 虽说不
容忽视，但一共只有两页多的讨论，可见史料零碎简略，研
究着实不易。唐代史料较多，但汇集了三千九百多位学人总
共一万二千多条中、日、西和韩文书目的《二十世纪唐研
究》（2002）中，竟无一篇专门讨论僧人的犯罪与审判。翻
遍汇集了一万多位学人凡四万一千多条书目的《二十世纪宋
史研究论著目录》（2006）、《宋史研究》（2006），以及其他
中、日、西二手书目，宋代亦无人过问。[5] 同样，1963 至
2006 年的《佛教相关博硕士论文提要汇编》也不见僧人犯罪
的论文。[6] 法史界对僧人犯罪的研究，除散见于通史式的专
书外，专题论文屈指可数，且重点大多是立法（law in book）
而非司法（law in action）。[7]

　　法学和史学界对僧人的罪与罚既少问津，故无论是研究
的角度和方法，都有待开发。笔者不打算面面俱到，仅从司
法的角度，探讨宋代僧侣（以名列僧籍者为主）违反国家法
律的情况和受到的审判。

　　第一，僧人为何犯罪？犯罪就是违律，可分为自律和他
律，前者探究佛教内部对僧众的约束出了什么问题，后者探
讨佛教外部对僧众的约束出了什么问题，以致僧人不断犯罪，
两者合起来即构成所谓共业或共犯结构。

第二，僧人如何犯罪？研究时要区分犯罪的类别和型态。类别是指偷盗、奸非、谋杀、诈财和赌博等不同的罪行；型态是指犯罪的时间、场地、加害人、受害人、手段等。

第三，士大夫如何审判僧人的各种违法行为？主要探究僧人有没有得到依法审判，或可说是公平和公正的审判？如有的话，那是属于正常的；没有的话，原因为何？当然，一般人也会受到不公平的审判，而且影响法官审判僧人的因素有些跟审判一般人是相同的，例如罪行的严重性、犯者的身分地位、犯者的人际关系（如有权贵为后盾），以至法官的操守和权位等，那么审判僧人有何特殊之处？现代的审判好谈公平，例如不计较犯者的种族、宗教、性别、性向、身分等，而讳言它们对审判的影响，但佛教作为一种"宗教信仰"和"社会力量"，究竟有无和如何影响法官的审判？

下文采用"从小而大"的研究方法，首先针对色戒这罪行，进行个案式研究，较细致地响应上述三个问题，但个案研究或有见树不见林的毛病，故接着针对其他罪行，进行综论式研究，较广泛地响应上述三个问题，或可较全面地了解僧人的犯罪。不过，宋代僧人案件十分有限，跟三百二十年的国祚不成比例，内容也不够周详，难以一一回答上述问题，但宋代史料不能回答的，也许明清可以，宋代的砖未尝不可引来明清的玉。

必须先行强调，下文所说的，只是宋代佛教的一部分，不是全部，所说的各种人物（高僧、僧众、士大夫、妇女、

民众等），也是部分而非全体，下文不再一一注明。又因史料所限，目前无法细分地域和时段，只能综合而论。[注]

注释

[1] 辛子牛主编，《中国历代名案集成》（上海：复旦大学出版社，1997）中卷，案件编号6（僧人以私盐栽赃村妇以求重赏）、39（僧人诬服杀人）、44（僧人残害渔民）、75（僧与民聚会祈禳被疑为妖）、161（僧人有愚民敛财之嫌）、165（僧人与寡妇通奸）。

[2] [宋]窦仪等著，薛梅卿点校，《宋刑统》（北京：法律出版社，1998）卷27，页507。

[3] 如 C. K. Yang（杨庆堃）的 *Religion in Chinese Society*（Berkeley: University of California Press，1961）。[日] 竺沙雅章，《中国佛教社会史研究》（京都：同朋舍，1982；增订版，京都：

---

① 已有学人分析过佛教各宗派的地域分布，早期有李洁华，《唐宋禅宗之地理分布》，《新亚学报》13（1979），页211—359。作者主要利用《五灯会元》内一千七百多名禅师的相关记录，分析禅宗各派的地理分布及多寡，由于取样有限，乃发现京东西路及夔州路没有禅僧驻锡，这当然是有偏差的。较近期的有程民生，《论宋代佛教地域分布》和《论宋代佛教的地域差异》，前者收入漆侠、李埏主编，《宋史研究论文集》（昆明：云南民族出版社，1997），页248—264；后者见《世界宗教研究》1997.1，收入程民生、龚留柱编，《历史文化论丛》（开封：河南大学出版社，2000），页512—527。游彪，《寺院、僧尼分布的地域差异及其原因》，收入氏著《宋代寺院经济史稿》（保定：河北大学出版社，2003），页210—223。佛教发展与地理的关系，可见李映辉，《影响佛教地理分布的因素》，收入氏著《唐代佛教地理研究》（长沙：湖南大学出版社，2004），页290—310。笔者感到最困难的，仍是犯罪的行为与原因，能否对应佛教宗派及其所处的地域。例如在江南十分流行的密教，隐含触犯当代法律的信仰（如男女双修容易构成奸罪），故在执法者眼中的犯罪行为，其实是密教的信仰行为，跟一般的犯罪原因（如贪财好色）并不相同，但宋代的执法者大都没有指出犯僧的派别。

朋友书店，2002）及《宋代佛教社会史について》，收入［日］佐竹靖彦等编，《宋元时代の基本问题》（东京：汲古书院，1996），页453—474。黄敏枝，《宋代佛教社会经济史论集》。Patricia Ebrey（伊沛霞）及 Peter N. Gregory eds., *Religion and Society in T'ang and Sung China*（Honolulu: University of Hawaii Press, 1993）。郝春文，《唐后期五代宋初敦煌僧尼的社会生活》（北京：中国社会科学出版社，1998）。张国刚，《佛学与隋唐社会》（石家庄：河北人民出版社，2002）及《中古佛教戒律与家庭伦理》，收入张国刚编，《家庭史研究的新视野》（北京：生活·读书·新知三联书店，2004），页48—70。［日］铃木哲雄主编，《宋代禅宗の社会的影响》（东京：山喜房佛书林，2002）。荣新江主编，《唐代宗教信仰与社会》（上海：上海辞书出版社，2003）等。某位僧人含冤入狱，乘机劝化囚徒，曹仕邦乃将"狱中说法"视为佛徒的一种社会活动，我们也应把僧人的犯罪作如是观，见曹仕邦，《中国僧史上的沙门社会活动资料》，《大陆杂志》67.2（1983），页95—97。倒是王景琳的通俗小书《中国古代寺院生活》（西安：陕西人民出版社，1991），页243—248有《寺院生活中的插曲·世俗的诱惑》一小节。

［4］蓝吉富，《隋代佛教史述论》（台北：台湾商务印书馆，1974），页240—242。

［5］唐代见胡戟等编，《二十世纪唐研究》（北京：中国社会科学出版社，2002）。负责宗教"佛教"的是谢重光和林悟殊，负责社会阶层"僧尼、道士"的是葛承雍等。宋代见方建新，《二十世纪宋史研究论著目录》（北京：北京图书馆出版社，2006）；朱瑞熙、程郁，《宋史研究》（福州：福建人民出版社，2006）。负责"佛教"的是程郁。一般的回顾与展望很多，均没有涉及僧人犯罪，仅依时序列举一二：蓝吉富，《七十年来的中国佛教》，收入朱重圣编，《中国之文化复兴》（台北：中国文化

大学，1981），页 623 — 643。释圣严，《现代台湾佛教的学术研究》，《中华佛学学报》5（1992），页 1 — 18。黄夏年，《中国大陆禅宗研究十五年（1949—1964）》，《佛学研究》1994，页 252—263。吕有祥，《十年来中国佛教研究述略（1987 — 1996）》，《宗教学研究》1997.4，页 85 — 96。黄夏年，《20 世纪的中国佛学研究》，《中华文化论坛》1997.4，页 89 — 97。白文固，《八十年代以来国内寺院经济研究述评》，《世界宗教研究》1998.2，页 144 — 149。陈兵，《中国 20 世纪佛学研究的成果》，《宗教学研究》1999.3，页 57 — 65。方立天，《中国大陆佛教研究的回顾与展望》，《世界宗教研究》2001.4，页 129 — 137。陈玉女，《试析台港地区二十世纪后半期之佛教研究动向》，《佛教图书馆馆讯》27（2001），页 15 — 31。蓝吉富，《台湾地区佛教研究的回顾与前瞻》，《佛教图书馆馆讯》27（2001），页 50 — 53。Hilde de Weerdt（魏希德），《アメリカの宋代史研究における近年の动向：地方宗教と政治文化》，《大阪市立大学东洋史论丛》（*OCU Asian History*）15（2006），页 121—138，英文版是 "Recent Trends in American Research in Song Dynasty History: Local Religion and Political Culture," 目前收入 "台湾宋史研究网"（http: //www. ihp. sinica. edu. tw/%7Etwsung/index. html）之 "书评研讨"。

［6］香光尼众佛学院图书馆编，《佛教相关博硕士论文提要汇编》（1963 — 2000）（2000 — 2006）（嘉义：香光书乡，2001、2007）。

［7］依年代先后，目前看到的有：王立民，《唐律与佛教》，《政法论丛》1991.3，部分收入氏著《唐律新探》（上海：上海社会科学院出版社，1993），页 91 — 98。Brian McKnight（马伯良），"Preliminary Comments on Sung Government Control over the Clergy," 收入 "中研院" 历史语言研究所出版品编辑委员会主编，《中国近世社会文化史论文集》（台北："中研院" 史语所，1992），页

587—612。［日］竺沙雅章，《内律と俗法—中国佛教法制史の一考察》，收入梅原郁编，《中国近世の法制と社会》（京都：京都大学人文科学研究所，1993），页1—37。何柏生，《佛教与中国传统法律文化》，《法商研究》1999.4，页120—128。劳政武，《佛教戒律学》（北京：宗教文化出版社，1999）第四章《历代政府对佛教的规范》及第九章《历代法令对佛教规范之分析》。王立民，《中国古代刑法与佛道教——以唐宋明清律典为例》，《法学研究》2000.3，收入氏著《法律思想与法律制度》（北京：中国政法大学出版社，2002），页115—135。周相卿，《隋唐时期佛教与法的关系》，《贵州民族学院学报》2002.1，页75—77，此文虽短，但要言不烦，范围亦广。严耀中，《论佛教戒律对唐代司法的影响》，收入荣新江主编，《唐代宗教信仰与社会》（上海：上海辞书出版社，2003），页151—168。郑显文，《律令制下的唐代佛教》，收入氏著《唐代律令制研究》（北京：北京大学出版社，2004），页250—309。严耀中，《述论唐宋间法律对僧尼的直接约束》，收入戴建国主编，《唐宋法律史论集》（上海：上海辞书出版社，2007），页182—189。

云注：此外，尚有严耀中，《佛教戒律与中国社会》（上海：上海古籍出版社，2007）第十二章《世俗法律中的身份限定与要求》及十七章《戒律在法律与司法中的反映》，讨论国家如何把僧侣的行为制约纳入律法的范围及戒律对立法和司法的影响。李力，《出家、犯罪、立契——1—6世纪僧人与法律问题的初步考察》，《法制史研究》17（2010），页1—55，专节讨论僧人犯罪的原因及管辖权。刘泳斯，《南宋佛教与金融司法实践》，《世界宗教文化》2015.3，页17—21，从金融方面考察僧人犯罪（参与士人隐匿财产、逃避和买）及司法实践。在本书旧版《宋代的宗教、身分与司法》出版后，又见研究佛教与法律的综合性著作，如张海峰《唐代法律与佛教》（上海：上海人民出版社，2014）、陈义和《佛教与宋代法律》（北京：中国政法大学出版社，2015）、张径真《法律视角下的隋唐佛教管理研究》（北京：中国社会科学出版社，2018）、周东平等《论佛教对中国传统法律之影响》（北京：中国社会科学出版社，2021）。

赵案：其实就僧人犯罪（犯戒）而言，还可参考［日］船山徹，《五六世纪の仏教における破戒と異端》，收入［日］麦谷邦夫编，《中国中世社会と宗教》（京都：道氣社，2002），页39—58；修订后作为［日］麦谷邦夫，《六朝隋唐仏教展開史》（京都：法藏馆，2019）第二篇第四章《隋唐以前の破戒と異端》，页311—330。［日］诸户立雄，《中国仏教制度史の研究》（东京：平河出版社，1990）第一章第七节《道僧格の施行状况》，页180—213。前者着眼僧人在性、杀人等层面的破戒现象，尤其留意时人对此类行为的评价与认识；后者则详细枚举唐代僧人违反《道僧格》的事例（本书后文有提及）。

第一章
僧人所犯何罪：色戒[1]

大环境对佛教不无影响，甚至反映在禅门清规里，例如宋代都市发展使酒馆、妓寮与寺院比邻而立，北宋晚期的《禅苑清规》说："常念早归办道，不宜在外因循，财色之间，甚宜照顾。"宋代私产观念大盛，家庭成员侵占公产作为私财，清规也批评僧人吞没公财："檀门信施，本为福田；造业愚夫，便同己物，或荡于酒色之费，或畜为衣钵之资……天堂未就，地狱先成。"①短短几句，便看到僧人犯了五戒中的酒戒、盗戒、淫戒，甚至妄语戒。

五戒是佛门基本大戒，是其他戒律的根源，对僧人来说，

---

① [宋]释宗赜编，苏军点校，《禅苑清规》（郑州：中州古籍出版社，2001）卷5，页56—57，分析介绍见页175—211。中饱寺庙公款的例子，见[宋]何薳著，张明华点校，《春渚纪闻》（北京：中华书局，1983）卷4，页60—61。黄奎，《中国禅宗清规》（北京：宗教文化出版社，2008），页55—68。Mario Poceski, "Xuefeng's Code and the Chan School's Participation in the Development of Monastic Regulations," *Asia Major*, 3rd series, 16.2（2003），pp. 33–56。令人奇怪的是，该文对禅宗已产生的各种流弊几无着墨，自然难以充分解释《师规制》的条文究竟是针对什么问题而发，就好像研究立法而不知道立法的原因和背景，所论不免隔靴搔痒难有寄托了。

除杀戒外，以淫戒为重。假如心（有心犯罪）、境（知道是犯罪）、事（确已犯罪）三者俱成，便构成破戒的重罪（根本罪）。犯淫戒之后，需依情节轻重，向数目不等的僧人坦诚发露，恳切忏悔，矢志不再犯。当然，假如犯了大淫戒（即已交合），忏悔之后还要逐出僧团和还俗。犯戒而不自行披露，屡劝不听，高僧便应在僧团集会时加以揭发，逼其忏悔，如仍不就范，僧团便应公推一位高僧向供养者宣布其罪过，以期绝其信施，逼其忏悔。[2] 很多人侈谈佛门的"慈悲""方便"和"开缘"，其实戒律对犯戒的轻重、悔过的方法、受报的程度（如是否要下地狱）都有详明的界定，既不会随便或姑息，也不会乡愿地做个没有是非的"烂好人"①。

尽管彼此的目的和内容略有不同，源自印度的淫戒与中国法律之奸罪不谋而合，可见某些道德伦理和社会秩序需要有其普遍性，不必强分古今中外。宋代法律将婚前性行为统称为奸，僧人不能结婚，犯了大淫戒即入奸罪，无论是和奸或强奸，刑罪均重于凡人。凡人先和奸后成婚，不过徒一年半至二年并强逼离异，僧人则是男女双方以奸论加一等治罪，僧人还俗之外，送五百里外编管；僧人的本师、寺院主首，及女方的同居尊长知情而

---

① 圣严法师说："慈悲是要讲究方法的，不是随便做烂好人，你们看到人，说这个人是好人，好到什么程度，好到了没有是非的程度，这种是不是好人？给他一种红的颜色，他说好，蓝的也说好，红、黄、蓝、白、黑通通好，你说强盗好不好？想一想，盗亦有道也好，是不是？对，样样都好，就怕得罪人，在儒家讲，叫乡愿，乡愿是什么？乡愿德之贼，这是烂好人，不是慈悲。"见其《佛教入门》（台北：法鼓文化，2005修订版，1979初版），页169—171。又见其《人行道》（台北：法鼓文化，2006再版，1999初版），页15—16、106—107、126—127、132—134；《学佛群疑》（台北：法鼓文化，2006修订版，1988初版），页213—215。

纵容，各杖一百，厢耆邻保知情而不举报，杖八十，不觉察，减二等。①[3] 从牵连之广和耆保不察觉便治罪，可知立法者严厉对付色僧。但司法者是否落实执行？有没有表示同情的？从中可否探究国家与宗教的关系？以上问题仍需进一步探究。

下文从国法中的奸罪出发，探讨三个问题：a.僧人为何犯罪，b.僧人如何犯罪，c.司法者如何处置犯僧，希望在有限的篇幅内，提出初步的发现和大胆的假设，以便进一步探讨和引起学人的兴趣。

一、僧人为何犯罪？

提到犯罪的原因，很多人立即想到个人欲望。俗人在成为圣贤之前，都有欲望，如好名、好利、好色，有些人以合法的手段满足，有些人以不法的手段满足，后者才谓之犯罪。同理，僧众在成为圣僧之前，难免有欲望，为何有些僧人敢于犯罪？今日佛界犯罪时有所闻，令人感受最深的，不是犯者个人的毛病，而是诱使其一再犯罪的外在因素，例如信徒的无知、法律的无能、佛界的无言和受害者的无助（甚至受同门和社会的非难）等，都使犯者敢于一犯再犯。换言之，当佛界的"自律"出了问题，而法律和社会等外在力量不能

---

① [宋]谢深甫编著，戴建国点校，《庆元条法事类》，收入杨一凡、田涛主编，《中国珍稀法律典籍续编》第1册(哈尔滨:黑龙江人民出版社,2002)卷51，页725。因篇幅所限，本文无法讨论宋代律令中的各种奸罪，事实上它们只是写作的背景知识，也属立法史研究，不属司法史研究，正如法官判案不会把所有奸罪先说一遍，而仅是说出跟该案相关的奸罪。

发挥"他律"的功能，便不容易阻止僧人一再犯罪。僧人犯奸的原因，亦可分为来自佛教和来自外界两方面讨论。无可讳言，僧人犯奸与常人犯奸有共通的原因，现代犯罪学对后者言之甚详，不必赘述，下文偏重历史学的分析。

（一）戒律对禁欲的严苛产生反效果

性欲是与生俱来的，人类借此生殖延续，纵无外在刺激，亦会油然而生。尽管有得道高僧认为淫戒不难遵行[①]，但禁欲毕竟是违反天性，若要逐步实行，由节欲达到无欲，过程中亦不免要容许宣泄，最简单的方法是自慰。对没有宗教信仰的人来说，自慰本身不构成犯罪，但对僧人来说，故弄阴失精违反了十三僧残法的第一条（犯了僧伽婆尸沙罪），犯后如不在多名僧人前忏悔，便要堕嗥叫地狱。研究大小乘戒律凡四十余年的圣严法师说，即使是皈依三宝的在家人，"邪淫的限制，除了不得与夫妇之外的一切男女发生关系，尚有几种限制：不得于自身行淫；不得利用一切器物行淫；不得于人类之外一切有情的三口（口道、大便道与小便道）中行淫"等。[4] 这些被视为"邪淫"（以别于夫妻交合的"正淫"）的行为，僧人更不得为之。如此一来，戒律可说彻底禁绝了僧人肉体上的泄欲，而欲望愈被压抑，爆发时便愈难制止，例如文学有抒情的作用，僧人用来发泄情欲，竟出奇地炽热香

---

① 弘一法师以为五戒之中，对在家弟子来说，不邪淫和不饮酒是最容易持定的，圣严法师亦以为，盗戒最难守持，淫戒居次，见其《律制生活》，页62—65、237。

艳。曾枣庄说:"佛教宣扬禁欲,但僧人也是人,不可能完全斩断情缘。相反,由于情欲长期受到抑制,有时表现得更加强烈。(宋代名僧)仲殊、惠洪都以艳情词闻名于世。……(仲殊)以'三千粉黛,十二阑干,一片云头'状(寒食节西湖)游女,不但在宋僧词中为仅见,在整个宋代的言情词中,也少有如此秾艳之作。"[5] 覃召文也说:"他们既然受到了戒律的禁锢,其凡心也许比凡人更为炽烈。……在外在的尘俗世界的吸引与内在情欲世界的需求这两重力量的作用下……(僧人诗)渐渐地走向它的反面:越来越多地包容了凡人的生命意志,越来越多地融入了诗歌的'缘情'性质。"[6] 说得露骨一点,便是有点妄想,散发绮念甚至意淫。不但诗词如此,参禅故事亦颇见声色。佛教典籍里记载僧人与妇女参道的故事,十分有名的一则,是释道颜去见无着(后为尼),妇人问僧人以佛法相见还是以世法相见,僧人说以佛法相见,妇人乃请僧人却去左右单独相见。一见之下,妇人仰卧于床,身无寸缕,僧人指着妇人身体某处说:"者里是什么去处?"妇人说:"三世诸佛,六代祖师,天下老和尚,皆从此中出。"僧人说:"还许老僧入否?"妇人说:"者里不度驴,度马。"僧人不得其门而入,留下文字回忆:"珊瑚枕上两行泪,半是思君半恨君。"[7] 从文学角度来看这些参禅故事,尤其是描写之细腻,实在声色俱全,故郭朋批评"禅师们的'心猿意马',是很不容易'收拾'住的呀!"[8] 对僧人利用文字泄欲,士大夫反对和同情俱有,胡仔用很严格的标准批评惠洪:"忘情绝爱,此瞿昙氏之所训。惠洪……岂其所当然?"[9] 同情的也不少,可从士大夫与僧人的诗文酬唱略窥一二,反映了宋代对"文化僧"的绝爱忘情有相当不同的看法,需进一步研究。士大夫流行作艳词,并不犯法,但僧人作艳词,除了违反佛戒"不绮语"①之外,还可能犯上国法的不应为之罪。

无论如何,戒律对禁欲的严苛,连自慰也禁止,有时会适得其反。当时的小说甚至绘形绘色,谓僧人盗去妇女尸体(可能偷自寄在寺中的棺枢),藏在夹壁中奸污。[10] 产生这种变态行为的一个原因,未尝不是僧人对禁欲过度的反叛。

(二) 密宗以交合为修行方法

今日僧侣犯奸时有所闻,媒体时常以"绝爱忘情""佛门清净"或"苦行清修"等标准加以谴责,但这些似乎不一定是佛教的信仰。郭朋指出,唐代大乘佛教的密教"具有纵欲、好色的特点"[11],但由于各种原因,密教在宋代各地依然流行,在江南尤甚。[12] 密教也吸收瑜伽养身调心所谓观想之法来吸引民众,而且相当成功,南宋的密教通常就被称为瑜伽密教。它跟当时印度教的性力派结合而完成,所谓性力,即是男女交合、双身双修,以女性代表智慧,以男性代表方便,达到智慧和方便的圆满集成。它与禅定有某种相应,因为性交时也有心意集中,淫乐遍身,类似定心的现象,亦即从男女的淫乐中修定。然而,佛教以离欲为根本,无上瑜伽却要透过淫欲来达到解脱,圣严法师指出,"这种思想和中国道家的房中术(又名御女术)

---

① 佛教的"正语"包含不绮语,犯者即有口业,见释圣严,《佛教入门》,页65。

是一样的，不是根本佛教的修行方法"[13]①。修行无上瑜伽其实是破戒的行为，"将舍除一切净戒律仪称为大圆满，清净三业的律仪生活荡然无存"[14]。我们不必讨论这些批评是否合理，只需看到男女双修一旦发生，便构成当时的和奸罪，可以送官论罪，至于是轻判还是重判，便要看审判者是否接受双修者的解释了。必须强调，即使是轻判甚至无罪释放，只能代表审判者个人的考虑，只能当作个案，还不能当作通则，不能因此说双修是无罪，要等到修法之后，才能确定。

（三）南宗禅提倡"非心非佛"的后遗症

禅宗在唐宋之际发生了一个很大的变化，杜继文、魏道儒和葛兆光先后称之为禅思想史的"巨变"和"大变局"，主要是指南宗禅"非心非佛"学说的提出和盛行，最后胜过北宗，成为宋禅的主流。它有几个主要的观念②：

---

① 云注：吕建福《中国密教史》还进一步指出，瑜伽密教和无上瑜伽密教是密教的不同发展阶段，但"宋代及其后，瑜伽密教与无上瑜伽密教不再分别，实际上无上瑜伽也可以由瑜伽密教包括在内"。这或可有助于我们理解二者的关系。

② 研究禅宗的著作如恒河之沙，重复者不少，此处主要根据下列诸书：郭朋，《隋唐佛教》《宋元佛教》及《中国佛教思想史》（福州：福建人民出版社，1995）下卷；杜继文、魏道儒，《中国禅宗通史》（南京：江苏古籍出版社，1993）；魏道儒，《宋代禅宗文化》（郑州：中州古籍出版社，1993）；葛兆光，《中国禅思想史——从6世纪到9世纪》（北京：北京大学出版社，1995）；杨曾文，《唐五代禅宗史》（北京：中国社会科学出版社，1999）；陈自力，《释惠洪研究》（北京：中华书局，2005）。他们的论点不一定相同，例如葛兆光以为禅宗思想的大变化发生在中唐以后，而杜继文和魏道儒以为发生在宋代。要判断谁是谁非无疑超出笔者的能力，故本文所陈述的，只能说是笔者阅读诸书后的个人判断，不表示均是上述学人的意见。如判断错误，当然由笔者个人负责。

① 直指人心，见性成佛：每个人与生俱来就有佛性或佛心，每个人都可以即身成佛，不假外求。

② 不立文字，教外别传：成佛的方法，主要不是靠修行守戒，也不靠文字经教，故既不立戒，也不传经。

③ 平常心即道：成佛的方法，在参不在修，重要的是反观内心，直指本心，在意念上成佛。所指的心，是不问是非，不思善恶，无烦无恼，无追无求的无念心以至平常心，亦即自然之心，所谓"佛法无用功处，只是平常无事"。

④ 非心非佛：无论心或佛，都不能执着。有"心"即被"心"所缚，有"佛"即被"佛"所缠，故要排除那追求清净的心思，去除那成佛的念头，达到空的境界，故有所谓逢佛杀（弃）佛，逢祖杀祖，逢罗汉杀罗汉，逢父母杀父母，逢亲眷杀亲眷，始得解脱，不与物拘，透脱自在。

⑤ 人间禅境：强调在日常生活中成佛，要顺其自然地体会无处不在的禅意，即使在饮食起居喜怒哀乐之中，亦可得道，一旦顿悟，放下屠刀，立地成佛。

这些信念，固然有特殊的背景，亦有一定的哲理，但也产生各种后遗症，跟本文相关的有两点：一是无相戒法的提出，认为心不动便不算犯罪；二是七情六欲的释放，认为不要把交合视为交合，应视为修道的一种方法，可以借此悟道。

针对戒律和清规的严苛烦琐，南禅转向寻求内心的改过向善，提出了"无相戒法"，所强调的，是"重戒于内心，不重律于外在的自在解脱"。把外在的坐禅持戒、拘守律议视为白费功夫。结果，"越往后发展，以往戒律对于南宗门人就越丧失拘束作用"[15]。等而下之者，变成了心不动就不算犯罪（如交合中没有淫欲心或淫乐），成了纵容违戒的方便法门。

针对南禅的触类是道而任心，葛兆光指出："于是，世俗世界就是佛国净土，寻常意思就是佛法大意；……本来被视为污浊的世俗生活和世俗欲望，本来被视为清净的僧伽生活和空寂心灵……就没有了差别。……一旦'非心非佛'到了无所顾忌的程度，连'心'也不须维系的地步，那么，'信'也随之而去……在'自然''适意'的旗号下给七情六欲的放纵开一个方便之门。"[16]宋代禅宗没有把这方便之门关起来，反而为了调和禅门清规和世俗生活的矛盾，大力提倡大乘佛教的"在欲行禅"和"色中悟空"，就是"不离红尘俗世，不除贪痴嗔三毒，甚至毁禁犯戒，也可以证入菩提，达到涅槃境界。……有条件地承认'欲'的合理性，为僧侣日常生活行为的世俗化寻找理论根据"[17]。简单说，就是不要把交合视为交合，应视为修道的一种方法，可以借此悟道。一代名僧惠洪对酒色不以为戒，出入青楼酒肆，与妇女同居共寝，有人问他："道人何故，淫坊酒肆？"他回答："我自调心，非干汝事。"[18]这种不舍声色而证真空的修道方式，只得其皮相者，不但容易违反佛教戒律，更会触犯传统国法，佛教内部也提出批评说："深嗟末世诳说一禅，只学虚头，全无实解。……便说饮酒食肉不碍菩提，行盗行淫无妨般若。生遭王法，死堕阿鼻。"[19]陈自力指出："在这种禅学主张的影响下，不仅一般禅徒走上纵酒狎妓、娶妻纳室的狂禅之路，就连一些堪称一代宗师的禅师也有'不风流处也风流'的轶事。"[20] 有一僧作偈说："事事无碍，如意自在。手把猪头，口诵净戒。趁出淫坊，未还酒债。十字街头，解开布袋。"[21] 放纵七情六欲，俗人尚会半遮半掩，僧人反是心安理得。

（四）俗众助长僧人犯罪

随着知识的普及，理论上民众应加深对佛教的理解，更能分辨真伪善恶，事实上却非如此。圣严法师在20世纪末说："我知道现在在台湾就有些门派，公开喝酒吃肉，男女关系也很随便，还自认是已经证了三果四果的圣人，像这种行为，我们传统佛教是无法认可的。但是，社会上一般人很容易被他们吸引，传统佛教就被认为是绑手绑脚的守旧派。"[22] 这引申出一个有趣的问题，就是民众对佛教的要求究竟是什么？为了达到这些要求，他们是否在意僧人有没有遵守佛教的教义和戒律？套用圣严法师一本书的名字，就是民众所要求的，究竟是"正信的佛教"，还是从俗和功利的佛教？

吕凤棠说："有宋一代，佛教作为一种宗教形态，不仅在理论上成就不多，组织上也日见溃散，可以说是已渐趋衰落。"另一方面，佛教"用不讲理论、更便于修行的禅宗和净土宗作为诸宗的主流……采用更加世俗化的拜佛、念经、祈祷和超度亡灵等神学迷信形式，因而得到了更多宋人特别是平民百姓的信仰，也就是说更加普及了"[23]。也许可以说，宋代流行的佛教是由僧人和俗众所共同建构的，有时甚至是由俗众尤其是供养者所主导建构的，而修行不够的僧人每每顺应信众的要求，不但逐渐失去对世俗诱惑的批判和防范能力，甚至同流合污，违反佛教教义和戒律，包括大小淫戒。

第一，俗众促使僧人破戒，他们敬畏僧人，拿最好的东西供奉供养。①除酒肉财富外，还让妻女献身，例如北宋时"浙俗贵僧，或纵妇女与交，（孙）沔严察之，杖配者甚众"[24]。时人亦说："予窃见世之士大夫、富家，常令僧道入宅院，与妇人同起居而不知耻……未有不为彼淫污者。其间无知之辈，至于事露丑出而亦不耻不禁，悲夫！世间如此等人，何异于禽兽。"[25]这一方面反映俗众有自己认定的供养方式，并不要求僧人守戒，另一方面反映了僧人乐于接受，置戒律于脑后。

第二，俗众纵容僧人破戒，他们只要求僧人大显神通，既不管其何宗何派，也不计较其道德修行，甚至认为愈是行为怪异，例如不守戒律，就愈有法力。笔记小说不乏这种描绘，例如"僧仁简者，京师人，善梵语，于加持水陆最精，名出流辈远甚。士大夫家有资荐法事，必得其来，乃为尽孝。所蓄衣盂万计，然素不守戒律，饮酒食肉之外，靡所不为"[26]。所谓"靡所不为"，大抵也犯了色戒，但信者照样请他造功德以表示自己孝敬亡者不落人后。也许对俗众来说，既然神佛可以有子女（如毗沙门天王），则僧人未尝不可交媾。也有僧人的俗讲无非淫秽之事，而听众乐此不疲。[27]即使是知识分子，也侧重僧人的功能多于其信仰，因此认为僧

---

① 赵案：据后引庄绰《鸡肋编》"浙人讳鸭"言，这是妇人贪图安逸享受而夫家无力支持之故，即"贴夫"，未必是让妻女献身以为供奉。

与巫其实没有多大差别。他们一方面感叹"自先王之礼不行，人心放恣，被释氏乘虚而入，而冠礼、丧礼、葬礼、祭礼皆被他将蛮夷之法来夺了"，另一方面承认，佛教的各种功德亦是儒家慎终追远的表现，"宁可信其有，不失为长厚也。毕竟是一个祭祀，以僧代巫而求达于鬼神，请父母而又与请客致死致生之道，容或有是理也。……以僧代巫，却要择僧"。[28]朱熹亦认为："《楞严经》本只是咒语……故能禁伏鬼神，亦如巫者作法相似。"[29]江南有所谓"僧巫"，透露僧人"已是向巫的方向职业化了"[30]。把僧人视为巫，便可能不要求其达到僧的道德标准，要僧人发挥巫的功能，便难免容许其违戒以增强法力。

第三，士大夫并不尊重僧人的守戒生活，他们一方面与僧人交往，学佛谈禅，另一方面仍有其他种种调剂身心的方法，两者孰先孰后和如何配搭，完全由士大夫决定，而这决定会影响僧人，例如冶游是士大夫的重要调剂，不会因为参禅而轻易放弃，甚至会邀请或强逼僧人参加，无视佛门色戒。苏轼宴请名僧道潜，有艺妓作陪，舞罢求诗，可能有些挑逗，僧人写道："底事东山窈窕娘，不将幽梦嘱襄王，禅心已作沾泥絮，肯逐春风上下狂。"据说"一座大惊，自是名闻海内"①。又有诗话记载，"一贵宗室携妓游僧寺，酒阑剧

---

① 诗为僧道潜《子瞻席上令歌舞者求诗，戏以此赠》，收入[明]释正勉、[明]释性通选编，《古今禅藻集》(文渊阁四库全书)卷12，页60。事见[宋]释惠洪，《东坡称赏道潜诗》，收入[宋]释惠洪著，陈新点校，《冷斋夜话》(北京：中华书局，1988)卷6，页51，但诗稍异，作"寄语巫山窈窕娘，好将魂梦恼襄王，禅心已作沾泥絮，不逐春风上下狂"。

（终），诸妓皆散入僧房中，主人不怪也"[31]。朱熹曾批评僧人"最无状是见妇人便与之对谈"[32]，但究竟谁是始作俑者？自北宋以来，士人妇女到寺院活动已成社会风气，"元丰、元祐间，释氏禅家盛东南，士女纷造席，往往空闺门。（某士大夫）夫人闻之，戒家人曰：苟尽妇道，即契佛心，安用从彼扰扰邪？"[33] 似乎是士人家的妇女主动到寺院，而且有不合妇道的行为，但实际上士人本身难辞其咎。元祐元年，殿中侍御史孙升上奏，谓京城的僧人向他反映："士大夫有朝夕游息于其间（寺院），而又引其家妇人女子，出入无间，参禅入室，与其徒杂扰，昏暮而出，恬然不以为怪。此于朝廷风化，不为无损。伏望圣慈特降指挥，应妇人不得以参请为名，辄入禅院，如违，止坐夫、子。仍令开封府于诸禅院门晓示，庶几士大夫之家稍循礼法，不辱风化。"①但即使是士大夫本人入寺，也不见得会稍循礼法或尊重佛门清净，例如寄住寺院的士大夫，会把官妓带来夜宿。②某宗室长期寄住，除了鱼水之欢，还"使小婢遍走方丈，一不从所求，即以奸事诬

① ［宋］孙升，《上哲宗乞禁士大夫参请》，收入［宋］赵汝愚编，北京大学中国中古史研究中心点校、整理，《宋朝诸臣奏议》（上海：上海古籍出版社，1999）卷84，页907；亦收入［明］黄淮、［明］杨士奇编，《历代名臣奏议》（台北：学生书局，1964影印永乐十四年刊本）卷116，页22a。同僚朱光庭更上奏主张"士大夫以至民庶之家，今后亦不得令妇女入寺门，明立之禁"，见其《上哲宗乞戒约士大夫传异端之学》，收入［宋］赵汝愚编，《宋朝诸臣奏议》卷84，页907 — 909。

② ［宋］洪迈，《夷坚志》乙志卷18，页337。当时住在寺院的士人为数颇多，例如徽宗政和时期，"承平日久，士日益众，入流日益多，尽天下员阙，不足以充选。每三人守一阙，一名在官，一名被替，一名待次，凡五七年才成一任。其有取急一时，或凭借势援，又请宫观岳庙而去。今任宫观人已及千员，京师寓居，僧舍赁寄，邸店盈满，所在不可胜数"。《宋会要辑稿》选举23，页9。

胁"，逼得住持离寺避难，①可见士大夫把婢女也带到寺院里居住，有时易生是非。[34] 小说记载，"南昌章江门外，正临川流，有小刹四五，联处其下，水陆院最富。一僧跨江建水阁三数重，邦人士女游遨无虚时，实为奸淫翔集之所"[35]，绅士淑女竟把佛寺变为高级风月馆了。由此可知，有些士大夫偏好佛教的功用而非信仰，并不十分尊重僧人的忌讳或戒律，交往时完全以士大夫的生活方式强加于人，而僧人因各种原因，例如可以得到长官提名为寺院住持，或借机"名闻海内"，也勉强或乐于参加。僧道融批评南宋初年的高僧说："后世不见先德楷模，专事谀媚，曲求进显。凡以住持荐名为长老者，往往书刺以称门僧，奉前人为恩府，取招提之物，苞苴献佞，识者悯笑而恬不知耻。"②以无耻之心处身声色之中，久之难免了凡念。陈自力从文学史的角度指出，僧人"喜与士大夫游，难免沾上士大夫的习气，他把醉拥红粉、吟诗作赋的生活方式，当成文人雅致来表达，正是宋代士风向禅宗渗透的曲折反映"，甚至直接说，"士大夫的狎妓行为，对僧侣淫风的盛行起了推波助澜的作用"。[36]

　　宋代佛教的困境似乎延续至今，圣严法师说："过去，出

---

　　① 赵案：细读《清明集》此案原文，似无"住持离寺避难"之义，主僧如义"从容明白而去"以及"两易"是否其主动要求，或可存疑。
　　② ［宋］释道融，《丛林盛事》卷上，收入赵晓梅、土登班玛主编，《中国禅宗大典》第19册（北京：国际文化出版公司，1995），页353。自称门僧亦是投士大夫之所好，例如一名僧人朗诵《赤壁赋》十分出色，苏轼将之称为"东坡之门僧也"。［宋］苏轼著，王松龄点校，《东坡志林》（北京：中华书局，1981）卷2，页38。岳飞也曾荐僧为住持，见《宋会要辑稿》道释1，页7。

家的僧众住于深山大泽的丛林之中，不易受到物质世界的诱惑。而今天较大的寺院，都成了观光胜地，寺院的僧侣，不得不和来自各方善男信女，以及观光的旅客有所接触；为了经营寺院，弘扬佛法，也不得不深入民间。因此影响到出家人修道生活的宁静和清净，除僧相、茹素、不结婚和没有个人财产之外，几乎和在家人相似。所以一般根器的人，如果不遇到大善知识的提携、勉励，很难自动发心出家，出家之后，也很难至死不渝。"又因各种原因，佛门宁可姑息僧人犯戒（甚至大淫戒）也不愿见他们还俗，僧界又何能清净？[37]

二、僧人如何犯罪？

理论上应分析僧人犯奸的型态，例如探究犯罪的：a.时间为何？如白昼或晚上。b.场地为何？如寺院、邸店、妓院或事主居所。c.加害人是谁？如僧人个人犯罪、纠众犯罪，与缙绅、官府、豪横勾结，甚至是长期和有组织性的犯罪。d.受害人是谁？如同道（僧和尼）、信徒、非信徒、妇女、老弱、士人、官员；僧人或会视对方的宗教身分和社会地位而采取不同的手段。e.手段为何？如利用信徒的信任、诬告、栽赃、持械、禁锢、使毒、诅咒或下蛊等。然而，由于史料的限制，不是每个案件都能提供这些信息，故下文以犯罪的手段为主，旁及其他各项。除正史外，也多利用笔记小说，内容难免道听途说和加油添酱，但未必全属虚构，有些甚至是"可想而知"的常识问题，不过历史研究讲究证据，即使多此一举也不得不举些例子，就姑视之为宋代的八卦新闻吧。①

（一）利用"僧"的身分和形象

佛教三宝是佛宝（彻悟了宇宙人生真理的佛陀）、法宝
（佛所亲证的成佛之道）、僧宝（依佛法修行的出家弟子），信
仰佛教就必须信仰三宝（即皈依三宝），信众必须尊敬僧人，
尤其是已受过在家戒（三皈戒、五戒、八关戒斋、菩萨戒）
的信徒，更不得批评和揭发僧人的过失。[38] 圣严法师说："佛
陀灭后的佛教，供养三宝的对象，乃是偏重于僧宝。又因为
佛教主张'依法不依人'的缘故，特别重视正法的流布与皈
依，僧人的生活行为是他们个人的事，只要他们的见解正确，
能够开演佛法，纵然破了禁戒，仍该接受俗人的恭敬供
养——这是伦理的要求。"[39]

所以，对信徒来说，僧人"僧"的身分就是掩护其罪行

---

① 读到 Yasuhiko Karasawa（唐泽靖彦）的"Between Oral and Written Cul-
tures: Buddhist Monks in Qin Legal Plaints,"in Robert E. Hegel & Katherine Car-
litz eds., *Writing and Law in Late Imperial China: Crime, Conflict, and Judgment*,
(Seattle and London: University of Washington Press, 2007), pp.64-80, 相当令人
不解。简单说，作者认为案情的真实（reality）与虚构（fiction）是发生在"口述"
（oral）与"笔录"（written）之间；其实，假如是我手写我口（如士人和僧人可以自
撰状词，不必通过代书），在"内容上"就没有口述与笔录发生很大差别的问题，
只有在"表达上"是否传真的问题。另一方面，此口传彼口（不要说三人成虎，
甚至只是法庭上的口译），内容就会差异，此笔传彼笔，内容亦有差异，不是只
有口述变为笔录才有差异。所以，问题所在，不应只是研究口述与笔录之间的
差异，而更应研究口述者或笔录者如何"故意"让原来的故事走了样，甚至是虚
构，而审判者如何寻求真相。审判者所着眼的，是两造"谁的故事更可信"，至
于这故事是用何种形式表达，是口述（如庭上的对答）还是笔录（如状词），似乎
不是那么重要。研究法律，固然可用新颖的概念和方法，但也应考虑是否切合
实际，否则难免是搔不着痒处了。

的最佳武器，也是信徒对僧人罪行不愿声张的一个原因。对一般人来说，正如学生大都相信老师是有学问和道德的，民众也大都先入为主（preconception），相信僧人是不杀生、不偷盗、不淫乱、不妄语、不饮酒的，因此放心让僧人登堂入室，制造了僧人偷腥的机会。一位士人就警告："僧道不可入宅院，犹鼠雀不可入仓廪也。鼠雀入仓廪，未有不食谷粟者；僧道入宅院，未有不为乱行者。此事之必然不可隐者也。予窃见世之士大夫、富家，常令僧道入宅院，与妇人同起居而不知耻……未有不为彼淫污者。"[40]

（二）利用职权

这发生在同道居多，包括僧人与僧人交合，和僧人与尼姑交合。僧人互相交合可能相当普遍，明清已略有研究，除发泄性欲外，也表示权威和地位，事实上高僧亦利用权威和地位（如师之于徒）来达到性交目的，当然还有彼此的共同需要等，宋代恐不例外。[41]宋承唐律，"师主于其弟子有犯，同俗人兄弟之子法"，彼此是叔伯与侄子的关系，通常是以下犯上从重量刑，以上犯下从轻处罚，例如弟子杀师主，入恶逆罪，但师主因嗔竞殴杀弟子，只徒三年，故杀亦只绞不斩。可惜《师弟子律》失传，难睹双方的法律责任，尤其是师生犯奸时，不知是依凡人还是依周亲论罪，前者的处罚轻于后者。[42]

僧人亦跟尼姑交合，袁采《袁氏世范》的对象是社会大众，曾警告说："尼姑、道婆、媒婆、牙婆及妇人以买卖针灸为名者，皆不可令入人家。凡脱漏妇女财物，及引诱妇女为不美之事，皆此曹也。"[43] 李元弼《作邑自箴》的对象是士人阶层，《治家》条亦说："勿放尼妇出入。"①可见底层尼姑的道德水平深受怀疑，她们确会投怀送抱[44]，亦会被逼服从，成为受害者，不必讳言，加害者除了士大夫（如赫赫有名的贾似道以尼为妾）之外，亦有僧官和高僧。明因尼寺是大刹，有各式各样的尼姑，可选择性就很高。宋亡前后，"往来僧官，每至，必呼尼之少艾者供寝，寺中苦之，于是专作一寮，贮尼之尝有违滥者，以供不时之需，名曰尼站"②。可看到有职有权者之淫威，僧官既是坏蛋，住持也不是好东西。佛法规定尼姑要在十僧十尼面前受戒，高僧就趁她们到寺院时乘机侵犯，政府无法坐视，乃以国法压倒佛法，下令尼姑在尼寺受戒，一直执行到宋季。《庆元条法事类》（1202）说"诸尼受戒于尼院，僧纲不得相摄"，又规定"诸僧、道与尼、女冠，不得相交往来"③，可见防范之深，当然是反映现实的严重问题。

---

①［宋］李元弼，《作邑自箴》（四部丛刊续编）卷1，页3。又见《宋会要辑稿》职官34，页38—39："僧尼、道士、女冠之属，除为民祈谢有故事入内道场外，其余小小斋醮不系大体者，可只就寺观，不许辄入，以示官禁严密，内言不出，外言不入，防微杜渐，莫大于此。"

②［元］周密著，吴企明点校，《癸辛杂识》（北京：中华书局，1988）别集上，页257。明代田汝成将此条收入《西湖游览志余》，但将"僧官"改为"豪僧"，又认为此乃元代之事，不知何所据，待考，见［明］田汝成著，中华书局上海编辑所点校，《西湖游览志余》（北京：中华书局，1958）卷25，页462—463。

③《宋会要辑稿》道释2，页1；《庆元条法事类》卷50，页703、721。Ding-hwa Hsieh（谢定华），"Buddhist Nuns in Sung China,"pp.77-81, *Journal of Sung-Yuan Studies*, 30（2000），pp.63-96. 黄敏枝，《宋代妇女的另一侧面——关于宋代的比丘尼》，收入邓小南编，《唐宋女性与社会》（上海：上海辞书出版社，2003），页567—655；页644说尼姑在尼坛受戒的规定后来被取消，待考，但至少在《庆元条法事类》颁布时（1202）不曾取消。唐代律师高僧侵犯女尼的例子，见岳纯之，《唐代民事法律制度论稿》（北京：人民出版社，2006），页183—184。

（三）利用金钱

1. 娼妓

召妓就是买欢，但也有生情的。妓院要做法事功德，僧人便有机会见识旖旎风光。妓女火化，僧人诵曰："浓妆淡抹暗生尘，难买倾城一笑温。弘管丛中消白日，绮罗帐里醉黄昏。生前徒结千人爱，死后谁怜一点恩。惟有无情天上月，更阑人静照幽魂。"[45] 读来充满情感，不似出自禅心，因怜生爱就不足为奇了。① 了然迷上李秀奴，在臂上刺字"但愿生同极乐国，免教今世苦相思"，可见用情之深。来往日久，衣钵渐空，秀奴不大买账，了然借酒消愁而愁更愁，可见色与酒是孪生兄弟。了然一夕乘醉而至，秀奴拒之不纳，君一怒出手，奴倒地不起。执法者是苏轼，写了一个花判，拿他的刺字开玩笑，实在欠缺同情心，最后两句是"臂间刺道苦相思，这回还了相思债"，乃押赴市曹处斩。[46]

---

① 云注：从内容上看，下火文只言明妓女生前风光和死后凄凉，未能体现僧人的"因怜生爱"。从行为上看，应是僧人收钱办事而非利用金钱行淫。

赵案：有理，尤其是"生前徒结千人爱，死后谁怜一点恩"，颇有勘破前四句所谓生前风光之意。

柳答：此段首句"召妓就是买欢，但也有生情的"，谓之 topic sentence，指出僧人召妓的两种情况，而无论何者，召妓必须付费，故放在"利用金钱"之下。召妓的第一种情况是为了欢乐，主要指肉体上的，不必细表；第二种情况是出于感情，主要指心灵上的，但僧人如何与妓女生情？接下来便是提出两种机缘：一是僧人为了工作或佛法需要，会出入妓院接触到妓女，例如那些替死者送行的姐妹淘；二是僧人本人很有才情，例如能够作出好诗和好词的文化僧。既有诗人的情怀，对妓女又产生同情之心（相信任何人读到"惟有无情天上月，更阑人静照幽魂"都会同意），就可能触动凡心，故谓"读来充满情感，不似出自禅心"，于是由怜生爱，接着便举一个情杀之例。

宋代男娼已成行业，但属非法，从业者要杖一百，目前尚未看到僧人光顾的记载。[47]

2. 良家妇女

一种情况是利用良民对寺院经济的依赖，如"灵隐寺缁徒甚众，九里松一街，多素食、香纸、杂卖铺店，人家妇女，往往皆僧外宅也"[48]。十分明显，街上的店铺依赖寺院及信众为生，既能招徕生意，僧人便有恃无恐，直接到店里寻欢，连经营金屋的费用都省了。

另一种情况是丈夫纵容妻子跟僧人私通来赚取生活费，如"两浙妇人皆事服饰口腹，而耻为营生，故小民之家不能供其费者，皆纵其私通，谓之贴夫，公然出入不以为怪。如近寺居人，其所贴者皆僧行者，多至有四五焉"[49]。此迹近以妻为娼，刑法上要将夫妻强行离异，嫖者亦犯奸罪。[50]①

还有一种情况是利用地方歪风，其实也跟金钱有关。针对某些地方的特殊风俗，太宗曾下令地方官吏柔性开导："应邕、容、桂、广诸州，婚嫁、丧葬、衣服制度，并杀人以祭鬼，疾病不求医药，及僧置妻孥等事，并委本属长吏，多方化导，渐以治之，无宜峻法，以致烦扰。"[51]移风易俗不是一

---

① 赵案：然南宋时也规定"奸从夫捕"，既是夫妇自愿，大概难有付诸刑律的机会。

柳答：一是红杏出墙，一是卖淫赚活，两者性质并不相同。前者当从夫捕，后者应由第三者告发。

赵案：但目前所见《庆元条法事类》所存条文中，仅"内奸出军妻及禁军被差不在营"的情况，才许邻人告诉（页920）。且除反逆罪外，宋代依然禁止论诉不干己之事［参见郭东旭，《宋代法制研究》（保定：河北大学出版社，2000），页613］，由第三者举告奸罪的规定，似乎尚待细检。

纸诏令便能达成，一本记载北宋中期到南宋初年掌故的笔记小说仍说："广南风俗，市井坐估，多僧人为之，率皆致富，又例有室家，故其妇女多嫁于僧，欲落发则行定，既剃度乃成礼"，接着又说："行尽人间四百州，只应此地最风流"。[52]① 似乎地方官吏真的依照太宗的诏令，没有用严刑峻法来防止僧人娶妻，可以说是国家法律尊重当地风俗的一个例子。

无论如何，僧人利用平民的经济需要和地方歪风来行淫和娶妻，是对佛教慈善事业的莫大讽刺。秀州甚至以"佛种"为讳，因为僧人与良家女子多有染。[53]

（四）利用共同需要或兴趣

1. 女性

僧人与信女发生越轨行为可能最普遍，尤其是失宠的妻妾，缺乏性爱的寡妇和宦官的妻妾等。有一士大夫之妻借口到寺院，与僧人缠绵悱恻，声闻于外，被人窥见，告知其夫，掀开衣服一看，果然留有春痕，乃送官究治，僧坐徒，妻杖而离异。[54]妇女寻找慰藉而求神拜佛，正中淫僧下怀，最易

----

① 云注：关于僧人娶妻的现象，方如金、季必平，《佛教的儒家化与和尚娶妻》，《晋阳学刊》1992.2，页109—112认为"和尚娶妻这一奇特现象最早可能始于五代，但兴于宋代是毋庸置疑的。宋代和尚娶妻主要流行于岭南地区，但有全国化的趋势"。

赵案：[清]赵翼著，栾保群、吕宗力校点，《陔余丛考》（石家庄：河北人民出版社，1990）卷42，页896—897征引《唐书·李德裕传》、郑熊《番禺杂记》、房千里《投荒杂录》等文献，说明和尚有家室的现象，皆是唐代之例，恐非始于五代。然此非柳先生该处主旨。

发生骗色兼骗财。这种例子不必多举了。

2. 男性①

诗文和笔记小说隐约记载的交合对象，大都是士大夫，交往的都是文化僧。两者的地位不尽平等，采取主动的可能以士大夫居多，大胆的僧人亦会挑逗试探。被誉为"伉爽有才气，聪明绝世，同时僧中无两"的惠洪[55]，凭其才华广受士大夫欢迎，增加了亲近的机会。他有《次韵寄吴家兄弟》诗："朱门连属南昌郡，东湖褒贤拔高峻。西山卷帘入栏楯，富贵遮人不容进。我初见之不敢瞬，吴家诸郎特风韵。戏语嘲之终不愠，笔锋落处风雷趁。冰华百番一挥尽，红妆聚看眼波俊。一堂喧阗客欢甚，大厦吞风檐月近。君看渥洼本龙孕，俗马那能着神骏。"真可说是慧眼识英雄了。他对吴氏兄弟念念不忘，看到美景也会想起，写下《香城怀吴氏伯仲》："扶提登高阁，慷慨问陈迹。特欣悬显醉，不受澄观律。加额想诸郎，豪气洗寒乞。新庄花成轮，春生梦蝶室。"[56]这跟杜甫梦李白简直是两回事。小说记载，有两名士人，甲邀请乙"至一处求半日适，饮醇膳美，又有声色之玩"。及至其地，竟是僧寺，"少年僧姿状秀美，进趋安详……左右执事童皆狡（姣）好……僧与友（甲）谑浪调笑，欢意无间"[57]，士人与僧人可说情投意合。这再次表示，士

---

① 云注：佛法中男男意淫、口淫和身淫属犯戒，但在宋代，国法只言明男女犯奸的处罚，鸡奸入罪及其罚责尚不明确。从下文例证看，僧人应属破戒（犯佛法）而非犯罪（犯国法）。柳先生将僧人与男性的交合视为犯罪，或有其他解释空间。

大夫因本身的需要，不一定严格要求僧人守戒，甚至士大夫本身就是破其戒者。

（五）假名佛法以惑人

僧人宿于邸店，将化缘所得分与店主夫妻，实际上是先行利诱。妻子"既喜僧姿相，又以数得财"，欲迎还拒。一夕，妻子进入僧人房间，看到满室佛光，僧人说："吾非凡人，将度汝，汝勿泄"，乃相交合。以后凡是丈夫外出，二人便相好。[58] 连僧人也批评佛徒愚弄民妇，"与之通淫者，谓之佛法相见"[59]，可说是上述道颜与无着相见的真实版。以性交为佛法，今日仍有所闻，不必赘述。

（六）以诡计陷人

这里所谓诡计，不是鸡鸣狗盗之伎或三寸不烂之舌，那是媒人便可做到的，而是指有一定设计和投资的阴谋（plot），如老千的骗局，以显示僧人工于心计。

士大夫有美妻，僧人化缘看到，"阴设挑致之策"，又时常出没，故意引起丈夫怀疑。不久丈夫偕妻子赴新任，僧人给妻子送来路费，谓"相别有日，无以表意"，竟是合共百钱之黄金。丈夫醋意大发，认定有奸情，报官处理，自己单车赴任。官府找不到僧人，无法对质，妻子以泪洗面，折腾累月，以证据不足释放，贫苦无以为生。僧人潜回，指使毫不相干的第三者设计将妻子诱至寺里，"藏于地牢，奸污自如"。后来妻子乘隙请人报官，僧人伏罪，妻子也怅恨以死。[60]

（七）以威力逼人：拐带、掳走、禁锢、强奸、灭口

僧人用威力求欢的对象，不但是民妇，还有不少士大夫女眷。一是从私宅或城市通衢大道拐带或掳走，带到寺院禁锢，二是趁妇女入庙游览禁锢，之后都是连续奸淫。禁锢是长期性，待僧人厌倦或妇女老病色衰才释放或杀掉。为逼使妇女就范，会用刀刃威胁。有些是单枪匹马，有些是集体犯案，手法干净利落，官府鲜能主动破案。寺院的外壳，成了犯罪的掩护，武器、牢房与酒色俱全。僧人一举犯下贼盗、强奸和杀伤人等重罪，对此种情形官府通常不留情，杀僧毁寺。

南北宋之交，高级将领在临安建一寺院，收留南下的北方僧人，不料竟成淫窟。元宵之夜，属将的妻女入寺观灯，僧人热情款待，把母亲灌醉杀死，留下女儿泄欲。半年后，女儿乘隙请人通风报信，高级将领亲自带兵救出属下的女儿，处死犯案的僧人，逐去其他，把寺院拆毁。[61]

湖州士人携妻到杭州探亲，人生路不熟。妻子坐上一轿，直奔寺院，出轿始知受拐。僧人以刃威胁，呼救不得。被带到地牢，有妇女三十三人，"皆有姿色……多是宦家妻妾"，亦有平民妇女，似是用同样手法拐来。不久又添一少女，是某知州之女，知州到临安候差，晚上观灯，少女失散，被僧人乔装士人，拐带至此。三十多位妇女被二十多位僧人蹂躏，满寺都是淫僧。后来三四位妇女逃脱，官府立即捕杀众僧，把寺焚毁，掘出骸骨三十余副，是老去或得病而死的妇女。[62]

另一士人在候差时，与妻子至市区购物，妻子的轿夫被调包，抬至一寺。僧人以性命威胁，妻子委曲求全，每晚陪酒侍寝。"月余，僧力疲意阑"，意即失去"性"趣，妻子感到危险，哀求归去，僧人说："到此本无出理，念尔本分，又可商量"，原来差点要杀人灭口。释放前一晚，"合之达旦"。妻子不知道寺在何处，但曾在供奉的观音像上做了记号。官员很聪明，请各寺将观音像抬来求雨，灵验的重赏，果然看到有记号的，妻子亦认出僧人，竟是寺院住持，审问得实后戮杀于市。[63]

这些案件大都发生在城市的通衢大道，而且不分昼夜，令人发指。僧人竟敢对士大夫女眷下手，可谓色胆包天。他们看准外地来的士大夫不能久留，只要官府一时不能破案，士大夫离开后便可能不了了之。破案的关键，都是妇女本人，不是官府主动查获，可见僧人作案不留痕迹，堪称专业罪犯。阖寺僧人参与，则可谓有组织性犯罪。一寺距离临安城有五里之遥，是很好的藏匿地点，其他寺院亦可能如此。色与酒几乎同时出现，大抵犯酒戒不一定犯色戒，犯色戒几乎都犯酒戒。

综合上述，可看到若干问题：

①犯罪的时间：不分昼夜，无时不可能发生。

②犯罪的地点：可说"性"之所至，凡寺院、妓院、事主居所、城市、村落，无处不可能发生。

③犯罪的僧人：地位从一般僧人到寺院住持都有，年纪应与之相应，人数从一人到多人都有，凡是多人的，多使用威力，如拐带、掳走、禁锢。

④犯罪的对象：不分性别、职业、信仰和社会阶层。

⑤犯罪的手段：有些手段有其局限性，例如宗教职权应主要用于同道（僧和尼），金钱也较难用来诱使士大夫女眷，但大部分手段都可数管齐下和应用于不同的对象，例如利用职权时不排除利用对方的共同需要；借口性交是佛法，可同时应用于民妇和士大夫女眷；诡计和威力可同时应用于信徒和非信徒等。

当然，最明显的一点，是僧人犯罪与俗人无异，甚至有过之无不及，为了满足性欲，竟用掳人、拐带、禁锢、强奸和灭口等激烈手段。最令人惊奇的是，僧人用尽各种方法对付士大夫女眷，她们跟民妇受到几乎完全相同的危险，远不如我们所想的安全，更没想到危险是来自僧人，还可能是最大的危险。

三、司法如何审判？

僧人犯罪后面对司法审判，处境可能相当不利，因为一般都认为僧人应较凡人更为守法，犯僧自应加重惩罚。至迟从唐律开始，僧人犯盗和奸，处罚重于凡人，例如凡人与无夫之妇女和奸徒一年半，僧人则加二等徒二年半，和奸之妇女仍徒一年半；凡人与有夫之妇和奸徒二年，僧人则徒三年，和奸之妇仍徒二年。[64] 现存宋代案例不多，内容较详者更少，以下分析自有其局限性，只能一窥为数不多的司法者对色僧之处置。

（一）依法处置

案件发生在南宋晚期广南西路桂州的永福县。僧人妙成与妇人阿朱通奸，被阿朱之夫黄渐的雇主因他事揭发，初判是把妙成与黄渐各杖六十，阿朱免刑但射充军妻，即押到军营，由军士以射箭或其他方式竞标，胜者娶之。黄渐不服上诉，复审者范西堂批评初判"此何法也？"[65]因为僧人与有夫之妇和奸应徒三年，妇人则徒二年，但是否以奸罪起诉妇人及是否离婚，视乎其夫是否提告，而黄渐并无任何告诉。范西堂说："寺僧犯奸，加于常人可也，今止从杖罪。妇人和奸，从徒二年可也，今乃免断。妇（免）断，寺僧减降，不妨从厚，胡为黄渐与之同罪？胡为阿朱付之军人？重其所当轻，而轻其所当重，为政如此，非谬而何？"

这段话有几句流于精简，要跟判词其他地方综合起来解读，大意是说：阿朱应徒二年而不徒，僧人应徒三年而仅杖六十，不妨说是初判从宽；矛盾的是，既然有意从宽，初判为何把无罪的黄渐也同杖六十，又把阿朱强行与黄渐离异、射充军妻？该轻判的却重判，该重判的却轻判，这样处理政务，难道不荒谬吗？

何以如此荒谬？范西堂怀疑是某些初审吏员"必有取受"，意即受贿，乃各从杖一百。对阿朱的处罚，是交还其夫黄渐，逐出永福，如敢返回，先杖一百。对僧人的处罚，是从永福县交到同州的灵川县编管。范西堂还说："守令亲民，动当执法，舍法而参用己意，民何所凭？"强调自己依法审判，没有掺杂己意，事实上他多次引法和标榜"法意"，以指出初判的违法，例如说："在法：诸犯奸罪，徒二年，僧道加等。又法：诸犯奸，许从夫捕。又法：诸妻犯奸，愿与不愿听离，从夫意。……捕必从夫，法有深意。……未闻非夫入词，而断以奸罪，非夫愿离，而强之他从，殊与法意不合。"何况朱氏有一幼子，若母子分离，不但违反天伦，而且难保幼子生存，"以政事杀民，此其一耳"。令人好奇的，首先是告奸既要从夫，而黄渐并无告诉，范西堂在判词里也提到"只因（黄渐之雇主）陶岑与寺僧交讼，牵联阿朱，有奸与否，何由得实。……若事之暧昧，奸不因夫告而坐罪……则今之妇人，其不免于射者过半矣"。似乎对应否受理第三者的告奸有些犹豫，不过最后还是处罚阿朱和僧人。其次，宋代适用折杖法，徒三年可折为脊杖二十，但僧人仍被交付邻县看管，也许是鉴于奸案之故。不过在其他案件中，也有执法者坚持"在法：诸奸，许夫捕。今（其夫）李高既未有词，则官司不必自为多事"[66]。看来宋代的和奸罪摇摆于私领域（家务事）和公领域（社会风化）之间。

此外，上文提到士大夫女眷与僧人在寺内和奸，留下春痕，被丈夫告官，结果僧坐徒，妻杖而离异，也应是依法处置。

（二）逾法处置

本案发生在南宋晚期的隆兴府，执法者包恢秘密处死淫僧，且被载入《宋史》作为治绩，后来官至从二品的枢密院副长官，与副宰相等人合称执政官。可见逾法处置淫僧得到某种程度的默许：

> 有母诉子者，年月后状作"疏"字，（包）恢疑之，呼其子至，泣不言。及得其情：母孀居，与僧通，恶其子谏，以不孝坐之，状则僧为之也，因责子侍养。（子）跬步不离，僧无由至，母乃托夫讳日，入寺作佛事，以笼盛衣帛，因纳僧于内以归。恢知之，使人要之，置笼公库，逾旬，吏报笼中臭达于外，恢命沉于江，语其子曰："为汝除此害矣。"[67]

简单说，寡母告子不孝，包恢看到状子的"疏"字，怀疑有第三者，但儿子坚不吐实，只是哭泣。根据五听之法，儿子并非无良，且为寡母隐瞒不法情事，原来是寡母与僧人通奸，嫌儿子劝谏，遂告子不孝，除之而后快。不孝属十恶，是常赦不原的大罪，不死也得流放，可见寡母受僧人（疏状者）蛊惑，丧失母子亲情。查明真相后，包恢体谅儿子的孝心，放过寡母，没有追究通奸和唆讼之事，并巧妙地回应不孝之讼，责令儿子好好侍奉寡母。儿子寸步不离，僧人苦无机会，寡母乃安排僧人暗度陈仓，被包恢破局，僧人惨死。

僧人奸情曝光，又教母讼子，包恢不追究已属万幸，竟不知收敛，再次冒险求爱，可说为情害人，亦因情送命。虽说捉奸成双，但和奸之一方不一定获罪。讼子的寡母两次幸免追究，很明显是因为孝子的关系，这也是中国传统法律难以寻求规律之处，只能说当母亲犯罪时，母子关系（通常是亲生母子）是影响审判的重要因素。僧人罪不至死而被秘密处死，比凡人不如，可能正因为是僧人的身分，让包恢觉得应加重惩罚。他是理学名臣，度宗比之为程颢、程颐，这个学派的士大夫以排佛著称（事实上是一面吸收佛学一面批评佛教），在审判僧人时会不会有所偏颇，值得进一步研究。也就提出疑问，审判者本人的宗教倾向和对某些宗教的看法如何影响他们的审判？

笔记小说未可尽信亦未可不信，其间竟载有包恢案的翻版。僧人垂涎小商之妻，勤买胭脂果饼，四目交投之际，爱意频传。妻子谓丈夫在家，不方便办事，僧人乃倾囊中所有，让丈夫到外地经商，留下娇妻独守空房。是夕正要燕好，忽闻叩门之声，原来是丈夫回家取物。妻子让僧人躲进空箱，随即上锁，与丈夫合力抬至野外抛弃。僧人大难不死，被逻卒发现，抬回官府。打开一看，裸僧现形，官员为之大笑，心知其故，"勿问，复钥笼，投诸江"①。官员把受害人淹死，不但没有口供，也等于淹灭证据，便很难将设局骗财的夫妻绳之以法，大抵是觉得僧人罪有应得，反映官员对色僧的反感。

---

① ［明］田汝成，《西湖游览志余》卷25，页458。另一案是妻与淫僧合谋杀夫，见《宋史》卷343，页10905—10906。

（三）无法处置

本案发生在南宋晚期两浙东路处州芝溪寨一带。僧人禁锢平民之妻，是何居心，不问可知。平民告官，僧人反咬平民盗物。从判词可看到执法者咬牙切齿，一方面是正义难伸，另一方面是官威不振，竟对付不了一个和尚：

> 僧行满，诉吕千乙盗己之物，吕千乙又诉僧行满关留其妻。盗物、留妻，情理俱重，两词未知虚实，自合由东县追会供证，从公定断。夫何一妄男子，自称系是徐通判宣教，直至厅前，欲代僧行满出头。当职使厅子再三传语，谕令自重，方且退厅。不旋踵间，又用赵秘阁衔名封状，假作亲书小帖，乞免追僧。使寓贵果于庇此妖僧，只得私下与两争人和对，岂有一僧关留百姓之妻，不伏出官，却又反执其夫为贼之理？此是有天无日世界！知县若复曲徇，当何面目见吏民乎？郑坚承牌引追人，辄受徐宣教亲手付度官会三十贯，纵令藏匿行满，勘杖一百，押下芝溪寨拘锁，并监赃，仍具因依申州，开落名粮。徐通判盛德令名，士论推敬，见任自在严陵，未委何人辄敢假借本宅宣教名目，挠官府而害乡民，专人具申严州审会。仍照已行，别给牌引催追，并追徐宅干人。①

① 《名公书判清明集》卷12，页445—446。此案标题作"僧官留百姓妻反执其夫为盗"，但从内容看不出僧人是僧官，"官"字似是"关"字之误，因案内有"僧行满关留其妻"及"岂有一僧关留百姓之妻"等句。

即使吕氏确有盗去僧人财物，僧人把吕妻禁锢，已犯强掳人妻之罪，须接受审判，何况吕氏有无盗物，还要对质。官府下令拘提僧人到案，但吏人郑坚受贿，让僧人躲藏起来。行贿者是一位士人，自称出自徐通判家，并拥有宣教郎的头衔。开庭时，僧人缺席，徐宣教却直闯公堂，要替僧人"出头"，大抵是代为陈词答辩。碍于对方的身分，执法者不便把宣教郎径行驱逐，仅吩咐下属再三劝谕，让他离去。过了不久，宣教郎又再出现，可能觉得自己不够分量，这次带来密封信件，上面署有"赵秘阁"三字。赵秘阁大抵真有其人，是一位因退休或待阙而寓居该地的达官贵人。看到高官的名衔，执法者不敢置之不理，打开一看，竟是要求不把僧人拘提到案。执法者也是高级官吏，终于忍无可忍，喊出"岂有一僧关留百姓之妻，不伏出官，却又反执其夫为贼之理？此是有天无日世界！"可见执法者已经知道案情真相：僧人禁锢吕妻是真，控告吕氏盗物是假，乃要求县令不得曲徇、重罚受贿吏人，并加紧拘提僧人。执法者知道，关键人物是徐宣教，犯行包括闯闹公堂、行贿，甚至伪造文书。就常理判断，徐宣教应是徐通判的亲属，因徐通判的恩荫而得到宣教郎的头衔，要追究实在有些麻烦。执法者于是三管齐下：一是派专人通知在严州任职的徐通判，二是拘提徐府干仆（僧人应是藏在徐府），三是准备下台阶，声称宣教郎是冒牌货，与徐府无关。大抵只要宣教郎不再干预办案，前事便可免究。执法者说："使寓贵（赵秘阁）果于庇此妖僧，只得私下与两争人和对。"听来是不满赵秘阁干预司法，但亦似在暗示他们安排僧人与吕氏和解，这当然有些曲法了。本案明白显示，还算有正义感的高级士大夫，面对特权阶级的介入，执法也难免绑手碍脚。

大体而言，上述案件的执法者都不直色僧所为，但在地狱判的故事里，却有执法者流露怜悯之心。在《五戒禅师私红莲记》里，五戒禅师奸淫红莲，受到的惩罚，不过是此生不能解脱，要受六道轮回之苦，投胎做人（苏轼），省悟前因，终成正果。正如学人指出，这样的惩罚实在轻微，很难达到宗教惩劝的功能，倒像是指责佛教禁欲主义对人性的摧残，后人将之改编为《玉通师翠玉乡一梦》和《明悟禅师赶五戒》时，便将其用来反对禁欲，与佛教宗旨恰好相反。[68]这虽然是小说家言，往往虚构情节，迎合大众口味，但亦可能反映部分文人和民众对僧人禁欲的同情，与上文所谓信众助长僧人犯罪有相通之处。由此可知，法律所蕴含的"昔日"价值观念与民众所拥抱的"今日"价值观念有时确有落差，究竟谁是谁非，就见仁见智了。假如同情者就是一位法官，是否会"舍法而参用己意"，判决结果是否令"民何所凭"，实在值得进一步探究。

上文以色戒为例，回答了僧人为何犯罪、如何犯罪和如何受到审判等三个问题，但它的范围毕竟限于奸罪，只是森林中的一片树木（虽也是一大片了），下文采用综合的方式，不再限于某种罪行，而是广泛地回答这三个问题，有些仍适用于奸罪，有些则适用于其他罪行。

注释

[1] 本节取自柳立言，《色戒——宋僧与奸罪》，《法制史研究》12（2007），页41—80。

[2] 释圣严，《律制生活》（台北：法鼓文化，2003修订版，1963初版），页103、216—251；《戒律学纲要》（台北：法鼓文化，1999修订版，1965初版），页107—112、277—296、297—312。详见释能融，《律制、清规及其现代意义之探究》（台北：法鼓文化，2003），页92—146。

[3] 有关各种非法性行为及其惩罚，见杨果、铁爱花，《从唐宋性越轨法律看女性人身权益的演变》，《中国史研究》2006.1，页115—126；[日] 翁育瑄，《宋代の奸罪》，《お茶の水史学》50（2006），页65—95；黄伟廷，《唐宋奸罪之研究》（中国文化大学硕士学位论文，2010）。

云注：此外，翁育瑄的专著《唐宋的奸罪与两性关系》（台北：稻乡出版社，2012），更为细致地讨论了唐宋的奸罪。关于宋代奸罪的研究，还有张斐怡的《从判例看宋元时期法律对婚外情事件的处理》，收入宋代官箴研读会编，《宋代社会与法律——〈名公书判清明集〉讨论》（台北：东大图书股份有限公司，2001），页81—97；[韩] 崔碧茹的《宋代"奏裁"环境下的法律论争：如何处罚"因与人奸致夫于死"的"奸妻"》，收入姜锡东主编，《宋史研究论丛》15（保定：河北大学出版社，2014），页61—82。二文各有侧重，前者关注的是行为和程序，后者则着眼于身分。

[4] 释圣严，《律制生活》，页238。对邪淫戒的内容，详见其《戒律学纲要》，页107—112、277—296；自慰见页264—

265、273、281 —— 282。如要比对日本，可见 Bernard Faure, *The Red Thread: Buddhist Approaches to Sexuality*（Princeton, New Jersey: Princeton University Press, 1998），pp.64-97。

[5] 曾枣庄，《论宋僧词》，收入南京师范大学中文系编，《中国首届唐宋诗词国际学术讨论会论文集》（南京：江苏教育出版社，1994），页 492 —— 504。刘尊明、甘松，《宋代僧词与宋代佛教文化》，收入氏著《唐宋词与唐宋文化》（南京：凤凰出版社，2009），页 263 —— 311。参考李玉珍，《佛教譬喻文学中的男女美色与情欲——追求美丽的宗教意涵》，《新史学》10.4（1999），页 31 —— 65。有关佛教与女性的研究，见 Bernard Faure, *The Power of Denial：Buddhism，Purity, and Gender*, Princeton, New Jersey: Princeton University Press, 2003。

[6] 覃召文，《禅月诗魂：中国诗僧纵横谈》（北京：生活·读书·新知三联书店，1994），页 171 —— 172。

[7] 郭朋，《宋元佛教》（福州：福建人民出版社，1981），页 64；陈自力，《释惠洪研究》（北京：中华书局，2005），页 305 —— 306。

[8] 郭朋，《宋元佛教》，页 45 —— 46、64。

[9] [宋] 胡仔著，廖德明点校，《苕溪渔隐丛话》（香港：中华书局，1976）前集卷 56，页 385。

[10] [宋] 周密著，张茂鹏点校，《齐东野语》（北京：中华书局，1983）卷 18，页 327。

[11] 郭朋，《隋唐佛教》（济南：齐鲁书社，1980），页 600 —— 611。

[12] 参考严耀中，《宋代的密教高潮》，收入氏著《汉传密教》（上海：学林出版社，1999），页 37 —— 51；《密教的流入和演变》，收入氏著《中国东南佛教史》（上海：上海人民出版社，2005；前身是《江南佛教史》，2000），页 164 —— 183；刘黎明，

《宋代民间密宗信仰——以〈夷坚志〉为中心的初步考察》，《江西社会科学》2004.2，页53—58。

［13］释圣严，《学佛群疑》，页160—161。又见释圣严，《正信的佛教》（台北：法鼓文化，2006修订版，1965初版），页28—29、146。吕建福，《中国密教史》（北京：中国社会科学出版社，1995），页76—77、92—94。

［14］释圣严，《菩萨戒指要》（台北：法鼓文化，2006再版，1996初版），页38。

［15］王月清，《禅宗戒律思想初探——以"无相戒法"和"百丈清规"为中心》，《南京大学学报》2000.5，页100—108；《中国佛教伦理研究》（南京：南京大学出版社，1999），页103—121。劳政武，《佛教戒律学》（北京：宗教文化出版社，1999），页345—351、392。严耀中，《禅学中的戒律与禅门清规》，收入氏著《佛教戒律与中国社会》，页97—109。

［16］葛兆光，《中国禅思想史》，页328—339、349—352。参考 John Stevens, *Lust for Enlightenment: Buddhism and Sex*（Shambhala: Boston&London, 1990），pp.86–125。

［17］陈自力，《释惠洪研究》，页180—192，引文见页186、190。对在欲行禅更详细的说明，见其《要知在欲是行禅，火聚荷花颜色鲜——宋代僧侣狎妓纳室风气及其原因剖析》，《新国学》2005.5，页289—309。

［18］［宋］释惠洪，《石门文字禅》（四部丛刊初编）卷17，页182；其出典及其他风流韵事，见陈自力，《释惠洪研究》，页45、52—53、301—304、307。

［19］［宋］释延寿，《万善同归集》（大正藏）后附卷48《永明寿禅师垂诫》，页993；详见陈自力，《释惠洪研究》，页190。

［20］陈自力，《释惠洪研究》，页305—306；《论宋释惠洪的"好为绮语"》，《文学遗产》2005.2，页103—115。

［21］［宋］释晓莹，《罗湖野录》，收入周光培编，《历代笔记小说集成·宋代笔记小说》第22册（石家庄：河北教育出版社，1995）卷1，页358。

［22］释圣严，《人行道》，页41。

［23］吕凤棠，《佛教风俗》，收入徐吉军等编著，《中国风俗通史·宋代卷》（上海：上海文艺出版社，2001），页566—586。曹家齐，《宋代佛教的俗化》，《杭州研究》1996.2，收入氏著《宋史研究丛稿》（台北：新文丰出版公司，2006），页307—316。

［24］［宋］李焘著，上海师范大学古籍整理研究所、华东师范大学古籍研究所点校，《续资治通鉴长编》（北京：中华书局，1979—1995）卷176，页4254。

［25］［宋］黄光大，《积善录》（《说郛》百卷本），收入［明］陶宗仪等编，《说郛三种》册2（上海：上海古籍出版社，1988），页972。

［26］［宋］洪迈著，何卓点校，《夷坚志》（北京：中华书局，1981）支志癸卷2，页1237。

［27］王秀林，《晚唐五代诗僧群体研究》（北京：中华书局，2008），页68。

［28］［宋］车若水，《脚气集》（文渊阁四库全书），页41—42。

［29］［宋］朱熹述，［宋］黎靖德编，王星贤点校，《朱子语类》（北京：中华书局，1986）卷126，页3027—3028。

［30］严耀中，《中国东南佛教史》，页310。

［31］［宋］胡仔，《苕溪渔隐丛话》前集卷47，页323，详见陈自力，《释惠洪研究》，页306；另一例子见［宋］周紫芝，《竹坡诗话》（文渊阁四库全书），页16。

［32］［宋］朱熹，《朱子语类》卷126，页3037。

［33］［宋］邹浩，《道乡集》（文渊阁四库全书）卷37，页16。

［34］不著人编，中国社会科学院历史研究所宋辽金元史研

究室点校，《名公书判清明集》（北京：中华书局，1987）卷11，页405—406；《宋会要辑稿》职官75，页30亦提到僧人涉案而牵连寓居官员的婢女。

［35］［清］潘永因编，刘卓英点校，《宋稗类钞》（北京：书目文献出版社，1985）卷2，页163—164。［宋］洪迈，《夷坚志》三志壬卷6，页1515。

［36］陈自力，《释惠洪研究》，页307；《论宋释惠洪的"好为绮语"》，页103—115。

［37］释圣严，《学佛群疑》，页244—245；《律制生活》，页61—68。

［38］在家众皈依三宝的重要性，见释圣严《学佛群疑》，页11—14；在家众不得轻视僧人及揭发其过失等事，见其《戒律学纲要》，页27—30、33—34；《律制生活》，页100—105，尤其页102—105。

［39］释圣严，《正信的佛教》，页45—46。

［40］［宋］黄光大，《积善录》，页972。

［41］明清僧人的性行为，可见Matthew H. Sommer（苏成捷），*Sex, Law, and Society in Late Imperial China*（Stanford, Cal.: Stanford University Press, 2000），pp.99–101。日本僧人之间的性行为，可参考 Bernard Faure, *The Red Thread: Buddhist Approaches to Sexuality*, pp.207–240。

［42］《宋刑统》卷6，页120。《师弟子律》，见《庆元条法事类》卷50，页690。

［43］［宋］袁采，《袁氏世范》（知不足斋丛书）卷3，页17b。

［44］［宋］金盈之，《醉翁谈录》，收入周光培编《历代笔记小说集成·宋代笔记小说》第7册（石家庄：河北教育出版社，1995）卷6，页71—73。详见王书奴《中国娼妓史》（上海：上海三联书店，1988），页158—164；庞德新《宋代两京市民生活》

（香港：龙门书店，1974），页348—349，359—361。比丘尼当淫媒的例子，见［宋］洪迈，《夷坚志》支志景卷3，页901—902。

［45］［宋］金盈之，《醉翁谈录》卷6，页77。

［46］［元］罗烨，《新编醉翁谈录》（续修四库全书）庚集卷2，页442。又见［明］田汝成，《西湖游览志余》卷25，页458。

［47］［元］周密，《癸辛杂识》后集，页109；王书奴，《中国娼妓史》，页225—226。

［48］［明］田汝成，《西湖游览志余》（上海：上海古籍出版社，1998）卷25，页458。

［49］［宋］庄绰著，萧鲁阳点校，《鸡肋编》（北京：中华书局，1983）卷中，页73。张邦炜，《两宋时期的性问题》，收入邓小南编，《唐宋女性与社会》，页447—464。

［50］《庆元条法事类》卷80，页923。

［51］［宋］钱若水等著，燕永成点校，《宋太宗实录》（兰州：甘肃人民出版社，2005），页86—87；《宋会要辑稿》刑法2，页3。

［52］［宋］庄绰，《鸡肋编》卷中，页65—66。

［53］［宋］庄绰，《鸡肋编》卷上，页13。

［54］［明］田汝成，《西湖游览志余》卷25，页461。明代的情况可见简瑞瑶《明代妇女佛教信仰与社会规范》（台北：稻乡出版社，2007）。

云注：宋代僧人与女信徒的奸淫之事，参见邵育欣，《宋代妇女的佛教信仰与生活空间》（北京：中国社会科学出版社，2015），页80—87。

［55］陈垣，《中国佛教史籍概论》（北京：科学出版社，1955），页133。

［56］［宋］释惠洪，《石门文字禅》卷1，页9。

［57］［清］潘永因编《宋稗类钞》卷2，页163—164。对中国的男风，可参考刘达临、鲁龙光主编，《中国同性恋研究》（北京：中国社会出版社，2005）。

［58］［宋］洪迈，《夷坚志》丁志卷19，页694—695。

［59］［宋］释志磐，《佛祖统纪》（续修四库全书）卷47，页652。

［60］［宋］洪迈，《夷坚志》支志景卷3，页902。

［61］［明］田汝成，《西湖游览志余》卷25，页462。

［62］［明］田汝成，《西湖游览志余》卷25，页458—460。

［63］［明］田汝成，《西湖游览志余》卷25，页460。

［64］《庆元条法事类》卷51，页725。

［65］《名公书判清明集》卷12，页448—449。

［66］《名公书判清明集》卷12，页446。

［67］［元］脱脱等，《宋史》（北京：中华书局，1977）卷421，页12592。

［68］王连儒，《志怪小说与人文宗教》（济南：山东大学出版社，2002），页303—304；张兵，《宋辽金元小说史》（上海：复旦大学出版社，2001），页223—224。

第二章
僧人为何犯罪：红尘浪里难修行[1]

佛教所说"共业"，指众生所造业力的结果，笔者将之理解为集体因素。如上所述，当佛界的"自律"出了问题，而法律和社会不能发挥"他律"的功能，便不容易阻止僧人一再犯罪，两者合起来就是共业。因此，下文不将重点放在僧人个人，而放在佛教，从佛教在宋代的发展来看僧人犯罪，强调佛教在宋代的入世，例如寺院进一步市场化和商业化、中小寺院为求生存不得不迎合民众怪力乱神的要求、禅宗提倡在欲行禅和色中悟空、文字禅误入歧途不足以提升僧众水平，及佛教的信仰和行为都被士大夫和大众文化所同化而世俗化和低俗化等，乃与滚滚俗世的罪恶结下不解之缘。

一、自律的问题

（一）僧团管理的失效

仁宗时，大臣奏说："天下僧徒数十万，多游惰凶顽，隐迹为僧，结为盗贼，污辱教门。欲望今后除额定数剃度外，非时更不放度。及常年聚试之际，先委僧司看验保识，如行止不明、身有雕刺，及犯刑宪者，并不得经试。……从之。"[2] 短短几句话，说出了僧人来源的芜杂、度僧制度的破坏和寺院管理的松弛，分述如下：

1. 僧人来源的芜杂

宋代僧人的主要来源有六：一是逃避赋役者（事实上是将赋役负担从本人的家庭转嫁至寺院），二是贫苦无以为生者，三是懒于稼穑者，四是不良分子，五是父母弃养者，六是构成僧侣上层的失意士人[3]，还有真心修行的各种人士。随着科举教育的普及，士人倍增，失意者也倍增，不少成为僧人，故出现儒僧（尤多诗僧），有些甚至还俗参加科举[4]，学人亦每将宋代视为农民禅转为文人禅，或农樵僧转为文化僧的时代。①但是，文化僧在二十多万的僧人中乃属少数，大部分的僧人文化水平甚至道德修养良莠不齐，可能跟他们成为僧人之前并无两样②，这不能不归咎于度僧制度的破坏和寺院管教的松弛。

---

① 任继愈，《任继愈禅学论集》（北京：商务印书馆，2005），页69—77。根据顾吉辰《宋代佛教史稿》页76，单是《宋诗纪事》卷91至93"释子"，就有二百六十一位诗僧。

② 云注：程民生认为宋代僧道的文化门槛高，在宗教文化和世俗文化方面有着较高的成就。在数量上，僧道数量在北宋末期将近百万，有文化的僧道约有六十万，是与士大夫并列的两大文化阶层，此可补正本书之论。参见程民生，《论宋代僧道的文化水平》，《浙江大学学报（人文社会科学版）》2019.3，页28—47。

2. 度僧制度的破坏

宋代是一个讲究以制度来达到管理的朝代，为了控制佛徒的数量和素质，政府以史为鉴，继承和完善了"出家—试经—度牒—戒牒"的度僧制度，必须通过这四重关卡，才能成为合法的僧人。简单说，出家是有意成为僧尼的男女，符合政府规定的条件（如年龄限制、家长同意、父母须有其他子息侍奉和不能是逃犯逃兵等），离开家庭，到寺院拜师受训，男称童行，女称长发，如违反规定，便要还俗和受罚。[①]试经是出家者在寺院学习达到一定年资后（至少两年），参加政府举办的考试，背诵或朗读佛经（如《法华》《心地观》《金光明》《报恩》和《华严》），通过才能取得成为僧人的资格，故试经的主要作用是保证僧人有一定的文化水平，屡试不中的大有人在。度牒可说是僧人的身分证明，不是每个试经合格者都可得到，它有一定的数量限制，通常是每百人发放一牒，得牒后始能披剃，否则要杖一百，故度牒的重要作用是限制僧人的数量。戒牒是由政府开设戒坛或授权寺院尼院发放，持有度牒者经地方官员验明资格、身分、法定年龄和度牒无误后，剃头受戒，成为正式的僧人。戒牒也有数量限制，从现有僧人数目的百分之一至几百分之一不等，故它的作用也是限制僧人的数量。剃度受戒之后，便有资格带着度牒、戒牒和游方证

---

① 《宋会要辑稿》道释1，页22。通过试经之前的童行和长发等门徒，可泛称出家。《庆元条法事类》卷50，页692："诸试经……通数同，取先系帐者；帐同，取先出家者；又同，以齿。"又卷51，页714："诸童行并留发。"

明等文件，云游四海，培养名气，有机会当名山大刹的住持了。[5]

　　四道关卡中，保证僧人素质的是经试，限制僧人数量的是度牒和戒牒，而足以破坏这制度的，是恩度（拨放）和进纳，前者是特恩，并非常制，后者是出售空名度牒，却是常制，开始时卖量有限，到了北宋中叶（英宗或神宗时）[6]①，国家财政困难，滥售度牒，于是出现双轨制：无钱的寺院，门徒继续凭试经争取有限的正式（记名）度牒；有钱的寺院，门徒不必通过试经，直接购买空名度牒。黄敏枝说："既然可以用钱买度牒，那么就无需再研习经文讲求戒律，伪滥滋生，不言而喻。用钱买度牒最盛行时，试经、拨放无形中减少或中止，如绍兴六年试经的不过三四十人，而且经业又不精熟。"[7]所以，导致僧人素质下降的始作俑者是政府滥售度牒，

---

　　① 云注:关于宋代政府售卖度牒的起始时间,顾吉辰《宋代佛教史稿》列举英宗治平四年说、神宗熙宁元年说、仁宗嘉祐说,并加分析,认为熙宁元年说较为可信。而游彪引用太宗时期两则史料,推测官府鬻卖度牒由来已久,并非始于神宗;谭静怡则认为英宗首开牒给度,高宗以后鬻度成为得度的首要途径。此可补正本书之论。参见游彪,《宋代鬻卖度僧牒始于何时?》,《中国史研究》1988.3,页97;谭静怡,《宋代度僧制度再考辨》,《宗教学研究》2020.1,页117—124。

　　赵案:关于宋代政府售卖度牒的起始时间,日本学者论之甚夥。如前述三说,曾我部静雄在《宋の度牒雜考》(《史學雜誌》41.6,1930)中辨析甚详。日本学者并不否认北宋前期存在售卖度牒的现象(尤其是下引竺沙文,对相关史料已多列举),但所考论者,乃是宋廷从何时起公然售卖度牒并以之为地方财政收入的重要来源。参见[日]高雄義堅,《宋代に於ける度及び度牒制》,《仏教研究》4.2,1940,收入氏著《宋代佛教史の研究》(京都:百華苑,1975),页25;[日]竺沙雅章,《宋代賣牒考》,《佛教史學研究》22.1,1979,收入氏著《中国佛教社会史研究》(京都:同朋舍,1982),页27—29。

其次是滥发戒牒，甚至省略，使人得到度牒便可成为僧人。①

不用经试不必受戒便可成为僧人，"遂致游手慵随之辈，或奸恶不逞之徒，皆得投迹于其间，故冒法以干有司者，曾无虚实（岁）"[8]。僧人的身分和僧寺的名堂反成为犯罪的掩饰，例如不良分子成为僧人后，呼朋引伴，寺院成为聚赌之地，结果闹出命案。[9]更严重的是劣币驱逐良币，不良分子僭位成为一寺之主，掏空寺产，佛教本身成为受害者，例如南宋宁宗初年，"闻二广州军，凡为僧者，岂真出家之人？盖游手之徒，遍走二广，夤缘州郡，求售为（伪）帖，号曰沙弥，即擅自披剃为僧，或即营求主持寺院，不数年间，常住财物，掩为己有，席卷而去"[10]。所谓"伪帖"，不是僧人自行伪造的，而是地方政府为了筹措经费而发行，后来被中央否定，才谓之"伪"。②非常讽刺的是，租客侵占业主的房屋，

---

① 白文固，《唐宋时期戒牒和六念牒管理制度》，《青海社会科学》2005.2，页98—102。目前对戒牒的研究还不充分，但必须把出家戒（沙弥及沙弥尼戒、式叉摩尼戒、比丘尼戒、比丘戒、菩萨戒）与在家戒（三皈戒、五戒、八关戒斋、菩萨戒）分开，不能混为一谈，如王书庆，《敦煌文献中五代宋初戒牒研究》，《敦煌研究》1997.3，页33—42。

云注：汪圣铎后曾质疑白文固的戒牒研究：其一，白文将戒牒视为僧人和居士受戒的证明，而汪文指出目前的文献记载不足以说明戒牒是内地居士受戒的证明；其二，白文将《庆元条发事类》所载戒牒式中的"余依例程"认定为唐宋戒牒的常规性格式，而汪文判定"余依例程"主要是指主管官员的依例签署；其三，白文认为戒牒的作用不如度牒，是度牒的补充证件且依附于度牒而存在，汪文则认为戒牒与度牒同是僧人重要的身分证明，其重要性不亚于度牒。见汪圣铎，《宋代僧人受戒制度研究》，《中国史研究》2007.3，页76—80。

② 《宋会要辑稿》刑法2，页120：孝宗淳熙七年十月二十四日，臣僚言："广南诸郡创鬻沙弥、师巫二帖以滋财用，缘此乡民怠惰者为僧，奸猾者则因是为妖术。除出给沙弥文帖已立限收毁外，诏广东西路帅司行下所部州军，将给过师巫文帖并传习妖教文书，委官限一月根刷拘收毁抹，严行禁止，毋致违犯。"很明显是禁而不止，反映中央跟地方政府的不同调亦会影响僧人的权益。

跟僧人完全无关，但判词说："君子固难胜小人，客僧反欲为寺主……此何风俗，盍正罪名。"可见争做住持和谋占寺产时常发生，竟成为口头禅。[11] 总之，宋代社会有不少披着袈裟的人，是合法的僧人，甚至是寺院的住持，但他们的灵魂和作为，实与俗人无异。

3. 寺院管教的松弛

佛门普渡众生，本应帮助社会中的有过者弃恶从善，但政府一再限制，先是禁止佛门接纳逃犯或逃兵，尚可以理解为佛法不能超越国法（不能窝藏罪犯），但政府进一步规定曾经还俗、身有文刺或犯笞刑的门徒不得参加试经，后来索性不准他们当门徒①，却明显是干预佛法的布施。干预的原因之一，是有些僧人故意接纳不良分子来为非作歹，如"断臂僧智悟，集乡里凶黠者为童行，总千余人，凌殴平民，恣为不

---

① 《宋会要辑稿》道释 1，页 27："其先经还俗，或曾犯刑责负罪逃亡，及景迹凶恶、身有文刺者，并不得出家。若系帐童行犯刑责者，亦勒还俗。寺观故违容受者，人及师主、三纲、知事、邻房同住僧道并行断遣，本师虽会赦，仍勒还俗。官司常行觉察，许人陈告，以犯人衣钵、资财给赏，不过五十千。"《庆元条法事类》卷 50，页 701；已当童行者，虽身有文刺，但不曾犯徒刑及经决私罪杖情重者，仍听度，成为僧人后如犯逾滥，要杖一百，见卷 50，页 698、725。换言之，虽然已当上童行，之前曾犯较重之罪，仍不得度，明显是不信任。后周世宗整顿佛教亦禁止寺院收留有刺字之逃兵，见［日］牧田谛亮，《后周世宗的佛教政策》，《东洋史研究》11.3（1941），收入氏著《中国近世佛教史研究》（京都：平乐寺书店，1957），页 64—95；中译是：［日］牧田谛亮著，释如真译，《后周世宗的佛教政策》，收入张曼涛主编，《中国佛教史专集之二：隋唐五代篇》（台北：大乘文化出版社，1977），页 319—345；索文林译，《后周世宗的佛教政策》，《中国近世佛教史研究》（台北：华宇出版社，1985），页 89—130。宋初似乎不曾禁止不良分子出家，只要求严加试经，见《宋会要辑稿》道释 1，页 22。对学佛，佛教是来者不拒，对出家，则有十三重难与十六轻遮的条件，若有任何一种重难，今生均不得出家，若有任何一种轻遮，只要消除，仍可随时出家，详见释圣严，《律制生活》，页 24—26。

道"[12]。南宋漳州僧人更是离谱，"诸寺类皆招集无图浮浪人充行者，结束作士人衣冠，凶悍如大兵气势，专以打人示威，名曰爪牙，外护其出入，践履公庭，尤甚于民间健讼之夫"[13]。原因之二，是政府对经试的功用失去信心，也反映"为师者务收徒弟"[14]，却无心或无力管教，不能化恶为善，以致政府不得不防患于未然，把可疑分子摒诸佛门之外。那么究竟当时的寺院管教出了什么问题？

罗列寺院教育和管理的"制度"并不困难，大量利用佛门规则便可，已有详细的论著，但所呈现的可能只是表象。①正如曹刚华说，"宋代佛教史籍则并没有太多关于僧人丑事恶行的记载。这些都是当时佛教史家掩盖佛教丑事、维护佛教利益，曲笔撰述的一种表现"[15]。要找出"实态"或真相却十分不易，纵使是相国寺，其内部管理几乎没有留下任何有系统的材料[16]。无论如何，提高僧众的素质要靠师资（高僧）、教材（经典和文字禅等）和教育环境（校风、寺风），以下略述当时的流弊。

_____

① ［日］佐藤达玄，《中国佛教における戒律の研究》（东京：木耳社，1986）；中译是：［日］佐藤达玄著，释见憨等译，《戒律在中国佛教的发展》（嘉义：春光书乡，1997）。苏军，《宗赜及〈禅苑清规〉的内容与价值》，收入［宋］释宗赜，《禅苑清规》，页 175—211。王永会，《中国佛教僧团发展及其管理研究》（成都：巴蜀书社，2003）。罗列史料不但流于史匠，而且容易虚实不分，李正宇说："只根据佛教经典来描述唐宋时期的敦煌佛教，结果架构出了一个实际上并不存在、只存在于佛学家头脑中的所谓的'唐宋敦煌佛教'。"见其《唐宋时期的敦煌佛教》，收入郑炳林主编，《敦煌佛教艺术文化国际学术研讨会论文集》（兰州：兰州大学出版社，2002），页 367—386，引文见页 384。同样，过于偏重佛教文献，亦只能看到佛教正常而非反常的一面，正如在墓志铭里不会看到恶妻。

（1）师资与教材：高僧与文字禅

佛教在唐代完成中国化和开始世俗化，对这一点张国刚和杨宝玉有十分精要的综述[17]，宋代程度更深，特征之一是无论僧人的"行为"或"信念"，均非常迎合世俗的要求，结果失去自主性或特性。李正宇说："唐宋时期敦煌某些僧人学有所宗（如唯识宗、律宗、禅宗、密宗），但他们之所行所用，却是无宗无派的世俗佛教。"[18]这情况其实遍及全国，首先就行为来说，《宋高僧传》所提倡的，不是高蹈（此是"高"僧之原意），而是媚世，"其书颇主张随俗浮沉，与时俯仰"①。其次，就信念来说，北宋中叶，"北方之为佛者，皆留于名相，囿于因果，以故士之聪明超轶者皆鄙其言，诋为蛮夷下俚之说。（怀）琏独指其妙与孔、老合者，其言文而真，其行峻而通，故一时士大夫喜从之游"②。士大夫喜欢的，不是名相因果，而是能够与儒学和道教相合的佛说（例如以儒为主佛道为副的三教合一，不一定是以佛为主儒道为副的三教合一，有些学人不分清楚），僧怀琏投其所好，将真意加以文饰，行事又通融不坚执，乃大受欢迎，并出任高级僧官。三教合一本应是学说上而非信仰上的合一，但蔡州开元寺内建了"三教圆通堂"，同时供奉佛祖、孔子和老子，士

---

① 陈垣，《中国佛教史籍概论》，页42—43。[宋]释赞宁著，范祥雍点校，《宋高僧传》（北京：中华书局，1987）。该书虽以唐和五代的高僧为主，但撰者对他们的评论可以反映宋代的价值观，一如欧阳修之《新五代史》可反映宋人对五代士风的评价。

② 孔凡礼点校，《苏轼文集》（北京：中华书局，1986）卷17，页501。名相原是小乘佛教的特点，但小乘在宋代根本不流行，这里应是泛指当时的佛教。

大夫题记说："师本佛之徒，潜心老与儒，一堂何所像，三教此焉俱。"[19] 苏洵亦说："自唐以来，天下士大夫争以排释老为言，故其徒之欲求知于吾士大夫之间者，往往自叛其师以求容于吾，而吾士大夫亦喜其来而接之以礼。灵师、文畅之徒（二人均唐僧），饮酒食肉以自绝于其教。呜呼！"[20] 无论是信念还是行为，都向士大夫靠拢了。

事实上，佛界在北宋中叶已发出"末法"（末世）之叹：一是僧人讲道弃本逐末，文字禅转弯抹角，以文饰为能，难通修行之道；二是信徒缺少向道之心；三是僧人缺少基本的佛教信念，假名服以窃世缘，以斗器为作佛事，对权贵奉迎巴结，好吃懒做。从北宋末到南宋初，情况继续恶化，"比见丛林凋丧，学者不顾道德、少节义、无廉耻，讥淳素为鄙朴，奖嚣浮为俊敏。是故晚辈识见不明，涉猎抄写，用资口舌之辩。日滋月浸，遂成浇漓之风。逮语于圣人之道，瞢若面墙。此殆不可救也"[21]。更离谱的，是住持抛下门徒不管，去享齐人之福，饮酒吃肉自不在话下，时人批评说："已为僧而又隳败其业，甚则破戒律，私妻子，近屠酤市贩，或至弃寺而居，风雨败佛像，经卷为窭薮，亦不顾恤，如是者众矣。"[22] 名为高僧住持，学问和行为却低俗，以致荒废门徒的学业，误导他们的行为，原因包括：

① 高僧服膺官僚习气。他们既要防范官员排佛，也要争取官员的支持，例如推荐他们出任寺院住持和各级僧官、挪拨公费资助寺院和施舍私产予寺院等，不得不投其所好，一则故事记载：

> 有数贵人遇休沐，携歌舞燕僧舍者。酒酣，诵前人
> 诗：因过竹寺（院）逢僧话，又得浮生半日闲。僧闻而
> 笑之，贵人问师何笑，僧曰：尊官得半日闲，老僧却忙
> 了三日。谓一日供帐、一日燕集，一日扫除也。[23]

僧人不但要容忍贵人在寺院里征歌逐色，而且花掉不少
应酬时间，如何能专心修行？后人评论说："以僧舍为邮亭，
贵人俗甚，然亦僧自取耳。"[24]可谓一语道破僧人的奉迎。时
人讥讽士子以迎合得官是"'有甚意头求富贵，没些巴鼻便
奸邪'，而后禅林释子趋利谀佞，又有甚焉"，乃作下联："当
时选调出常调，今日僧家胜俗家"。[25]有些高僧成为僧官后，
不能抵抗官场的污染，交结权贵，贿赂公行，跟贪官污吏并
无两样①，可说是僧人官僚化的后遗症，跟今天的学者官僚化
如出一辙。

② 高僧被俗务所困。寺院普遍失去免税免役等特权，
又承担各种苛捐杂税，住持必须大力关注寺院的经济和财
务，否则有破产之虞[26]，结果满身俗务，减少了自我修行
和教育寺众的时间和精神。《禅苑清规》说："若乃窃议朝

---

① 游彪，《宋代寺院经济史稿》，页 12 — 13 有很好的例子。又见王曾瑜，
《僧道户》，收入氏著《宋朝阶级结构》（石家庄：河北教育出版社，1996），页
364 — 398。王和游是师徒，王氏开辟，游氏扩充，数据较详，本文多引游书，但
王书不失为游书之先导，游氏亦不对王氏和黄敏枝的《宋代佛教社会经济史
论集》提出不同看法，见其引用两书之注文。有关宋代的僧官制度，参考谢重
光、白文固，《中国僧官制度史》（西宁：青海人民出版社，1990），页 155 — 195；
刘长东，《宋代佛教政策论稿》，页 79 — 130。

廷政事……以至工商细务……衣食财货……既乖福业，无益道心。"[27]下面两则禅林故事却充分说明当时的高僧对工商细务和衣食财货是如何念兹在兹。

临济宗杨岐派的宗师五祖山法演有三大弟子：佛鉴慧勤、佛眼清远、佛果克勤，称为三佛，各据山头。法演来到东山，佛鉴和佛眼分别从太平和龙门去听训。法演先问佛鉴，舒州的稻熟了没有？佛鉴说熟了。又问太平的稻熟了没有？佛鉴说也熟了。接着问分布各处的田庄一共收稻多少？佛鉴一时答不上，法演立即不满，"正色厉声曰：汝滥为一寺之主，事无巨细悉要究心。常住岁计，一众所系，汝犹罔知，其他细务不言可见"[28]。师徒难得聚会，一见所谈的，不是义理而是财务。到了后来，日常事务也可用来参禅，禅师干脆用物价贵贱来训示门徒。永州太平安禅师上堂说法："有利无利，莫离行市。镇州萝卜极贵，庐陵米价甚贱。争似太平这里，时丰道泰，商贾骈阗。白米四文一升，萝卜一文一束。不用北头买贱，西头卖贵。自然物及四生，自然利资王化。又怎生说个佛法道理。"隔了一阵子，又说："劝君不用镌顽石，路上行人口似碑。"[29]可见除了佛法道理外，安禅师十分在意寺院的大小开销，自然花去不少精神和时间。按照清规，唐代的住持是每天说法，宋代一个月只有六次，而且因俗务缠身，不得不提早结束，结果是"松弛了修行者精进的道念，动摇了丛林原本重视修行的立场，而徐徐后退"[30]。

不少住持一面营公一面谋私，私蓄甚厚。有一位将产业寄于他人名下，后被干没，只得告官，实与俗人匿名寄产以隐藏非法私财或逃避税役没有两样。[31] 另一位亦积蓄甚丰，来不及隐藏便被门徒谋财害命。[32] 政府下令："诸僧、道及童行，盗本师财物而亡者，以凡盗论。"[①] 可见很多僧徒都是偷了就跑，跟一般盗贼无异，把寺院当作传舍。

住持控制寺院经济，可以渔利，门徒为了继承，时常重贿官员及采取各种不法手段，时人甚至说"好僧皆不肯住院，惟有衣钵无廉耻者方投名求售"。重金行贿之后，当然要回收，乃掏空寺产。[33]

③文字禅走入歧路。禅院已很少研习佛经，流行的是公案、语录、颂古和评唱等文字禅，但已陷入教者自说、学者自听的地步，这跟高僧的不学无术有关。僧惠洪说："丛林法道之坏，无如今日之甚。非特学者之罪，实为师者之罪也。"[34] 他记录了一段问答：

> （学者）问：如何是火性？（为师者）答曰：热是火性。问：如何是水性？答曰：湿是水性。……又问：何以谓之恕？答曰：如我之心以待人则恕矣（即将恕字拆开）。又问：何以谓之慎？答曰：心之一具，德见于慎耳（亦将慎字拆开）。

惠洪批评为师者的答案根本不是佛门道理而是世俗义理：

①《庆元条法事类》卷51，页725。同卷同页另一条说："诸僧、道及童行私用本师财物者，论如卑幼私辄用财律。"与前者的分别，是否在逃亡。

"此世间义理之论也！义理者，心之尘垢也，其去佛道不啻如百亿天渊。"[35] 虽然如此，还算有点东西可学，有些高僧却连世俗义理也不讲，"学者方蒙然无知，而反诫之曰：'安用多知，但饱食默坐。'虽若甚要，然亦去愚俗何远？"[36] 与不学相反的，是禅机愈讲愈玄，纠缠不清，不但一般的修行者难窥堂奥，"即在晚明的禅学专家，也有理解无门之叹"。江灿腾指出，宋代参禅执着公案不用经典的流弊有三：其一，凭着几则话头去修禅，开悟则已，不开悟则修行无成，变成无所事事之徒。其二，只凭公案修禅，佛经便可束之高阁，以致研究义理的人才大减。其三，为补救这种修行的困难，禅师提出禅净双修、三教融合，或借词堵塞学生问难等，结果产生无师自悟和僧徒无知等后遗症，自然无法提高一般门徒的修养。① 圣严法师称之为"愚昧佛教"，他说："佛教的僧徒与寺院虽多，但已没有了灵魂，只是徒有其表的空壳而已！不重教育，只顾依样画葫芦地上殿过堂盲修瞎参，不唯很少杰出的高僧，一般的僧徒，也多没有知识，自行且不知，那还能化人？"②

---

① 江灿腾，《晚明佛教丛林改革与佛学诤辩之研究——以憨山德清的改革生涯为中心》(台北：新文丰出版公司，1990)，页52—58；修订为《晚明佛教改革史》(桂林：广西师范大学出版社，2006)，页54—61。也有替文字禅辩护及试图解读其中禅机的，见阎孟祥，《宋代临济禅发展演变》，页172—205。笔者不敏，读来未能悟道。阎氏说："一个公案有几种'解释'，集多个公案的'解释'就有了方向性的意义。"(页213)假如有东南西北四种解释，集合起来不仍是东南西北四个方向吗，不知"方向性"的意义何在？

② 释圣严，《正信的佛教》，页27—28。有趣的是，地狱特设"犁泥狱"，专门惩罚不读经的僧人，"浸僧不知其数"，可见人数之多，见[宋]洪迈，《夷坚志》补卷卷25，页1780。

为师者的道德也不好，有些色心未泯，以绮语参禅，纵使真有禅机可悟，但法走偏锋，不是人人可学，更容易贻误后学。有些高僧追逐名利："今之学者，既下视天下之士，而又工于怪奇诡异之事，衒名逐世，不顾义理。……名为走道，其实走名。"[37]有些则随俗入世。一位名僧要出任住持，师父传授法衣，也提示"应世"须知，并且声明在先，"虽世俗常谈，在力行何如耳"；一共四点："一，福不可受尽，福尽则必致祸殃；二，势不可使尽，势尽则定遭欺侮；三，语不可说尽，说尽则机不密；四，规矩不可行尽，行尽则众难住。"[38]这不但是世俗常谈，而且是势利之谈，第四点无疑教人不要严行清规戒律。

学问和道德俱不足取的"邪师"，因钻营有术，"纷然棋布名山称嗣祖，沙门学者例无英气，往往甘心屈伏"[39]。结果误己误人，"近岁学者各宗其师，务从简便，得一句一偈，自谓了证，至使妇人孺子，抵掌嬉笑，争谈禅悦。高者为名，下者为利，余波末流，无所不至，而佛法微矣"[40]。学人实应探讨高僧的实际言论和行为，找出当代认定高僧之标准为何。[41]

(2) 教育环境：寺院弥漫求财问田的风气

今天许多学术成就卓越的大学都设有雄厚的基金，但多是委外投资，不像宋代寺院的内部经营。僧人涉足牟利事业太久太深，既影响个人修行，也影响寺院风气。正如大学教授整天盯着房市股市，满嘴行情汇价，不免影响学生的心态和行为。物质主义当道，物欲和人欲自然横流。宋代的情况是：

① 寺院变为市场。修行最好与世隔绝，否则也要一块静

地，但不少寺院邻近商业区，经年接触尘世的诱惑，例如有着数千甚至上万僧众的相国寺，几乎被店铺包围，妓馆较前代增多，寺院自身亦变成了瓦市，"以其吃、喝、玩、乐的连续方式，满足了光临其中的芸芸众生的类似追逐。……以至于让人怀疑相国寺是否还是一个宗教场所"。僧人把房廊出租为邸店（包括沽酒之店）、经营质库、承办筵席，举行集市和伎乐等各种对外营业，把寺院与世俗经济融为一体。段玉明说："如果前代的同类活动多少还有寺院的影子，那相国寺内的这些活动大抵已淡化了此一色彩。……寺院仅仅'退化'成为一个节日的活动场地。"为了迎合市场需要，相国寺不但让商人在主区外摆卖渔产家禽，更传闻有僧人替客人烧猪肉佐膳，亦有寺庙跟商人合作开设宰场。黄敏枝说："僧道以戒杀为律，而竟然以炙烧猪肉出名，甚而与俗人共逐酒肉，屠沽为业，则僧道牟利之积极，斯可见矣。"①较为偏远的寺院，住持也千方百计开辟市场，连行医也以盈利致富为主要目的。[42]王安石要富国，竟下令所有祠庙依照坊场、河渡之例，募人投标，把一定数额的课利上缴政府。得标者为了增加课利，实行招商，把祠庙市场化。神宗认为此举慢神辱国，下令禁止，但收效不大。[43]

---

① 段玉明，《相国寺》，页251—252、270—278、296—297。国忌设斋似乎也是荤腥素食并陈，见页228，待考。黄敏枝，《宋代佛教社会经济史论集》，页222。两位学人对炙猪肉可信性的看法略有不同，类似的事例，见[宋]陶谷著，郑村声、俞纲整理，《清异录》"猪羊三昧"，收入上海师范大学古籍整理研究所编，《全宋笔记》第1编第2册（郑州：大象出版社，2003），页30。[元]周密，《齐东野语》卷7，页128—129。

② 寺院致力求财。唐代寺院经济的商业化在宋代继续加剧，福业的性质转弱，营利的色彩更浓，甚至发行彩券[44]，视殖货为"宿业"[45]，均使僧人容易陷入尘世是非和市场经济的恶习。经营质库和发放高利贷等，都容易引起贪念和诉讼。一位富商以白金四百两购得南唐的十六罗汉图，典押给相国寺，僧人见猎心喜，把画藏起来不让富商收赎，引起诉讼。①高利贷取息过高（达30%—100%及以上），以及冒禁偷贩政府专卖的茶和盐等，也引来官司。游彪指出寺院田产的来源有三，其中之一是"购置田产与巧取豪夺"，包括非法买田、侵夺民田、先佃后占官田学田和霸占水利等，都属犯罪。因各种原因，有时的确为了基本生存，有时为了购买昂贵的度牒使童行早日成僧，有时却是富中求富。寺院求财会不择手段，连一代名僧大慧宗杲及其门徒亦不能免，所侵夺的还是孤儿之田。一如很多商人，僧商也百般逃税漏税，触犯法网。②

打个比方，当时许多寺院有如今日的学校，一面教育一面营利，学生龙蛇混杂，水平普遍低落，老师程度亦不高，加上放牛吃草，自难教育有成，要将其中的不良分子改过向

---

① ［宋］刘道醇，《宋朝名画评》（文渊阁四库全书）卷1，页7。一说白金二百两及超过回赎之期，见［宋］郭若虚著，邓白注，《图画见闻志》（成都：四川美术出版社，1986）卷3，页194。

② 游彪，《宋代寺院经济史稿》，页90、95—106、190—199、204—207。黄敏枝，《宋代寺田的来源与成立》，收入氏著《宋代佛教社会经济史论集》，页46，以为寺院"规占的对象都是属于官田或户绝田"，似过于乐观。《名公书判清明集》卷4，页127—128有一案，是寺院的违法田产被官府充公卖出，寺院在九十三年后伪造文书，诬告业主强占，意图夺回。

善，可谓难上加难。一出校门便是繁华商圈，灯红酒绿，无疑助长金钱与物质的追求。

（二）佛门戒律的新诠释与修行的新途径

1. 戒律松懈

宋代政府扶助佛教的一个重要原因，是它不但教人为善，而且辅以三世因果、六道轮回和八大地狱之说，效果更胜世俗法律。[46] 那么，教人减轻罪业早日转世的人，反去犯罪，难道不怕地狱之苦？僧人如何面对所犯之罪，如何解释，如何解脱？这些题目尚待研究，牵涉僧人对"善恶"和"除罪"等观念的重新诠释，以及对自己在人间和地狱应扮演何种角色的重新界定。目前仅提出一种情况，就是旧有戒律的僵化，在面对不断变化的社会时，有赖新的诠释，而新的诠释却时出状况，有难以实践的，有互相矛盾的，有迁就现实的，以致僧人犯戒之后，不难得到解脱。对这些新的诠释，有些士大夫反对，有些容忍，有些甚至推波助澜，助长僧人犯戒。

学人指出，佛教的戒律不是成文法，而是事例，即随犯随制，类似明清之则例，却缺乏则例随时随地随事而增益的可扩充性，因为佛教有一个古老的原则："若佛所不制，不应妄制；若已制，不得有违"，可说相当僵化。[47] 简单说，戒律分为性戒和遮戒：性戒是最严重的罪行，但只有淫、杀、盗和大妄语等四种已遂罪（四波罗夷），明知故犯者，不得忏悔，必须逐出教团。遮戒就是其他的罪行，违者若是善心犯戒，忏悔后便可除罪，且免果报；违者若是不善心犯戒，忏悔后虽可出罪，但仍受果报。这本就相当宽松，到了禅宗，尽管清规林立，但强调内心改过向善的原则丝毫不变，提出了"无相戒法"，强调"重戒于内心，不重律于外在的自在解脱"[48]。它的后遗症明显可见，就是替纵容违戒开了方便之门。此外，印度佛戒进入中国后，改头换面以迁就中土世情（如容许私有财产和从事买卖），本来就是中国佛教的特色，到宋代更是变本加厉，把过去一些不被容许的行为，以各种名义"轻罪化"甚至"除罪化"。例如对来路不明的布施，现在借着"说净法"便可受之无愧；酒戒是五戒之一（不偷盗、不杀生、不淫乱、不饮酒、不妄语），现在却以饮用熟酒和药酒的名义进行。[49]

　　某些信仰也大力宣扬其减罪和除罪的功能以吸引信徒。在壁画和文学作品（包括僧人著作的应验小说）中一再出现的，是罪人念诵观音名号，枷锁自脱，临刑时刀杖寸断，斩头不落。净土宗亦谓勤念佛号，连五逆重罪（如杀父杀母杀阿修罗使佛身出血破坏僧团等）都可消除，更不用说五戒了。[50]罪僧暴亡入冥，面对阎罗王的指责，抗说自己勤念佛号，假如仍要受罚，那表示佛经无用，阎王只好把他送上西天。①果真如此，僧人时常念经，犯罪都不用进地狱了。忏悔、回向和各种功德的易行和流行，也让信徒一面犯罪一面脱罪，李正宇说："本是为信徒改恶从善设置的方便之门，但在唐宋时期的敦

---

　　① ［宋］释赞宁，《宋高僧传》卷24，页624。读经转藏的一个重要功能，即修功德和除罪孽，例如食肉后读经便能免罪，见方广锠，《中国写本大藏经研究》（上海：上海古籍出版社，2006），页211—212。

煌，客观上却成了纵容违戒的方便法门"，这种情况其实遍及中土。[51]

学人对僧人饮酒吃肉是否违反戒律和国法有不同的观点。究竟戒律和国法是否容许僧人饮酒吃肉了？假如是的话，原因何在？这些原因是否具有"正当性""合理性""合法性"？假如没有，就只能说是歪理、借口，或流于"我说了算"，也就是我们所说的律文依旧禁止而新的诠释为之解禁，助长僧人饮酒吃肉之后只获轻罪或得以脱罪。下文以饮酒为例，先谈佛法（戒律和清规），再说国法。

就佛法来说，五戒是最重要的戒律，直到今天还在沿用。既然不得饮酒是五戒之一，为何还会出现佛教本身容许僧人饮酒的问题？这有多个解释，大致可分为从佛理方面提出解释和从世俗方面提出解释。例如今日已是常识的敦煌僧人饮酒，学人提出的解释，包括异族统治、诸族混居风俗不同和伪滥僧人就地合法化等，就属于世俗的因素，亦即世俗导致僧人犯戒。[52] 李正宇兼顾佛理与世俗，指出佛教经典虽禁止饮酒，但《佛说未曾有因缘经》也有"若人饮酒不起恶业……饮酒念戒，益增其福"的说法，"表明佛教在禁酒问题上存在着不定与两可的矛盾"。李氏接着指出，敦煌僧人偏向《佛说未曾有因缘经》，容许饮酒，"根本的原因不在于某种经典主张的异同，而在于世俗欲望的倾向性选择"①。也就是说，在可

---

① 李正宇，《晚唐至北宋敦煌僧尼普听饮酒》，《敦煌研究》2005.3，页68—79，引文见页78—79。事实上这桩公案的主角祇陀太子是俗人不是僧人，可参见圣严法师的解说，《菩萨戒指要》，页28—29。

饮与不可饮的两可之中，敦煌僧人选择了可饮，并不是根据可饮的佛理（如"饮酒念戒，益增其福"），而是出自世俗欲望。严耀中也说，"实质上也是为少数以饮食酒肉犯戒的僧尼作辩解掩护"[53]。圣严法师说："离欲一定先要持戒，持戒才能离欲……心不动身体还在动，有没有这样的事情?"可谓一语道破戒律与欲望的关系。[54] 总之，若干学人认为，僧人饮酒，美其名是于佛典有据，实质上是为了满足世俗欲望，有点挂羊头卖狗肉。

又有学人进一步指出，确是有寺院准许在特殊情况下开戒，但也仅限于这个特殊情况，在此之外，仍是犯戒。在考究敦煌寺院提供的臛并非肉汤而是菜羹，敦煌僧团并不食肉时，高启安说："我们所说的僧人'食肉'，指的是寺院或僧团组织不禁止僧人食肉，僧人在规定的时间里不受佛教戒律的限制而公开食肉；而少数僧人违反戒律私下食肉，不能算作'僧人食肉'。"[55] 这就清楚分别，即使同一个人食肉，也有合法（寺院、僧团容许）与非法（寺院、僧团不容许）的情况。

宋代僧人饮酒属于何种情况? 是于佛典有据，是为了满足世俗欲望，还是确有寺院准许在特殊情况下开戒? 在当代流行的《禅苑清规》说："酒肉葱薤，无使入门"，"受戒之后，常应守护。宁有法死，不无法生……如遇病缘，宁舍身命，终不以酒肉俗味毁禁戒"①，例如北宋温州灵岩德宗禅师

---

①［宋］释宗赜，《禅苑清规》卷1，页2;卷4，页48;卷4，页49更提到必须防范以吃药为名饮酒食肉。

就宁死也不肯以酒入药。[56] 我们不敢说这有多少代表性，但至少看到，若干禅宗的寺院严禁饮酒食肉，连所谓"方便"之门也不愿开。[57] 另一方面，有学人指出，唐宋出现两个特别的因素，让僧人饮酒有了正当性和合理性。刘淑芬说："唐、宋时期从'圣僧'信仰衍化而来的酒供养和部分密教仪轨中以酒作为供祭品，使得僧人饮酒具有某种程度的正当性。不过，僧人饮酒或药酒是不合乎戒律的，在诸《高僧传》中，仍是以严守酒戒的僧人占绝对多数。"[①]第一点似是从信仰方面对僧人饮酒提出解释，第二点是从密教仪轨提出解释。无论何者，刘氏都点出一个问题，即"僧人饮酒或药酒是不合乎戒律的"，既然是违反五戒，那么僧人饮酒的正当性和合理性从何而来？也就是说，佛教本身出现矛盾，一方面是戒律

---

① 刘淑芬，《戒律与养生之间》，页375。僧人饮酒有"合理性""正当性"或"合法性"的论说，见页357、358—359、375—382。佛教以离苦超生为目的，生岂可养？养生岂非养苦？戒律与养生有没有"之间"可言？圣严法师说得好："戒律的条文，可能有其时代性和地域性，但其戒律的根本精神是永远没有新旧之分的。"又说："戒律的条文固然是戒，凡不在条文中而仍违反了佛法原则的，也都算是犯戒。"佛教将饮食称为"药石"，共分四种：一是时药（主要的饮食）；二是非时药（次要的饮食，如果浆、砂糖、米粉和麦粉等，因病或特殊理由才准服用）；三是七日药（十种营养品，准许病人、体力劳动者和营养不良者服用）；四是尽形寿药（治病的药物）。在服用七日药和尽形寿药之时，都要作法受，例如受持尽形寿药，要念"……有某病缘故，此某尽形寿药……"若无病而受之，便是小妄言。把饮食称为药石的一个用意，是提醒修道者不要追求口腹之欲，饮食是为了医治"饥病"，把饮食当作吃药观想，就不会贪多贪好了。所以，僧人补充营养不算犯戒，但假如出现了"养生"的观念，即把饮食从治病的观想，局部改变为养生的观想，是否违反了戒律的根本精神？是否违反了佛制的原则？所谓"开缘"，亦有一定的规范，不能当作方便之门。圣严法师极力主张连一般信徒也不应饮酒，他说："他们以为饮酒可以养生，他们抱着'饮不及乱'的观念，贪恋杯中之物，其实这是犯戒的行为。"详见《戒律学纲要》，页51—55、116—118、121、123；《律制生活》，页146—152、153—193，尤其页164—166、174—175；《学佛群疑》，页28—32。

不准饮酒，另一方面是圣僧信仰和密教仪轨准许以酒供养，前者毫无疑问具有完全的正当性，后者似乎也具有某种程度的正当性。不但禅宗，即使是密宗，刘文也说："绝大多数的密教经典都禁止饮酒。"那么，究竟是密教仪轨还是经典比较重要或更具正当性？两者的矛盾如何解决？何时何事何地遵从经典？何时何事何地遵从仪轨？事实上，密教律一方面视饮酒食肉啖五辛为破戒，另一方面容许以念咒消解罪业[58]，这不禁让人怀疑，仪轨容许饮酒是否出自满足世俗欲望的需要大于出自密教经典？正如上文指出，有些供养和供奉的名目，例如闽浙地区的信众让妻女献身，恐怕是出自信徒自身的想法多于根据佛典。若以人数之众，禅和净土应居首位，禅僧饮酒啖肉时有所闻，是否受密宗仪轨影响，还是较多受世俗欲望影响，尚待探讨。无论如何，撇开正当性和合理性不谈，刘文颇能说明本文的观点，即无论原因为何，宋代佛教出现饮酒食肉之风，面对这种违反戒律的行为，佛教内部固然有想办法制止的，但也有想办法为之开脱的。开脱的办法，有诉诸圣僧信仰的，有求灵于密教仪轨的，它们究竟是为了满足世俗的欲望，还是真的根据佛理，或饮酒的目的确是为了追求佛经所说的目的，达到某种程度的正当性，就无法统计了。

接下来的问题，就是刘文所说的正当性是否见容于国法。佛教自行认可饮酒的新理由，是能够被国法所认可，还是造成"新"佛法与"旧"国法的冲突？

就国法来说，至迟从唐代开始，就律有明文，不准僧人饮酒。众所周知，中国传统法律的一个重要特点，就是持久耐用，尤其是重要条文，一旦确立为普遍通行的现行法，就会一直沿用，不因朝代的更迭而改变，其间偶会修法，但少有中断，这就是为何90%以上的唐律都收入宋明清法典的原因。所以，当唐代的律文继续出现在宋代的法典中时，我们直可相信，这律文是从确立的当天开始，就一直沿用至宋代，其间除非有重要事故，否则不会不适用，特别是涉及不准饮酒食肉这样重要的律文，假如曾经不适用，自会在各种史料（包括佛教史料）里留下痕迹。

有学人认为，"社会上有俗人以酒供养僧人，或是在一些密教仪轨中有酒的供献，因此，在法令上僧人饮酒不被认为是非法的，如宋真宗并没有下令不许僧人饮酒，而是下令商家不准卖酒肉给僧人和道人"[59]。让人产生疑问的是，假如不是禁止僧人饮酒，真宗何必禁止卖酒给僧人？难道是僧人可以饮用自行酿制的酒或免费的酒，仅是不能饮用买来的酒吗？今日管理者通令商家不准卖酒给十八岁以下者，前提不就是禁止他们饮酒吗？①事实

---

① 十八岁以下不得抽烟、饮酒、嚼槟榔的规定，明白载于台湾地区管理部门2004年5月28日颁布之《儿童及少年福利法》第二及二十六等条，这样，十八岁以下者即使不是饮买来的酒，而是饮自己酿制或朋友送来的酒，仍是违法。同理，宋代僧人即使不是饮买来的酒，而是饮自己酿制或朋友送来的酒，也是违法。宋真宗对卖酒之商家"许人纠告，重论其罪"（刘淑芬，《戒律与养生之间》，页380引文），即准人检举，施以重罚。也许有人认为，政府不准商家卖酒给僧人，或不准僧人买酒来喝，只是政府的"期望"，不是"禁止"。个人则认为，刑罚的作用就是"禁止"，不能说只是政府"期望"商家不卖酒给僧人；违反者就是触犯国法，要受惩罚，不能说只是让政府失望。政府不准商家卖酒给僧人，所反映的，应是禁止僧人饮酒，若是准许僧人饮酒，又何必以重罚来严禁商家卖酒给僧人？若只是重罚卖酒的人而完全不罚买酒来饮的僧人，是否合理？

上也不能因为寺院里有酒而推论僧人饮酒，因为不但僧人会私下酿酒来接待客人，朝廷有时亦准许僧人酿酒来提供政府使用[60]，寺院的房廊亦有出租给商人沽酒的。[61]

唐宋两朝的法令（事实上更早）都明白禁止僧人饮酒。《唐六典》说：僧道"若服俗衣及绫罗、乘大马、酒醉、与人斗打……皆还俗。……饮酒、食肉、设食五辛……皆苦役也"[62]。郑显文复原的唐太宗《道僧格》说："僧尼饮酒、食肉、设五辛者，皆苦役也；若为疾病药分所须，给其日限。酒醉（、）与人斗打，皆还俗。"他所根据的《令集解》说："凡僧尼，饮酒、食肉、服五辛者，三十日苦役。若为疾病药分所须，三纲给其日限。若饮酒醉乱，及与人斗打者，各还俗。"[63]律文清楚不过，单是饮酒，刑罚是苦役，不但饮而且醉，刑罚是还俗。也许有人认为，苦役三十天是僧律之内的处分，不是以国家之法定刑处分。其实，国法的一个重要来源就是社会习俗和民间私法，故国法吸收佛门私法对犯僧的惩罚方式是十分正常的。某条佛法一旦被纳入国法（如不准饮酒），法官又是依照国法将饮酒的僧人处以苦役时，无论苦役的场所是寺院还是边疆，也无论苦役的内容是抄写佛经还是修筑城墙，都属于国法的执行，不是佛法的执行。宋代法官把不孝子押返父母家中抄写《孝经》和日夜跪拜父母，现代法官判处优秀台球运动员在网站上连载不应赌博之文章，虽是别出心裁，但仍是执行国法而非私法。

宋承唐制，如《庆元条法事类》说："诸僧、道饮酒至醉者，还俗。免科罪。"[64] 跟唐律比较，唐律包含饮酒处以苦役和酒醉勒令还俗两部分，而宋律只有后者（酒醉还俗）没有前者（饮酒苦役），那是否表示，宋律是醉了才罚，不醉不罚，故僧人饮酒不醉便没有触犯国法？暂且不论今天看到的《庆元条法事类》乃是残本，就只看现存的律文，我们可从两方面讨论。

首先是立法的基本原则和目的为何？请先看《庆元条法事类》的另一条文："诸寺观内不得宰杀，采捕之具亦不得入。"立法之基本原则自是五戒中的不杀生，立法之目的自是禁止僧人杀生。在此前提下，虽然律文只说寺"内"不得宰杀，但学人可凭逻辑推论，僧人不但在寺"内"不得宰杀，连在寺"外"也不得宰杀。那么，宋律酒醉还俗的立法基本原则和目的是什么？常人饮酒至醉不会被罚，故"醉"本身不是一种罪行，那为何僧人酒醉便要被罚？明显可见，立法之基本原则，自是五戒中的不饮酒，立法之目的，自是禁止僧人饮酒。既要禁止僧人饮酒，又怎会醉了才罚，不醉不罚呢？我们可以放胆推论，宋律禁止僧人结婚，虽然没有明言，但法理上自也禁止他们订婚；同理，宋律禁止僧人醉酒，虽然没有明言，但法理上自也禁止他们饮酒，饮了就是违法，违法就要接受惩罚，没有不醉不罚这么便宜的事。

其次，假如真的是醉了才罚，不醉不罚，会有什么后果？不言可知，这等于间接容许僧人饮酒，只要不醉便可。问题有三：一、上文才说，酒醉还俗的立法基本原则是五戒中的不饮酒，现在却容许饮酒，岂非前后矛盾？二、我们必须承认，酒醉还俗是极重之惩罚，僧人多年的修行毁于一旦，缴回的度牒也所费不菲。那么，假如一方面容许饮酒，不加惩罚，另一方面严惩酒醉，勒令还俗，是否落差太大？假如饮酒不罚，逻辑上酒醉便不应如此重罚；反过来说，假如酒醉如此重罚，逻辑上饮酒便不应不罚。三、政府对卖酒给僧人的商家"许人纠告，重论其罪"，亦是重罚，却不罚买酒来饮的僧人，是否公平合理？较合理的解释，应是僧人饮酒至醉便要还俗，饮而未醉，仍要处罚，但轻于还俗，例如苦役。律文最后三个小字"免科罪"属于附注，是说把醉僧勒令还俗便够了（还俗本身就是一种科罪），不必再处以其他刑罚，例如僧人饮酒本处以苦役，现在醉了，干脆勒令还俗，就不罚苦役了，因为还俗之后便是俗人，而俗人酒醉无罪可科。但假如僧人所犯之罪是俗人犯了也要受罚的，如犯奸，则还俗之后，仍要科以奸罪，即所谓先断还俗，仍依法科罪。

岳纯之探讨唐代僧人可否成婚时也指出一个同样的问题，就是《唐律疏议》（还有后继的《宋刑统》）并无僧尼不得结婚的条文，那僧尼结婚算不算违反国法，是否接受国法的制裁？还是说僧尼的身分在事实上已经构成结婚的法定障碍，不必一定要明言于国法？假如今日找不到禁止僧人结婚的诏令和道僧格，是否就可以说，对僧人结婚的制裁只属戒律的范围，不属国法的范围？[65]总之，我们必须谨记，世事烦琐多变，每事立法、一事一法是绝无可能的，无论是司法者或读者，都应追寻立法之原则与目的，遇到法条看似没有明确说出的地方，便以轻重相明的方法作出合乎逻辑的推理，如不准僧人结婚，依理也不准订婚，不准卖酒给僧人，依理就是不准僧人饮酒，而不是简单地认为，法条没有说出来就是没有这规定。法条没有说出来的地方实在十分多。

综合来说，宋代的国法仍是禁止僧人饮酒，饮酒并无"合法性"可言。纵使出现特例，也只是司法者个人的裁定，不能推论说宋代准许僧人饮酒。立法与司法是两个不同的层次，立了法固然不见得被彻底执行，而司法的裁定也不见得是完全依照所立之法。就经验法则来说，依法而判似应多于违法而判，只是依法而判的量刑部分可能出入较大，例如同是僧人饮酒，大都会受惩罚，不会无罪释放，但有些法官罚得较重，有些较轻。

宋代的佛法，无论是戒律还是清规，无论是禅规还是密律，都禁止僧人饮酒，本应跟国法相辅相成，一点冲突也没有。但是，佛法在宋代的发展却出现两种容易触法的情况：一是佛戒本身的相冲，二是佛戒与国法的相冲。

就佛戒本身的冲突来说，就是佛戒本身出现松动和漏洞，无力约束僧徒，甚至赋予口实。潘春辉说："佛教在长久的中国化进程中，不断通融世情，戒律自身的收缩性加强，佛戒尺度逐渐放宽。但为自圆其说，佛戒却陷入了规定前后矛盾、说法不一的境地。由于戒律自身规定上的纰漏，为某些僧人违戒提供了理论依据。"[66] 严耀中亦尝试从"要求对以往的戒律有新的理解"这角度来解释酒肉和尚现象的转变。[①]圣严法师指出，"律文刻板，时代变更"确是戒律不弘的一个原因，但要灵活圆融地应用，首先要熟习戒律，方可不违律制的原则，但"南宋以来，根本丧失了崇尚律制的习惯"[67]。既然如此，戒律新解出现纰漏便不足为奇了，而且恐怕北宋就是如此。我们不妨将这种冲突视为旧的佛法与新的诠释的冲突。违反旧的戒律，但僧团因各种原因加以容许的（如敦煌僧人的饮酒），可谓违反旧戒而符合新的需要（如世俗欲望），判断其结果有无违反国法，要看国法是否接纳这个新的需要；而僧人是否受到处分，要看执行国法的士大夫是否认可这个新的需要。

就佛戒与国法的冲突来说，必须分清立法和司法两个层次。就立法言，佛戒的解释不断翻新来迎合世情，但世俗法律固守传统佛教规范，没有修法来追上新戒的发展，或是修法后更趋严峻，造成两种法规的冲突。以守旧的世俗法律来规范新的宗教信念和行为，是否令僧人易陷法网，是值得进一步研究的。就司法言，假如新的宗教信念和行为得到若干国法执行者的认同，僧人便可能在审判时减罪或脱罪，但这

---

① 严耀中，《酒肉和尚现象试释》，页565："要求对以往的戒律有新的理解，于是在有关佛教的史料中出现了新的吃酒肉和尚形象。"但页562认为"唐宋之间则又有一个转折，即文字中的酒肉和尚形象日益被全面否定"，恐怕言之过早，就本节所举《宋史》之例，及下文"民众要求怪力乱神"所述之民众并不计较和尚犯戒等，均可看到宋代士大夫和民众对酒肉和尚并未全面否定。民众的评价，应是以和尚是否为民服务(治病赶鬼等)和是否灵验为准：既服务又灵验的，饮酒吃肉反被视为灵验的前提，而且愈怪愈灵；既不服务又不灵验的，破戒就可能被全面否定了。士大夫的评价似乎跟民众没有很大分别，有贬亦有褒，否则就不会有《泼墨仙人图》，把醉僧形诸笔墨来欣赏了。

是执法者的个别行为，不能视为通案，不能认定僧人没有触法，不能推论他们的行为是合法的。

2. 某些宗派的某些信仰隐含触犯当代法律和道德的因子

郭朋指出，唐代大乘佛教的密教"具有纵欲、好色的特点……在宣扬荒淫象征的'欢喜金刚'的同时，还宣扬残暴象征的'愤怒金刚'……都已明显地走向了传统佛教的反面"[1]。到了宋代，密教仍然从印度经过各种途径输入中国，而且多是所谓左道密教，并进入政府的译经院，经文译出后，负责审查的士大夫便觉察"词意与经教戾"，例如真宗天禧元年四月诏令说："苟师承之或异，必邪正以相参；既失精详，浸成讹谬。而况荤血之祀，颇渎于真乘；厌诅之词，尤乖于妙理。……其新译《频那夜迦经》四卷，不得编入藏目。今传法院似此经文，无得翻译。"[68] 吕建福就说该经"与黑巫术极其相似。这类经典几乎与佛教的基本精神背道而驰，实际上有些译典……通篇找不出一点佛教的东西"[69]。但是，由于各种原因，密教在全国各地依然流行，在江南尤甚。其原因是

---

① 郭朋，《隋唐佛教》，页600—611。郭先生曾说密教在唐代开元以后销声匿迹(页611)，有些学人不以为然，郭氏后来说："(开元)以后，则以'东密'的面貌，流行于日本；以'藏密'的面貌，流行于我国的藏、蒙地区。"见其《中国佛教思想史》中卷，页505—506。这也不大正确，近来较流行的说法是把最早在中国流行的密教称为杂密，中唐的称为纯密，宋代的称为左道密教(或印度晚期密教)，以后还有藏密和滇密，参见黄心川，《密教的中国化》，《世界宗教研究》1990.2，页39—43；吕建福，《中国密教史》；李小荣，《隋唐五代至宋初的密宗信仰》(浙江大学博士后学位论文，2002)。著名的大足石窟即由密教信徒发起兴建，吕建福认为不能体现密教教法的内容(吕建福，《中国密教史》，页439—441)，但是否正可反映密教与其他教派的混合？近期有夏广兴，《密教传持与唐代社会》(上海：上海人民出版社，2008)，第三章即"密教与儒道及唐代佛教诸宗派"。

多方面的：第一，密教一些近似巫术的功能颇能满足人们的需要，例如念诵《大悲咒》(即《千手千眼观世音菩萨广大圆满无碍大悲心陀罗尼经》，当时已将原意为总持的"陀罗尼"理解为咒言)《佛顶心陀罗尼》《楞严经》《佛母咒》和《秽迹金刚法》等经文及利用咒水，便可驱魔赶鬼、除疾去疫、趋吉免祸、得福超生；第二，密教依附其他佛教宗派，如天台宗、禅宗和净土宗，以"寓宗"的形式继续传播；第三，乘着儒佛道三教合一的趋势，密教依附儒学和道教继续传播，有些教义的文字和内容跟儒道难分彼此；第四，跟其他教派如禅宗和天台宗一样，密教也吸收瑜伽养身调心所谓观想之法来吸引民众，而且相当成功，南宋的密教通常就被称为瑜伽密教；第五，一般民众只重视佛教的现实功效而不大理会教义精神，分不清也不必分清何宗何派，只要有功用就去信奉，其中自然包括密教，而信者包括了士大夫的妻子。[70]

但是，正如天禧诏令所提到的"厌诅之词"和"荤血之祀"，在士大夫心目中，左道密教也教人如何害人，例如当时由印度僧人译出的《佛说金刚香菩萨大明成就仪轨经》卷上说："欲令冤家失心狂乱者，用人骨作金刚橛，长八指，以安息香及牛肉同烧熏橛，埋冤家门前，彼即三日内失心离家狂走。……若欲破坏冤家至死者，行者先诵《大明》八百遍，然后以人骨作金刚橛，长二指，作忿怒心，昼夜不辍，诵《大明》八千遍，加持橛已，用牛肉为泥，作冤家形像，长八指，用前橛钉其顶或口、肋、耳、脐、或阴及膝、足等处，经一七日，彼冤家身决定破坏。"[71]一则故事记载，念诵《观音经》可将所受之诅咒还击下咒者，苏轼认为以毒攻毒非观音本心，乃将经文从"念彼观音力，还着于本人"改为"念彼观音力，两家总无事"。[72]也许汉文用语与原文的意义有别，也许行为的背后别有深意，但行为本身已触犯法律，例如利用死人骨头，易犯坏尸之罪。更严重的，是一些法事还要新鲜的人肉和人血，故刘黎明合理地怀疑，一些所谓"杀人祭鬼（神）"的记载，可能就是密教的法事。例如南宋有一段判词说："访闻本路（荆湖南路）所在乡村，多有杀人祭鬼之家，平时分遣徒党，贩卖生口，诱略平民，或无所得，则用奴仆，或不得已，则用亲生男女充代，脔割烹炮，备极惨酷。……应有淫祠去处，并行拆毁，奉事邪鬼之家，并行籍记。"这里所说的"脔割烹炮"，已非一般的血牲，而是密教的尸身法术，例如经文记载，求雨时作龙王像，"烧人肉熏，刹那中间即降大雨"。作法杀人，亦由"持明者用人肉，作频那夜迦天像，如鹫鸟形，用芥子油煎已，持明者先食像右手……次食像头腹脐轮等，彼人速得命终"[1]。此外，佛教

---

① 刘黎明，《宋代民间"人祭"之风与密教的尸身法术》，页92—97。《名公书判清明集》卷14，页545—546。虽然文献多说"杀人"及"尸身"，但是否真的杀人（尤其是亲生子女）或仅是割取部分人肉，尚待分辨。撇开其动机与目的不谈，密教以人肉人血作法，与孝子贤孙割肉疗亲有异曲同工之处，即由执行者凭其意志或潜能等，去"感召"或"役使"超自然之力量，使人肉人血发生神奇之功效。若出于"感召"，便较接近孝子贤孙之所为，若出于"役使"，便较接近巫师之所为。参考金家瑞，《南朝的寺院和僧侣》，收入何兹全主编，《五十年来汉唐佛教寺院经济研究》（北京：北京师范大学出版社，1986），页100—107；严耀中，《自残和供养》，收入氏著《汉传密教》，页147—159。台静农提到杀人祭鬼是地方野蛮风习，但并未对照它与密宗信仰的关系，见其《南宋人体牺牲祭》，《台湾女子师范学院学术集刊》1（1945），收入宋史研究会编《宋史研究集》2（台北：台湾编译馆中华丛书委员会，1964），页327—342。　　（接下页）

讲究止观双修和定慧兼备，而某些密教派别以"女是禅定，男是智慧"或"以欲制欲"，实行男女双身结合，甚至杂交等，都容易违反当时的道德和法律。[73]

3. 禅宗的"在欲行禅"与媚俗

佛学"义理"自宋代开始式微，这是多数学人的共识，甚至已是常识，但是佛教"信仰"却是日盛一日，这应如何解释？吕凤棠认为，佛教"用不讲理论、更便于修行的禅宗和净土宗作为诸宗的主流……采用更加世俗化的拜佛、念经、祈祷和超度亡灵等神学迷信形式，因而得到了更多宋人特别是平民百姓的信仰，也就是说更加普及了"①。的确，宋代佛学的两大主流，禅宗的"在欲行禅"和净土宗的"人间净土"思想，出现了从俗甚至媚俗的后遗症，失去了所谓"专业"（即作为一种专门学问），而沦落为一种易懂易学的得道速成术，甚至仅是修身调心的技巧，结果更能迎合大众的口味和需要，乃大为盛行。然而，从俗的流弊，就是逐渐失去对世俗诱惑的批判和防范能力，甚至同流合污，犯上俗罪。以下仅以禅宗为例，现存的宋代佛教私撰史籍有五分之四属禅宗

（续上页）云注：王瑜质疑刘黎明的观点，认为宋代"杀人祭鬼"与密宗尸身法术并无直接联系，二者在祭祀理念、形式、对象等方面存在明显差异。刘泳斯指出"杀人祭鬼"被宋人视为巫术，并且与儒释道三教形成对立之势。参见王瑜，《论宋代的"杀人祭鬼"现象》，《社会科学论坛》2010.5，页148—151；刘泳斯，《浅析宋代"杀人祭鬼"宗教异端案件的防治》，收入俞学明、钱雪松主编，《宗教、法治与中国传统》（北京：当代中国出版社，2016），页148—155。

① 吕凤棠，《佛教风俗》，页566—586。也许就是这种组织上的溃散，亦即管理上的松弛，增加了僧人犯罪的机会。其实，不但平民百姓，士大夫也喜欢这种易学甚至速成的佛法，而高僧大德也在世俗化的行列中。见曹家齐，《宋代佛教的俗化》，页307—316。

著作。①

如上文所述，禅宗在唐宋之际发生了一个很大的变化，南宗禅"非心非佛"的学说成为当时主流，也产生了一些后遗症，跟本文有关的有三种：

一是忽视经籍义理的钻研，僧人的文化水平下降，口舌逞能，游谈无根。

二是既不立文字，乃强调特殊的言谈和动作方式，如暗示、隐喻、反诘、喝、打等。杨曾文说："（这些）方法本来是取自现实的日常生活……从而使禅宗丛林生活带有一种吸引世人注意的粗犷气息和朝气。然而，后来由于一些禅僧离开禅宗的本来宗旨，片面强调不用语言文字，盛行模仿乃至效颦的形式主义，动辄棒喝交驰，拳脚相加，致使禅风日渐庸俗和败落。"[74]

三是放纵七情六欲。葛兆光指出，南禅触类是道而任心，"世俗世界就是佛国净土，寻常意思就是佛法大意；人在随顺自然时的挥手举足扬眉瞬目之间便显示了生活的真谛，在心识流转意马心猿中也可以有心灵的自由；人生的顿悟不再是'知'的追踪寻绎而只是'心'的自然流露。……那么人心就自然放松了对行为的约束，一切也就都无所顾忌了"[75]。薛志清甚至

---

① 曹刚华，《宋代佛教史籍研究》，页23。

云注：曹著记录有43本佛教私撰史籍，其中28本属禅宗著作，占比65%；著者共计32人，禅宗僧人、居士20人（其中2人既修禅宗，又修净土宗），天台宗5人，身分不详5人，道士1人，华严宗1人，据此禅宗著者占比为62.5%。无论著作还是人数，所占比例约为五分之三。曹著将身份不明的著者归为禅宗门下，如此才达到84.4%。

说，禅宗"主张在日常生活中顿悟成佛……使已成为信徒的人，以少有的羞耻感，不顾原始教义的规定与约束，出入于'凡界'，从事凡人从事的一切活动"[76]。武宗灭佛，王令所及之地，大量佛经付之一炬，使依赖文字经乘的宗派（如天台、华严）一蹶不振，间接造就了禅宗在五代和两宋的繁荣。[77]

针对禅宗的流弊，宋代有三种响应。第一种是继续百丈怀海的努力，建立禅门清规，重申戒法，以矫正随缘放旷、任性逍遥的偏差，但并不成功。大慧宗杲批评当时的丛林未能继承《百丈清规》的精神说："《百丈清规》大概标正检邪，轨物齐众。……先圣建立虽殊，归源无异。近代丛林，有力役规矩者，有死守规矩者，有蔑视规矩者，斯皆背道失理、纵情逐恶而致然。曾不念先圣救末法之弊，禁放逸之情，塞嗜欲之端，绝邪僻之路，故所以建立也。"[78]第二种是创立文字禅，试图扭转不立文字的歪风，但同样不大成功，正如黄启江所言，只能说"是具有超时代之意义的"[79]。僧惠洪对当时禅僧的思想、行为和生活提出严厉的批评，认为他们简直是一群欺世盗名、心计卑污之徒：

禅宗学者，自元丰以来，师法大坏；诸方以拨去文字为禅，以口耳授受为妙。耆年凋丧，晚辈猬毛而起，服纨绮，饭精妙，施施然以处华屋为荣，（以）高尻磬折王臣为能，以狙诈羁縻学者之貌而腹非之，上下交相欺诳。视其设心，虽侩牛履猯之徒所耻为，而其人以为得计。于是佛祖之微言，宗师之规范，扫地而尽也。[80]

第三种回应，也是惠洪自己实践的"在欲行禅"和"色中悟空"，效果更差。它本是大乘佛教的一种信仰，此时重新提出，是力图调和禅门清规和世俗生活的矛盾，结果不啻是承认了僧人从欲的合理性，这不但是从俗，而且是媚俗了。

葛兆光将南宗禅的发展称为"非宗教化"，认为"它突显了所有的世俗现象与日常生活，使信仰扩展泛化，仿佛把原来的一个轴心变成了处处是轴心，其结果就是无所谓轴心，这样就会导致终极意义的消失，信仰对象的消失，宗教规范的消失，甚至是真理的消失"[81]。醉僧溺死，火化时僧人诵曰："生平波波劫劫，只爱瓮头春雪。今朝忽过赵州桥，却去石根上践滑。虽然随波逐流，难免灰飞火灭。大众还识这沙弥下落处么？喝明朝酒醒何处，杨柳岸晓风残月。"[82]竟然一点都不隐讳其酒醉，还援用风流浪子柳永的词句。

二、他律的问题

当佛教的自律出现问题，外界的他律（约束、规范等）未尝不可以发挥约束的作用，有如今日报刊的社论可以反映知识分子的意见，而民意论坛可以发出一般民众的声音，使听者有所警惕。对宋代僧人来说，正式的他律当然是国法，而非正式的他律主要来自士大夫和民众，他们对僧人的作为究竟有何反应？

（一）佛教文化被士大夫同化

本文所谓同化，是指士大夫有意或无意改变或改造了佛教的信念和行为，而僧人主动或被动接受，以士大夫的信念作为信念，以士大夫的行为作为行为，从而改变甚至违反了佛教的信念和行为。当然，正如学人说外族"汉化"，汉族"胡化"或"西化"，法律"儒家化"，佛教"中国化""非宗教化"和"异化"，及学佛是为了"佛化"人间等，均指局部而非全部。同样道理，佛教文化被士大夫同化亦是局部而非全部，也因如此，同化可以是双向而非单向，即佛教的部分信念和行为被士大夫同化，士大夫的部分信念和行为也被佛教同化，后者（如理学之吸收佛理）几乎无人不知，但跟僧人犯罪无关，本文不论。目前只探讨佛教三个基本信仰和行为如何受士大夫影响：酒戒、色戒和因果报应六道轮回，初步指出士大夫文化（信念、行为）跟僧人犯罪的关系，日后再深入研究。

1. 士大夫对僧人形象的界定

佛教中国化后，既吸收士人文化，也被士人文化所改造。宋代士大夫积极和广泛地参与各种佛教活动，成为宋代佛教发展的一个特点，已是学界共识。士人的行为和价值观，往往影响着与他们交往的大德高僧。相传继文人画家李公麟（1070 或 1088 年进士）作《醉僧图》之后[83]，喜与禅师交往的梁楷亦作《泼墨仙人图》，以墨胜笔，是无人不知的国宝级艺术杰作，但图中飘逸脱俗的僧人，五官已迷迷糊糊，步履也摇摇摆摆，实在是醉态可掬，甚至令人怀疑，画家是否也在醉中作画？[1]北宋僧人居宁擅画草虫，愈醉下笔愈妙，梅尧臣有《观居宁画草虫》诗，其中四句谓"宁公实神授，坐使群辈服。草根有纤意，醉墨得已熟"，毫不讳言居宁是乘醉作画，居宁也的确在画上自题"居宁醉笔"[2]。但如前所述，宋律规定僧人饮酒至醉必须还俗，而士人公然把僧人喝醉酒形诸纸上，或盛赞他们的醉笔使群辈称服，反映士人不以僧人饮酒为非，反是告诉了僧人：能饮酒的才是他们乐于交往的名士僧或文化僧。假如不是手握司法大权的士大夫表态在先，相信僧人也不敢冒着违法还俗的危险，在士大夫面前饮酒至醉。相传梁楷还有高僧食肉图，是很有可能的。不过，《泼墨仙人图》里的醉僧若与笔记小说里的酒肉僧人相比，又不算什么了。

一则出自苏轼之手，在当代广为流传的故事说，宋代初年，节度使征战之后，肚子甚饿，走进村寺，遇到喝醉酒的主僧，状甚箕踞，就想把他斩杀。应对之间，僧人没有惧意，引起节度使的好奇，并索取蔬食。僧人说有肉无蔬，奉上蒸

---

① 严雅美认为现存画作极可能是根据梁楷真迹所绘成的摹本，见其《〈泼墨仙人图〉研究——兼论宋元禅宗绘画》(台北：法鼓文化出版社，2000)第二章第二节之"《泼墨仙人图》为梁楷作品的模本"。如是，则严氏指出的各种问题，如崩溃的形体与疏松的笔触等，究竟是摹者所为还是梁楷真迹原有？何以摹本的某些地方相当成功，某些地方却相当失败？有没有可能是原作者乘醉作画，顾不得那么多了，而摹者依样画葫芦，并非完全是败笔？

② [宋]郭若虚，《图画见闻志》卷4，页253—254。另一例是擅画山水的僧择仁，下笔时也是愈醉愈神妙，见同书卷4，页231—232。相传梁代张僧繇亦画有《醉僧图》，"道士每以此嘲僧，群僧于是聚镪数十万，求(阎)立本作《醉道图》，并传于世"。同上书卷5，页279—280。

猪头一盘，美味无比。节度使高兴起来，询问僧人，除了饮酒食肉外，有没有其他技能，僧人说可以赋诗，节度使以"食蒸豚"为题，僧人立就："嘴长毛短浅含膘，久向山中食药苗。蒸处已将蕉叶裹，熟时兼用杏浆浇。红鲜雅称金盘荐，软熟真堪玉箸挑。共把膻根（羊）来比并，膻根只合吃藤条。"节度使大为高兴，授以紫衣、师号。①从这则故事中，我们除了得知烹调野放山猪的秘方外，还可看到士大夫对僧人的态度。节度使看到僧人酒醉以致态度不恭便想严惩，又以军人的身分索取素食，反映的是传统对僧人的态度，例如认为应遵守不饮酒不杀生的大戒。后来，节度使首先因为僧人的不惧被杀"奇而赦之"，接着听到僧人说"有肉无蔬"而"亦奇之"，吃后被美味的肉食弄得"喜"起来，询问僧人"止能饭酒肉耶，有他技也？"终而因为僧人赋诗的才华而"大喜，与紫衣、师号"。

故事的重点在哪里？为避免研究者各说各话，我们应采取较客观的标准，一是内容，二是篇幅。这则故事也许有更多的原始内容，但当被苏轼等人记下并辗转相传时，故事的重点，只有蒸豚与赋诗而已。在现存故事里，节度使没有听到半句佛偈，读者也看不到半点佛理禅趣，让节度使态度大变，一喜再喜，最后授以最高荣誉的，一是美食，二是诗才，

① ［宋］苏轼著，华东师范大学古籍研究所点校、注释，《仇池笔记》（上海：华东师范大学出版社，1983）卷下，页257。［宋］释惠洪，《冷斋夜话》卷2，页24。今日的读者只需利用计算机检索，便可看到此故事之流传情况，为省篇幅不必一一列举。

这也是故事被名为《蒸豚诗》（苏轼）或《僧赋蒸豚诗》（释惠洪）的原因。毫无疑问，蒸豚与赋诗都是"技"，尤其是蒸豚秘方所显示的，僧人已不是肉食和尚而是美食和尚了，这难道是禅宗或佛教的追求吗？故事的重点也应反映在内容所占的篇幅上，占篇幅愈多的，便应更加重要，而正是这首蒸豚诗，似乎一句不漏，保留得最详尽，占了几近五分之二的篇幅。这样的重点所反映的是什么？也许是当代士大夫所欣赏的僧人，是能作诗、能饮酒、能享佳肴，荤素不拘，礼节亦不必太讲究，这样才能当上紫衣高僧，成为士大夫津津乐道的传奇人物。我们要考究的不是故事的真实性，而是士大夫为何这样剪裁。故事里的酒肉和尚也许子虚乌有，士大夫的态度却跃然纸上。东坡肉的取材，可能就是蒸豚诗，应正名为山僧肉。当然，僧人饮酒吃肉的形象，在某些人眼中是负面的，但在一部分宋代士大夫眼中却是正面的。认为美酒佳肴是文化活动的重要成分，某些僧人接受士大夫这种文化价值观，乃饮酒吃肉去也，故谓之被士大夫文化所同化。

士大夫也帮违法的僧人脱罪。《宋史》将僧人放入"方技传"，其中一位的事迹很能反映士大夫对僧人的需求和纵容。僧志言"语笑无度，多行市里……时从屠酤游，饮啖无所择"，分明是酒肉和尚，但因为有未卜先知的能力，不但士大夫趋之若鹜，连仁宗选立继承人都要垂询他。那么士大夫如何将志言的犯戒"正当化"呢？很简单，将之神化："有具斋荐鲙者，并食之，临流而吐，化为小鲜，群泳而去。"他吃鱼原来是为了活鱼！志言也主动宣扬其神力："海客遇风且没，见僧操缍引舶而济。客至都下遇言，忽谓之曰：'非我，汝奈何？'客记其貌，真引舟者也。"一位与志言友善的士人死后，盛夏而身不坏，难怪士大夫乐与之游。志言死后法身不灭，后来额上出现舍利，可说是神僧。[①]无独有偶，小说记载，一位嗜食鸡的妇人杀鸡以千数，死后，家人为作功德。僧人常罗汉自荐，命买雌鸡一只，杀以具馔。家人不愿，僧人坚持，并亲自吃肉。是夕，妇人报梦家人，谓"坐生时罪业，见责为鸡，赖常罗汉悔谢之赐，今解脱矣"。吃肉原来是为了渡人！常罗汉在南宋初年去世，肉身不灭，也是一位神僧。[84]

不是每个人都相信怪力乱神，士大夫又借用儒学权威来将僧人的犯行"合理化"。被收入《宋史》的僧智缘不但善医，而且"每察脉，知人贵贱、祸福、休咎，诊父之脉而能道其子吉凶，所言若神，士大夫争造之"，分明违反了唐宋律"造妖书妖言"条所说的"妄说他人及己身有休征"[②]，于是借王安石之口来脱罪："安石曰：'昔医和诊晋侯，而知其良臣将死。夫良臣之命乃见于其君之脉，则视父知子，亦何足怪哉！'"[③]有大儒兼名臣背书，诸罪或可蒙混不深究了。

---

① 《宋史》卷462，页13518—13519。另一位僧人不但能医人，且能预言人之生死，见《宋史》卷461，页13510。

② 《宋刑统》卷18，329—330。《庆元条法事类》卷51，页726："诸僧徒辄习武艺，及诳诱劫运以惑众者，徒二年，配五百里。"

③ 《宋史》卷462，页1324。据说智缘也曾替王安石卜算，算出他的儿子中举，见廖咸惠，《探休咎：宋代士大夫的命运观与卜算行为》，收入走向近代编辑小组编，《走向近代：国史发展与区域动向》（台北：东华书局，2004），页1—43。

对当时禅宗提倡不舍声色亦可修道的信念和行为，有些士大夫也能包容。苏辙和叶梦得都认为和尚吃肉，只要心无此肉，便不算破戒：

> 佛氏论持律，以隔墙闻钗钏声为破戒，人疑之久矣。苏子由为之说曰：闻而心不动，非破戒，心动为破戒。子由盖自谓深于佛者，而言之陋如此，何也？夫淫坊酒肆，皆是道场，内外墙壁，初谁限隔此耳，本何所在？今见有墙为隔，是一重公案，知声为钗钏，是一重公案，尚问心动不动乎？吴僧净端者，行解通脱，人以为散圣，章丞相子厚闻，召之饭，而子厚自食荤，执事者误以馒头为馂馅置端前，端得之，食自如，子厚得馂馅，知其误，斥执事者而顾端曰：公何为食馒头？端徐取视曰：乃馒头耶？怪馂馅乃许甜。吾谓此僧真持戒者也。[1]

叶氏之意，是隔壁与钏声所在之场所，一如淫坊酒肆，皆是道场，故墙壁与钏声均是修道之物，墙壁乃不是墙壁，钏声也不是钏声，一如僧人吃肉馒头，是不是馒头，是素是肉，根本不必分辨，自然谈不上动不动心，又何来破戒可言？苏辙把钏声视为钏声，叶梦得乃讥其陋。说到最后，无论基

---

[1] ［宋］叶梦得，《避暑录话》（文渊阁四库全书）卷下，页14。详见张培锋，《宋代士大夫佛学与文学》（北京：宗教文化出版社，2007），页103—105，可能是章惇故意试探或作弄净端，而净端根本不相信吃素与成佛有何关系，故吃肉馒头就不是动不动心的问题，而是毫无顾忌了。

于何种境界，两人都不会追究僧人吃肉的不当。苏轼的态度在两人之间，他不反对"即心是佛，不在断肉"，但认为"即心是佛"很难，"不在断肉"却容易成为流弊，并讽刺僧人把饮酒吃肉美名化是自欺而不能欺人，他自己则一边诵经一边吃肉。[85] 这也许较能真正反映苏轼对僧人饮酒吃肉的态度。

总之，有些士大夫所欣赏和愿意提拔的，是能诗能酒能肉食和有奇异功能的僧人，并以各种理由对他们的各种违法行为予以轻罪化或除罪化，僧人实在不必担心触犯国法。宋代的宗教画、民俗画和文学作品（明清还有插图和版画）有不少对僧人的描绘，研究者可从文化史的角度加以分析，观察士大夫如何塑造合乎他们标准的文化僧人形象，并分析这些形象是否违背了佛教信仰。

令人好奇的是僧人对酒肉和尚如何自圆其说？John Kieschnick（柯嘉豪）指出三种说法：一是将其作为反面教材，教人不要饮酒吃肉，但这样的例子绝无仅有。二是用以证明佛经的灵验，即使饮酒吃肉，也可借勤念佛经而脱罪。三是指出唯有修成正果者才能以饮酒吃肉的非常方式渡人，企图说服当政者，排佛人士对酒肉和尚的批评其实是误解。他认为《宋高僧传》里饮酒吃肉的故事并不真实（for rhetorical, polemical purposes and have only limited value when we attempt to reconstruct actual practice），较真实的可能是僧人在寺院里不吃酒肉，但与士人应酬时不忌讳饮酒吃肉。[86] 可惜他没有进一步说明，僧人如何解释跟士人应酬时的犯戒。《宋高僧传》有建立僧人楷模的目的，宋代僧人如何利用其中的酒肉和尚

（以唐及五代故事为主）来开释自己的犯戒？士大夫和民众又如何看待？十分值得追究。

2. 士大夫对佛教信念的改造

士大夫改造佛教信念，有时是无心之失，例如误读误解佛经而强以为真理，并产生一定的影响，如将佛教出世之学变为入世之学等。[①]亦有故意的，即将一己的价值观念强加于人，甚至损人利己，例如士大夫对地狱判的改造。简单来说，佛教的地狱判一方面宣扬佛教的基本信仰，如三世业报六道轮回，另一方面将之作为阳世司法的延伸，补王化之不及或不足，例如在阳世作恶的士大夫，因享有法律特权，逃过司法裁判，但在地狱判里不再享有法律特权，乃受惩罚，而在阳世受冤屈的庶民，在地狱判得到申雪，达到了善有善报、恶有恶报的平等和正义。一位宋代士大夫就指出，地狱报应之说能够吸引百姓，正在其公平公正不可侥幸，不似阳间刑诛之僭滥："至谓小民不畏刑诛而畏报应之说，刑诛不足以惩恶，报应人惧而不敢犯，是为有补于王道，此亦未之思也。夫小民所以不畏刑诛而畏报应者，为刑诛僭滥而报应不可侥

---

① 有学人认为宋代不乏通晓佛学的士大夫，如黄启江主张，担任译经润文官的士大夫大都认识佛教教义，见其《北宋的译经润文官与佛教》，收入氏著《北宋佛教史论稿》，页 68—92。亦有学人认为很多学佛的士大夫每多误解，如李承贵，《认知与误读——宋代儒士佛教思想论略》，《现代哲学》2003.3，页 84—92；《宋代儒士对佛教的解读及其方法上的困局》，《江西社会科学》2004.7，页 65—70。刘亚丁亦说："借云来展示舍利祥瑞，此系中国化的赞美方式。在早期佛经中，云往往不是正面的形象……信徒们全然不顾云在原始佛经中的负面意义。这可以看成对东来的佛教文化的一种有意无意的误读。"见其《佛教灵验记研究》，页 41—51，还有对天花的误读，见页 172—178。

幸也，使世之刑诛如报应之说，无僭滥而不可侥幸，则小人知畏而无待于报应之说矣。"①

但是，从唐代开始，被士大夫改造后的地狱判，世俗取向愈浓，佛教信仰愈淡。沈宗宪指出，经改编后的宋代地狱判，固有神道设教的社会教化功能，但极易使人远离宗教教义，例如劝人不食牛肉，诱因竟是人世的荣华富贵，而非超脱六道轮回不堕苦海。②同时地府愈来愈像阳间的官府，士大夫照样享有特殊待遇，逃过审判，地狱已屈从于世俗的权力，"有钱可使鬼推磨"。佛教的一个基本信仰是众生平等，除了已经解脱生死和已经自主生死的圣者可以摆脱轮回外，其他所有人都要按照个人前业的善恶进入六道轮回，作善业者生于天上、人间、阿修罗等上三道，作恶业者生于畜生、饿鬼、地狱等下三道，无可逃避，而士大夫学佛的一个目的，却是要"免轮回、求福田"[87]。纵不能免去轮回，至少也要进入上三道，那如何办到呢？地狱判的作者安排地藏王入主冥府取代阎王，以救众生出地狱为目的，但假如只有部分人受惠，

① [宋]华镇，《云溪居士集》(文渊阁四库全书)卷16，页8。佛教艺术将罗汉表现为不修边幅、行为怪异，菩萨反是璎珞披戴、法相庄严，也未尝不是一种误解，见释圣严，《正信的佛教》，页194—195。

② 沈宗宪，《地狱审判意义的转向》，收入氏著《宋代民间的幽冥世界观》(台北：商鼎文化，1993)，页150—160。这应是儒释混合的结果，在唐五代的小说里已见端倪，见俞晓红，《佛教与唐五代白话小说研究》(北京：人民出版社，2006)，页338—390。可进一步研究的，是宋代士大夫如何借着改编来影响甚至控制地狱审判以符合自身的利益。其他影响地狱发展的因素，如道教、葬礼和商业等，见Stephen F. Teiser(太史文)，"The Growth of Purgatory," in Patricia Ebrey & Peter N. Gregory eds.，*Religion and Society in T'ang and Sung China*，pp.115-145。

甚至根本不入地狱，是否有违平等与因果报应？圣严法师说：
"至于代受果报、代消业障的观念……比如，相信药师佛既号
称'消灾延寿'，必能代众生消业，或认为地藏菩萨入地狱度
众生，也就是为了代众生消业；……这些观念和作法虽出自
一片好心，但和根本佛法的因果律却不相应。"[1]

　　宋代士大夫不但要打破因果律，甚至要求由他们来决定
谁来接受因果律。沈十九以煮蟹为生，夜梦入冥，即将入镬
被煮，一僧忽然出现，命令狱吏"但令此人入镬净洗，足
矣"。十九"于沸鼎烈焰之中，众囚冤呼不可闻，己独无苦
趣，清凉自如，正如澡浴，身意甚快"，一点都不受苦。僧
人是谁？是地藏菩萨。因为十九曾装裱其绘像，便加庇护，
这对众囚是否公平？[2]在一则宋代入冥故事里，士大夫的族
叔杀仆，士大夫凭其官位，以金钱补偿了事，这当然是违法

---

　　① 释圣严，《学佛群疑》，页76—77。对地狱的研究，参见侯旭东，《五、六世
纪北方民众佛教信仰：以造像记为中心的考察》(北京：中国社会科学出版社，
1998)，页66—85；朴永哲，《中世中国における地狱と狱讼——唐代地狱说话に
见える法と正义》，《史林》80.4(1997)，页95—121。朴氏虽未明确指出改造地
狱者是士大夫，但所举例子大多跟士大夫有关。夏广兴对地狱判的来源和在小
说里的演变有非常详细的论述，见其《佛教与隋唐五代小说》，页290—320，亦见
刘亚丁，《佛教灵验记研究》，页93—126。士大夫创造或改造的地狱发生"腐化"
的例子，见岑仲勉，《唐临〈冥报记〉之复原》，《"中央研究院"历史语言研究所集
刊》17(1948)，页177—194；陈登武，《从人间世到幽冥界——唐代的法制、社会
与国家》(台北：五南图书，2006)，页325—346。另一个借佛家之躯壳，灌以儒家
观念的例子是目连救母，见陈翘，《援儒入佛、善恶别裁——从〈目连救母劝善记〉
刘青提的罪与罚说起》，《艺术百家》2002.2，页37—43。
　　② ［宋］洪迈，《夷坚志》乙志卷17，页332—333。有趣的问题是，百姓一
般不拜阎罗王，现在换成地藏菩萨，拜者得福，不拜者将如何？研究者用"地
藏"为关键词作全文检索，便可知地藏菩萨在不同朝代的不同作为，可写数篇
论文。

的。士大夫被拘到地府，竟以"为叔解纷，初非枉法"开释，在押返阳间时，还敢询问冥吏自己的平生食禄，并得知审问者原来是一位前辈官员，而最后审问族叔的，竟是士大夫的父亲，以族叔罪无可逭，但时辰未到，放还阳间多活几年，也许多做善事，便能减轻惩罚。可以说，阴间司法已由阳世士大夫包办了。[88]士大夫不但控制阳世法庭，也借着地狱判的书写，逐渐控制阴间法庭，把地府的立法权和司法权都从佛教手里夺过来，变成由士大夫（作者）决定如何审判下地狱的罪人。他们不但利用阳世的职权来指使阴间的官僚，如"用尉司公牒、牒城隍、社庙、关津河渡主者，令不得阻截王上舍（尉司之同学）神魂"，甚至创造佛经所无的生人入冥，由他们到地府扮演判官，是名副其实的昼判阳世事，夜决阴间案。①

阴间法庭如何审判罪僧？根据目前的研究，受罚的唐代

① ［宋］洪迈，《夷坚志》三志己卷5，页1337－1338。详见 Hsien-huei Liao（廖咸惠），"Visualizing the Afterlife: The Song Elite's Obsession with Death, the Under world, and Salvation,"《汉学研究》20.1(2002)，页399－440。廖氏指出，平民大多担任低层冥吏，士大夫则可成为阎罗王。廖氏好奇为何有些士大夫视冥职为苦差？其实他们对阳间的偏远职位（如四川和两广）也视为畏途，故拒绝职位或讨价还价可视为士大夫特权的表现，恐怕要从更多的角度分析。士大夫对地狱等宗教信仰有不同态度，同一位士大夫的态度也前后不同，不一定是矛盾或儒、佛对立，可从宗教需要的角度理解。有些士大夫没有宗教需要，对各种宗教的态度，或容忍或排斥不等；有些士大夫有宗教需要，对各种宗教的理解和投入，也因其需要程度的高低和时间的长短而有深浅久暂之别；有些士大夫本来没有宗教需要，后来有了，有些本来有，后来没有了，也是常见之事。宗教可以提供心理安慰，有些人需要较多和较久，有些人需要较少和不定时，故一个人可以同时信佛和崇儒，只是比重会有变化，不是对立，亦非互相排斥。

僧人，罪名主要是五戒中的杀生、淫乱、饮酒和妄语①，似乎还应有偷盗。受罚的宋代僧人因何罪名，受何惩罚？如前所述，在《五戒禅师私红莲记》里，五戒禅师标榜五戒，却奸淫了红莲，但受到的惩罚，却与淫罪应入地狱的重罚不成比例，不过是此生不能解脱，要受六道轮回之苦，投胎做人。[89]在一则士大夫亲口转述的入冥故事里，两位僧人被拘至地狱，其中一位被责问何以杀生，僧人谓并无杀生，仅是替杀生者庖馔，得到的惩罚，不过责打二十下放还，后来因为足疾，受苦三年而死，也是跟应受的报应不相应。地府对善事的界定，竟是"忠孝为先，继绝次之，戒杀又次之"[90]。简言之，佛教的罪罚到了士大夫手里，都被"轻罪化"，犯者假如有忠孝和继绝的事功，甚至能除罪化。这是否反映士大夫对僧人犯罪已有不同的态度？是否依从俗法多于戒律？罪僧能否像士大夫一样逃过地狱判？总之，可进一步研究佛教的地狱如何被士大夫改造和控制，并指出其损人利己和违反佛教信念之处。

3. 士大夫对僧人行为的影响

宋代士大夫大作禅诗，积极参禅，成就高低不同，但往往只是吸取禅宗修身调心的功能而非信仰。即使真的相信，

---

① 陈登武，《从人间世到幽冥界》，页311—312、318—319。注意页311第一段引文最后一句："如此辈流，地狱内何因不见此等之人？"是说地狱里见不到此等罪僧，阎王乃加紧缉拿，问题是这些罪僧为何不入地狱？页318—319所列清代的十八层地狱，第四层是"儒释道奸淫嫖赌"，不知何以只列两项罪名，其余重罪（偷盗、杀生、饮酒、妄语）不知应入哪一层地狱？此外，犯僧入地狱受审也有部分是出自世俗的"创造"，见释圣严，《学佛群疑》，页222—226。

也多是选择性地而非全面相信。苏轼跟多位禅师交往，写信给一位学佛的朋友，坦白说自己学佛不过是要在人生的浮沉俯仰中，取其"静与达"（如食猪肉），不是要其"出生死、超三乘"（如食龙肉）:

> 佛书旧亦尝看，但暗塞不能通其妙……若世之君子所谓超然玄悟者，仆不识也。往时陈述古好论禅，自以为至矣，而鄙仆所言为浅陋。仆尝语述古，公之所谈，譬之饮食龙肉也，而仆之所学，猪肉也。猪之与龙，则有间矣，然公终日说龙肉，不如仆之食猪肉，实美而真饱也。不知君所得于佛书者果何耶？为出生死、超三乘，遂作佛乎？抑尚与仆辈俯仰也？学佛老者，本期于静而达；静似懒，达似放，学者或未至其所期，而先得其所似，不为无害。仆常以此自疑，故亦以为献。

朋友回信说:"处世得安稳无病、粗衣饱饭、不造冤业，乃为至足。"[①]境界更是等而下之。

事实上，无论是公务还是私务，士大夫有时都是以自己对佛教的了解（包括误解）或要求强加于僧人身上。公务例如祈雨晴、保丰收，为皇家祝寿、祈冥福，为国家禳灾除祸

---

① 《苏轼文集》卷56，页1671。陈中浙认为，苏轼对佛教的认识，基本上是对哲理性的认同多于宗教性，见其《苏轼书画艺术与佛教》（北京:商务印书馆，2004），页81—101；又见张再林，《唐宋文人对佛道思想的"实用心态"及其对词的影响》，《温州师范学院学报》26.3（2005），页24—28。

等，严格来说都是对佛教的一种同化甚至俗化，段玉明《相国寺》一书的副标题"在唐宋帝国的神圣与凡俗之间"，就是很好的反映，汪圣铎也有很好的综合论述，不必赘言。①

私务来说，士大夫一方面很尊重僧人，另一方面又很不尊重佛法。例如政和元年，臣僚上奏："士大夫有诣僧寺，参请入室，至去冠带，衣缁褐，折腰俯首，合爪作礼，立侍席末，师受其说而弗惭。其甚至有少妻寡妇，屏去侍妾，密随其徒更入迭出，敝教化，坏风俗，莫此为甚。乞非其徒而于僧寺入室者，以违制论。妇妻有犯，仍坐尊长。"徽宗下诏："士大夫习圣人之正道，服先王之法服，而反易缁素，擎跽曲拳于释子之前，曾无愧耻。观此流且以纯素恬淡寡合自高，要誉于乡曲之间，较其实，则奔竞躁进，毁誉是非，未必不甚于常辈。加之妇女出入，揉杂无间，诚宜禁止。可依所奏。"[91] 如前文所述，这是士大夫一面屈从僧人，另一方面纵容妻女与僧人过从甚密，违反僧人接见妇女时应守的戒律，结果诏书连僧人也一起责骂。事实上，有些僧人的作为跟一般文人并无两样。一位平日既嗜酒又好赌的僧人临终作偈语，竟是"平生醉里颠蹶，醉里却有分别。今宵酒醒何处？杨柳岸，晓风残月"，念念不忘的是风流浪子柳永，并将柳永跟红粉知己话别的词句，借来跟僧众道别。这位平日"落魄不

---

① 段玉明，《相国寺》；汪圣铎，《宋代政教关系研究》(北京：人民出版社，2010)，页297—376。甚至连皇帝也觉得有些不对，例如真宗说："近颇亢旱，有西州入贡胡僧，自言善咒龙祈雨，朕令于精舍中试其术，果有符应。事虽不经，然为民救旱，亦无避也。"见《宋会要辑稿》礼18，页6。

检",被人看不起的僧人,竟因为准确预言自己死亡的时间,使寺僧"众叹异之,因以厚葬焉"。①所反映的是一生的修行不如一刹那的异行,以及寺院的眼界和作风,实与世俗无异。

(二)僧人迎合和利用大众文化

1. 社会大众的工具性信仰

僧人有不少机会到外间活动,并且触法。理论上,僧人离开寺院脱离了僧团的监督和制度的约束,较易受尘世诱惑。当然,若干寺外活动也常在寺内举行,下文所述只是为了突显僧人在寺外与民众互动时发生的问题。有一点必须先厘清,在寺外活动的僧人是谁?

众所周知,唐代敦煌的僧人有部分住在寺院之外,例如继续与家人同居,谓之散众;中土也有僧人以尽孝为名,返家侍奉老母。宋代的情形如何?学人时常引用禅宗早期"若欲修行,在家亦得,不由在寺"的主张来强调其入世精神[92],但北宋末年的《禅苑清规》严禁无故外出或久留不返,例如童行"非常住差使,不得出门",僧众"请假游山,只可半

---

① [宋]释普济,《五灯会元》卷16,页1053;[宋]江少虞著,瞿济苍参校,《宋朝事实类苑》(上海:上海古籍出版社,1981)卷44,页584。柳永与歌妓的交往及宋词的色情倾向,见李剑亮,《唐宋词与宋代歌妓制度》(杭州:浙江大学出版社,1999),页85—97、213—217。柳氏以此词与所爱之女性话别,而该僧用来与僧众话别,可谓一绝。全词是:"寒蝉凄切。对长亭晚,骤雨初歇。都门帐饮无绪,留恋处,兰舟催发。执手相看泪眼,竟无语凝噎。念去去,千里烟波,暮霭沉沉楚天阔。多情自古伤离别。更那堪,冷落清秋节。今宵酒醒何处,杨柳岸、晓风残月。此去经年,应是良辰、好景虚设。便纵有、千种风情,更与何人说。"见[宋]柳永著,薛瑞生校注,《乐章集校注》(北京:中华书局,1994)卷中,页59—62。

月。或过限者，须呈（尚书省）祠部"。[93]《庆元条法事类》亦说"诸僧、道……无故不于寺、观止宿，经三十日，并还俗。……地方官司觉察申举"[94]。可以相信，宋代僧人住在寺外只是特例，情况特殊，不能推论其已成常例。正因为大部分僧人都住在寺里，生活费用构成寺院莫大的负担。[95]

宋代僧人（不算僧官）离寺主要有三种情况：一是寺院派出的"化主"，四出化缘，所得甚至超过僧人在寺内工作所得，成为寺院的主要经济来源，佐藤达玄因此批评，《古规》时代重视劳动的修行至上观念已被轻视，重视化主的堕落倾向逐渐在佛教内部滋长。[96]二是行游僧，离寺的时间较长，政府的管制也较严，《庆元条法事类》有"行游"一项。[97]三是应百姓、士大夫或政府的各种需要，到寺外活动的僧人，他们离寺最为频繁，人数也多，例如丧葬法事和驱魔去病等。从僧人与民众的互动，可看到民众使得或纵容僧人犯法，而僧人亦会玩弄民众。

学人过去多注意寺院经济的繁荣[98]，但自从免税和免役的特权逐渐减少以至消失后，不是每个寺院都能维持自给自足的经济，特别是数目众多的中小规模寺院，经济压力很大，维持日常生活已不容易，还要筹措买度牒的经费。大寺院可依赖上层社会，中小寺院则多靠平民捐献（包括田地）和替他们工作，有些僧人实与雇工无异，例如北宋开封"早辰桥市街巷口，皆有木竹匠人，谓之杂货工匠，以至杂作人夫、道士僧人，罗立会聚，候人请唤，谓之罗斋"[99]。僧人既借此糊口，不得不迎合民众的世俗要求，它们五花八门，很多不离怪力乱神。即使今日科学昌明，部分民众仍相信有神奇力量，宋代百姓亦常将疾病及不顺之事附会鬼神，而僧人被视为有法力之人。佛经被铭刻作为辟邪驱恶的镇慑物，佛像开始成为葬俗的组成部分，与明器、镇墓兽和谷仓罐等放在一起镇墓和祈福。[①]赵章超指出，佛经在宋代社会的功用"与前代相比，其关心的常常不再是个体生命的终极理想和精神超越，而是更加注重将其物化为解决生活困境社会问题的有效工具"。诵经的效果包括：避免贼杀；使牲畜托生为人；化解一生恶业，避免冤魂复仇；招财进宝；尸身不坏及来生天赋异禀；救病去疾；驱魔逐鬼；起死回生；压制妖术邪法；使产妇顺产；制服致病之妖怪；延长寿命；治恐惧之症；逃过兵灾；制服邪神妖鬼；逃过火灾；渡过饥渴；遏止杀生等。[100]这些功用，有些是僧人主动提供，有些无疑是应民众要求而配合进行，但无论何者，均接近法术，僧人可说是徘徊于正道与邪道之间，而往往被民众引向邪道。官员批评地方风俗"休咎问僧，每多淫祀"[101]，分明民众是始作俑者，使僧人陷入法网。

2. 佛教僧人迎合信众需求

对民众来说，重要的是法力，不管何宗何派，甚至不管

---

① 周玫，《宋瓷铭文中的佛教世俗化倾向》，《文物研究》2000.11，页106—109。周氏指出，过度大众化或通俗化的佛教，丧失了佛教的本源价值品格，与民俗信仰和民间崇拜合为一体，几与迷信、巫术无二。李正宇，《唐宋敦煌世俗佛教的经典及其作用》，《兰州教育学院学报》1999.1，页9—15、36。李氏指出，经典已被信徒新赋予神通法力，用来求福求禄求寿以至赶鬼驱魔镇邪，而且伪经和疑经使用的频率还在正经之上。张先堂称之为"神灵信仰"，是一种偶像崇拜，见其《唐宋敦煌世俗佛教信仰的类型、特征》，收入胡素馨主编，《寺院财富与世俗供养》，页297—318。

是佛是道是巫。为与道教竞争,就有僧人身兼佛、道之长。民众好问前程,僧人"学术数于道士三十年"[102],甚至僧道一起潜入司天监,"于监中出入止宿,私习乾象"[103]。南宋初年,有两位异人以未卜先知闻名于士大夫,一名何蓑衣,一名呆道僧,两人既相识,也竞争,巧合的是,何是先儒后道,呆是"似道似僧,故曰道僧。而言发奇中,与何颉颃",宛似儒、道、释三家竞赛。两人均嗜肉,但不饮酒。[104]还有僧人作法事,请来的神明竟是南岳帝君。[105]

然而,有些统治者对佛教染上神怪色彩不以为然,真宗不满释道原编成的《景德传灯录》,下令杨亿等人修订,序中说:"若乃但述感应之征符,专叙参游之辙迹,此已标于僧史,亦奚取于禅诠?"修订的目的是"删除一些神鬼感应事迹……使之以资传信",表明僧人不应语怪力乱神。[106]何况宋代禁巫,僧人念咒驱魔赶鬼和以符水治病等,迹近巫术,容易被官员扣上淫祀妖僧之名,加以取缔。[107]

民众只求有效,并不计较僧人的道德,甚至纵容破戒。有僧善医而不守戒律,但求医者无数,该僧以是致富。[108]民众甚至认为愈是行为怪异,就愈有法力,笔记小说不乏这种描绘。僧官善医而嗜酒无赖,夜半到酒家买酒,嫌店伙动作太慢,误殴致死,逃至某寺院落身,行医之前必大饮大醉,"方肯诊视,然疾者辄愈"。病人也许不知道他曾经杀人,但明显不计较他屡犯酒戒,反而认为大饮大醉是把病治好的前提,可谓愈怪愈灵。这位僧医在小说里活到八十余岁,反映民众对他的需要和满意。[109]时人说"古时亦能有几个好僧,不比今时，受戒方新，出坛便破也"[110]，可见犯戒之普遍，跟中举士人召妓庆祝不谋而合，有些可能是一时放纵，有些可能是始终如一。民众与僧人的互动既流于功利主义，僧人才尽，民众弃之诋之，民众财尽，僧人亦弃之不顾，故时人慨叹"世态炎凉，缁流尤甚"[111]，哪有半点佛教精神。

注释

[1] 本节取自柳立言，《红尘浪里难修行——宋僧犯罪原因初探》，《"中央研究院"历史语言研究所集刊》79.4（2008），页575—635。

[2]《宋会要辑稿》道释1，页26；又见［清］徐松辑，陈智超整理，《宋会要辑稿补编》（北京：全国图书馆文献缩微复制中心，1988）度僧，页325。

[3] 程民生，《略论宋代的僧侣与佛教政策》，《世界宗教研究》1986.4，页49—59；顾吉辰，《僧侣的社会出身和技能》，收入氏著《宋代佛教史稿》（郑州：中州古籍出版社，1993），页68—78。

[4]《宋会要辑稿》选举3，页4："朝廷比较，设贡举以待贤材，如闻缁褐之流，多弃释老之业，反袭襃博，来窃科名。自今贡举人内有曾为僧道者，并须禁断。"

[5] 详见黄敏枝，《宋代对佛教教团的管理政策》，收入氏著《宋代佛教社会经济史论集》，页349—411。Brian McKnight, "Preliminary Comments on Sung Government Control over the Clergy," pp.587-612. 有关度牒的论文相当多，黄氏有很好的综合，本文不必重复征引。资料最详尽的，是袁震，《两宋度牒考》，《社会经济史集刊》7.1&2（1944），收入张曼涛主编，《现代佛教学术丛

刊·宋辽金元篇上》（台北：大乘文化出版社，1977），页141—372。唐宋的差异，见白文固，《唐宋试经剃度制度研究》，《史学月刊》2005.8，页31—36。

［6］顾吉辰，《宋代佛教史稿》，页22—26。

［7］黄敏枝，《宋代佛教社会经济史论集》，页363。《宋会要辑稿》道释1，页33："近年僧徒猥多，寺院填溢，冗滥奸蠹，其势日甚。诸州每年经试，其就试者率不过三四十人，经业往往不通，州郡姑息，惟务足额，盖给降度牒，许人进纳。官中旧价百二十贯，民间止卖三十千，稍能营图，便行披剃，谁肯勤苦试经？显见此科亦是虚设。"

［8］《宋会要辑稿》职官13，页23。

［9］［宋］郑克编著，刘俊文译注、点校，《折狱龟鉴译注》（上海：上海古籍出版社，1988）卷1，页10—11；《宋史》卷286，页9629。

［10］《宋会要辑稿》刑法2，页130。

［11］《名公书判清明集》卷6，页196。寺院住持选任制度的破坏，见黄敏枝，《宋代佛教寺院的体制并兼论政府的管理政策》及《宋代的紫衣师号》，收入氏著《宋代佛教社会经济史论集》，页301—348、443—460。刘长东，《宋代的甲乙制与十方寺院》及《宋代寺院的敕差住持制》，收入氏著《宋代佛教政策论稿》（成都：巴蜀书社，2005），页176—274、275—348。

［12］《续资治通鉴长编》卷91，页2101；卷189，页4558。

［13］［宋］陈淳，《北溪大全集》（文渊阁四库全书）卷47，页1—9。

［14］《宋会要辑稿》道释1，页26："伏睹剃度僧尼，崇奉法教，其中修行者少，违犯者多，盖由为师者务收徒弟，官中无法以革其弊也。"

［15］曹刚华，《宋代佛教史籍研究》（上海：华东师范大学

出版社，2006），页84。

〔16〕段玉明，《相国寺——在唐宋帝国的神圣与凡俗之间》（成都：巴蜀书社，2004），页250、278—282。

〔17〕张国刚，《佛学与隋唐社会》，页169—247。杨宝玉，《中晚唐时期的世俗佛教信仰》，收入黄正建主编，《中晚唐社会与政治研究》（北京：中国社会科学出版社，2006），页571—657。

〔18〕李正宇，《唐宋时期的敦煌佛教》，页375。

〔19〕〔宋〕祖无择，《龙学文集》（文渊阁四库全书）卷3，页1。

〔20〕〔宋〕苏洵著，曾枣庄、金成礼笺注，《嘉祐集笺注》（上海：上海古籍出版社，1993）卷15，页399。

〔21〕〔宋〕释宗杲，《禅林宝训》，收入河北禅学研究所编，《禅宗宝典·续编》（北京：全国图书馆文献缩微复制中心，1995）卷3，页167。详见阎孟祥，《宋代临济禅发展演变》（北京：宗教文化出版社，2006），页153—154、292—293。

〔22〕〔宋〕胡寅著，容肇祖点校，《斐然集》（北京：中华书局，1993）卷20，页406—407。

〔23〕〔宋〕周紫芝，《竹坡诗话》，页16。

〔24〕〔清〕吴景旭，《历代诗话》（文渊阁四库全书）卷51，页24—25。

〔25〕〔宋〕庄绰，《鸡肋编》卷下，页108。

〔26〕游彪，《宋代寺院经济史稿》，页153—180、226—228、233，尤其页157、165、179、228。

〔27〕〔宋〕释宗赜，《禅苑清规》卷8，页103。

〔28〕〔宋〕释宗杲，《禅林宝训》卷1，页142。

〔29〕〔宋〕释普济著，苏渊雷点校，《五灯会元》（北京：中华书局，1984）卷17，页1156—1157。

［30］［日］佐藤达玄，《中国佛教における戒律の研究》，页504；释见憨等译，《戒律在中国佛教的发展》，页702—703。

［31］［宋］郭彖，《睽车志》（文渊阁四库全书）卷5，页9。

［32］《宋史》卷300，页7776。

［33］《宋会要辑稿》职官66，页27；刑法6，页11。［宋］刘克庄，《后村先生大全集》（四部丛刊初编）卷134，页1180。［宋］释志磐，《佛祖统纪》卷48，页666—667。详见游彪，《宋代寺院经济史稿》，页21—22、25、237—239。

［34］［宋］释惠洪，《石门文字禅》卷25，页277。

［35］［宋］释惠洪，《石门文字禅》卷26，页288—289。

［36］［宋］释惠洪，《石门文字禅》卷26，页291。宗杲和延寿也有同样的看法，见郭朋，《宋元佛教》，页59、142—143。

［37］［宋］释惠洪，《石门文字禅》卷25，页277。

［38］［宋］释晓莹，《罗湖野录》卷4，页4；郭朋，《宋元佛教》，页46。

［39］［宋］释惠洪，《石门文字禅》卷26，页288—289。

［40］《苏轼文集》卷66，页2085。

［41］以唐五代僧人为主的研究，见 John Kieschnick（柯嘉豪），*The eminent monk: Buddhist ideals in medieval Chinese hagiography*. Honolulu: University of Hawaii Press，1997。

［42］游彪，《宋代寺院经济史稿》，页190—198。黄敏枝，《宋代佛教社会经济史论集》，页220—221。

［43］裴汝诚，《宋代买扑制度略论》，《中华文史论丛》1984.1，收入氏著《半粟集》（保定：河北大学出版社，2000），页247—266，尤见页253。

［44］黄敏枝，《宋代佛教社会经济史论集》，页227—228，详见页201—240。

［45］［宋］洪迈，《夷坚志》甲志卷9，页77—78。

［46］Richard von Glahn（万志英），*The Sinister Way: The Divine and the Demonic in Chinese Religious Cults*（Berkeley &Los Angeles, Cal.:University of California Press, 2004），pp.130-180.有图文并茂的描写。

［47］释圣严，《戒律学纲要》，页51—56、251—255、278—281；《律制生活》，页69—74、118—119、141、146—152。劳政武，《佛教戒律学》，页157。说法稍有不同的，见王月清，《中国佛教伦理研究》，页71—123，但有些地方不无牵强难信之处。

［48］王月清，《禅宗戒律思想初探——以"无相戒法"和"百丈清规"为中心》，页100—108；《中国佛教伦理研究》，页103—121。劳政武，《佛教戒律学》，页345—351、392。严耀中，《禅学中的戒律与禅门清规》，页97—109。

［49］释圣严，《戒律学纲要》，页196—201。潘春辉，《晚唐五代敦煌僧尼饮酒原因考》，《青海社会科学》2003.4，页81—83。何柏生，《佛教与中国传统法律文化》，页120—128。王月清，《禅宗戒律思想初探——以"无相戒法"和"百丈清规"为中心》，页100—108。王立民，《中国古代刑法与佛道教——以唐宋明清律典为例》，页115—135。王建光，《禅、律的背离》，收入氏著《中国律宗思想研究》（成都：巴蜀书社，2004），页264—271。

［50］夏广兴，《佛教与隋唐五代小说》（西安：陕西人民出版社，2004），页44—59。杨宝玉，《中晚唐时期的世俗佛教信仰》，页642—643。刘亚丁，《佛教灵验记研究——以晋唐为中心》（成都：巴蜀书社，2006）上篇第四、六、七、八章，其中有宋代故事。

［51］李正宇，《唐宋时期的敦煌佛教》，页367—386；张国刚，《佛学与隋唐社会》，页184—191、214—242。

［52］潘春辉，《晚唐五代敦煌僧尼饮酒原因考》，页81—83。

［53］严耀中，《酒肉和尚现象试释》，收入卢向前主编，《唐宋变革论》（合肥：黄山书社，2006），页562—573。

［54］释圣严，《佛教入门》，页162—169；又见页77—79、194—199等，均与持戒有关。

［55］高启安，《唐五代敦煌饮食文化研究》（北京：民族出版社，2004），页362；《晚唐五代敦煌僧人饮食戒律初探——以"不食肉戒"为中心》，收入郑炳林主编，《敦煌佛教艺术文化国际学术研讨会论文集》，页387—399。圣严法师对密教真吃肉假修道的批评，见其《学佛群疑》，页164—165；可吃肉的三个条件（三净肉）是不见为己杀、不闻为己杀、不疑为己杀，见其《律制生活》，页167。

［56］刘淑芬，《戒律与养生之间——唐宋寺院中的丸药、乳药和药酒》，《"中央研究院"历史语言研究所集刊》77.3（2006），页357—400，事见页377、380—381。

［57］所谓"方便开饮"，见释圣严，《律制生活》，页174—175。

［58］严耀中，《汉传密教》，页140。

［59］刘淑芬，《戒律与养生之间》，页381。

［60］《宋会要辑稿》方域8，页14：真宗时，"降诏谕棣州官吏、僧道、百姓等，仍月给本州岛公用钱十万，许造酒，每月三犒军校，两月一赐役夫钱。"

［61］游彪，《宋代寺院经济史稿》，页185、191。

［62］［唐］李林甫等著，陈仲夫点校，《唐六典》（北京：中华书局，1992）卷4，页126。

［63］郑显文，《唐代律令制研究》，页301；《令集解》的性质见页292—293。有关《道僧格》对饮酒的执行情况，见［日］诸户立雄，《中国仏教制度史の研究》（东京：平河出版社，1990），页205—206，尚可深入探索。

［64］《庆元条法事类》卷51，页725。

［65］岳纯之，《唐代民事法律制度论稿》，页78—80。

［66］潘春辉，《唐宋敦煌僧人违戒原因述论》，《西北师大学报》2005.10，页74—79；《从戒律自身原因看唐宋敦煌僧人之违戒》，《新疆社会科学》2006.4，页106—110。可能由于篇幅所限，潘氏所说有时过于简化。

［67］释圣严，《戒律学纲要》，页54、56。佛教不重戒律的情况一直很难改善，见释圣严，《菩萨戒指要》，页134—152。

［68］《宋会要辑稿》道释2，页8。

［69］有关密教典籍的翻译，见吕建福，《中国密教史》，页444—455，引文见页450。

［70］参考严耀中，《五代北宋的密教高潮》，页37—51；《密教的流入和演变》，页164—183。刘黎明，《宋代民间密宗信仰——以〈夷坚志〉为中心的初步考察》，页53—58。笔者并不完全赞同严氏有关密教流行的说法，此处不赘述。

［71］刘黎明，《宋代民间"人祭"之风与密宗的尸身法术》，《四川大学学报》2005.3，页92—97。

［72］［宋］苏轼，《东坡志林》卷2，页34。

［73］释圣严，《正信的佛教》，页28—29、146；《学佛群疑》，页160—161。吕建福，《中国密教史》，页76—77、92—94。

［74］杨曾文，《唐五代禅宗史》，页320。

［75］葛兆光，《中国禅思想史》，页328—339。

［76］薛志清，《禅宗的"顿悟成佛"对唐宋之际寺僧经商的影响》，《河北北方学院学报》21.2（2005），页39—42；《论宋代僧尼的经商活动》，《云南师范大学学报》32.3（2000），页30—36。

［77］罗时宪，《唐五代之法难与中国佛教》，收入张曼涛主编，《中国佛教史专集之二：隋唐五代篇》，页177—190。

［78］［宋］释宗杲，《禅林宝训》卷2，页155。各种流弊，

见［日］佐藤达玄，《中国佛教における戒律の研究》，页495、503—504、518—519、543—546；释见憨等译，《戒律在中国佛教的发展》，页693、703、722、750—755。圣严法师对戒律的由简而繁有扼要的分析，尤其指出《禅苑清规》产生的一个重要原因乃丛林的败坏，见其《菩萨戒指要》，页33—39；《戒律学纲要》，页45—50。

［79］黄启江，《僧史家惠洪与其"禅教合一"观》，收入氏著《北宋佛教史论稿》（台北：台湾商务印书馆，1997），页312—358。

［80］［宋］释惠洪，《题隆道人僧宝传》，《石门文字禅》卷26，页289—290；其他的批评，见黄启江，《北宋佛教史论稿》，页329—332。

［81］葛兆光，《中国禅思想史》，页349—352。

［82］［宋］金盈之，《醉翁谈录》卷6，页76。参见曾大兴，《柳永和他的词》（广州：中山大学出版社，1990），页19—33、48—63，尤见页324—328对该词《雨霖铃》的分析。

［83］薄松年，《宋人〈醉僧图〉考》，《美术观察》1997.5，页74—75。

［84］［宋］洪迈，《夷坚志》丙志卷3，页385—386。

［85］［宋］苏轼，《东坡志林》卷2，页34、37、39。

［86］John Kieschnick, *The Eminent Monk*, pp.55-64.

［87］［宋］朱光庭，《上哲宗乞戒约士大夫传异端之学》，《宋朝诸臣奏议》卷84，页907—908。

［88］［元］周密，《齐东野语》卷7，页126—129。

［89］王连儒，《志怪小说与人文宗教》，页303—304；张兵，《宋辽金元小说史》，页223—224。

［90］［元］周密，《齐东野语》卷7，页126—129。

［91］《宋会要辑稿》刑法2，页56。

［92］刘浦江，《宋代宗教的世俗化与平民化》，《中国史研究》2003.2，页117—128。

［93］［宋］释宗赜，《禅苑清规》卷10，页116、127。

［94］《庆元条法事类》卷51，页725、726。

［95］游彪，《宋代寺院经济史稿》，页46—56。

［96］［日］佐藤达玄，《中国佛教における戒律の研究》，页518—519；释见愍等译，《戒律在中国佛教的发展》，页722。

［97］［日］石川重雄，《宋元时代における接待・施水庵の展开——僧侣の游行と民众教化活动》，收入宋代史研究会编，《宋代の知识人》（东京：汲古书院，1993），页137—192。数据颇多，但理所当然看不到不法行为。又见游彪，《宋代寺院经济史稿》，页151—152。

［98］胡素馨主编，《佛教物质文化——寺院财富与世俗供养》（上海：上海书画出版社，2003）。

［99］［宋］孟元老著，邓之诚注，《东京梦华录注》（北京：中华书局，1982）卷4，页125。百姓之财力，可见［日］伊原弘，《宋代台州临海县における庶民の经济力と社会——寺观への寄付金一览表から》，《驹泽大学禅研究所年报》7（1996），页15—49；游彪，《宋代寺院经济史稿》，页81—85。

［100］赵章超，《宋代文言小说研究》（重庆：重庆出版社，2004），页120—126；郭东旭、牛杰，《宋代民众鬼神赏罚观念透析》，《河北大学学报》2003.3，页5—10。

［101］《宋会要辑稿》刑法2，页49。

［102］［宋］王铚著，朱杰人点校，《默记》（北京：中华书局，1981）卷中，页32。

［103］《宋会要辑稿》职官31，页2。

［104］［宋］岳珂著，吴企明点校，《桯史》（北京：中华书局，1981）卷3，页33—36；程民生，《略论宋代的僧侣与佛教

政策》，页49—59。

　　［105］［宋］释惠洪，《林间录》（文渊阁四库全书）卷上，页50—51。

　　［106］曹刚华，《宋代佛教史籍研究》，页15。

　　［107］刘黎明，《宋代民间巫术研究》（成都：巴蜀书社，2004），页89—105、326—340。王章伟，《在国家与社会之间——宋代巫觋信仰研究》（香港：中华书局，2005），页49—52。

　　［108］［宋］郭彖，《睽车志》卷4，页7—8。

　　［109］［宋］洪迈，《夷坚志》丁志卷14，页656。

　　［110］［宋］车若水，《脚气集》，页41—42。

　　［111］［明］田汝成，《西湖游览志余》卷25，页451。

第三章
僧人如何犯罪：共业 ①

　　僧人犯色戒，固然有主动的，但亦有被诱惑的，尤其是和奸，双方都是共犯。下文以谋财为主，突显僧人、官吏、形势之家的共犯结构。

　　僧人之间会携手犯罪，寺院就成了犯罪基地。一向被视为避难所的寺院，没想到也有"黑店"。南宋初年，国势危若累卵，一个军事要地的长官（知军）被叛军所擒，逃到寺里，出示官印，请求住持让他藏身，并找一小舟，要渡河与其他官员会合。形势如此危急，住持不但不帮忙，反纠众将官员杀死，取去身上财物，印信丢到江里。这位官员生前深受百姓爱戴，为之立生祠，不是《水浒传》里的贪官，杀之没有道理。[1] 更离谱的，是朝廷提拔的大德高僧当上黑道教主，还亲自披挂上阵："僧圆定者，尝奉诏西天取《大集论》，还，赐紫衣，乃与其徒为劫盗里中。"[2] 这位紫衣大师可能白天接见官员士绅，晚上打家劫舍，他的地位和寺院的外表成了最好的庇护和掩护。

---

　　① 这里指僧人与其他人共同犯罪。

执政告诉皇帝，自己"尝断劫盗，有一火（伙）之中，全是僧徒者"[3]。后来下令"诸僧徒辄习武艺……徒二年，配五百里"[4]，从刑罚之重，可知事出有因。

开黑店和当强盗都要冒险犯难，有机会最好转行，找个比较安全的赚钱方法。好财的不止僧人，还有官员、胥吏和形势之家，他们的联手构成了地方上的严重问题。

对僧人与官吏的关系，目前的研究偏重交往、文字（如诗词、寺记、塔铭）、三教冲突和思想融合等[5]，几乎没有采用社会史的角度如 Timothy Brook（卜正民）的 *Praying for Power*（《为权力祈祷》）的。[6] 较为接近的，有 Robert Hymes（韩明士）的 "Temple-building and Religious Life"《建寺与宗教生活》和 Chi-chiang Huang（黄启江）的 "Elite and Clergy in Northern Sung Hang-chou"《北宋杭州的精英分子与佛教人士》。[7] 必须注意的是，官员固然需要与僧人合作，但双方应不至于互相依赖（mutual dependence）。一般情况下，官员会选择跟僧人和平相处以获得他们在紧要关头的帮助（如赈灾），但并不表示政府没有能力压逼僧人就范，尤其是经济方面的榨取。[8] 游彪指出，即使在慈善事业，"除了寺院、僧尼自觉自愿的救济行动而外，很多情况下，地方官的作用不可低估。……地方官的干预是十分必要的"，有时根本是官府威逼利诱僧人去行善。[9] 无论如何，这些论著都没有提到缙绅与僧人勾结犯案，事实上，此类案件并不罕见。

《宋史》记载，一位贵戚残忍好杀，僧人为了讨好，不但没有劝他少杀，反而一起吃人肉。[10] 高宗时，一位知州好将官库钱分送亲戚,其中一个来源,是"结纳妖僧,故于治所以符水惑人,得钱入公库"[11]。孝宗时,两名宗室接受僧尼钱财,"以弓箭射人,用火烧佃户家"[12]。有些寺院"多(收)买土居尊官为庇护,举院界址皆托名为土居尊官坟林,倚靠声势,酷毒村民。有拾界内一枝薪者,则以为斫坟林而吊打之,有牛马羊豕食界内一叶草者,则以为践坟庭而夺没之。村民受苦,无敢谁何"[13],可说是僧假官威。吏员经手大部分地方事务,掌握各种司法和财政档案,可以上下其手,僧人自然积极勾结。寺院强夺民业,贫户告官,寺院贿赂吏员,反诬告贫民。[14]有些寺院的常住财产多由官府拨公费补助,地方上遇到大规模建设,便由官府出资,责成寺院承办,偶有不足之数,寺院从常产贴补,不用科率百姓,算是利民的措施。"后来诸僧院设计,厚赂都吏去其籍,遂破元例,而有事复敷之民,民遂被扰,而僧家安养端坐无为矣。"[15]甚至有僧与吏联手对付官员的。大文豪柳开知全州,因蛮寇为患,倾向严治。僧人与吏员勾结,使人诬告柳开,柳开将二人挞背黥面。二人上诉,谓惩罚过当,柳开的解释是蛮夷重地,军队驻扎,不能生乱,而僧人与官吏连群结党,蠹物害民,故以严刑根治,结果柳开贬官。[16]

真宗大中祥符九年(1016),发生了一件骇人听闻的凶杀案,引爆点是僧人忿恨渔人索取买鱼钱,结果三人受伤,六人被杀,一名官员被配隶,一名被贬官,十五名吏人役人被远配,之所以牵连甚众,是因为财可通神,僧人、官员、公吏沆瀣一气:

> 江南提点刑狱王长吉等言:南安军上犹县僧法端,忿渔人索卖渔直,遂令僧守肱杀其院狗,即白官,诬渔人盗去。县遣里胥捕渔者并父,系送院中,守肱殴杀之。又赂县典,集耆保掩捕渔者二弟,并杀之,又以刃伤渔者母,因以杀获劫贼,闻于县尉汲济。济受吏请求,验尸之际,令主者隐縻缚之迹,并其家老幼,荷校送军。县令孙凝覆视,又以老眊,为吏所罔。因本军劾得实,法端、守肱坐死,自余咸以德音原免。今体量渔者本家兄弟三人,以捕渔为业,余皆乳抱,今四人遭杀,三人被伤,察其事状,最为巨蠹。欲望特降诏旨,并从重罚,不以恩例末减。诏杖济脊,配隶道州(衙前),凝贬文学(参军),余黥面配广南远恶州凡十五人,以守肱私田五十九亩给被伤家。[17]

依事情发生先后,分"犯罪"和"司法"来分析本案。

其一,关于犯罪:

① 犯罪的引因是僧人吝财赖账,似乎认为以自己僧人的身分和社会关系,渔夫不应要钱。僧人不服务世人,反要世人侍奉。

② 僧人买鱼,食之即犯戒,不食也不应买杀生之物。

③ 杀死院狗,共犯两罪。一是杀生,法令规定:"诸寺观内不得宰杀,采捕之具亦不得入。"[18] 二是杀狗,法令规定:"诸故杀犬者,杖七十,杀自己犬者,笞五十。"[19]

④ 诬告渔夫盗狗,查明不实,便要反坐盗罪。

⑤ 动用私刑，寺院变为刑场，结果殴人至死，杀渔夫父子两人，当然是死罪。

⑥ 贿赂县典（县尉手下吏人），捕捉渔夫一家。

⑦ 捕得之后（可能又是送到寺里），僧人又杀渔夫两弟并刀伤其母。

⑧ 杀人之后，教唆县典冒称杀贼，向县尉报功。

其二，关于司法：

① 失物不过是一条狗，县方便派人追查，既找不到赃物，仍将渔夫收捕，无疑执法过当，扰民之至。深知其中弊端的官员就规定，除缉捕盗贼和凶徒，及执行紧要事务外，公吏不得带队下乡。[20]

② 里胥将疑犯送给原告，违法之至，亦不知如何跟上司复命？可见僧人与基层吏人役人勾结甚深，恐非一朝一夕。

③ 县典受贿在先，势成骑虎，乃把杀人当成杀贼，而县尉愿意配合，应是因为县尉捕盗达到一定限额，便可改官，从选人变为京官。[21]

④ 验尸者发现死者身上的捆绑痕迹，知道是先捕后杀，却曲从县尉，隐瞒事实。

⑤ 县令受命覆视，以古稀之年，被吏蒙蔽，真相无以明白。人命关天，失职之至。由上述可知，再严密的司法制度，遇到无能之人，效用就大减，遇到集体共犯（县尉、县典、验尸者和其他吏人役人共十多人），就几乎瘫痪。

⑥ 南安军侦破案件，可能由于人的因素（如办案者精明清廉），亦可能由于制度的因素：州级（府州军监）司法的人

123

力、素质和经验都优于县。县初审，责任甚重，而司法人手严重不足，这是制度上的倒退，宋不如唐。①

⑦ 路级长官以罪恶滔天，请皇帝不要因为德音已发而赦免枉法官吏，下特旨严惩，表示若干士大夫没有官官相护，而是相当重视人命，即使死者是社会地位低下的渔夫。

⑧ 两僧被戮，吏人役人则无一处死，且几乎均因德音获免，应是因为杀人者只有两僧。

⑨ 以僧人私田五十九亩赔偿死者家属，值得注意。杀人者死，伤人者罚，但如何赔偿受害人，直到元明律才正式规定。宋律无明文，不知此案是否成为先例，需进一步研究。

本案最令人发指之处有二：一是僧人心狠手辣。付账小事，却变成连环杀人的阴谋诡计。僧人先设计诬人，后殴人至死，闯下大祸，乃一不作二不休。二是借官府之力除去后患，连累无辜，毁灭一个三代同堂的十口之家，真是一步一步走向极端，视人命如草芥，无半点慈悲之心。

为了求财，僧人也跟形势之家合作，甚至与地方恶霸构成长期和有组织性的共犯集团。《名公书判清明集》有一案名为"母子不法同恶相济"，详细记载官氏家族如何为害地方，它成为地方一霸，凭七个条件：

---

① 徐道邻，《宋朝的县级司法》，《东方杂志》复5.9(1972)，收入氏著《中国法制史论集》(台北：志文出版社，1975)，页129—154。徐文写于二十多年前，至今无人能出其右，可见好的论文不在堆砌史料、化简为繁，而在概念清晰、层次分明、剖析透切。

其一，字号够老，是地方世家。

其二，纳粟得官，有一子出任县尉，负责治安，故能"私行文引，捕人拷掠，囚之牢房，动经旬日"。

其三，交结官府，熟悉官场风习，如"拆去官道桥梁石址，事发之后，辄伪作达官书札，欺诈郡县"。

其四，财力丰厚，私设盐场和税站。

其五，也做善事，如修桥、防盗，并借此敛财。

其六，排难解纷，实际上是包揽词讼，"乡民有争，不敢闻公，必听命其家"。

其七，豢养恶少过犯等数十人为爪牙，并"私置牢狱，造惨酷狱具"，这起码要徒二年，严重的还要奏裁。[22]

各种罪行不可胜数，包括贩卖私盐、征收私税、强占田业、夺人妻女、大杀耕牛、滥用私刑、妨碍司法、草菅人命，"是以三十年间，民知有官氏之强，而不知有官府……乡民被害者数百人泣诉"。

共犯之中，竟有"僧惠暕，为官氏子母率敛民财，寄收赃物，及奸范廿三妻"。惠暕应是利用僧人的身分，替官氏出面募民募款修桥筑路做公益，乘机敛财。所谓赃物，有部分应是分红。惠暕奸污范廿三的妻子，廿三不是别人，是官氏的爪牙，僧人既违反佛门清规，也不讲黑帮道义。他受到的惩罚是"决脊杖十三，毁度牒"[23]。

另一位僧人与地方顽民叶氏和宗室赵氏合谋，聚众劫取放生池鱼，事后还杀猪犒众。一般人捕捉放生池鱼是杖一百，僧人自应加重，执法者以"情理尤重，勘杖一百，毁抹度牒，编管邻州"[24]。

民间有佛社等互助团体，僧人从中得到不少好处。官箴说："民间多作社会，俗谓之保田，替人口（按：口似是衍字）求福禳灾而已，或更率敛钱物，造作器用之类，献送寺庙。……其间贫下人户，多是典剥取债，方可应副，又以畏惧神明，不敢违众。"[25]寺院是否知道这些捐献的来路，有无纵容社邑聚敛，与私社、佛社（均有地方士绅及豪民参与）及其他地方势力的关系为何，需进一步研究。

反过来说，寺院也是形势之家眼中的鱼肉。正如许多寺院被士大夫霸占为私家坟寺，寺院的营利事业亦可能被形势之家染指。黄敏枝指出，在互利之外，长生库由寺院独资经营变为寺院与豪富共同经营，"或许与贵族对于寺院庄田的干涉和兼并，有着异曲同工之处"①。

唐宋变革的一大标志，是以科举任官代替门阀世职，改变了统治阶级的构成。它的好处论者已多，坏处之一是带来统治的困难，因为它产生了愈来愈多的特权人士，而历史告诉我们，滥用特权的人，远多于善用特权的人。Robert Hymes（韩明士）统计，抚州在980年产生第一位进士，不到30增至21位，至北宋末年，抚州大地区累计为216位，到南宋末，抚州的进士总数是628人，大地区是745人。[26]不难想象，地方官在980年只要应付一个士大夫家庭及其姻

---

① 黄敏枝，《宋代佛教社会经济史论集》，页229。南宋初年，有士大夫"寓居括苍僧舍，寺之田产占为己有"的，见《宋会要辑稿》职官73，页30；又见职官66，页15。

亲同好，但到了南宋末年却要应付数百倍的人数。谷更有研究唐宋基层社会的控制，他说："进入宋代，乡村的社会构成又发生了很大变化，集富豪、族权、绅权于一体的乡绅势力开始形成，他们对地方行政权力的威胁比一般富豪层更大。"[27] 事实上，科举人口的增加远远超过官位的增长，土地和商业的竞争也愈来愈激烈，缙绅为了攫取更多的资源，也互相争夺，拉拢盟友，自然看中佛教大量的门徒、民众的信赖，以及其组织的力量。总之，就素质而言，宋代士人与僧人的文化水平和社会地位有时差异不大，容易一拍即合（坦白说是因为宋代士人的水平和地位下降，以前的门第世族会利用佛教来争夺政权，但也许不至于合作诈财）；就数量而言，形势之家大幅度增加，让僧人寻找共犯时，远较前代容易；两者可谓名副其实的"同流"合污。由于形势之家集"富豪、族权、绅权"和特权于一身，僧人亦有门徒、信徒和组织，他们合作犯罪的能力更为强大，后果也更为严重。宋代僧人与地方缙绅如何结缘结盟，是一个尚待深入研究的课题。

民众时常要求僧人大显神通，对赶鬼治病通神无所不包，部分促成了僧人的"巫化"，这是民众对佛教的扭曲，但僧人与民众互动时犯法，也有咎由自取之处。为增加百姓的信赖，僧人装神弄鬼，浴佛节时，"吹螺击鼓，镫（灯）烛相映，罗列香花，迎拥一佛子，外饰以金……唯高二尺许，置于金盘中。众僧举扬佛事，其声振地，士女瞻敬，以祈恩福。或见佛子于金盘中周行七步，见者愕然"。说穿了不过是用火药发动傀儡的伎俩，但把佛像当玩偶，何来敬重之心？①得到民众的信任后，僧人就骗财骗色，游彪就说他们"人为地故弄玄虚，制造神秘，从而达到骗取钱财的目的……还有一些僧人通过巫术、阴阳术等纯粹迷信的东西欺骗百姓，从中渔利"[28]。最残忍的，莫过于鼓励信众舍身，"僧行利其资财衣物，愚民无罪而就死地"，北宋政府用极刑防阻，"犯者以故杀论"。[29] 南宋的法令更周密："诸僧、道教诱人舍身者，徒二年，伤重者，以故杀论，罪至死者，减一等，配千里。即建造舍身之具者，徒一年，以故致损折支体，加二等，致杀人者，又加二等。"[30] 地方官公布的《劝谕榜》说："约束城市乡村，不得以禳灾祈福为名，敛掠钱物，装弄傀儡。"[31] 看了浴佛的把戏，便明白"装弄傀儡"的意思了。

僧人建功立业的手段亦会违反佛教宗旨、国家法律，以及流于愚民。出家曾被批评为不孝，僧人不但不避讳，反怂恿子孙把先人墓地的树木捐赠，结果以"不应为"之罪被杖六十。[32]

僧文用被士人指责"目不识字而有心术……其所为皆用权术，悦人以取，而人不悟也"[33]，这里我们探讨一下他究竟做了什么？

他来到平江府常熟县，白手兴建一座寺院，而且香火极盛。

他能够白手建寺，是利用民众对僧人的信任和对风水的

———————

① ［宋］金盈之，《醉翁谈录》卷4，页48。药发傀儡是利用火药发动的玩偶，见伊永文，《宋代市民生活》(北京：中国社会出版社，1999)，页155—156；该书遗漏了市民的宗教生活。

迷信。他说："城西北有山，而东南乃湖水，客胜于主，在术家为不利，若于湖滨建为梵宫，起塔其上，则百里之内，四民道释当日隆于前矣。"巧妙地将建寺的私念掩盖在为百姓谋取公益的表面下。

建寺的工人，部分是志愿者，部分是工匠，有百数之多，可谓创造工作机会，但如何付费？"先是酒务有漏瓶弃之，文用乞得数千枚，散于邑中编户，每淘炊时，丐置一掬其中，旬日一掠，谓之旬头米。工匠百数，赖此足食。"透露文用善于利用民众小施舍多积福的心理，又与官吏打上交道，得到他们的支持，取得大量漏瓶。

香火极盛，是他"又作轮藏，殊极么么。他寺每转三匝，率用钱三百六十，而此一转，亦可（三匝），取金才十之一，日运不绝"[1]。可说采取了包装精美，注重细节，低价促销的手段。

轮藏赚不够，还铸撞钟，用铜三千斤，可见其壮观，足以吸引信众。问题是慧日和东灵二寺已有替亡人撞的无常钟，再添一钟，同构性太高，市场容量可能不够，而且与人争利，并非双赢之道。"文用乃特为长生钟，为生者诞日而击，随所生时而叩，故同日者亦不相碍，获施不赀。"可说巧立名目，跟政府的苛捐杂税并无两样。

发财之后，便要博取名声，广结善缘，最好跟官府搭上关系。刚巧慧日寺被屯兵残毁，"县宰欲请长老主持，患无以

---

① 原标点作"而此一转，亦可取金，才十之一"，今改。

供给，文用首助钱五百千，由此上下乐之，施利日广。自建炎戊申至绍兴癸丑，六岁之间，化钱余十五万缗"。此事一举三得：给足知县面子，培养良好的互动；与慧日寺成为盟友；显露自己胆敢登高一呼的实力，俨如一方领袖。

他"又请朱勔坟寺旧额，为崇教兴福院，不数年，遂为大刹矣"。新寺取得旧额，就地合法，显示新寺已有相当规模，文用的社会地位日隆，跟官府和士绅的关系日密，可能也花了不少钱。朱勔花石纲的臭名就不必计较了。

一个文盲和尚无中生有，名利双收，的确引人嫉妒。士人采取批判的态度记下此事，但我们没有看到文用损人利己，反努力与其他两寺达成三赢。但是，既有两寺，似足以应付民众宗教需要，再造新寺无非是创建个人事业，实属私心，何况创造寺观有违国法，应徒二年。[34] 为了创业，文用以风水打动人心，实违反佛陀根本教义。佛教主张缘生性空，万事万物存在而不实在，变化无常，何必谈风水？神通虽有功用，但岂能改变因果的律则？故修行的八正道将占卜咒术等称为邪命，即以邪法活命的职业。[35] 事实上，僧人学习风水还触犯国法，太祖开宝五年诏："僧徒本教，不许习他义，自今无得习天文、地理、阴阳之学。"[36] 但官民都不以为意，不是共犯又是什么？

其他事情中亦可看到文用的心计和权术。他既迎合民众需要，又巧立长生钟的名目，替民众创造一个新的需要，一如商人推出新产品，乃设法让民众觉得是必需品，因而购买。新瓶所装的，不过是替生者祈福的旧酒。文盲僧竟得到士绅和官员的支持，取得旧寺额，可见双方既有利益一致，亦有利益交换。文用利用佛教的吸引力致富，然后以金钱换取地位和名声；士绅和官员认同佛教的功能，接受文用的捐献，给予支持，使他从非法寺主变为合法。僧人、士大夫、金钱、包装、心计、权术、地位、名声与利害交织，构成佛教史的一章，实与世俗史无异。

赵章超指出，宋代文言小说中的僧人形象较前代有了很大的变化，其头上的光环大为褪色，"让读者感受到的常常不是其超然物外、高蹈出尘的一面，而是和现实生活中平民百姓并无两样，并且还有不少作品揭露其丑恶的一面"[37]。读者也应思考，是什么原因让僧人的光环褪色？在犯罪中，假如僧人是主犯，俗人是不是共犯，或至少是整个犯罪结构的重要组成分子？这需要进一步研究。

注释

[1]［宋］徐梦莘，《三朝北盟会编》丙册（台北：大化书局，1979），页208—209。

[2]《续资治通鉴长编》卷113，页2638。

[3]《宋会要辑稿》道释1，页26；职官48，页125。

[4]《庆元条法事类》卷51，页726。

[5]例如郭绍林的《唐代士大夫与佛教》（开封：河南大学出版社，1987），潘桂明的《中国居士佛教史》（北京：中国社会科学出版社，2000），和 Albert Welter, *Monks, Rulers, and Literati* (Oxford: Oxford University Press, 2006)。

[6] Timothy Brook（卜正民），*Praying for Power: Buddhism*

and the Formation of Gentry Society in Late-Ming China. （Cambridge, Mass.: Harvard University Press, 1993）.他曾尝试比较宋季与明季士大夫退到地方后与佛教的关系，见页321—325。

［7］Robert P. Hymes（韩明士），Statesmen and Gentlemen: The elite of Fu-chou, Chiang-hsi, in Northern and Southern Sung （Cambridge; New York: Cambridge University Press, 1986），pp. 177-199; Chi-chiang Huang（黄启江），"Elite and Clergy in Northern Sung Hang-chou: A Convergence of Interest," in Peter N. Gregory & Daniel A. Getz, Jr. eds., Buddhism in the Sung（Honolulu: University of Hawaii Press, 1999），pp.295-339.

［8］王曾瑜，《宋朝阶级结构》第五章《僧道户》。游彪，《宋代寺院经济史稿》第六章《宋代寺、院僧人的赋役负担》。

［9］游彪，《宋代寺院经济史稿》，页65—66。

［10］《宋史》卷463，页13541—13543。

［11］《宋会要辑稿》职官70，页29。

［12］《宋会要辑稿补编》宗室，页16。

［13］［宋］陈淳，《北溪大全集》卷47，页1—9。

［14］王曾瑜，《宋朝阶级结构》，页371。

［15］［宋］陈淳，《北溪大全集》卷47，页1—9。

［16］伍伯常，《北宋初年的北方文士与豪侠——以柳开的事功及作风形象为中心》，《清华学报》36.2（2006），页295—344，事见页312。

［17］《续资治通鉴长编》卷87，页2007。此案收入［宋］郑克，《折狱龟鉴译注》卷3，页137—139。

［18］《庆元条法事类》卷79，页894。

［19］《庆元条法事类》卷79，页890。

［20］《名公书判清明集》卷11，页438。

［21］陈振，《论宋代的县尉》，收入邓广铭、徐规等主编，《宋

史研究论文集》（杭州：浙江人民出版社，1987），页308—323。

[22]《庆元条法事类》卷75，页805。

[23]《名公书判清明集》卷12，页471—473。梁智超研究豪民，包括官氏，但没有提到他们与僧人勾结，见其《南宋二十户豪横的分析》，收入邓广铭、徐规主编，《宋史研究论文集》，页248—266。又见梁庚尧，《豪横与长者：南宋官户与士人居乡的两种形象》，《新史学》4.4（1993），收入氏著《宋代社会经济史论集》（台北：允晨文化，1997）下，页474—536。

[24]《庆元条法事类》卷79，页893："捕放生池鱼鳖，杖一百"；《名公书判清明集》卷14，页524。

[25]［宋］李元弼，《作邑自箴》卷6，页31；《宋会要辑稿》刑法2，页69。目前的研究，集中在社与宗教的关系，如［日］金井德幸《宋代の村社と佛教》《南宋祭祀社会の展开》等多篇著作，见［日］松本浩一，《宋代の社と祠庙》，《史境》38＆39（1999），页1—15。极具分析和启发性的，见郝春文，《隋唐五代宋初传统私社与寺院的关系》，《中国史研究》1991.2，页3—12。

[26] Robert P. Hymes, *Statemen and Gentlemen*, p.24.

[27] 谷更有，《唐宋基层社会控制》，收入林文勋、谷更有，《唐宋乡村社会力量与基层控制》（昆明：云南大学出版社，2005），页133—243，引文见页185。

[28] 游彪，《宋代寺院经济史稿》，页44—46。

[29]《宋会要辑稿》刑法2，页66。

[30]《庆元条法事类》卷51，页725。

[31]［宋］朱熹，《朱文公文集》（四部丛刊初编）卷100，页1781。

[32]《名公书判清明集》卷9，页330。

[33]［宋］庄绰，《鸡肋编》卷中，页67—69，僧文用事均引自此，下不赘注。

［34］《庆元条法事类》卷51，页720："诸创造寺观，及擅置戒坛，徒二年。"

［35］释圣严，《佛教入门》，页65；他本人的态度，见其《佛教对于命相、风水的看法如何？》《佛教对神通、异能看法如何？》及《神道设教也是佛教吗？》，收入《学佛群疑》，页90—93、120—123、149—153；《佛教重视神迹吗？》，收入《正信的佛教》，页81—82。

［36］《宋会要辑稿》道释2，页1。

［37］赵章超，《宋代文言小说研究》，页52、57。

第四章
影响审判的因素

　　跟犯罪一样，审判出自人为，故所谓影响审判的因素，其实就是影响执法者的因素，亦即影响士大夫审判的因素。宋代跟前代很大的不同，就是把佛教的违法行为从寺院和僧官手里大量移交给世俗官僚来审判[①]，因而产生一个问题：尽管宋代不曾灭佛，但从宋初古文运动至宋末理学成为道统，儒佛相争从未停息，那么以儒术治国的士大夫在审判佛教案件时，有没有偏颇之处？如有的话，它们又是如何产生的？

　　为方便讨论，我们将士大夫的身分切割为二：一是作为治理者的"大夫"，较强调公领域，审判时较受公务需要或朝廷政策所左右；二是作为排佛或信仰者的"士"，较强调私领

---

　　① 云注：镰田茂雄认为，"至唐代……僧官还是处于功德使那样的俗官隶属于之下，对僧尼没有审判权"；谢重光、张国刚也曾指出，在唐玄宗时期，"僧尼犯罪，例由俗官推治"的局面已经形成。因此，宋代官僚处理罪僧的做法是否有别于前代，或可再商。参见[日]镰田茂雄著，郑彭年译，力生校，《简明中国佛教史》(上海：上海译文出版社，1986)，页185；谢重光，《汉唐佛教社会史论》，(台北：国际事业文化有限公司，1990)，页306；张国刚，《佛学与隋唐社会》(石家庄：河北人民出版社，2002)，页130—131。

域,审判时较受个人对宗教的倾向所影响。当然,这两种身分和领域有时是相合的,例如排佛的士大夫遇到朝廷采取排佛的政策;有时却会矛盾,例如信佛的士大夫遇到朝廷排佛;有时会互相渗透和影响,例如信佛的士大夫影响朝廷对佛教的政策。

一、士大夫作为治理者

今日喜谈司法独立,但众所周知,宋代除了中央的司法机构如刑部和大理寺外,地方长官如知州和知县等人,虽手握司法的决定权,却都不是专职的执法者。他们大都身兼行政和司法,两种任务难分难解,并不容易做到司法独立,故我们不能单从法律角度,而应站在宋代地方长官的立场,来了解当时的司法。地方长官必须扮演多重角色,一肩挑起今日的教化、财政、内政、司法,甚至国防等任务,例如知州负责保境安民,对可疑的佛教聚会,可能不待罪案发生就进行取缔,进入司法程序后,所考虑的也不单是法律,还有财政、教化和政府对佛教的政策等,遇到宗教性案件,更牵涉个人信仰。

为行文之便,先解释两组常用到的词汇。首先是"祠"与"祀"。蔡宗宪研究等概念的历史发展,认为在宋代以前,淫祠与淫祀本来互为表里,大致相通,但到了宋代,祠主要指祭祀之"建筑物",祀主要指祭祀之"行为"。他说:"《宋史》中,'淫祠'凡十五见,十二条均指祠庙,仅三条为民俗……至此，'淫祠'虽仍保留通用'淫祀'之意的用法，但已较为普遍地偏指祠庙。"[1]这个区别是对的，而且适用于佛教。下文提到"祠"时，主要指寺院，提到"祀"时，主要指祭祀。

其次，何谓伪僧、淫寺、淫祀、淫神？宋代的僧人有僧籍，寺院有寺籍，神佛有神籍，亦即登记有案或载在正典。①在案在典的，谓之正僧、正寺、正神，属于"形式上"的合法，但假如宗教活动越轨，违反了祀典，即使祭拜的是正神，但祭拜本身仍属非法，便成淫祀，属于"实质上"的非法，可能被取缔，就好像注册立案的商店走私漏税便属于犯法。没有在案在典的，就是伪僧、淫寺、淫神。假如祭拜的是淫神，即使祭拜活动符合礼节，但因神明本身非法，亦有可能被取缔，不能说祭拜合乎礼，就一切都合法。当然，非法寺庙多不胜数，故取缔有先后次序，甚至很久都不取缔，但不能因为没有取缔，就说是合法，不是淫寺，即使该淫寺最后得到赐额成为正寺，也不等于该淫寺在取得赐额之前就是正寺。我们必须先把"法律规定"（立案）和"法律行动"（取缔）分别清楚，也要把官方对淫寺的认定与非官方的认定分别清楚，才能进一步探讨两者的关系，如淫寺如何变为正寺，或正寺如何沦为淫寺。

---

① 刘长东，《宋代寺院合法性的取得程序》，收入氏著《宋代佛教政策论稿》，页131—175。佛教正典以政府所藏佛教经籍为准，宋初有《开宝大藏经》，后来偶有修订增补，见童玮，《北宋〈开宝大藏经〉雕印考释及目录还原》（北京：书目文献出版社，1991）。

此外，学人研究淫寺，往往把寺院、神祇、僧人视为一体，宛如命运共同体，其实要分开处理。后周世宗灭佛，下诏"诸道州府县镇村坊，应有敕额寺院，一切仍旧，其无敕额者，并仰停废，所有功德佛像及僧尼，并腾并于合留寺院内安置"，今后"僧尼籍帐内无名者，并勒还俗"。[2]非法（无敕额）寺院被停废，但供奉的合法（功德）佛像并没有一并废弃，而是移置合法寺院，继续享受祭祀。合法僧人也没有因为在非法寺院内工作而被逼还俗，而是改到合法寺院工作。宋承周制，徽宗政和元年的诏令也说："开封府毁神祠一千三十八区，迁其像入寺观及本庙，如真武像迁醴泉下观，土地像迁城隍庙之类。五通、石将军、妲己三庙以淫祠废，仍禁军民擅立大小祠庙。"[3]明显可见，朝廷把祠与神分别处理，放在淫祠的正神，如真武和土地，祠被毁了，无处容身，乃安排到正祠如醴泉下观和城隍庙等地栖身；放在淫祠的淫神，如五通、石将军和妲己，不但祠要废，连神也要取缔，故无需替它们另找栖身之所。

国家与淫寺在法律上的"形式"关系，读法令就可知道，简单说就是"取缔"两字，就好像今日的汽车闯红灯，法令规定要开罚单，但实际则要看执法者是否取缔和如何取缔。我们要探究的是，为何有些执法者取缔，有些不取缔？为何有些严加取缔，把淫寺淫神铲除得一清二净，有些却网开一面，去神不去寺？除了受贿等特殊情况外[4]，影响执法者的因素不少，下文只处理较重要的三项：政策、治安和财政。三者分列是为了强调相对重要性，它们有时混在一起。

（一）政策

理论上司法者应该执行朝廷对佛教采取的政策，后者反映国家与佛教的关系。一个政策的形成有许多因素，本文不能一一检讨，以下侧重政策决定者对佛教的认识和态度。

跟我们一样，宋代士大夫不是每个人都有机会直接了解佛教，许多是间接了解佛教，其中一个重要的信息来源就是历史记录。跟今天不同，古代的历史记录集中在政治、军事、经济和外交等以帝王将相为主角的上层历史，而在这些记录里，佛教并不光彩，屡犯国法而不改，先后被三武一宗清算，史称"灭佛"，最后一次发生在宋代立国前五年，可视为国家对佛教的四次大审判，构成宋人对佛教的集体记忆。

在这些记忆里，佛教的罪行包括：经济方面，僧人被视为不耕不织的寄生虫，不输租赋，不从兵役，减少国家的收入和人力。社会方面，后周世宗的诏旨劈头就数说抑佛的主要原因是寺院"私度僧尼，日增猥杂……漏网背军之辈，苟剃削以逃刑，行奸为盗之徒，托住持而隐恶"[5]，简言之就是窝藏不法之徒，危害社会秩序。政治方面，一方面是僧人涉足政治，卷入政争，自取其祸，另一方面是佛教被利用来政争，甚至是胡汉之争。文化方面，佛学与儒学的根本理念不合，如神灭与神不灭之争，亦是异端（外来文化）和中国之道（本土文化）的竞争。最常见的批评，是出家违反礼义伦理，例如不敬王者、无君臣之义是不忠，无后和不拜不侍奉父母是不孝等。[6]

必须一提的是，探索灭佛的原因时，要注意一个研究方法的问题。学人应辨别"事实"与"相信"，或"事实"与"判断"，避免混为一谈。有人为了反驳灭佛的原因，如僧人的避役和寺院的占田等，便努力推算，指出避役和占田的数量没有那么多，故不应是灭佛的原因。但是，历史的主角是人不是数字，而人之所以为人，就是会误算数字，提供给决策者，而决策者亦会误信不确的数字，作出决定。即使学人证明这些数字是错误的，但对当时的计算者和决策者来说，却是真实的，并据以作出灭佛的决定。除非能证明计算者是故意算错或决策者是故意误信，否则我们只能假定，这些计算者和决策者的确因为"相信"佛徒大量避役和占有田地，因而灭佛。其实，就算当时已有能力计算出避役和占田的数字没有想象中那么高，但决策者根据个人的价值标准，仍可能"认为"或"判断"这些正确的数字已超出可以容忍的范围。他们亦可能因为理解不足，"误会"了这些正确的数字，因而决定灭佛。僧人与百姓的比例如何谓之过高或适中，会因人因时而异，平时觉得适中的比例，在需要富国强兵之际，就会显得过高，这是政策问题，不是统计问题。学人可以批评灭佛的决定不合常理、小题大作，甚至愚蠢和错误，但不能因此说避役和占田不是灭佛的原因。

无论如何，这些灭佛的原因记录在《册府元龟》《旧唐书》《新唐书》《旧五代史》《新五代史》《资治通鉴》等史籍里[7]，都被宋人认同。韩愈的排佛言论亦随北宋古文运动的兴起而被直接或间接知悉，产生一定的影响。实际上，当学人利用宋代史料研究灭佛时，在相当程度上是透过宋人的眼和手来研究，受制于宋人的史观和对史料的去取，研究结果可能跟宋人的观点差不多。有趣的是，当宋人自己尝试理解当代的佛教问题时，也受制于这些史观和史料，只管把这件历史因衣往宋代的佛教身上一套，不管合不合身。事实上，三武一宗灭佛时的佛教流弊，跟宋代的现实，已有很多地方不相符了。

宋人以三武一宗为鉴，对佛教的流弊做了不少改善和防范。佛教与国家利益冲突，始作俑者有时是政府，不能单方面责怪僧人。经济方面，例如寺院占有大量土地，只要是合法取得，便不算犯法，其中有不少是皇室贵族官僚因积善求福而施舍的，有不少功德寺的产业更是地主和官僚为了免除赋税隐匿地产而向朝廷请求敕额或免税的，只因数量愈来愈多，引起政府不满。宋政府不准寺院购买民田，只能购买荒田，后来又不准购买民荒田，只准租佃官荒田，并提高官僚设立功德寺的门槛和减少经济特权等。王曾瑜和游彪先后统计南宋号称"仙佛国"的台州和明州的寺产，指出"拥有101—500亩常住田的寺院所占比例最大，而占田1000亩以上和无田无地无山的寺院比例很小"，以此类推，寺院田产仅占全国总数的2.6%至5%左右。[8] 又如免税免役，本是政府特许，亦因人数愈来愈多，引起政府不满。寺院免税的特权，从唐代两税法施行后已大为消减，宋代承之，甚至抽取免丁钱。寺院免役的特权，到北宋中叶亦因王安石变法征收代役钱而消减。富有的寺院不过是待宰的肥羊，各种摊派接踵而至，福建"州常赋外，一切取给于僧寺"，寺院的财产竟被誉为民之保障。[9] 兵源不足更不是宋代的问题，在募兵制度下，兵员充沛，军营有时反成难民营，容纳冒牌和被沙汰的僧人。[10]

文化的伦理道德方面，不忠不孝的问题几乎已不存在。过去的僧人被指责不敬王者，而宋代僧人自称臣僧，不再称贫僧或用法号。① 度僧由官方主持，经试和受戒之日，选在圣诞之时，无非表示皇恩浩荡，不但僧官，连僧人的身分也来自君主恩赐。对不拜不孝敬父母的批评，僧人早就大幅让步，拜父也拜母，连君主也觉得不妥。唐玄宗曾颁《令僧尼无拜父母诏》："近者道士女冠，称臣子之礼，僧尼企踵，勤诚请之仪……盖欲崇其教而先于朕者也。自今已后，僧尼一依道士女冠例，无拜其父母，宜增修戒行，无违僧律。"② 大足石刻的主题，就是父母养育子女，宣扬孝道；民间广泛流传的二十四孝，其中亦有佛教故事。[11] 朝廷也努力将孝顺父母的价值观念向四方推广，例如真宗天禧三年二月，知越州高绅

---

① 云注：张婷指出，"贫僧"在唐宋之际逐步变为僧人的谦称，并在南宋僧人的语境中频繁出现；栗艳、马丽则证实僧人自称"贫僧"的现象在唐代已出现，但尚未通用，唐宋时期僧人主要以"贫道"自称。此可补正柳先生之论。见张婷，《历史时期僧人谦称的文化诠释》，《安徽史学》2018.1，页34—38；栗艳，《从"贫僧""贫道"名称的变化看中国佛道关系的演变》，《学术探索》2018.12，页97—102；马丽，《"贫僧"源流考》，《语言研究》2020.1，页98—102。

② [清]董诰等编，《全唐文》(北京：中华书局，1983)卷30，页341。见自石峻等编，《中国佛教思想资料选编》(北京：中华书局，1983)卷2册4，页418，是书集中相关诏令，十分方便。是否拜父母的规定前后反覆，开元二年和二十一年又两次下诏僧尼一依道冠之例，兼拜父母。见郑显文，《唐代律令制研究》，页256—257；谢重光，《中古佛教僧官制度和社会生活》(北京：商务印书馆，2009)，页386—399。

言："当州僧尼既受戒，还家即受父母拜礼。伏以为臣为子，忠孝之道居先，在家出俗，怙恃之情匪异。苟乖斯道，是曰乱伦。且子于父母，恩报皆一，在儒书则曰昊天罔极，在释教则曰恩重莫报，安可用小加大，使卑逾尊？盖瓯越之民，僧俗相半，溺于信奉，忘序尊卑。切见唐太宗正（贞）观五年尝禁僧尼受父母拜，方今鸿化风行，革除侥幸，望敕特行戒止，奏有违者，重决罚。"有旨从之。[12] 值得注意的是"在儒书则曰昊天罔极，在释教则曰恩重莫报"两句，足以说明在知州眼中，也许方法不同（如佛教以出家替父母减罪为大孝），但儒书与佛典都教人尽孝，可见这是当代士大夫也承认的。释教既教人尽孝，民众没有遵行，其罪自不在佛教本身，正如不信佛的民众也有不孝的，其罪也不在儒学本身。事实上，法律规定，"其志愿出家者，并取祖父母、父母处分；已孤者，取问同居尊长处分，其师主须得听许文字，方得容受"[13]，力图减少子女弃养父母。假如得到父母的同意才出家，是否还算不孝？即使父母同意在先，后来反悔，子女也得还家侍养。[14] 总之，在宋代，无论是佛教理论或是世俗法律，都一起努力，避免不孝的指责、减少不孝的行为。

其他方面，如科举制度使儒学定于一尊，非佛教所能动摇，考卷上甚至不得出现佛言佛语。佛学很早便向儒学靠拢，新儒学要争取道统大位，对手毋宁说是儒家各门各派而非佛家。佛教信仰在唐代中叶已相当本土化，深入民俗，很难分别胡汉；佛学义理在唐代中叶亦开始儒学化，宋代更甚，僧人"内藏儒志气，外假佛衣裳"[15]；而新儒学（理学）亦大肆吸收佛学，很难看到夷夏之防。僧人干政几乎没有，数位文化僧因士大夫朋友的政治失足而受累，多属无辜。如此种种，还有许多，都是佛教在现实里的情况。

尽管如此，宋代士大夫对佛教的批评从未停止，而且往往与现实不符。宋代固然有少数"护法"的士大夫，以行动和言论捍卫真相，但攻击的言论和文字仍然更多。黄启江指出，护法最有名的例子当是张商英，但即使贵为宰相，他的《护法论》流传不广，不见于宋代各种佛教史籍，影响实在不大。事实上，《护法论》的创作，正是反映当时对佛教歧见之深与广。[16]研究宋代思想史的刘复生、陈植锷、张清泉、张文利和李祥俊等先后指出，宋儒对佛教的批评了无新意，不过反复朗诵前人之言。[17]为节省篇幅，本文就不重复这些学人的论述。总之，假如宋代士大夫生活在三武一宗灭佛的时代，他们对佛教的批评是符合现实的，用于宋代，却未免时空错乱。但这些过时的批评，却形成了一股抑佛的风气。

宋代朝廷抑佛，最重要的一次发生在北宋中叶，士大夫纷纷发言，主要指责僧人不耕而食，不蚕而衣，朝廷乃下令裁减三分之一的僧人。天禧五年（1021）僧人三十九万七千六百余人，是宋代的最高纪录，景祐元年（1034）约三十八万五千余人，庆历二年（1042）约三十四万八千余人，至和元年（1054）以后递减为三十万余，熙宁元年（1068）约二十二万余，跟唐武宗灭佛时还俗的僧及尼合计二十六万多人不相上下。①看了这些数字，我们必须承认北宋政府确有抑佛，而且是持续进行的。到了徽宗，因各种原因，曾下令将佛寺改为道观，僧尼改信道教，连佛、菩萨也要改穿道服。[18]

抑佛的风气延续到了南宋，甚至可以说形成了国策或国是。绍兴十三年（1143），高宗说："朕观昔人有恶释氏者，欲非毁其教，绝灭其徒；有喜释氏者，即崇尚其教，信奉其徒；二者皆不得其中。"态度似乎持平，但他随即说："朕于释氏，但不使其太盛耳。……（卖）一度牒所得，不过一二百千，而一人为僧，则一夫不耕，其所失岂止一度牒之利。"下令暂停发售度牒，前后凡二十年。②绍兴二十六年，高宗严批佛教说："如高齐、萧梁奉佛，皆无益也。僧徒不耕而食，不蚕而衣，无父子君臣之礼，以死生祸福恐无知之民，竭民财以兴建塔庙，蠹民伤教，莫此为甚，岂宜广也。"辅臣皆称善。[19]汪圣铎说："以这种口气批评佛教，一口气讲了佛教这样多的'罪行'，至少在宋代是史无前例的。"[20]次年，高宗又说："前日贺允中上殿，朕问即今僧道之数。允中言：道士止有万人，僧有二十万。朕见士大夫奉佛，其间议论多有及

---

① 《宋会要辑稿补编》僧籍，页324；《宋史》卷58，页9933；黄敏枝，《宋代佛教社会经济史论集》，页353—354；游彪，《宋代寺院经济史稿》，页47—48。游氏认为三十万僧人不是至和元年的人数而是之后的人数，校之《宋史》，应是，今从之。

② 《宋会要辑稿》道释1，页34；《宋会要辑稿补编》汰僧，页326。高宗曾说佛法所言俱在六经之中，似乎并不了解佛学，见张文利，《理禅融会与宋诗研究》，页36—37。

度牒者，朕谓目今田菜（业）多荒，不耕而食者犹有二十万人，若更给卖度牒，是驱农为僧。且一夫受田百亩，一夫为（僧），即百亩之田不耕矣。佛法自东汉明帝时流入中国，前代以来，非不禁绝，然终不可废也。朕亦非有意绝之，所以不禁度牒者（按：'不'字应删，全句作：朕亦非有意绝之，所以禁度牒者），正恐僧徒多则不耕者众耳。"大臣回应说："陛下宵旰图治，尤以农事为先，天下幸甚。"[21]

高宗口中的"朕观昔人""佛法自东汉明帝时流入中国，前代以来，非不禁绝"和"高齐、萧梁奉佛"等，明显就是历史知识，他一再批评"僧徒多则不耕者众""不耕而食者犹有二十万人"和"无父子君臣之礼"等，也明显是沿袭三武对僧尼的指责。臣下若非逢迎，隐没真相，就是心有同感，因为确有士大夫认为，"凡为僧者，住无碍屋，吃无碍饭，着无碍衣，使无碍钱，因是不复知稼穑艰难，而至于骄纵"[22]。胡宏甚至上奏说："大兴屯田，罢度牒，天下僧尼道士，收其产业；即今存者，令岁纳复身钱一万，其肯改过、归民聘娶者，随口给以公田，使各食其力。"[23]

然而，高宗和臣下的认知，无疑跟宋代现实不符。僧人很早就要摆脱不耕不织的指责，提出农禅合一，主张一日不作，一日不食，要求僧众自力更生。宋代寺院田产的一个重要来源，就是僧人开垦荒山荒地，并得到政府鼓励，以增加税收。地理和经济条件较差的寺院，僧人更要亲自动手动脚开垦荒地。游彪说："寺庙、僧人开垦田地，既改变了僧侣的居住环境和生活条件，也促进了社会经济的发展，这也是宋代寺院、僧人对社会的重要贡献。"[24] 即使是将寺田租给百姓耕作，亦是僧民两蒙其利。被称为南宋功利主义者的陈亮说："使一僧有田十亩，彼固不能耕也。岁藉一夫耕之，则一夫反资僧以活。计田之所出，犹足以及僧之所役，是一僧不复为居民之费，而三夫（僧人、耕者、役者）共饱于十亩也。使天下之僧皆如此，虽不耕而民瘵矣。王政既已废坏，释老之徒固不必尽恶也。岂惟罪不在彼，而天下之人岂皆自耕而食乎？"[25] 一针见血指出许多地主也是不耕而食，而看问题的关键根本不是地主有无自耕，而是有无把田租出去，故谓虽不自耕而民可治。

总之，宋代寺院，尤其是中小寺院的众多僧人自食其力，交纳赋税，绝非高宗口里的不事生产。就在绍兴二年十二月，高宗下诏："诸路寺观常住荒田，令州县召僧道耕垦，内措置有方，及租税无拖欠者，并仰所属差拨住持，其田宅寺观，仍不以名次高下差拨。"[26] 我们岂能说高宗不知道僧人对垦田和国库的贡献？高宗严批佛教，不是以偏概全，就是中了灭佛历史之流毒，无论佛教如何努力改善，也难以改变先入为主的坏印象。无论误解是出自君臣的有意还是无心，抑佛在南宋毕竟成了不易改变的政策，只是施行的力度时强时弱。杨倩描说："台州的僧道数在宋孝宗乾道三年（1167）最多，其免丁钱当年为'一万二千七百七十四贯文'。……宋宁宗嘉定十五年（1222）实际征收的僧道免丁钱仅为'六千六百二十三贯五百文'。但在乾道三年至嘉定十五年这几十年间，台州的僧道免丁钱一直是按照乾道三年的最高额征收的。"[27] 台州与明州一向是僧人最多的地方，从人数的几乎减半，可反映抑佛政策是持续执行的，这是我们探讨司法与佛教时必须了解的背景，不要以为宋代没有灭佛就等于没有抑佛。

直到今天，尽管信息发达和易得，学人对宋代佛教也不见得十分了解。研究宋代思想文化史颇有发现的陈植锷说：佛教"心性义理方面的精髓既已被王（安石新学）、关、洛、蜀诸学吸取殆尽，释氏也便只剩下佛教的奢侈形式、迷信内容和不问世事的缺点"①，最后一句"不问世事的缺点"恐怕冤枉不少僧人。他们修桥筑路办救济，相当深入世事。由此可见，思想文化史专家也会沿袭旧说，误会了佛教的其他方面（如对社会和经济的贡献），何况不做研究的士大夫？又有多少士大夫是只有书本知识而没有现实经验的？这引申一个有趣的问题：一些士大夫（尤其是理学家）审判僧人时，是否觉得僧人背后的佛教已一无可取，反是社会和经济问题的麻烦制造者（trouble maker），一如三武时代的佛教，乃觉得加入佛教就是不对，于是加重刑罚，杀一儆百？

当然，本文不是说历史知识的负面作用是最重要或最直接产生抑佛的原因，但无疑是一个没有被充分研究的原因。

---

① 陈植锷，《北宋文化史述论》，页 356 — 357。李承贵熟悉佛教思想，指出宋儒对佛教理解的各种错误，但对宋儒批评佛教无益于世务时，他没有利用佛教的社会事业来反驳，反而说："我们知道，内圣之学是佛教学问的根本，无意'外王'正是传统佛教所追求，这作为一种学说的价值选择，是否值得尊重？"见其《儒士视域中的佛教——宋代儒士佛教观研究》（北京：宗教文化出版社，2007），页 160、296、500 — 502、506。

它有助我们理解"实况"与"批评"之间为何出现那么大的差距，就是因为批评者戴着"历史"的有色眼镜来看实况，并据以作出批评和行动。士大夫如何通过历史知识来了解佛教，所获得的了解又如何影响他们处理佛教事务，是一个有待深入探索的问题。

（二）治安

与治安相反的就是社会不安或动乱。除了时势之外，足以引起动乱的主要条件大抵有五：人力（含人际网络）、财力、愿景（例如均贫富、丰衣食、进天国）、组织和领袖人物（具有野心、魅力、能力），这是佛教所不缺的，不必赘言。所以，政府一方面利用僧团的力量去推行地方事务，另一方面不得不防范。首先要辨别真假僧人，以免把伪僧科以僧人之罪罚，把正僧科以凡人之罪罚；其次要订立连正僧也不能触犯的宗教行为守则，凭此进行审判。所谓宗教行为，是指佛教的宗教性活动如传道讲经做法事等，不是指僧人打家劫舍谋财骗色等非宗教性活动，后者自属违法，自应取缔，下文不再赘言。

有些研究佛教的学人看到僧人犯罪，就不期然认为犯者不是真正的僧人。其实，站在司法者的立场，也先要验明正身，然后才进入审判，因为犯者是不是僧人，会影响定罪和量刑。若犯者不是真正的僧人，却判他还俗，岂非可笑，若是真正的僧人犯奸，却以凡人论罪，岂非便宜了他。更重要的是，一些活动若由僧人来主持便算违法，例如祭祀玉皇大帝，由僧人主持便流于淫祀，因为玉皇大帝不在佛教正典之中。反之，一些活动若由凡人主持便算违法，由僧人主持便是合法，兹举一个非常重要的例子。

毫无疑问，聚众行道时常是不安的导火线，若主导者是凡人，便属违法，若是僧人，便是合法。我们甚至可以说，僧道可以结社聚众，讲经传道，是一种宗教特权。唐代规定，大规模的宗教活动，必须在寺内举行："凡道士僧尼，非在寺观，别立道场，聚众教化……并还俗。"[28] 当然，有些活动是在寺院之外举行，但只要是假佛教的名义进行（如道场祈福浴佛），都必须由僧人主持。就立法而言，南宋时的《庆元条法事类》规定："诸非僧、道而结集经社及聚众行道者，各杖一百。"[29] 就司法而言，《清明集》的审判结果是："非僧、道而结集经社，聚众行道，各杖一百"，可见确实执行。① 也就是说，遇到有人聚众行道，执法者便先要判别主导者是不是正式的僧人，如不是，便按凡人治罪杖一百，如是，便是合法，但假如行道的过程中逾法，如淫祀，便按照跟佛教相关的国法治罪。刑罚的不同，有助我们判别涉案者是否僧人，研究佛教的学人不妨留意。

史料中不乏执法者先行判别涉案者是否僧人及其活动是否佛教活动的例子。孝宗淳熙八年（1181），臣僚上奏："愚

---

① 《名公书判清明集》卷14，页535；《宋会要辑稿》刑法2，页118：淳熙元年四月二十八日诏："诸非僧结集经社及聚众行道者，并依绍兴二十一正月二十八日诏旨，仍令敕令所修立条法。"又见[宋]宋绶、[宋]宋敏求等编，《宋大诏令集》（国学名著珍本汇刊）卷199，页738："禁结集社会诏。"

民吃菜事魔，夜聚晓散，非僧道而辄置庵寮"[30]，便是辨明该宗教活动并非佛教或道教，辨明之后，便可下手取缔。又如宁宗庆元四年（1198），臣僚上奏："浙右有所谓道民，实吃菜事魔之流，而窃自托于佛老以掩物议，既非僧道，又非童行，辄于编户之外别为一族。"[31] 这更是明显，该等"道民"自称佛教，如所说为是，则聚众行道属于合法，如不是，便应取缔，所以官府要去辨明。值得注意的是"又非童行"，似乎该等活动若由未成为正式僧人的童行主持，政府也会网开一面。总之，"道民"两字可假亦可真，即使是童行亦可能算真正的僧人，研究者必须辨明。

跟分辨真伪密切相关的是僧人的宗教行为守则。佛徒参与叛乱为士大夫所熟知，有些固然是伪佛徒所为，有些却是真佛教徒所为[32]，故政府也要防止离经叛道的正僧假借佛教来传播异端及从事各种违法活动，乃订下宗教行为守则，一方面用来分辨真伪，另一方面用来约束真正的僧人，亦即订出连真佛徒也不能做的事，做了一样要移送法办。宋人继承唐代和后周的法令，很早就有一套标准，至北宋末年愈发详尽，一直沿用到南宋，共有七项。[33]

其一，寺院没有立案，即淫寺。例如为了避免盗贼躲藏在山中佛舍，真宗下诏，所有地方上的"神庙不系赐额佛堂，无僧主持"，一律拆毁。[34] 朱熹榜文说："男女不得以修道为名，私创庵宇。"[35] 南宋时规定，除拆毁之外，"诸创造寺观及擅置戒坛，徒二年"[36]。这有点像今日的违章建筑，实在不少，不易一下子全部拆除，乃按照实际情况，随机应变，如在真宗的诏令里，佛堂无赐额是基本条件，符合这个条件便可以拆毁，但因其他考虑，于是加上"无僧主持"这个临时条件，才去拆毁。研究者不要因为有些拆有些不拆，有时拆有时不拆，便想入非非，以为有什么灰色或过渡地带。总之，没有赐额便构成可以拆毁的基本或充分条件，必要时加上临时或额外条件，我们把这两种条件分清楚，便不会认为没有赐额的寺院不一定是非法了。

其二，所拜佛像与正典不符，即前文所说的淫神。

其三，崇拜活动逾轨，即前文所说的淫祀。

其四，传教所说经文与正典不符，谓之妄言惑众，更严重的是妖言，如道说休咎、预言灾祥变异或弥勒佛即将降世等，事涉不顺者更属反逆，可说是最严重的罪行。例如陆游把福建流行的明教视为魔教的最重要标准，就是其经文"（来历则）妄取道藏中校定官名衔赘其后……（内容则）诞谩无可取，真俚俗习妖妄之所为耳"[37]。朝廷用来分别正僧和伪僧（含还俗僧）的一个方法，就是观其说法，若"皆灾祥、谤讟之语，诞谩无理"，便要严行禁止。[38] 即使是正僧，若"撰造偈颂，蛊惑士庶，至有指斥语言"，更罪至绞杀，宽恕后也要刺配恶州军牢城。[39]

其五，以异行惑众，例如韩琦上奏指控僧人"妖妄惑众"说："臣切见天圣编敕节文，僧道俗人有舍身、烧臂、炼指、截手足、戴铃、挂灯、毁坏身体之类，并科断讫，僧道勒还俗，配边远州军编管，居停主人及本院三纲、知事僧尼、厢镇所由容纵者，亦行科断。"[40] 所以，今日的起乱、自残、还魂、坐化等行为，在宋代都是被认定为非正宗佛教的行为。

其六，男女混杂，夜聚晓散。陆游视明教为魔教，质问一位士人为何参加，士人回答说："不然，男女无别者为魔，男女不亲授者为明教。明教，妇人所作食，则不食。"[41]朱熹榜文说："约束寺院民间，不得以礼佛传经为名，聚集男女，昼夜混杂。"[42]可见这是官方和民间，尤其是传教和习教者都知道的禁令。

其七，以佛法之外的法术符咒治病。

只要符合这七项条件中的任何一项，便可取缔，符合的愈多，取缔就愈合理，不是说非要具备哪几项不可。绍兴二十一年（1151），户部得到高宗同意，凡是没有敕额的寺院，绝产都要充公当作学田，所用的唯一标准，就是第一项淫寺，没有用其他的条件。[43]历史上也不乏赫赫有名的大臣，执着淫寺的单一条件，"应非敕额，并仰焚毁，不问所祀是何鬼神"[44]，在很短时间内大举铲除没有立案的佛寺，根本不管寺内供奉的是正神还是淫神，也不管寺内的宗教活动是正祀还是淫祀。学人花了很多精力讨论吃菜事魔是何教派[45]，但宋代司法者并不深究，只要符合七种条件之一，就称之为妖教、魔教、淫教、邪教、异端等，如刚好吃菜，就冠以吃菜事魔，其实是对异端的一个泛称，不专指某一教派。同样道理，不管是摩尼教、白莲教、道教还是诸教合体①，也不管是真的还

---

① 郭东旭认为宋代有一个混合摩尼教、道教、佛教的新秘密宗教组织，见其《宋代秘密宗教与法禁》，收入邓广铭、王云海主编，《宋史研究论文集》（开封：河南大学出版社，1993），页413—433。

是假的摩尼教、白莲教、道教或真假混杂，只要符合七种条件之一，就可被取缔。

不过，假如司法者考虑较多，不执着于单一条件便去取缔，便会衡量这七个条件的轻重了。就客观性来说，较客观的当然是淫寺、淫神和男女夜聚晓散等清楚易见之事；较主观的是淫祀、妄言和异行等，例如世俗佛教的祈福禳灾本属合法，但僧人的行为有巫术化的倾向，便流于淫祀。[46] 不过，不见得所有的执法者都有同样看法。就判断的难易来说，较易的当然也是"设灌顶、水陆道场，聚集男女夜宿"等明显易见之事[47]，较难的是查对经文和佛像的真伪。就严重性来说，淫寺、淫神属于形式条件，其余五项属于实质条件，涉及实际的行动，例如在正寺里妄言惑众，是形式上合法而实质上非法；在淫寺里举行正祀，是形式上非法而实质上合法，孰轻孰重？五个实质条件中，也有轻重之别，以佛法之外的咒语替人治病是非法，妄言惑众也是非法，孰轻孰重？男女混杂夜聚晓散，在形式上违反传统道德，如实质上没有伤风败俗的行为，是否取缔？不但执法者要思考，研究者也不能不仔细分析。一般来说，凭着实质条件去取缔，其合理性较形式条件为高；符合的实质条件愈多，取缔的合理性也愈高；符合实质条件中愈严重的，如妄言惑众，取缔的合理性亦愈高，处分也可能最重。我们略举数例，或可看到当时取缔所常用的标准。

北宋末年，明教在温州一带蔓延，自称佛教，官员根据四项标准决定取缔：一是创立淫寺："建立屋宇，号为斋堂……

并是私建无名额佛堂。"二是供奉淫神："绘画佛像……妙水佛帧、先意佛帧、夷数佛帧、善恶帧、太子帧、四天王帧……即于道释经藏并无明文该载。"三是男女混杂，夜聚晓散："建设道场，鼓扇愚民，男女夜聚晓散。"四是以妄言和妖言惑众："所念经文……皆是妄诞妖怪之言，多引'尔时明尊'之事，与道释经文不同。至于字音，又难辨认。委是狂妄之人，伪造言辞，诳愚惑众，上僭天王、太子之号。"明显可见，官员不是单凭淫寺和淫神的形式条件，而是有男女夜聚晓散和妄言惑众的实质条件，而且是严重的实质条件，乃下令拆毁所有佛堂，惩罚为首之人。[48]

孝宗淳熙八年，臣僚上奏："愚民吃菜事魔，夜聚晓散，非僧道而辄置庵寮，非亲戚而男女杂处。所在庙宇之盛，辄以社会为名，百十为群，张旗鸣锣，或执器刃横行郊野间。此几于假鬼神以疑众，皆王制所当禁。"[49]臣僚用来判别它是违法的标准，就包括私建庵寮（淫寺）、男女杂处、非法聚众、假借淫神以惑众和持有武器等，更指出了它不是佛教或道教，至于它是什么教，实在不必深究，总之就是非法的教派，必须取缔。

宁宗庆元四年，臣僚上奏，首先辨明浙西有些"以屏妻孥、断荤酒为戒法"的道民，看似佛道，亦自称佛道，其实是吃菜事魔之徒。接着力数其罪行，包括奸淫、敛财、把持讼诉、横行乡曲和垄断营造等。我们暂且不管这些指责，只看道民的活动便不难发觉，臣僚最担心的，是道民的组织、号召和活动能力："一乡一聚，各有魁宿……千百为群，倏

聚忽散……有斗讼则合谋并力，共出金钱，厚赂胥吏，必胜
乃已。每遇营造，阴相部勒，啸呼所及，跨县连州。工匠役
徒悉出其党，什器资粮随即备具。人徒见其一切办事之可
喜，而不知张皇声势之可虑也。"之所以如此，实得力于信
仰及相关联系："以建祠庙、修桥梁为功行……平居暇日，
公为结集，曰烧香，曰燃灯，曰设斋，曰诵经。"他们已自
成一个与众不同的团体，具有一定的向心力，可吸引更多的
人参与和拥有他们的忠诚，此即臣僚所说："于编户之外别
为一族。……务要消散'异类'，使复齿于平民。"臣僚因此
建议：一是不得冒称道民，此举是消除其信仰力量；二是不
得聚众结社，"严切晓谕，各令四散着业"，作用自是打散其
人力、财力和组织；三是采用严刑峻法，为首者决配远恶州
军，徒众亦编管。[50]我们不禁好奇，假如真正的佛教活动也
达到这种"张皇声势"，不知是否也会引起朝廷的疑虑以致
找理由取缔？

　　南宋末年有一个白莲教案，我们先要判别它是佛教还是
一般的民间宗教，亦即它是僧人犯罪还是非僧人犯罪。虽然
不是完全相合，白莲教被学人认定是"佛教净土宗的一个支
派，或断定为佛教净土宗与天台宗结合"[51]，只是后来的发
展愈来愈触犯了政府的禁忌。杨倩描说："平心而论，茅子
元创立白莲教时，从教义的角度看，白莲教与正统佛教的天
台宗、净土宗没有太大的不同。其'异端'主要表现在男女
共同修持及独立成体系的宗教组织上。而且，随着白莲教的
发展，男女双修涉及的两性关系混乱的问题也越来越突

出。"[52]专门研究民间宗教的马西沙认为，"在南宋，茅子元创宗时代及其身后，白莲宗世俗化的倾向虽然十分明显，但总体上还未脱离正统佛教窠臼，因此也还被统治者所容纳，以至'余党效习，至今为盛'。终南宋一朝，没有被明令禁止"。大抵要到元代，才不能再把白莲教归于佛教净土宗。[53]所以我们仍应把南宋的白莲宗或白莲教视为佛教，不能视为一般的民间宗教。竺沙雅章认为信奉白莲的道民有些是持有度牒之奉佛者[54]，应是正确的推断，他们犯法，自属僧人或准僧人的犯法。

从这个白莲案，正可看到白莲教从正统佛教过渡至异端佛教（甚至脱离佛教）的过程中，亦即从合法信仰转变为非法信仰的过程中，政府如何应对。司法者根据四项标准决定取缔：一是所拜者魔王，不符正典，便属淫神；二是私设庵庙，自属淫庙；三是妖人惑众；四是男女混杂，夜聚晓散。可说是形式条件与实质条件俱全，达到取缔的较高标准。较麻烦的是如何取缔，因为淫神和正神、淫寺和坟寺混在一起。判词不长，层次分明，值得全录，可切为三段，首段是案情，说明司法者的考虑，次段是对犯事者的裁决，末段是对寺庙的裁决，从中可一睹宋代判词的风采：

> 白佛载于法，已成者杀；黄巾载于史，其祸可鉴。饶、信之间，小民无知，为一等妖人所惑，往往传习事魔，男女混杂，夜聚晓散。惧官府之发觉，则更易其名，曰我系白莲，非魔教也。既吃菜，既鼓众，便非魔教亦

不可,况既系魔教乎?若不扫除,则女不从父从夫而从妖,生男不拜父拜母而拜魔王,灭天理,绝人伦,究其极则不至于黄巾不止。何况绍兴间,饶、信亦自有魔贼之变,直是官军剿灭,使无噍类,方得一了。若不平时禁戢,小不惩,大不戒,是罔民也。

今照通判所申,道主祝千五决脊杖十二,刺配五百里;祝千二、十三、仇百十四各杖一百(折为臀杖二十下),编管邻州。阿毛杖六十(折为臀杖十三下),以为妇人无知者之戒。阿何责付其兄别嫁。

私庵毁拆,如祝千二、十三、祝百一庵舍或有系坟庵,因而置立,则去其像;或有系神庙,因而会聚,则问其所事:若血食之神,勿去;如或否,则系素食之神,不碍祀典者,移其神于寺舍,而去其庙。①

司法者最主要的考虑是治安,认为必须防患于未然,以免重演黄巾之祸。他的判断既来自前代历史,也来自当代历史。前代历史例如"女不从父从夫而从妖,生男不拜父拜母而拜魔王,灭天理,绝人伦",可说是三武灭佛的旧调重弹。当代历史除了判词所说绍兴时期的变乱,还有建炎四年信州贵溪县发生吃菜事魔之乱,据说军民死伤二十余万。[55] 判词说"既吃菜,既鼓众,便非魔教亦不可",无疑是说,即使真

---

① 《名公书判清明集》卷14,页537。另一类似案件发生在嘉泰二年,见[宋]释志磐,《佛祖统纪》卷48,页665—666。

是佛教，既有各种不法行为，也跟妖教相差无几，这反映案子里的白莲教虽有正统佛教之名，但已有向异端佛教过渡之实了。

对犯事严重者，男的全部驱逐出境，刑罚并非最重。根据敕令，"吃菜事魔，夜聚晓散，传习妖教者，绞，从者配三千里，不以赦降原减二等。又敕：诸夜聚晓散，以诵经行道为名，男女杂处者，徒三年（可折为脊杖二十下）；被诱之人杖一百（折为臀杖二十下）"[①]。细心的读者大抵已发现，祝千二、十三，和祝百一都开设私庵，千二和十三因犯事严重被逐出境，而百一无事，可能参与不深，但亦没有处以开设私庵徒二年之罪，也许他的私庵正属士绅的坟庵。合理的推论是，犯大罪如祝千二和祝十三，在一定程度上依法处理；犯小罪如祝百一，假如有点牵连，不一定依法处理。

对建筑物的考虑较复杂。基本原则是"私庵毁拆"，即淫寺必须清除，分为两类处理。一是私庵原来是为了充作坟庵而建置的，则予保留，但移去淫神。二是私庵作为神庙的，基本原则是"问其所事"，又分三种情况处理：其一，庙内供奉的尽是正神，保留不拆；其二，庙内供奉的全是淫神，必须清拆；其三，庙内既有正神也有淫神，把正神移至其他佛庙，其余一律清拆。由此可知，淫庵得到保存的理由有二：

---

① 《名公书判清明集》卷14，页535。相关的法条相当多，集中在《宋会要辑稿》刑法2。对《清明集》所载敕令，陈智超认为"二等"两字应取消，见其《南宋"吃菜事魔"新史料》，《北京师院学报》1985.4，页29—31、21。此案之处分，较接近庆元四年的诏令："将为首人决配远恶州军，徒党编管"，见《宋会要辑稿》刑法2，页130。

一是作为坟庵，应是官员对设置坟庵者的让步，他们通常是士绅之家①；二是供奉正神，应是官员对祀典的尊重。

影响审判的还有官员的态度。佛教享有聚众行道的特权，事实上容易走火入魔，有些官员为之提心吊胆，一有风吹草动，便不管有无违法事实，一律取缔，几乎就是逾法行事。有些官员则较有信心，小心辨明有无违法，可算依法行事。针对前者，南宋初年的郑克在名著《折狱龟鉴》里提醒执法者必须"矜谨"，故意将三个同性质的案件集中一处，加以比较，让我们看到不同的态度如何产生不同的司法结果[56]：

案1：李应言谏议为侍御史时，郓州民传妖法者，其党与凡百余人，捕者欲邀功赏，而诬以不轨。命应言往按其事，止诛首谋数人，余悉活之。

案2：荣谔大监为开封府判官时，太康县捕民数十人，事浮屠法，相聚祈禳，名"白衣会"。知府贾黯疑其有妖，请杀为首者，余悉流之。谔以为本无妖。黯具奏，并谔议奏之。朝廷以谔议为是，乃流其首，余皆杖之。

案3：吴育参政知蔡州时，京师欢言，有妖人数千在州界，诏遣中使名捕者十人。至则请以巡检兵趋确山索之，育谓曰："使者欲得妖人还报耶？请留，勿往。此乡民依浮屠法相聚耳，可走一介，召之立至。今以兵往，人心惊疑，奈

① 例子见［日］竺沙雅章，《中国佛教社会史研究》，页264—269，其坟寺之研究，见页111—143。黄敏枝，《宋代佛教社会经济史论集》，页273有一例，是士绅将田四十亩施与莲社，请其徒一人为母亲守坟，居处取名宁庵。

何?"中使以为然。召之,果至,械送阙下,皆以无罪得释,而告者遂伏辜。

我们对三案的分析如下:

三案的共同点是民众聚集和被疑为妖,可见依浮屠法相聚虽是宗教特权,但时常引人怀疑。

对这种合法聚会,案2的开封府判官和案3的知州抱着相信的态度,甚至以为"召之立至",但案2的开封府知府抱着怀疑的态度,以为有妖。不同的态度决定了审判的方向,相信者是出罪或轻罪,怀疑者是入罪或重罪。

案1刑罚最重,案2次之,案3无罪。三者的不同,在于案1被认定为妖法,为首者被诛。案2被认定不是妖法,仅是浮屠法,为首者没有被诛,但不应祈禳和取名白衣会,为首者被判流刑,余人杖刑。白衣会让人想到吃菜事魔,或是教中立会,成为定期和有组织性聚会。案3依浮屠法相聚,没有祈禳,没有会名,故悉数无罪。①在此三案里,佛教聚众而招惹官非的主要原因有三:祈禳流于妖术、聚会似有组织性和取名不当。当然,这些聚会若有士大夫参与,如白莲社之类,就另当别论了。[57]

---

① 郑克说:"(案1)郓州之民传妖法,无不轨事;(案2)太康之民事浮屠法,本无妖,故轻重之差如此。若非矜谨,则或以为不轨,而尽诛其党;或以为有妖,而特杀其首,不无枉滥矣。……夫(案2)太康所捕有罪,而(案3)蔡州所送无罪,何也? 事浮屠法,相聚祈禳,名'白衣会',法所禁也;依浮屠法相聚,无祈禳事,非'白衣会',法所不禁也。苟非矜谨之至,岂能不滥如此哉!"[宋]郑克,《折狱龟鉴译注》卷8,页525。

人命关天,案2的判官勇于跟直属上司争持,各自具奏[1],案3的知州敢于阻止皇帝差遣的宦官派兵搜捕,愿意一肩担起责任,反映宋代中层及高层司法比较可信。相反,案1捕者诬人以死罪,反映胥吏或基层官吏质素不佳,造成低层司法的黑暗。胥吏多是当地人,却为害当地同胞。

我们从"有妖"两字,依稀听到正统或祀典的高层次论调,但同时也清楚听到"欲邀功赏而诬以不轨"和"今以兵往则人心惊疑"等相当务实的回响。研究者必须兼顾这两种声音,才能真正了解宗教性案件的处置。

综合来说,针对佛教的宗教性活动(不是打家劫舍等非宗教性活动),宋代依据七个条件来辨别真假佛教和决定是否取缔。有些司法者执着单一条件便去取缔,有些则兼用数个条件来增加取缔的合理性,较常见的是淫寺、淫神、妄言惑众和男女混杂,当然,对淫神的拜祭也属淫祀,故合共五项,兼备形式条件和实质条件。佛教因信仰及其活动所发展出来的社会声势,也可能跟非佛教一样,会引起官员的疑虑和取缔。此外,影响审判的还有司法者的态度。对佛教可以聚众行道的特权,有些士大夫忧心忡忡,有些则信其无事,前者较易入人以罪和重判,后者较为持平和轻判。

---

① 《宋史》卷333,页10707:"(荣谌)入为开封府判官。太康民事浮屠法,相聚祈禳,号白衣会,县捕数十人送府。尹贾黯疑为妖,请杀其为首者而流其余,谌持不从,各具议上之,中书是谌议,但流其首而杖余人。"

（三）财政

高宗绍兴二十八年前后，御史台检法官褚籍上奏，有一段非常有趣的话和建议，并得到高宗的同意。他说：

> 近年以来，州县守令类多贪墨，每有等第豪户及僧道富赡者犯罪，一至讼庭，往往视为奇货，连逮禁系，动经旬月，方令入状，以愿献助钱物为名，或作赡军支用，或作修造亭馆，更不顾其所犯轻重，一例释放。乞严立法禁，凡犯罪者轻重自有断罪条法，如或巧作名目，令犯人献助钱物以自勉（免）者，官吏当以坐赃论。[58]

若干地方首长以"作赡军支用，或作修造亭馆"为名，从有钱的嫌犯身上榨取金钱，实际上有部分进了自己的口袋，后果就是贪赃枉法，而用来掩盖不法的手段，是名义上将献金拨充军需和修造官廨，看来两者是不属违法或习以为常了。这还是僧人有过在先，成为嫌犯，让官员有机可乘。事实上即使僧人无过，也一样被敲诈，而在抑佛的政策下，人们似乎也习以为常了。以下就教育经费、修筑官廨和其他财用为例，说明政府如何榨取寺院的财富。

1. 教育经费

宋代有几次大规模的办学，第一次是王安石变法，企图将培养人才跟选拔人才结合，被蔡京等人继承，前所未有地落实执行，当时已利用寺院的场地了。例如徽宗大观二年，大臣上奏："伏睹朝廷设教授之官，于今六年，州郡尚有不置教官廨宇之处，尽室寓于僧院。"[59] 第二次是南宋初年，兵火之后，以复学为主。第三次是所谓道学家的兴学，且成为道学的特色，故周密讽刺他们说："其为太守，为监司，必须建立书院，立诸贤之祠，或刊注四书，衍辑语录。然后号为贤者。"[60] 办学所需经费，往往来自寺院的财富，例如合法的绝产（如无主之田产）和非法得来的寺产。

绍兴二十一年，大理寺主簿丁仲景乘面见的机会向高宗投诉："赡学公田多为形势之家侵占请佃，请提举官觉察。"高宗跟大臣说："缘不度僧，常住多有绝产，其令户部并拨以赡学。"[61] 户部的响应有二，都得到高宗允许。一是要地方政府切实执行，严格查明无主寺产之各项准确数目，上报中央，并于地方和中央各置簿籍，以专项管理，动用时要得到中央同意："取见上件绝产各系是何寺观、若干顷亩间架（如田产有多少顷亩、屋宇有多少房廊）、每年合收若干钱粮，的确实数保明，无致隐落，关报提举学事官置籍权管，仍仰本司催促诸州军开具，供申本司置籍，将今来所拨绝产租课钱物，令项专委官封桩，具数申取朝廷指挥支拨。"为了表示严肃的态度和立个下马威，户部举了一个地方申报中央不实的例子："内福州寺观，比之张守任内括责到寺观常住所岁收终出剩数目，并皆不同，已行下福州，密切体究的确收支数目，亦乞委本路提举学事官催促本州岛疾速开具，候到审实别无侵隐，开具供申，参照施行。"[62] 二是扩大打击范围，请各地官吏以有无敕额作为单一标准，清查境内淫寺，凡有绝产的，也一律充公："其州县寺观，于图经内各有所载去处，近来僧道往往违法，于所在去处擅置庵院，散在民间。若无敕额，其所买田产、屋宇，亦乞依前项施行。"①

由此可知几点：其一，政府不售度牒不度僧，有些寺院后继无人，寺产亦无人继承，乃成为有产无主之绝产。但毕竟是私人产业，政府可以暂时不充公，只要将来指派住持，寺产便后继有人，可以恢复了；然而一旦充公，无产之寺不易找到继承人，几同废寺。我们相信，不度僧的一个目的，可能正是制造绝产，而且还想出专有名词来形容："寺偶阙僧，干没其谷以佐经费，名曰拘桩"，有时缺僧不是自然的，而是人为的，即"逐僧没谷，名曰拘桩"。[63]

其二，臣下本来是控诉形势之家侵占学田，高宗没有追究，反把矛头指向寺院的绝产，将之充当学田，如此一来，寺院从有产变成无产，如何恢复？形势之家侵占学田是明显的非法行为，而寺院绝产并无非法可言，高宗厚此薄彼，固然因为形势之家牵连甚广，不易对付，但恐怕亦是其抑佛的倾向使然。

其三，既然上有好者，作为臣下的户部更进一步，连淫寺的无主寺产也要充公办学，自然引发清查淫寺的行动。户部也不吝采取严厉的手段，不许有漏网之鱼和漏算之数，即使地方官员有心庇护，恐怕也有困难。可见财政的考虑对佛

---

① 《宋会要辑稿》食货5，页26、27。较清楚记载只限于绝产的，是《宋会要辑稿》崇儒2，页3："僧道违法擅置庵院，若无敕额，其所置田产、屋宇，亦有绝产，合依前项已措置到事理施行。"

寺的影响有多大。皮庆生认为政府打击淫祀有一个更大的意义，就是文明的推广，例如毁淫祠之后，便兴学以长教化。[64]但从高宗和户部的举措来看，我们也有理由怀疑，毁淫祠是为了取得祠产用来兴学。

恶僧亦利用政府谋财的机会来害人。有客僧四人寄住开福院，窜名住持，与寺僧反目成仇。四人向官府妄报，谓开福院人去寺空，应是绝院，建议将寺产充公，充当学田，分明是借刀杀人，要让四十多位寺僧流离失所。官员识破奸计，判词痛骂四人"玩侮官府，谓可以利哄，可以报怨，欲以起奸诈之心。……欲拘此田以赡学，学校岂嗜利之所，亦岂报怨之地乎？"[65] 僧人不教人清心寡欲，反利用人性之弱点。这也反映地方官为了筹钱兴学，或图利地方，会将可绝可不绝的私人产业当作绝产拨充学田，遂使有心者乘虚而入。

非法寺产也是政府掠夺的对象。绝产是无主寺产，有些寺产虽然有主，却是非法的，主要是指取得的方法违反了政府的规定。对非法寺产，政府的措施是由宽转严。绍兴二十八年，户部言："诸路州军昨因将经界点检出僧道违法田产，若依已降指挥，用契价钱收贾（买），已拨充养士了当者，更不追改。如今见在官词诉未曾理断，或官司未曾支给元契价钱，即合照应见行条法拘没入官。所有绍兴十九年三月十二日指挥，更不施行。"[66] 可见在绍兴十九年至二十八年之间，非法寺产由政府依登录在交易契书上的原价收购，有些充当学田。这是比较合理的，就好像一间没有牌照的餐店，固然可以取缔，但内部的设备，仍属店主所有，政府不应没收。

绍兴二十八年后，就改为政府无偿充公。

值得一提的是，教育经费不一定是最优先，也不可能永远是最优先，而是与其他经费相竞的，如绍兴二十七年，江南东路转运判官叶义问上奏："欲望将今日以后应拘没到僧道置产及寺观绝产，并行措置，召人实封投状，增钱承买，起理二税"[67]，是直接卖给百姓，没有拨充学田。次年，知温州黄仁荣上奏："因经界出僧道违法田产，即合照应见行条法，拘没入官。欲乞将上件拘没田产，尽行召人实封投状出卖，给与价高之人，仍旧令授纳牙契，供输税苗，公私两便。"户部于是指出："已降指挥，似此田产，已拨充养士，今欲依所乞施行，内契税钱与免纳。"[68]在相竞的情况下，恐怕难免加紧籍没寺院的财产。

2. 修筑官廨

利用寺院财富来办教育犹有可说，但用来兴建官廨却不无损人利己了。建炎四年，上距北宋灭亡不到四年，风雨飘摇，高宗较有节制，当时臣下建议，把近城的僧舍拆去以建行宫，高宗说："僧家缘化，营葺不易，遽尔毁拆，虑致怨嗟。朕正欲召和气，岂宜如此？但给官钱，随宜修盖，能蔽风雨足矣。"[69]可惜臣下没有指出这些僧舍是否违建，否则我们可以说，当需要安定时，政府对非法佛寺也是比较宽容的。

南宋后期，理学大家陈淳（1159—1223）却向官员建议，要把合法的漳州开元寺移走，并利用寺院的人力物力来兴建贡院。他看中一块风水绝佳的土地，打算用来兴建贡院，但该地之上已有开元寺。于是，陈淳硬要把它当作淫寺来移走，他说："浮屠无父无君之教，非圣世之所宜容，而所谓开元寺者，又非圣朝之所创建，特有唐之陋俗而五代之所沿袭，至圣朝网漏，尚为未断之案，固非有司所得专废，然移之他所，有何不可？若出一札之喻，许僧家自移，僧人无不乐于效命。"他未尝不觉得有点不合法，乃抬出道德教化来将之合理化，他说："创新贡院，以为吾君选取忠义孝友之士，使行所学于斯世，以佐国家理民物，诚大公至正之举，非燕私亭榭之比，亦岂法之所制？"接下来，应如何筹措兴建贡院的经费？他认为一分一毫都不能征之于民，因为即使是该地的上等富户，能够岁收谷达到千斛的，为数也甚少。那么向谁征收？根据他的计算，漳州七分之六的田产都属于寺院，最大者岁收谷达数万斛，连最小的也达百斛，比一般民户富有得多，何况"以灭伦败教，不耕不蚕，块然一无用之僧，独无故窃据而奄有之，闲居以安享之，所与坐食之众，上寺不过百人，其次不及百人或数十人，其下仅五六人，或止孤僧而已，则岁费类皆不能十之一，所谓九分者，直不过恣为主僧花酒不肖之资，是果何为也哉？"所以，陈淳理直气壮地认为，应由一众寺院按物力高下，承办兴建贡院的工程，政府只需要"量支吾公帑之财，为之开端，而后取办责成焉耳。……若是则吾民不知扰，吾财不甚费，而无不如吾志之所欲为"。[70] 他对佛教的指责糅合了上文所说的诸种情况，包括与现实不符的历史记忆（如"无父无君之教""不耕不蚕"）、以礼逾法（如"非圣朝之所创建……尚为未断之案"）、以古律今（如

"不过恣为主僧花酒不肖之资"），甚至游走法律边缘（如
"非燕私亭榭之比，亦岂法之所制"），目的只有一个：取其
财富。

曾小璎的硕士论文《南宋地方社会势力的研究——以福
建路佛教与地方菁英为中心》有一个很重要的发现，指出理
学家不但在思想上排挤佛教，也在社会风俗和社会势力上排
佛，风俗如丧葬习俗，社会势力上的排佛更重要，即消减佛
教的人力和物力。简单来说，除了出于佛教的主动外，北宋
政府也借助佛教推行诸多慈善和公共事业，可称之为"合
作"，即政府和佛教各出部分物资，成立、维护，甚至授权僧
人管理举子仓、平粜仓、居养院、漏泽院，以及造桥、浚河、
修堤等，如此反可避免胥吏上下其手。到了南宋，合作的方
式大抵仍是主流（不过佛教时常要负担大部分甚至全部的经
费，几乎是征用了），有时却转变为"兼并"，即政府干脆没
收佛教的产业，挪作官方用途，例如朱熹预谋在前，刘爚实
践在后，将建阳的护国寺改易为官学，寺田也充作学田。[71]
陈淳不过是师朱熹故智罢了。

3. 其他财用

在政府眼里，有钱的寺院一如富户，是苛捐杂税的对象。
王安石变法，要富国强兵，连官户也要出助役钱，有钱的寺
院自不能免，甚至有点严苛，连杂物也当作寺产来估算，以
增加役钱。元丰二年，王安石的爱将李定上奏"秀州嘉兴、
崇德两县，初定役法时，以僧舍什物估直敷钱，恐非法意。
下司农寺请下本路改正。他路有类此者，令提举司依此施

行"，得到神宗同意。[72]《禅苑清规》就告诫，请尊宿到院，固然要摆些排场以示隆重，但千万不可太露阔气，"如钱物之类，须选一僧主管收支，不得多用……防避官中检点"[73]。财不露白本是防小偷，现在是防官府。

南宋军费浩大，赋役繁重，地方官对寺院财产更是垂涎欲滴。高宗绍兴三十一年，裁军需要数以万数的遣散费，大臣计无所出，"诸郡常入之赋，岁有定名，诸军拣汰之兵，岁有增数。以定名之赋，给增数之兵，岁月益深，财力日以屈，而兵之仰食者，有时而不赡矣。若如议者所拣（陈），纽其衣粮请给，计其价而给之田，所赡养者不过数十人，其坐而仰衣粮者，尚千余人也。不独事体不一，劳逸又不均"。无论如何，给田使之自食其力，不失为可行之道，但所需之田从何处而来？臣下建议："宜下有司，将具不尽系官田、户绝及寺观无主田，并僧道违法田，尽行拘收，又将日后没官田岁行抄籍，以待兵田之数相当而后施行，可无不足不均之患。"[74]暂时无人继承的寺院（等同俗人的户绝）一旦没有了田产，万难找到继承人，也就等于废寺了。

地方政府为了筹募经费，会自行发行类似度牒的沙弥帖，结果不被中央政府认可，下令收毁，如孝宗淳熙七年（1180），臣僚上奏："广南诸郡，创鬻沙弥、师巫二帖以滋财用，缘此乡民怠惰者为僧，奸猾者则因是为妖术。除了给沙弥文帖已立限收毁外，诏广东西路帅司行下所部州军，将给过师巫文帖并传习妖教文书，委官限一月根刷拘收毁抹，严行禁止，毋致违犯。"[75]实际上地方政府阳奉阴违，继续发行。宁宗庆元五年（1199），臣僚又上奏："闻二广州军凡为僧者，岂真出家之人，盖游手之徒遍走二广，夤缘州郡，求售为（伪）帖，号曰沙弥，即擅自披剃为僧，或即营求主持寺院。不数年间，常住财物掩为己有，席卷而去，则奔走他乡，复为齐民。"[76] 平心而论，认购之人固然有心怀不轨者，但亦不能说全无一心向佛者，地方政府与中央政府不同调，乃影响后者的权益了。

有些寺院不堪繁重的赋役而破败，还得靠大赦才能喘一口气，例如孝宗乾道三年赦："福建路昨来寺观攒剩钱，缘一时所立数目稍重，其间往往不能桩纳，以致僧道逃亡，虚挂欠负，无所从出。可并予蠲免。"[77] 有些合法寺院不堪官方滥征赋税，敢于打官司，得直后还将判决刻石为记。[78] 不合法的寺院则成鱼肉，政府的取缔还会得到民众热烈支持。独宗朱子、不喜佛教的黄震拟信给安抚司说：

> 本州苦和籴，为诸郡之最甚。……方自去年，偶有乐县尉户绝，除立继外，有没官米租补助招籴，免行敷派，人户既宽，官籴亦足。
>
> 今岁乐宅元积之米已尽……近因除去妖邪，毁撤巢穴，估到东馆白莲堂田业，众情欢然，皆谓侍郎必将以此田拨入和籴之庄，更为锦绣乡邦宽民之赐，虽估藉之帐未了，而欢诵之口已腾。[79]

有田有产的淫寺如白莲堂，即使平日与官民和乐相处，不幸遇到国家财政困难，官员为挹注地方经费，取于民不如取于僧，淫寺也被加强取缔了。让众情欢然的，看来不是"妖邪"被除，人身安全得到保障，而是妖业被没官，和傜压力得到纾解，故清点尚未完成，百姓已歌功颂德了。民众关心的，不是正统不正统，祀典不祀典，而是切身的利益。

二、士大夫作为排佛者和信仰者

至迟从唐初开始，鉴于"佛戒虽有科严，违者都无惧犯"，政府深知佛门戒律的不足，乃逐步直接审判和处罚犯罪的僧人，虽偶有反复，总的趋势是大幅度削弱寺院的所谓"治外法权"①。宋代变本加厉，一方面颁布加强管制佛道的新令："诸道士、女冠、僧、尼，州县三年一造籍，具言出家年月、夏腊、学业，随处印署。按（案）留州县，帐申尚书祠部。其身死及数有增减者，母（每）年录名及增减因由，状申祠部，具入账。"[80]可说是重申尚书省祠部对佛教重要事务的管理和监察权，以世俗官僚取代僧录司僧官的功能，故刘长东说，连僧官本身都丧失了司法自治权，更不用说寺院了。[81]另一方面，政府把更多的僧人犯罪交由世俗法

---

① ［日］诸户立雄，《中国仏教制度史の研究》，页115—123。郑显文，《唐代律令制研究》，页258—262。方广锠从君主干预佛经入藏的角度，认为"以唐玄宗的统治为界，王权与佛教神权势力消长的消息是很值得重视的"。见其《中国写本大藏经研究》，页23。在士大夫笔下，世俗政权对佛教的干预，连阴间也不放过，例如唐武宗灭佛时，阎罗王竟说"奉天符沙汰僧尼"，成了王命的执行者，见方广锠，《中国写本大藏经研究》，页323。

庭依国家法律去审判。根据《天一阁藏明钞本天圣令校证》，宋初法令规定："诸道女（士）、女冠、僧尼犯罪，徒以上及奸、盗、诈脱法服，依律科断，余犯依僧道法。"到了仁宗天圣七年（1029），停用此令，政府依律科断更多的犯罪行为，故游彪说："宋代寺院、僧尼之间的矛盾、纠纷大多由官府负责处理，这种事实在宋代史料中比比皆是。……寺院、僧尼触犯法律，官司也按照俗人违法犯罪的相关法律条文绳之以法。"①

　　一般而言，寺院内部的犯罪，如不是重罪，便以自律为先，报官为次。《禅苑清规》说："圣众内或有盗窃、酒色及斗诤污众、喧乱不律等事，皆集众弃逐出院，不从，则闻公。"②政府亦容许一定程度的自律："诸僧、道争讼寺、观内事者，许诣主首，主首不可理者，申送官司。"明显可见，争讼之事如不是寺院的内事而是外务（如僧人与俗人之争），就必须申送官司，所判之罪，还要"批书度牒，书印给还"，即将犯罪记录明载度牒。[82]那么，面对有特殊信仰和行为的僧人，世俗官僚如何审判？

　　我们以排抑佛教者和宗教信仰者为中心展开论述。佛教

---

　　① 游彪，《宋代寺院经济史稿》，页13，又页37引《嘉禾金石志》说："至于口腹之欲、纷华之欲、男女之欲，凡人道之不可无者，一有犯则有得得以治。"可见饮酒食肉等犯戒之事，亦由官司审理。天圣令见〔宋〕吕夷简，《天一阁藏明钞本天圣令校证》，页342。
　　② 〔宋〕释宗赜，《禅苑清规》卷10，页130，又见页125、129；页81迹近向官员疏通："若与官员书信，劝令减刑护法，爱惜伽蓝。当面判凭，不见僧家小过；设有粗行，且令护惜袈裟。"

同时包含教义（思想性或哲理性）、信仰（宗教性）和活动（如传道和社会活动等）。下文所说的排抑佛教，主要是针对教义及相关活动，而宗教信仰主要是针对信仰及相关活动。

（一）排抑佛教者

宋代虽无灭佛之举，但仍有思想上和行为上的抑佛。思想上，佛教儒学化和沙门士大夫化（主要指宋代高僧的"外王"，如对世间法和重建人间秩序的重视）毕竟也让禅宗的"道德性命"（佛教的"内圣"领域）普遍进入儒家士大夫的识田之中。这才是道学家"辟佛"的直接对象，然而已在儒门之内了。[83] 王平宇研究宋代妇女的佛教信仰，指出"儒、释争执的战线，已经延伸到女性信仰的层面。甚至若干士人，还企图把反对佛教的理念，灌输到妻子或母亲的心中。将她们变成同一阵线的盟友，以防止佛教势力进一步的扩张"[84]。可见有些宋儒对佛教是无处不防和伺机而攻的。

宋代士大夫批评佛教因不同阶段而有不同重点，李祥俊在《北宋时期儒家学派的排佛论》中指出，北宋前期的抑佛重点是道统、功利（社会经济）、伦理，所说未能超越前代；中期是道统、功利、伦理、心性、教化和积极振兴儒学礼义之本以抗衡；后期是道统、伦理、形而上学（存在论、人性论、人生观等），是抑佛论的最高峰；两宋之际的重点是道统和形而上学。这是一篇较清楚的、以抑佛重点为主题的论文，虽限于篇幅，有些论点尚待展开，但已看到有些抑佛论旨是始终如一的，例如跟道统论互为表里的夷夏之防。它的重点有三：一是指责佛教以其异端之说易中国之道，反客为主；二是剽窃中国之学，如夺老、庄、列之说以佐其高；三是蒙蔽中国之道，使人误会中国之道如伦理道德可与佛说相通。事实上这三点都有可议之处，它们被一再重复，除了学术之外，还有其他理由。

学人大都认为南北宋饱受外侮，嘴里高唱夷夏之防是民族主义作祟，但也许还有其他原因：

一是照搬前人（韩愈）或时人的意见来支持个人抑佛的言论和行为，不管是否相干或合理。今天的学术论著亦时有此病，不必为宋人讳。

二是师承或学派之风作祟。如柳开以继承韩愈自任，不能不谈华夷之防。孙复推崇韩愈使道统大明，自不免批评佛教以夷狄之法乱我圣人之教。石介对孙复执弟子礼，也就继承孙复《春秋尊王发微》和《儒辱》的意见。要标榜学派，自要建立别树一帜的门户之见。孙复、石介、张栻、陈淳、黄震、朱熹等，都属理学一脉，敌视佛教似乎一脉相承。

三是某种意见成为抑佛潮流的主题后，即使再无新意，仍会不断重复。欧阳修《本论》近乎韩愈《原道》，而李觏《潜书》《广潜书》和《富国策》又不脱欧阳《本论》，虽然各人对付佛教的方法不尽相同，对佛教的批评却大同小异。昔日学术界鼓吹原创性和重要性，未尝不是针对这种因袭而发，亦不必为宋人讳。

无论如何，排佛的士一旦成为大夫，思想上的抑佛便容易产生行为上的抑佛，变成双管齐下。下文只提出两点：以礼逾法、以古律今。

1. 以礼逾法

今人喜谈大历史和大观念，但有些大观念却足以掩盖历史的复杂性，使研究者对昭然若揭的事情视若无睹，"礼法合一"这个大观念便是如此。众所周知，中国传统法律的一个重要特点是儒家化，具体表现是援礼入法，产生了礼制与法律的合一。但是，这只是一个概括性的观念，我们不能因此把所有的礼都等同为法律，因为礼与法的合一只是"局部"而非"全部"的合一，有些礼并没有被纳入法律，自然不具有法律效力。近年来对淫祀的研究蔚成风气[85]，但学人往往不区分法律对淫祀的认定和礼制对淫祀的认定，于是根据"礼"的认定，质疑为何明明是淫祀，执法官员却不去取缔。但是，假如拜祭没有违反"法"的认定，亦即不构成法律定义的淫祀，那么官员为什么和凭什么去取缔？

法律对淫祀的认定其实很简单，就是不在祀典没有国家认证的祭祀，而祀典的编纂操于政府之手，例如中央编的《正祠录》《都籍》，以及中央下令地方编撰的"某州祀典"。[86]虽然如此，有部分士大夫并不满意政府的认定，至少产生三种响应：

一是根据儒家的经典礼制（如孔子制礼作乐的言论、行为和《礼记》）或旧典来批评政府的认定标准，企图把不合礼的神祇逐出祀典，例如礼部侍郎刘章，"奏禁遏淫祀，仍于《三朝史》中删去《道释》《符瑞志》，大略以为非《春秋》法"[87]。他无疑是根据《春秋》来认定道教和佛教均属淫祀。蒋堂知越州，"境内所祀，非旧典者，皆剗治之"[88]，就是以旧的祀典为据，不卖新典的账。

二是根据经典礼制，企图将合礼的神祇放进祀典，如张杖"尤恶世俗鬼神老佛之说，所至必屏绝之，盖所毁淫祠，前后以百数，而独于社稷、山川、古先圣贤之奉为兢兢，虽法令所无，亦以义起"[89]。所谓"义"，包括传统经义，部分成为理学家口中的义理。例如《礼记·祭法》认为"人物"可祀的条件有五：法施于民、以死勤事、以劳定国、能御大灾、能捍大患。而"自然"可祀的条件有二：民所瞻仰（如日月星辰）、民所取材（如山林川谷）。[90]事实上，对暂时进不了祀典的神祇，有些士大夫也用礼的标准来包容，不去取缔。

三是根据经典礼制来扩充朝廷的认定，作为打击淫祀的准绳。常见的认定有二，其中之一是逾分之祭，例如吕祖谦说："近来人说淫祀，多是说丛祀及非载于祀典者，夫岂止此，凡非所祀而祀之，如诸侯之祭天，季氏旅泰山之类，皆淫祀也。"[91]他所说的"非载于祀典者"，就是法律对淫祀的认定，但他认为过于狭义，应把《礼记·曲礼》蕴含的越分而祭也包括在内，例如诸侯去祭拜只有天子才有资格祭拜的天地，大夫去祭拜只有天子和诸侯才有资格祭拜的山川，便属淫祀。在此认定下，佛教的祭祀便属淫祀；北宋著名的排佛士大夫李觏说：

夫古之事上下神祇也，惟天子、二王、周公，后诸侯虽大国，弗敢及。因吉土而坛，牛必在涤，三月然后用，斋明盛服，惴惴惟恐其不称也。今浮屠扫民家而召之，且赞之谒佛，画坐诵累译之言，谓之加持。吁，孰谓天地之大，而为一饮食若臣仆然乎？[92]

另一个经典礼制对淫祀的认定，是祭拜的对象非其族类，如《礼记·祭法》所说"非此族也，不在祀典"。在此认定下，祭拜佛教的神佛便属淫祀。对《论语》"非其鬼而祭之"，朱熹解释说："非其所当祭之鬼……固是今世淫祀，若浮屠老子之类，皆系非鬼之数。"[93]陈淳也说："今人家家事神事佛，是多少淫祀！孔子谓：非其鬼而祭之，谄也"，又说："大凡不当祭而祭，皆曰淫祀。淫祀无福，由脉络不相关之故。后世祀典，只缘佛老来，都乱了。如老氏设醮，以庶人祭天，有甚关系？如释迦亦是胡人，与中国人何相关？"[94]亦是以经典礼制批评当世祀典。

读者只要分清法的认定与礼的认定，再去阅读学人对淫祀的论著，就非常容易发觉，许多士大夫用来取缔淫祀的标准，包括对佛教祭拜的取缔，都只是礼的认定而非法的认定，后果就是一些"合法"而"不合礼"的祭祀受到打击，学人提供不少例子，无须在此重复以掠美了。同样道理，当官吏（尤其是地方官吏）以"合礼"作为理由（当然还有其他理由）来包容不在祀典的神祇时，其实际是合礼（或勉强合礼，作为包容的借口）而不合法的。这些神祇的所谓"正当性"，是来自礼而不是来自法，而"正当性"与"合法性"可以是两回事。至于既不合法也不合礼的神祇，就最易沦为打击淫祀的对象了。

简言之，若干士大夫高举古礼作为准绳，认为佛教祭拜的对象和方法均是违礼，属于淫祀，乃加取缔。严格来说，这种取缔是逾法的。马伯良（Brian McKnight）指出，影响宋代审判的因素有八：法律本身、法律原则、行政实效、风俗习惯、政府政策、地方人士的意见和态度、基本社会价值和法官个人的意识形态等。[95] 现在我们看到，礼也是一个重要的因素。

2. 以古律今

李承贵专门研究宋儒对佛教"思想"的理解，认为他们"由于对佛教缺乏理解，也有些儒士误把佛教所无者当成佛教所有者进行批判"①。我们阅读一些宋代士大夫对当时佛教"行为"的批评，也不难发觉是无的放矢。他们所批评的事情，在宋代是不存在的，或是虽存在但远不如批评所说的严重，这应如何解释？一个可能是批评者别有用心，为了达到批评的效果而不问是非轻重，俗语谓之睁眼说瞎话；另一个可能是批评者并非故意，只是没有查证清楚，可谓之误会，或人云亦云。但是，无论何者，都引起一个疑问：批评的内容既不是宋代所有，那么是从何而来，难道是来自批评者本

---

① 李承贵，《儒士视域中的佛教》，页339。他又说："尽管宋儒都有出入佛老数年，甚至十余年或数十年的经历，但宋儒对佛教的认知、理解和评价总体上看是隔膜的、肤浅的、外在的。……感觉不到他们是通过认真阅读佛教经籍后所作出的理解和评论。"见页502—503，不读佛书的情况，又见页34、46、182—183、338、498—499。那么，宋儒对佛教思想的了解从何而来？是否也来自历史著作的片段和别人的意见？

人的想象，或是转述者（如批评者的朋友和同僚）的想象吗？可能不是，而是来自批评者及同人们的集体记忆，而这记忆大部分来自阅读历史，尤其是三武一宗灭佛的历史。如前文所述，这是对佛教相当不利的记载，不但让别有用心的读者找到攻击佛教的武器，也容易对无心的读者产生两种影响：一是以史为鉴，抱着预防胜于治疗的态度，处处防范以至压抑佛教，以免历史重演；二是以古律今，以灭佛时所高举的标准（如僧人不蓄私财）去要求当代的僧人遵守，使他们回归世俗化以前的信仰和律制生活，这当然容易产生严苛的执法行为了。

（1）公开诋毁或排斥佛教

严词批评佛教的包括大量吸收佛学精华的理学家。朱熹读到《新唐书·李蔚传》的赞语，盛赞编撰者宋祁指责佛学剽窃庄周列子，是"捉得他正赃"，见识超出欧阳修和二程。[96] 其实，若不是朱熹故意抬举宋祁，就是宥于历史记载，因而产生学术思想上的偏见或落后。① 这种情况不限于朱熹，李承贵说："宋儒认知佛教的广泛性和丰富性，并不能掩盖他们在佛教认识上的偏执与无知。若加仔细考虑就不难发觉，宋儒对佛教（思想）的认知、理解和评价存在太多不尽如人意的地方，我们称之为'失真的理解'。……我们遗憾地发

---

① 彭自强指出，早期佛学与儒道关系可分为四个阶段：佛教完全依附儒道、佛教初步利用儒道、佛教与儒道理论交融、佛学思想自主融会。见彭自强，《佛教与儒道的冲突与融合——以汉魏两晋时期为中心》（成都：巴蜀书社，2000）。

现，宋儒的理解往往是远离佛教本意的。"①不但对佛教的思想如此，对佛教的行为亦然。

光宗绍熙元年（1190），朱熹出任江西提点刑狱，作为一路最高司法长官，发布《劝女道（人）还俗榜》，公然把佛教称为"魔"和"妖"：

> 降及后世，礼教不明，佛法魔宗乘间窃发，唱为邪说，惑乱人心，使人男大不婚，女长不嫁，谓之出家修道，妄希来生福报，若使举世之人尽从其说，则不过百年便无人种，天地之间莽为禽兽之区，而父子之亲、君臣之义，有国家者所以维持纲纪之具，皆无所施矣。幸而从之者少，彝伦得不殄灭，其从之者又皆庸下之流，虽惑其言而不能通其意，虽悦其名而不能践其实，血气既盛，情窦日开，中虽悔于出家，外又惭于还俗，于是不婚之男无不盗人之妻，不嫁之女无不肆为淫行。……岂若使其年齿尚少容貌未衰者，各归本家听从尊长之命，公行媒娉，从便婚嫁，以复先王礼义之教，以遵人道性情之常，息魔佛之妖言，革淫乱之污俗，岂不美哉。[97]

我们可以清楚看到，朱熹的主要批评，例如"不过百年

---

① 这些失真的理解包括：a.对"佛教道体"理解的失真，b.对"万法皆空"理解的失真，c.对"佛教伦理"理解的失真，d.对"生死轮回"说理解的失真。见李承贵，《儒士视域中的佛教》，页485—497、502—512。

便无人种"和佛教违反"父子之亲"及"君臣之义"等，无一不是三武灭佛时的旧调。正如前述，这是不符合宋代现实的，但若干僧尼的淫行，却正好印证了历史的记载，使之更具说服力。

朱熹排佛还付诸法律行动，同时的《劝谕榜》说："一劝谕遭丧之家及时安葬，不得停丧在家，及攒寄寺院。其有日前（于寺院）停寄棺柩灰函，并限一月安葬，切不须斋僧供佛，广设威仪，但只随家丰俭，早令亡人入土；如违，依条科杖一百，官员不得注官，士人不得应举。"[98] 这固然是针对当时停丧过久以待福土（好风水的葬地）的风俗，但考虑到朱熹本人亦至少有四次延期而葬[99]，这条劝谕文的惩罚部分，毋宁说是专门针对寺院。官员不得注官和士子不得应举是十分严重的处分，朱熹无疑是以行政命令来压缩寺院的社会功能，尤其是法事，更是寺院的重要功能和收入来源。

（2）不愿接受僧人提告

理学大家陈淳说："昔南轩先生（张栻）帅靖（静）江日，待僧家甚得体，以公厅非接见夷狄之所，凡有干谒白事者，但令趋庭，无上厅接见之礼。其说载在语录，诚可为斯世大公至正之式。"[100] 坦白说，这是对僧人的歧视。事实上，宋代僧人协助官府举办诸多公共业务，甚至管理驿站[101]，白事时是应当在公厅上接见的。张栻歧视僧人的原因，假如真的如陈淳所说是夷夏之防，那就真的是"隔代遗传"了。众所周知，宋代最流行的佛教是禅宗和净土宗，无论是传道者还是信徒，都十分本土化了，何来"夷狄"可言。

同是理学大家的黄震，也把个人对僧人的好恶延伸至公事，而且公开榜示，表示不大愿意接受僧人的投诉案件。僧人有时的确因为权利受损需要法律援助，但有士大夫批评说："修方外之行，却与俗人结冤，于贪痴嗔爱之场，争人我者甚大"[102]，似乎认为僧人不应打官司。民户提出诉讼要通过书铺写状（有些像今日的代书，但要留意控诉的内容是否属实），但有四种人可以亲自疏状：官人、士人、公人、僧道，表示政府相当维护僧人的法律权益，当然准许他们打官司。朱熹尽管公开在榜文里批评佛教违反传统礼义和人道性情，至少没有减损僧人提告的权利，对这四种人一视同仁，一律安排到使厅受理。[103]黄震独宗朱子学而不喜佛老，竟张贴公告说：

> 国家四民，士、农、工、商，应有词诉，今分四项。先点唤士人听状……士人状了，方点换农人。……农人状了，方点换工匠。……工匠状了，方点换商贾。……四民听状之后，除军人日夕在州，有事随说，不须听状外，次第方及杂人，如伎术师巫、游手末作（末作谓非造有用之器者）、牙侩、缸艄、妓乐、岐路（江湖艺人）、干人、僮仆等，皆是杂人。此外有僧道，亦吾民为之，据称超出世俗，不拜君王，恐于官司无关，官司不欲预设此门。[104]

黄震是否睁眼说瞎话？宋代僧人对士大夫巴结奉承，对君主称臣，连铜钟开光也要先向皇帝祈福①，怎会有前代僧人"不拜君王"的问题。政府特准他们不必通过书铺，可自行疏状，怎会是"恐于官司无关"。至于说僧人"超出世俗"更与事实不符，因为僧人被卷入世俗事务，有时还是出于朝廷的鼓励，例如真宗曾下诏："举人、僧道、草泽诸色人等，如睹朝政阙失，并公私利济，并许上言。"[105] 有时还要求僧人实际行动，例如高宗为了阻止民间生子不养，曾下诏："仍委守令劝谕本处土豪、父老及名德僧行，常切晓喻祸福，或加赒给。如奉行如法，存活数多，许本路监司保明，并无（与）推赏。"[106] 地方官员有时亦把僧人卷入政务，例如高宗把越州升为绍兴府，地方首长上奏说："本州既升为府，欲率官属、士庶、僧道、耆老诣阙称谢"，并得高宗同意。[107] 地方乡绅有时亦借助僧人，兹举徽宗时一件令人发噱之事：

> 高邮军言：父老、僧道等状，伏见寄居中散（致）仕李演，系知枢密院李谘之子。演三十七岁任虞部员外郎，更不下磨勘转官，元丰中官制改朝奉郎，至五十七致仕，退居乡里，累经朝廷恩霈，及叙封至中散大夫，见年九十。切见百姓王庆为年九十，近蒙朝廷赐"耆德处士"之号，况李演系枢臣之子，逮事五朝，亲与元孙五世相见，显属美事，乞加褒赏。诏：李演转一官，赐

---

① 陈泽芳，《宋代潮州佛教的社会功能》，页85—89。他甚至以为佛教的社会功能第一项就是"维护中央王朝统治权威"。

米面各十石，可中奉大夫致仕。[108]

令僧人乐于效劳的，是朝廷的赏赐，例如仁宗时，"麟、府州民、吏、僧、道等诣阙，请益兵以御西贼，召对于便殿，赐茶、彩以慰遣之，僧道乃赐紫衣、师号"[109]。假如劝人不要杀婴尚算佛教的本业，越州升府赴阙谢恩和请求褒赏致仕官员就根本是僧人的分外事，而且并不重要。由此可见，僧人不能"超出世俗"是僧人和官绅的共业，甚至后者的责任还要多一些。

一般人也许不知道世易时移，黄震作为官员不可能不知道，分明是故意揶揄刁难，方法是以古乱今和诉诸更高原则。也就是说，黄震指称的佛教，是宋以前历史里的佛教（不拜君王）和入世前的佛教（超出世俗，于官司无关），并非宋代现实里的佛教，却因此损害了僧人的法律权益。

（3）审判逾法

僧人犯事成为被告，处境可能特别不利，因为一般认为僧人应较凡人更守法。至迟从唐律开始，僧人犯盗和奸，处罚重于凡人。[110]法师云晏等五人聚赌，发生喧争，判词说："正法何曾执具，空门不积余财。白日既能赌博，通宵必醉樽罍。强说天堂难到，又言地狱常开。并付江神收管，波中便是泉台。"[111]不管是花判还是拟判[112]，士大夫对僧人和佛教的态度跃然纸上：第一，僧人拥有私财并无不法①，执法者却

---

① 据何兹全先生的研究，初唐已允许僧尼拥有若干种类的私财，且在僧尼往生后，在某种条件下，归寺院所有，见其《佛教经典关于僧尼私有财产的规定》，《北京师范大学学报》1982.6，收入氏编《五十年来汉唐佛教寺院经济研究》，页158—181。但律文中仍禁私财，尤其是应归公而干没者，见郑显文，《唐代律令制研究》，页252、305。

谓"门不积余财",既针对聚赌犯反国法,也未尝不是针对当代寺院普遍广积余财,根本不像空门的现象;第二,从赌博推论必有饮酒至醉,似是欲加之罪;第三,不判还俗而判入地狱,同时超逾国法和佛律,反映士大夫的严重不满。包恢"经筵奏对,诚实恳恻,至身心之要,未尝不从容谆至。度宗至比恢为程颢、程颐",堪称理学中人。如前文所述,他曾秘密处死淫僧,且被载入《宋史》本传作为治绩,后来官至从二品的枢密院副长官,可见逾法处置淫僧得到了某种程度的默许。[113]

从上述可见,执法者对佛徒和佛教的认知和要求,及它们与当时实际情况的落差,均会影响审判。所谓"空门不积余财"的标准,在法律上属于"实然(what is)"与"应然(what ought to be)"的差异。实然近似基本(或最低)要求,即佛教就是这个样子(多积财),合法就可以了;应然近似更高原则(higher principle),即佛教理应如此(不积余财),不但要合法,还要符合道理或道德(当然是士大夫认可的道理和道德),这跟上文所说"以礼逾法"有异曲同工之妙。

(二)宗教信仰者

近代的西方司法曾一度非常崇拜"理性""自主"(或自我完满 self-sufficient)和"客观",简言之就是审判的非个人(impersonal)或去个人化(depersonalization)。法律曾被视为一门科学,强调理性,甚至把自然法(natural law)重新界定为凭理性和科学推理所得出的法则。司法女神被蒙上双眼，表示无视于肤色（种族）、性别、性向、身分和宗教等，把个人的因素降到最低。信奉法律实证主义（legal positivism）的学人，曾对法律的自主和客观有着无限的憧憬，譬之为"自动出纳器"（slot machine）。用现代的比喻来说，法律就好像一台计算机，里面分门别类，放满了各式各样的条文和案例，法官只要把手上的案件键入正确的门类，计算机就会自动运算，从列表机印出适当的判决，完全不受外力的影响，当然包括审判者的个人信仰。就算是研究淫祠的中国学人，也常将论点放在"国家"与宗教的关系，甚少注意执法者个人。其实，把人抽空了，还有国家吗？坚持理性、自主和客观，就真能适当地处理宗教性案件吗？

任何宗教都离不开信仰活动，也会引发宗教性或信仰性案件，其审判未尝不可称为宗教性审判。跟同时代的西方不一样，宋代没有宗教法庭，无论是佛教的宗教性（如以神迹救人）或非宗教性（如以刀枪杀人）案件，大多由俗人审判，鲜有宗教人士参与。宗教性案件的特点是某些现象非科学或理性所能验证，例如有无恶灵、有无神迹，执法者是否相信，涉及个人信仰。若他不相信神迹，行神迹者就是骗子甚至妖人；若他相信巫术的功效，巫者便有可取之处。[114] 信与不信，或多或少影响着执法者的裁判。

历代君王和士大夫信佛者众，固然有护教心切，借司法将不法僧人导返正轨，不枉不纵，亦有为了个人福业而纵容，牺牲大众权益。据说南唐后主笃信佛教，"僧人犯奸，有司具赎，则曰：僧尼奸淫，本图婚嫁，若论如法，是从其欲。但勒令礼佛百拜，辄释之。由是奸滥公行，无所禁止"[115]。这是一个既不依国法也不合戒律的裁决，犯僧可说是无法可管了。朱熹说："狱事人命所系，尤当尽心。近世流俗惑于阴德之论，多以纵出有罪为能，而不思善良之无告。"①僧人与吏员勾结逃避税役，官员并非不知，"公明正大者，则宁役无用闲僧而不忍扰吾民，以种福田为心者，则无暇虑及吾民，而惟恐一毫有伤于佛子"[116]。逃税避役是非法，但"以种福田为心"的官员不但不纠正，还将僧人的税役转嫁给百姓。另一方面，也有士大夫快刀斩乱麻或被此类案件弄得晕头转向的。

假如单看法令，读者或会认为宋代的佛教是正僧在正寺里供奉正神。事实上，因各种缘故，可能是正僧在淫寺里供奉正神，或正僧在淫寺里供奉淫神，或伪僧在正寺里供奉正神，或伪僧在淫寺里供奉淫神，或伪僧在淫寺里供奉正神，排列组合相当多。把情况弄得更复杂的，是正寺里众神林立，同时供奉正神和淫神，有些淫神是归正投靠，有些还是佛教主动收编，既取其信众，又夺其庙产，张国刚称之为"你中有我，我中有你的综合性偶像"，颇为传神。情况严重的，已很难看到佛教的内容，严耀中称之为佛教的"异化"，

---

① ［宋］朱熹，《朱文公文集》卷45，页779。本土信仰亦讲阴德阴骘，非佛教专利，但就宋代士大夫之言谈及社会风俗来看，指佛教居多，一如宋人口中的地狱，恒指佛教之地狱，并非泰山。朱熹对佛教之批评，可见其《朱子语类》卷126《释氏》。张栻甚至认为王安石也曾为了福报而枉法，见其《南轩集》(广学丛刊)卷35，页1。

亦即去宗教化。[117]另一种情况是借寺院为场地，举行跟佛教无关甚至矛盾的宗教活动，例如黄州安国寺，"岁正月，男女万人会庭中，饮食作乐，且祠瘟神，江淮旧俗也"[118]。这些情况远远超出法律的规范，是否取缔，如何取缔，考验司法者的智慧。

用常识判断，假如审判有一定的规律可循的话，就是在正常情况下，视乎犯罪后果的严重性而加以取缔。正僧利用正寺正神犯下严重罪行，结果僧死寺废，正神也只好自叹倒霉；伪僧利用淫寺淫神来造福苍生，淫神说不定可以升格为正神，淫寺也可变为正寺。但是，罪行是否严重，有时不单凭法律界定，也受执法者个人因素的影响。

跟今天的法官一样，宋代士大夫对宗教灵异事件的态度很不一致。南宋初年，地方官拘捕"以妖惑众"的僧人，百姓提醒地方官，僧人有神术，恐会对他不利。地方官不信这一套，僧人被判流放，"卒无能为，民乃大服"[119]，似乎地方官有意借此建立威信。但亦有被神物吓死的：

> （胡颖）以枢密都承旨为广东经略安抚使。潮州僧寺有大蛇，能惊动人，前后仕于潮者皆信奉之。前守去，州人心疑焉，以为未尝诣也。已而旱，咸咎守不敬蛇神故致此，后守不得已，诣焉。已而蛇蜿蜒而出，守大惊得疾，旋卒。颖至广州，闻其事，檄潮州令僧舁蛇至。至则其大如柱而黑色，载以阑槛，颖令之曰："尔有神灵，当三日见变怪，过三日则汝无神矣。"既及期，蠢然

189

犹众蛇耳,遂杀之,毁其寺,并罪僧。[120]

这是正僧在正庙同时供奉正神和淫神(蛇神)的例子①,蛇神看来很神奇,似乎已喧宾夺主,成为供奉的主要对象。士大夫对蛇神有四种态度:一是信之奉之,自然不会取缔;二是不信,既不去敬拜,也不去取缔,只求相安无事,这或是多数官员的态度;三是不信,但不去取缔,却因天旱,影响人民生计,甚至影响上缴的税收,不得不去致意,结果惊悸而卒,致意的出发点是实用主义,一方面安抚民心,另一方面希望下雨,很可能已求过其他正神没有成功;四是不信,依法取缔,态度很坚定,手段也很高明,令蛇神失灵,民众无话可说。对研究者来说,较易判别的是第一和第四种态度,较难的是第二和第三种态度,无论是去致意或不去取缔淫神,都不一定反映官员对淫神的真正态度。

胡颖一举毁寺、杀蛇神、罪僧人,可谓根除,最主要的原因,应是官员因蛇神而死,大伤政府威信,岂能坐视神权凌驾官权,故严厉处分,即使是正寺,里面还有建寺时安置的正神,也一律铲除。胡颖在安抚与取缔之间选择取缔,除了因为本人不信鬼神和报应之说外("汝无神"),可能跟他的职位有关。他是路级官员,位高权重,不像基层地方官,必须直接面对在地的民众和利益,顾虑比较多。

---

① 有谓靳尚谗杀屈原,为天所谴,作一大蟒,成为邪神,后来被僧人收编,成为佛教的护法神菩提王。但无论是前世或今身,均不列入宋代祀典,故为淫神,见严耀中,《中国东南佛教史》,页305。

还有一个跟胡颖杀蛇十分类似的案件，虽然是道士涉案，很能看出士大夫对寺观、神祇和道人的不同态度：

> 赵暨守衢日，所任都吏徐信，兴建佑圣观，敛民财甚夥。未几，詹寇作，信以致寇抵罪而死，然民之奉祠如故，特太守不复往。赵孟奎春谷始至，以祀典亦往致敬。已而得堂帖，从前守陈蒙所申，命加毁拆。
>
> 民投牒求免，而主祀祠黄冠遇大蛇于道，谓神所凭，率民以祷，曰：果神也，盍诣郡。遂以蛇至倅厅，以白郡。赵曰：此妖也。以黄冠为惑众，械系于狱，继取蛇贮以大缶，加封闭焉。三日狱成，黄冠坐编置，而戮蛇于市，人咸壮之。[121]

此案可分两个阶段来分析：

第一阶段是赵孟奎收到拆观命令之前，道士似未获罪。道观是都吏所建，立案自无问题，故是正观，由道士主持。它聚敛民财，是吏与道的勾结，后来都吏败死，知州亦不取缔，只是不再光临。陈蒙当上知州后，不知何故，向中央申请把道观拆除，尚未接到结果便离任。赵孟奎上任后，不知道陈蒙的申请，不晓得道观有问题，只因它是正观，便去致敬，但接到拆观的命令后，毫不犹豫地执行，倒是受到被敛财的百姓的反对。表面看来，道观被拆是因为符合淫观的形式条件，但我们无法得知它为何由正观沦为淫观。

第二阶段是赵孟奎收到拆观命令之后，最大的变化是道

191

士被判重刑，罪名是以妖惑众。道士率领民众陈请已是不妥，带去一条号称神灵附体的大蛇，遇到不信的官员，更是不智。蛇神不灵，被戮于市，赵孟奎声名大噪。

赵孟奎拆观，可推说是服从中央命令，把灵蛇杀死则充分显露他的不信，判道士重罪则反映他作为知州对地方治安的考虑。他到合法的寺观致敬，仅表示他尊重国家祀典，不表示他相信寺观的神祇，故一旦寺观沦为非法，就依法拆除，不管神祇的身分和百姓的态度。住持跟百姓关系良好，对有信仰的官员来说是可以善加利用的，对不相信的官员却未尝不是警讯：百姓被敛财而不自知，是谓愚民，最易受妖言和妖物所惑，对抗官府。假如说寺观的命运系于中央命令，则神祇和道士的下场系于官员的信仰，官员若不信便产生各种怀疑和顾虑。

另一案例，也是由僧人个人魅力发展为集体性犯罪，结果被取缔。地方官所部"有浮屠人曰娄道者，能以术却寒暑，惊眩民俗，所至受施金缯无量，其徒以高赀为奸横。公密捕，一夕辄病死，没入其财而逐其党"[122]。假如僧人只是以道术替人治病驱邪消灾解难，没有聚徒结党敛财为恶，大抵不致死在狱中。本案和道观案中都能嗅到金钱气味，不排除官员乘机取财以挹注地方财政。

综合而言，士大夫对佛教的认识很多是来自历史，而历史里的佛教并不光彩，三武一宗灭佛的阴影难以挥去，韩愈对佛教的批评也随着北宋古文运动的展开，影响着宋代士大夫对当代佛教的了解。他们似乎把历史对佛教的批判照单全收，形成思想框套或认知标准，然后套用在当代佛教身上。这产生三种后果：第一种是戴着历史的有色眼镜看当代佛教，到处看到历史的颜色，有时固然相符（如违法），有时却是错觉（如不拜王者、不耕不织），这种时空错乱可称为"先入为主"或"以古乱今"。第二种后果属于法律上"应然"（what ought to be）与"实然"（what is）的问题。士大夫认为佛教"应当"如此，如不积余财，不涉官司，而"现实"与之不符就是现实不对，需要更正，可称为"以古律今"。所以，即使宋代佛教积极入世，投身修桥筑路赈灾等各种公共和慈善事业，但在一些士大夫眼中，这不是在跟他们竞争"外王"事业，就是理所当然，因为佛教太富有了，而根据佛教不积余财的原始教义，富有就是不对，理应多捐，甚至还有根据儒家对义和利的界定去将这些佛教社会事业贬抑为佛教之营私。[123] 尽管宋代佛教力倡孝道，但士大夫只要执着出家不奉养父母就是不孝的想法，那么僧人永远都是不孝子。第三种后果是有些士大夫认为，佛教祭祀的对象和方法虽然不违法，但跟《礼记》不合，故是淫祀，这也是一种"应然"（以礼为据）与"实然"（以现行法为据）的问题，可称为"以礼逾法"。此外，理学家一面吸收佛学义理，一面批评佛教信仰，甚至认为佛学义理是剽窃中国之道。这种行为是名副其实的弃之如敝屣，严重的还剥削僧人提诉的权益。有师承关系和以门派标榜的士大夫，似乎更不易摆脱思想的框套。至于有信仰的士大夫，他们跟合法寺院的关系相当复杂，或可简化如下：

	寺院本身	信的官员：加以维护
		不信的官员：尊重祀典不会取缔
正寺	神祇身分：正神、淫神	信的官员：对正神致敬
		不信的官员：有些对正神致敬，有些不致敬
		信的官员：对淫神也致敬
		不信的官员：对淫神态度多样 a.相安无事（不致敬也不取缔） b.实用主义（平时不致敬也不取缔，有需要时去致敬） c.依法取缔
	僧人行为：怪力乱神	信的官员：较能容忍
		不信的官员：较敏感，尤其对僧人的"聚众"或"惑众"不能容忍

注释

[1] 蔡宗宪，《淫祀、淫祠与祀典：汉唐间几个祠祀概念的历史考察》，《唐研究》13（2007），页203—232，尤见页219—220。

[2]［宋］薛居正等著，刘乃和等点校，《旧五代史》（北京：中华书局，1976）卷115，页1529—1531。五代十国对佛教的控制，见李斌城，《五代十国佛教研究》，《唐研究》1（1995），页37—65，特别是页40—42。

[3]《宋会要辑稿》礼20，页14—15。

[4] 因贪污而影响审判的例子，见《宋会要辑稿》刑法2，页153—154。

[5]《旧五代史》卷115，页1529。

[6] 通史式的著作，如汤用彤《汉魏两晋南北朝佛教史》、王仲荦《魏晋南北朝史》、郭朋《汉魏两晋南北朝佛教》、卿希泰

《中国道教史》、任继愈《中国佛教史》等，都谈到灭佛。专题论著亦不少，论点时有重复，或言之不能服人，不一一列举，本文目前主要取材自：

综论：顾伟东，《从白马驮经到三武一宗——唐宋之前佛教与历代中央政府之关系》（复旦大学硕士学位论文，2003）；张箭，《三武一宗灭佛研究》（四川大学博士学位论文，2002），若干章节已陆续发表，见下，但水平相当参差。

北魏太武帝灭佛：［日］塚本善隆，《北魏太武帝の废佛毁释》，收入氏著《北朝佛教史研究》，收入《塚本善隆著作集》（东京：大东出版社，1974）第二卷，页37—66；向燕南，《北魏太武灭佛原因考辨》，《北京师范大学学报》1984.2，页50—59、30；施进隆，《从胡汉矛盾看北魏太武帝的崇道灭佛》，《史苑》55（1994），页17—34；栾贵川，《北魏太武灭佛研究二题》，《北朝研究》1995.1，页57—62；栾贵川，《北魏太武帝灭佛原因新论》，《中国史研究》1997.2，页65—69；刘淑芬，《从民族史的角度看太武灭佛》，《"中研院"历史语言研究所集刊》72.2（2000），页1—48；张箭，《论导致北魏灭佛的直接原因和罪证》，《西南民族学院学报（哲学社会科学版）》21.12（2000），页96—101；韩府，《"太武灭佛"新考》，《佛学研究》2003，页152—161。

北周武帝灭佛：李春祥，《北魏太武帝与周武帝灭佛之异同》，《通化师范学院学报》22.3（2001），页34—38；张箭，《论北周武帝废佛的作用和意义》，《西南民族学院学报（哲学社会科学版）》23.3（2002），页127—133；张箭，《北周废佛特点初探》，《佛学研究》2003，页162—169。

唐武宗灭佛：Kenneth K. S. Chen（陈观胜），"The Economic Background of the Hui-ch'ang Suppression of Buddhism," *Harvard Journal of Asiatic Studies*, 19（1956），pp.67–105; Stanley Weinstein,

"The Suppression of Buddhism Under the Reign of Wu-tsung（840–846），" *Buddhism Under the T'ang*（Cambridge: Cambridge University Press, 1987），pp.114–136；黄运喜，《会昌法难研究——以佛教为中心》（中国文化大学硕士学位论文，1987）；牛致功，《试论唐武宗灭佛的原因》，《中国文化月刊》207（1997），页1—20。

后周世宗整顿佛教：[日]牧田谛亮，《后周世宗の佛教政策》，《东洋史研究》11.3（1941），收入氏著《中国近世佛教史研究》（京都：平乐寺书店，1957），中译是：[日]牧田谛亮著，索文林译，《中国近世佛教史研究》（台北：华宇出版社，1985），页89—130；又见释如真译，《后周世宗的佛教政策》，张曼涛主编，《中国佛教史专集之二：隋唐五代篇》（台北：大乘文化出版社，1977），页319—345，译文同前文而无注；张箭，《后周世宗文明限佛论析》，《文史哲》2003.4，页28—33，这是张箭诸文中最好的一篇，但与牧田谛亮的《后周世宗の佛教政策》的中译文字和内容有相当的雷同。

[7][日]诸户立雄，《宋代编纂史书の佛教关系记事》，收入氏著《中国仏教制度史の研究》，页555—564。

[8]王曾瑜，《宋朝阶级结构》，页384；游彪，《宋代寺院经济史稿》，页117—118；黄敏枝，《宋代佛教社会经济史论集》，页172、177。

[9]梁克家，《淳熙三山志》（宋元方志丛刊）卷10，页920。详见黄敏枝，《宋代佛教社会经济史论丛》，页318—320；游彪，《宋代寺院经济史稿》第六章《宋代寺院、僧人的赋役负担》；杨倩描，《南宋宗教史》（上海：上海古籍出版社，2008），页354—359有简要的综合。

[10]《宋会要辑稿补编》僧隶，页323。

[11]陈明光，《初探大足石刻是宋史研究的实物史料宝库》，

《社会科学研究》1994.2，页 114 — 117、138；魏文斌、师彦灵、唐晓军，《甘肃宋金墓"二十四孝"图与敦煌遗书〈孝子传〉》，《敦煌研究》1998.3，页 75 — 90；赵超，《山西壶关南村宋代砖雕墓砖雕题材试析》，《文物》1998.5，页 41 — 50；江玉祥，《宋代墓葬出土的二十四孝图像补释》，《四川文物》2001.4，页 22 — 33。综合性的论述，见王月清，《中国佛教孝亲观》，《中国佛教伦理研究》，页 186 — 218。

　　［12］《宋会要辑稿》道释 2，页 2。

　　［13］《宋会要辑稿》道释 1，页 22。

　　［14］《宋会要辑稿》选举 32，页 20。

　　［15］陈植锷，《北宋文化史述论》（北京：中国社会科学出版社，1992），页 369、371 — 376。韩毅，《宋代僧人与儒学研究》（河北大学博士学位论文，2004）。

　　［16］黄启江，《张商英护法的历史意义》，收入氏著《北宋佛教史论稿》，页 359 — 416。

　　［17］刘复生，《北宋中期儒学复兴运动》（台北：文津出版社，1991），页 29 — 59；陈植锷，《北宋文化史述论》，页 324 — 384；张清泉，《北宋契嵩的儒释融会思想》（台北：文津出版社，1998），页 76 — 139；张文利，《理禅融会与宋诗研究》（北京：中国社会科学出版社，2004），页 58 — 106；李祥俊，《北宋时期儒家学派的排佛论》，《齐鲁学刊》2006.1，页 13 — 17。

　　［18］唐代剑，《宋代道教管理制度研究》（北京：线装书局，2003），页 26 — 57。

　　［19］［宋］李心传，《建炎以来系年要录》（北京：中华书局，1988）卷 171，页 2820。

　　［20］汪圣铎，《宋代政教关系研究》，页 215。

　　［21］《宋会要辑稿》道释 1，页 34 — 35。

　　［22］［宋］陈淳，《北溪大全集》卷 47，页 1 — 9。

[23]［宋］胡宏著，吴仁华点校，《胡宏集》（北京：中华书局，1987），页98。

[24] 游彪，《宋代寺院经济史稿》，页91—95、129—137；黄敏枝，《宋代佛教社会经济史论集》，页42—45、104—110。较早的情况，见谢重光，《中古佛教僧官制度和社会生活》，页290—297。

[25]［宋］陈亮著，邓广铭点校，《陈亮集》（北京：中华书局，1987增订版），页278。

[26]《宋会要辑稿》食货6，页11。

[27] 杨倩描，《南宋宗教史》，页29。

[28] 郑显文，《唐代律令制研究》，页300。

[29]《庆元条法事类》卷80，页925；《宋会要辑稿》刑法2，页118。

[30]《宋会要辑稿》刑法2，页120—121。

[31]《宋会要辑稿》刑法2，页130。

[32] 例子见《宋会要辑稿》选举32，页24；顾吉辰，《宋代佛教史稿》，页58—67。

[33]《宋刑统》卷18，页329—330；《宋会要辑稿》道释、刑法2、礼20；《庆元条法事类》卷50、51；［宋］朱熹，《晦庵集》（文渊阁四库全书）卷100，页1781："一劝谕男女不得以修道为名私创庵宇，若有如此之人，各仰及时婚嫁。一约束寺院民间，不得以礼佛传经为名，聚集男女，昼夜混杂。一约束城市乡村，不得以禳灾祈福为名，敛掠钱物，装弄傀儡。"沈宗宪，《宋代民间祠祀与政府政策》，《大陆杂志》91.6（1995），页23—41，罗列不少相关条文和事件；黄纯怡，《国家政策与左道禁令——宋代政府对民间宗教的控制》，《中兴大学历史学报》16（2005），页171—198，亦收录不少法令及事件；王章伟，《在国家与社会之间——宋代巫觋信仰研究》，页267—277，列举禁巫诏令和取

缔事例；郑显文，《唐代律令制研究》，页286—309，可看到唐和宋律的继受关系，可补入后周，更可看到宋承后周而后周承唐代道僧格；陈登武，《从人间世到幽冥界》，页103—136，有不少唐代"妖言"例子，但有时不易判断跟佛教有关；〔日〕牧田谛亮，《后周世宗の佛教政策》，页64—95，可看到对唐代的继承。

〔34〕《宋会要辑稿》兵11，页8。

〔35〕〔宋〕朱熹，《晦庵集》卷100，页1781。

〔36〕《庆元条法事类》卷51，页720。

〔37〕〔宋〕陆游著，李剑雄、刘德权点校，《老学庵笔记》（北京：中华书局，1979）卷10，页125。

〔38〕《宋会要辑稿》道释1，页38。

〔39〕《宋会要辑稿》刑法6，页32。

〔40〕〔宋〕韩琦，《上仁宗论僧绍宗妖妄惑众》，《宋朝诸臣奏议》卷84，页902。

〔41〕〔宋〕陆游，《老学庵笔记》卷10，页125。

〔42〕〔宋〕朱熹，《晦庵集》卷100，页1781。

〔43〕〔宋〕李心传，《建炎以来系年要录》卷162，页2643。

〔44〕《名公书判清明集》卷14，页541。

〔45〕林悟殊，《摩尼教及其东渐》（北京：中华书局，1987）；〔日〕竺沙雅章，《中国佛教社会史研究》，页199—259。

〔46〕刘黎明，《宋代民间巫术研究》，页327、329—340。

〔47〕《庆元条法事类》卷51，页722。

〔48〕《宋会要辑稿》刑法2，页78。

〔49〕《宋会要辑稿》刑法2，页120—121。

〔50〕《宋会要辑稿》刑法2，页130。

〔51〕范立舟，《白莲教与佛教净土信仰及摩尼教之关系》，收入何俊、范立舟，《南宋思想史》（上海：上海古籍出版社，2008），页351—380。

[52] 杨倩描，《南宋宗教史》，页282—291。严耀中亦称之为"从念佛结社到邪教"，见其《中国东南佛教史》，页313—317。

[53] 马西沙、韩秉方，《中国民间宗教史》（上海：上海人民出版社，1992），页102—164，引文见页137。

[54] [日] 竺沙雅章，《中国佛教社会史研究》，页276—286；《宋元佛教文化史研究》（东京：汲古书院，2000），页390—418、419—442。有关道民之身分及与白莲宗之关系，见马西沙、韩秉方，《中国民间宗教史》，页102—164。

[55] 杨倩描，《南宋宗教史》，页17—18。

[56] [宋] 郑克，《折狱龟鉴译注》卷8，页525；《宋史》卷291，页9730。

[57] 祝尚书，《宋初西湖白莲社考论》，《文献》1995.3，页83—89。

[58] 《宋会要辑稿》刑法2，页153、154。

[59] 《宋会要辑稿》方域4，页15。

[60] [元] 周密，《癸辛杂识》续集下，页169。

[61] [宋] 李心传，《建炎以来系年要录》卷162，页2643。

[62] 《宋会要辑稿》食货5，页26、27。

[63] [宋] 刘克庄，《后村先生大全集》卷149，页1308；卷166，页1475。

[64] 皮庆生，《论宋代的打击"淫祀"与文明的推广》，《清华大学学报》2008.2，页40—51。

[65] 《名公书判清明集》卷11，页407—408。

[66] 《宋会要辑稿》食货6，页52。

[67] 《宋会要辑稿》食货5，页27。

[68] 《宋会要辑稿》食货5，页27。

[69] 《宋会要辑稿》方域2，页10。

[70]［宋］陈淳，《北溪大全集》卷43，页4—12。

[71] 详见曾小璎，《南宋地方社会势力的研究——以福建路佛教与地方菁英为中心》（台湾政治大学历史系研究部硕士学位论文，2005）。护国寺事件，见页80—81、120—123。

[72]《宋会要辑稿》食货11，页14。

[73]［宋］释宗赜，《禅苑清规》卷7，页90。引起官员疑心的例子见游彪，《宋代寺院经济史稿》，页65。

[74]《宋会要辑稿》食货1，页41。

[75]《宋会要辑稿》刑法2，页120。

[76]《宋会要辑稿》刑法2，页130。

[77]《宋会要辑稿》食货63，页28。

[78] 黄世希、王洪林，《资阳出土南宋诉讼碑》，《四川文物》1993.3，页16。

[79]［宋］黄震，《黄氏日钞》（台北：大化书局，1984影印乾隆三十三年刊本）卷71，页22a—23a"申安抚司乞拨白莲堂田产充和籴庄"。

[80]［宋］吕夷简等著，天一阁博物馆、中国社会科学院历史研究所天圣令整理课题组校证，《天一阁藏明钞本天圣令校证》（北京：中华书局，2006），页373。参见孟宪实，《唐令中关于僧籍内容的复原问题》，《唐研究》14（2008），页69—84。

[81] 刘长东，《宋代佛教政策论稿》，页119—130。

[82]《庆元条法事类》卷50，页690。

[83] 蒋义斌，《宋代儒释调和论及排佛论之演进》（台北：台湾商务印书馆，1988）。洪淑芬，《论儒佛交涉与宋代儒学复兴——以智圆、契嵩、宗杲为例》（台湾大学中国文学研究所博士学位论文，2006），现已出版，名为《儒佛交涉与宋代儒学复兴——以智圆、契嵩、宗杲为例》（台北：大安出版社，2008）。

[84] 王平宇，《宋代妇女的佛教信仰——兼论士大夫观点的

诠释与批评》（台湾清华大学历史研究所硕士学位论文，1998），页63—70。

[85] 讨论淫祠（庙宇）和淫祀（祭祀）的论著相当多，部分适用于佛教。雷闻列出大部分二手数据，无须赘陈，见雷闻，《唐宋时期地方祠祀政策的变化——兼论"祀典"与"淫寺"概念的落实》，《唐研究》11（2005），页269—294。稍后的有蔡宗宪，《淫祀、淫祠与祀典：汉唐间几个祠祀概念的历史考察》，《唐研究》13（2007），页203—232；朱溢，《论唐代的山川封爵现象——兼论唐代的官方山川崇拜》，《新史学》18.4（2007），页71—124。值得一提的是杨建宏，《略论宋代淫祀政策》，《贵州社会科学》195.3（2005），页149—152、159；梁聪，《两宋时期民间祠祀的法律控制》，《重庆师范大学学报》2005.6，页18—23，两文均短，亦有小误，但概念清晰，枝干分明。皮庆生，《宋人的正祀、淫祀观》，《东岳论丛》2005.4，收入《宋辽金元史》2005.4，页18—28；详见皮庆生，《正祀与淫祀——宋代祠神信仰的合法性研究》，收入氏著《宋代民众祠神信仰研究》（上海：上海古籍出版社，2008），页272—317，是书书目可补充雷闻2005年后的论著。

[86] 沈宗宪，《宋代民间祠祀与政府政策》，页23—41。雷闻，《唐宋时期地方祠祀政策的变化》，页269—294。蔡宗宪，《淫祀、淫祠与祀典》，页203—232。

[87]《宋史》卷390，页11959。

[88] ［宋］胡宿，《文恭集》（百部丛书集成）卷39，页462—463。

[89] ［宋］朱熹，《朱文公文集》卷89，页1581。

[90] 雷闻，《唐宋时期地方祠祀政策的变化》，页269—294，尤见页271—275；蔡宗宪，《淫祀、淫祠与祀典》，页203—232，尤见页206—209。

［91］［宋］吕祖谦著，［宋］吕乔年编，《丽泽论说集录》（文渊阁四库全书）卷5，页5。

［92］［宋］李觏著，王国轩校点，《李觏集》（北京：中华书局，1981）卷20，页225。

［93］［宋］陈埴，《木钟集》（文渊阁四库全书）卷1，页63。

［94］［宋］陈淳著，熊国祯、高流水点校，《北溪字义》（北京：中华书局，1983）卷下，页60、62。

［95］Brian McKnight（马伯良），"Some Thoughts on Law and Morality in Sung Justice,"收入柳立言主编，《传统中国法律的理念与实践》（台北："中央研究院"历史语言研究所，2008），页413—464；中译是：［美］马伯良著，江玮平、李如钧译，《法律与道德——对于宋代司法的几点思考》，《法制史研究》6（2004），页225—258。

［96］［宋］朱熹，《朱子语类》卷126，页3008。

［97］［宋］朱熹，《晦庵集》卷100，页1780。

［98］［宋］朱熹，《晦庵集》卷100，页1781。

［99］粟品孝，《文本与行为——朱熹〈家礼〉与其家礼活动》，《安徽师范大学学报》32.1（2004），页99—105。

［100］［宋］陈淳，《北溪大全集》卷47，页9。

［101］曾小璎，《南宋地方社会势力的研究——以福建路佛教与地方菁英为中心》；陈泽芳，《宋代潮州佛教的社会功能》，《汕头大学学报》23.4（2007），页85—89。

［102］［宋］陈淳，《北溪大全集》卷47，页1—9。

［103］《名公书判清明集》附录六，页643，又见页641。

［104］《名公书判清明集》附录五，页638。

［105］《宋会要辑稿》职官3，页64。

［106］《宋会要辑稿》职官77，页61。

［107］《宋会要辑稿》方域6，页22。

[108]《宋会要辑稿》职官77，页61。

[109]《宋会要辑稿》方域21，页7。

[110] 郑显文，《唐代律令制研究》，页260。

[111]《全唐文》卷434，页12a。详见严耀中，《论佛教戒律对唐代司法的影响》，页151—168，注16。

[112]〔宋〕郑克，《折狱龟鉴译注》收有唐代花判，见页473，宋人承之，亦有佳作，见于《名公书判清明集》及〔元〕罗烨，《新编醉翁谈录》庚集卷2，页440—443《花判公案》。

[113]《宋史》卷421，页12592。

[114] 王章伟别出心裁，列出相信巫术的宋代士大夫及其事例，见其《在国家与社会之间——宋代巫觋信仰研究》，页112—118。

[115]〔宋〕马令，《马氏南唐书》（四部丛刊续编）卷26，页1。

[116]〔宋〕陈淳，《北溪大全集》卷47，页1—9。

[117] 贾二强，《佛寺的淫祀化倾向》，收入氏著《唐宋民间信仰》（福州：福建人民出版社，2002），页372—388。佛教史籍并不讳言，见曹刚华，《宋代佛教史籍研究》，页170—173、177—178。张国刚，《佛学与隋唐社会》，页227。严耀中，《唐代江南的淫祠与佛教》，《唐研究》2（1996），页51—62；《中国东南佛教史》，页303—327。雷闻，《论中晚唐佛道教与民间祠祀的合流》，《佛教研究》2003.3，页70—77。杨倩描，《南宋宗教史》，页240—248。陆游也曾目睹并记下，见《陆游集》（北京：中华书局，1976）卷44，页2422；卷47，页2449。

[118]《苏轼文集》卷12，页391。

[119]〔清〕陆心源辑，《宋史翼》，收入赵铁寒主编，《宋史资料萃编》第一辑（台北：文海出版社，1980）卷10，页15；〔宋〕王之道著，沈怀玉、凌波点校，《相山集》（北京：北京图

204

书馆出版社，2006）卷30，页355。

　　［120］《宋史》卷416，页12479。

　　［121］［元］周密，《癸辛杂识》后集，页110。

　　［122］［宋］蔡襄著，吴以宁点校，《蔡襄集》（上海：上海古籍出版社，1996）卷37，页671。

　　［123］李承贵，《宋儒视域中的佛教》，页162、179，如是对戒律的贬抑，见页201—202。

附　录

《折狱龟鉴译注》及《名公书判清明集》
所收僧人案例

　　一、[宋]郑克编，刘俊文译注点校，《折狱龟鉴译注》（上海：上海古籍出版社，1988），僧人作为加害人或受害人之案件：

门	案名	卷	页	条
释冤上	1.柳庆问饮[后周]:僧窃人财	1	29—32	9
释冤上	2.韦鼎览状[隋]:僧先诱人偷财,再杀之	1	32—34	10
释冤上	3.裴怀古抗辞[唐]:僧被门徒诬告祝诅不道	1	38—39	12
释冤上	4.柳浑白冤[唐]:僧饮酒失火,归罪喑奴	1	43—44	14
辨诬	5.李德裕劾僧[唐]:寺僧亏空寺金,并以之诬告新寺主	3	130—131	50
辨诬	6.武行德辨盐[后晋]:尼姑以私盐栽赃村童以求重赏	3	133—136	52
辨诬	7.王长吉上言[北宋]:僧杀人	3	137—139	54
宥过	8.袁彖恕罪[南齐]:僧淫人妻	4	231—233	106
惩恶	9.崔黯搜孥[唐]:僧以幻术骗财,又蓄妻孥	5	249—250	116
惩恶	10.张辂入穴[后晋]:僧藏身铁佛内作佛语谋财	5	251—252	117
察奸	11.俞献卿执僧[北宋]:富僧被门徒谋财害命	5	301—302	144
核奸	12.狱史涤墨[南唐]:僧杀人	6	320—322	157
察盗	13.苏琼抄名[北宋]:寺中铜佛被盗	7	397—400	202

续表

门	案名	卷	页	条
察贼	14.张咏勘僧[北宋]:僧人身怀度牒被杀	7	441—443	228
矜谨	15.李应言按妖[北宋]:僧与民做法事被疑为妖	8	525—527	278

北宋四件，稍逾四分之一，比例甚高。郑克是北宋末年人士，搜集宋代案件较为容易，有直接的参考价值，宋以前留下记录的案件可能不多。就该书的分类和作用而言，郑克没有故意收录僧人案件，故二百八十个案件中，僧人占十五件，比例不算低。

二、[宋] 不著人编，中国社会科学院历史研究所宋辽金元史研究室（点校），《名公书判清明集》（北京：中华书局，1987），涉及僧人的共二十二件，有五件只简单提到僧人被胥吏骚扰等（下表以*标出），故只算十七件：

门	目	作者	案名	卷	页
官吏	申儆	真西山	1.*劝谕事件于后:官吏敷配寺院	1	14
官吏	儆饬	胡石壁	2.*仓官自擅侵移官米:官吏科扰僧徒	1	30—31
官吏	受赃	宋自牧	3.*巡检因究实取乞:僧人起事	1	53—55
文事	书院	蔡久轩	4.*白鹿书院田:寺僧佃田	3	95—96
户婚	争业	方秋崖	5.寺僧争田之妄:寺院强争九十三年前已属他人之田	4	127—128
户婚	争业	翁浩堂	6.僧归俗承分:僧为争共分之田而还俗	5	138—139
户婚	孤幼	韩似斋	7.房长论侧室父包并物业:库僧与新主联合侵占旧主物业	7	232—233
户婚	墓木	蔡久轩	8.舍木与僧:僧诱人舍祖坟之木与己	9	330
人品	僧道	蔡久轩	9.僧为宗室诬赖:住持被住客诬以奸污住客婢女,一走了之	11	405—406

续表

门	目	作者	案名	卷	页
人品	僧道	吴雨岩	10.争住持：僧人因争住持而越诉，违反司法程序	11	406
人品	僧道	彭仓方	11.客僧妄诉开福绝院：客僧妄指未绝之院为绝院，以报私仇	11	407—409
惩恶	奸秽	翁浩堂	12.僧官留百姓妻反执其夫为盗	12	445—446
惩恶	奸秽	范西堂	13.因奸射射：寺僧被讼淫人之妻	12	448—449
惩恶	豪横	蔡久轩	14.豪横：僧人被豪横欺诈	12	452—455
惩恶	豪横	刘寺丞	15.母子不法同恶相济：僧人与豪横同流合污	12	471—473
惩恶	把持	石壁	16.先治依凭声势人以为把持县道者之警：三名犯僧求助于司法黄牛	12	475
惩恶	妄诉	婺州	17.钉脚：被逐僧徒夜盗寺谷，寺主反被诬告抢夺苗谷	13	503—504
惩恶	奸恶	蔡久轩	18.捕放生池鱼倒祝圣亭：僧与人合谋劫取放生池鱼，事后并杀猪犒众	14	524
惩恶	妖教	蔡久轩	19.莲堂传习妖教：僧人被其他宗教徒众擒打	14	535—536
惩恶	妖教	吴雨岩	20.痛治传习事魔等人：白莲教与魔教难分	14	537
—	—	黄幹	21.*危教授论熊祥停盗（《勉斋先生黄文肃公文集》）：弓手于僧寺刑求疑犯以取假供，官府提僧人作证	附录2	569—572
—	—	黄幹	22.白莲寺僧如琏论陂田（《勉斋先生黄文肃公文集》）：寺院田业疑受侵占，官司处理不善	附录2	580—581

　　《清明集》僧人涉案比例较高的一个原因，是南宋所在的南方，佛教发达。又以蔡杭（久轩）处理的案件最多，这可能是因为两浙路佛教甚盛，增加僧人涉案的机会。

长城砖

Religion/ Identity/ Justice

Monks & Concubines in Trials of the Song Dynasty

宋代的身分与审判

（下）

妾侍增权

柳立言———

著

赵晶 修订

天津出版传媒集团

天津人民出版社

下编

妾侍增权

前　言

　　元明清的法典把五服图放在书首，是要司法者先弄清楚当事人的身分和彼此的关系，才能审理和定罪量刑。宋代的司法者也不例外，遇到自称是妾的当事人争取应有的权益，他要先查明她是否真的是妾。但是，假如他读到许多现代学人对妾的研究，恐怕会跟我一样，如同坠入五里雾中，不知如何分辨谁是妾。刘祥光的综述或可反映不少学人对妾的了解，他说："过去的社会里，'妾'是一个泛称，其来源不一。如前所说，女侩或牙婆是人力中介，雇入妾、婢、乳婢等，可找她们。而家中的艺妓如果得主人宠爱，成了贴身侍从，自然成为妾。此外，家中的婢女如为主人青睐，成为'女使'（笔者按：即女仆），也具有妾的身分。宋代政府设有为官员服务的官妓和为军人服务的营妓，把官妓带回家，如上面故事中官奴龙莹，自然也成为妾。甚至路上遇到的妇女，只要对方愿意，也可纳为妾。"[1] 读者自然会问，这些不同来源的妾，是否全都需要替夫君服丧，都要因为他的获罪而受株连，都有资格承受他的遗产和替他立嗣？假如不是，哪一种妾有这些责任和权利呢？假如我们无法弄清楚，又如何去评估妾的地位呢？

本文先行回顾过去的研究，提出商榷，希望能够止讹，继而站在宋代司法者的立场，首先分辨谁是妾，然后才进入审判，或可看到在现实里妾的责任和权利，及妾的身分有无影响执法者的判决。

注释

[1] 刘祥光，《婢妾、女鬼和宋代士人的焦虑》，收入《走向近代：国史发展与区域动向》，页45—84，引文见页51，他参考的著作见页46注3。

第一章
回 顾

宋代妾的研究以徐规教授开其端，后来者一方面超越，另一方面重复。暂且不管是否正确或互相矛盾，以下先列举学人对五个主要问题的各种看法[1]：

其一，妾的主要来源为何？依次是贫民（包括沦为贫民的中、上层女性）和难民（如战争和天灾），被上升为妾的婢（含随嫁之媵）或伎妾，从小就被训练将来当伎妾的中、下户民女，从良的妓女，以及被强夺、骗走或拐带（诱略）的上、中、下层女子等。由于各种原因，以战俘和罪犯为妾的情况已不多见。这些看法大致无误。

其二，纳妾的主要原因为何？包括传宗接代、多子多孙、征歌逐色、照料起居、无能力娶妻乃纳妾（例如妻的聘财多于妾）、娶妻之前先纳妾来照料，以及填补亡妻留下的家庭角色等。士人和富民纳妾是相当普遍的。这些看法大抵无误。

其三，取得妾的主要方式为何？包括通过牙人（中介）订立契约、转卖、转典、转赠（将己妾赠送别人为妾）、赏赐、赠送（如将己婢赠送别人为妾，不是赠送己妾）、交换、妇女自卖为妾和不合法的人口买卖如诱略等。确定妾的人选后，有些是以聘娶入门，有些似乎跟婢进入主家一样，没有任何仪式。成妾之前，她们有的未婚，有的已婚。成妾之后，有些契约是终身，有些则有期限，期满便可离开。这些看法将在下文检讨。

其四，妾在夫家的地位如何？法律上，妾远不如妻，但高于婢。史料里不无妻子凌虐妾，甚至夫死即逐妾的例子，而善待和留养妾成为一种妇德，被记载在妻子的墓志里。实际上（生活上），影响妾家庭地位的因素包括丈夫和公婆的宠爱、妻子甚至妻族的立场和势力及妾本人的出身、能力、对家庭的贡献和母以子贵等，一如大家熟知的君主后宫，具体情况因个案而异，变化可以很大，即使是同一位妾，前后的遭遇也会不同。一般认为，夫君对妾有绝对的支配权，乃有转卖、转典、转赠、交换、借腹与好友生子等情况，故妾仅是"工具""玩物""馈赠品"或"货物"不等。例如徐规说："姬与妾二字，在宋代是没有什么严格分别……侍儿也是和姬妾差不多的。……姬妾的地位是很低的。她们没有身体的自由，每被用作馈赠品。"[2]庞德新就宋代开封和临安的情况说："主翁对于姬妾，是有绝对支配权的。……在主翁眼里，她们与玩物何异？……大概把姬妾当做货物一般，随便典卖，在当时已经是'司空见惯浑闲事'了。"[3]游惠远接着说，"妾对自己的身份、地位、生命、财产，自是没有任何自主权的"，她们仅是"工具"或被"彻底物化"。[4]Patricia Ebrey（伊沛

HISTORY of CHINA

 长城砖

垒书为城　故史惟新

中国文化与中国的兵
雷海宗 著　江沛 导读

青楼文学与中国文化
陶慕宁 著

宋代的身分与审判：僧人犯罪·妾侍增权
柳立言 著　赵晶 修订

血拼的海路：明末清初私人海上贸易
林仁川 著

清人社会生活
冯尔康 常建华 著

 长城砖

豆瓣Club·出版方

霞）说：“妾，方便之时用得上，不便之时丢得掉，如果主家
需要她（被逐孕妾）后来生的孩子，还可以收回来。……
（她们）被当作动产（chattel）……像小饰物（trinket）般被送
人。”[5] 吕永和王进科一方面强调妾具有家属的身分，另一方
面说她们被“物格化”。[6] 如是，则宋代妾的地位似乎没有超
过唐代被法律界定为资财的奴婢，只是不用科资产税和不列
入分家的项目。不过，沿着西方学人如 Neil E. Katkov 所谓
“妾的家属化”（domestication，像家人多于仆人 less like ser-
vants and more like kin）的思路，柏文莉（Beverly Bosser）最
近利用墓志作为主要研究史料，提出较新和不尽相同的看法。
她认为宋元的“妾作为母亲的角色得到了前所未有的承
认”[7]，例如她们被列入祖先的名单，被正式承认是墓主的先
人，尤其到了元代，她们作为母亲的身分，就足以让她们被
儿子正式承认为先人。也是到了元代，她们更多地被列入墓
主的配偶名单中，称为“侧室”和“次妻”。在南宋晚期，妾
的子女不再列于正妻名下，而列在妾本人名下。①大约到元代
中叶，妾作为生母的角色已得到认可，与北宋到南宋初年墓

―――――――――

①　程郁，《宋代士大夫家庭蓄妾现象之估量》，页494亦说：“由于妾媵的姓
氏是不可能出现在主公或主母的墓志铭中，这就出现了一对夫妇生育众多儿
女的现象。”由此言之，学人利用墓志所统计的生育率或有一定误差，但应如何
分辨这些子女是一母还是多母所生呢？要判断墓志所记子女是否出自多母，
不能只看子女数，而要比较平均生育率，假如一母平均生育七位子女，超过此
数便可能是多母。但是，宋代平均生育率之计算仍是根据墓志，乃陷入循环论
证。假如宋代初嫁妇之平均年龄是十八岁，就理论上言，确可多子多女，扣除
夭折率，不知存活率是多少。总之，影响子女数的因素很多，例如继室亦可生
子女，不能凡是多子多女便归功于妾。

志避而不谈子嗣生母的情况有明显的不同。总之，尽管仍有各种阻力，"墓志铭所提供的数据确实强烈地显示，从唐到明，妾逐渐被接纳入家庭体系之中，成为家族中之一员，至少她们在家庭中作为母亲的角色越来越被接受——甚至得到尊崇"。而且，让妾成为家中一员，符合了道学家的一些主张，包括尽孝、平等对待异母兄弟和将纳妾跟娱乐和情欲分开等。言下之意，是母凭子贵的情况在南宋晚期开始愈发明显，不但见于行动，而且形诸笔墨（至少在墓志里）。对作为生母的妾加以尊重，以往是只做少说，到了宋代是既做又说。①这些看法将在下文讨论。

其五，妾的法律权利与责任为何？这与上一个问题密切

① 柏文莉的推论有四点可以再思考：一是妾在墓志中占有一席之地，似乎是传统"母以子贵"的反映，很难说是宋元的转变。二是母以子贵不但发生在妾，也发生在婢，那么我们是否可以说，婢与妾并无分别？三是不能母以子贵的妾，其家庭地位又有何转变？四是墓志毕竟属于较"私人"的领域，那么在较"公开"的领域，例如在日常生活和仕宦生涯上，士大夫是否也乐于表现出对妾母的尊崇？个人认为，"妾作为母亲的角色得到了前所未有的承认"的关键，一是该得到父亲的接受，否则作为母亲的妾，也不能母以子贵。二是该子有所成就，有资格留下墓志，免不了提到作为妾的母亲，在这种情况下，即使妾母的家庭地位并未真正得到前所未有的承认，在墓志隐恶扬善的写作传统里，也不免得到了前所未有的承认，但这种承认究竟对妾的实际地位而非纸面地位的提升有何作用？三是参加科举的士人，家状中需列出父亲与生母，这是妾作为母亲登上"大雅之堂"的契机。四是不少科举出身的士人来自社会底层，有些并不介意父母的低微，反是以扬名声来显父母，故即使母亲是妾，也不会隐讳，北宋末年的王黼就是一个很好的例子，见［清］徐松辑，《宋会要辑稿》（台北：新文丰出版公司，1976影印北平图书馆1936年缩影本）仪制10，页18。大名鼎鼎的范仲淹的生母是再醮妇，韩琦的生母是妾，亦得到儿子的推崇。五是要分别墓志的作者是谁，儿子替妾母、丈夫替亡妾、别人替墓主写墓志提到他的妾，是三种不同的事。无论如何，从母以子贵的角度来研究宋代的再醮妇、妾，甚至婢，恐怕都不易看出宋代前后的转变。又见正文《礼之婚娶与丧服》之"丧服"。

相关，因为一个人的法律权利来自他的身分，权利的多寡和有无正好反映身分的上下和贵贱。目前以程郁的《宋代的蓄妾习俗及有关法规考察》讨论的最多，主要处理两个问题。第一个问题是"妾之法律身份及夫妻妾关系"，下分两节，一是"夫妻妾之关系与理学家的矛盾心态"，共有妻妾之分、宠妾弃妻、户婚有义绝之律、夫妻族大战、立嫡违法、嫡子与庶母和妾葬祭之礼的难题等七项；二是"媵、妾、婢、妓之身份差异"，共有媵妾之合流、婢妾之接近、纳妾之契约化和妾妓仍良贱分明等四项。第二个问题是"妾之财产权及其所受限制"，较有新意，但常有难明之处，将在下文讨论。①王水根和吕永发表的《宋代妾之财产权研究》(2010)，短短三页，几乎完全重复吕永的硕士论文《宋代的妾问题研究》(2007)，难明之处亦甚多。②东京大学滋贺秀三先生提供不少民国的资料，竟与宋代有不少相似之处，印证了京都学派所谓"宋代是近世之开始"的说法，相当有趣，值得一读，也

---

① 程郁是上海复旦大学的博士，论文题目是《清至民国的蓄妾习俗与社会变迁》(2005)，目前是上海师范大学人文与传播学院教授，曾与朱瑞熙先生合著《宋史研究》(福州：福建人民出版社，2006)，负责"妇女史研究"及"阶级关系与社会群体研究"等十多个专题，介绍研究状况，她对宋妾的研究也是最晚出的(2007—2008)，但只引用了陈鹏先生的遗著，未能对其他学人的各种问题作出响应。此外，她对案件的解读有不少令人费解之处，而且把妾与婢混为一谈，史料明是"婢"字，也当作"妾"来谈，本文无法一一指出，读者小心便是。

② 王水根、吕永，《宋代妾之财产权研究》，《宜春学院学报》32.2(2010)，页98—100。吕永，《宋代的妾问题研究》，页39—43对案件的分析十分粗糙，阅读时最好跟本文的分析对照比较，此处不拟逐一指出其错误以节省篇幅，何况毕竟是未成书的硕士学位论文，不必要求太多。

更促使我们了解宋代的情况。①

上述有些论点在各种著作里重复出现几无异议，在今天可视之为历史常识了，假如只是增加史料，却不能增加知识，未免有点浪费篇幅，本文尽量避免。然而，有些论点却是互相矛盾或模糊不清的，例如柏文莉指出："伊沛霞（Patricia Ebrey）认为，在（中华）帝国晚期，妾的身分比较接近次妻，宋代的妾则比较近似奴婢（slaves）；不过，她又在其他著作中指出，即使在宋代，妾的角色和地位也具有极大的个别差异。"[8]读者未免好奇，清代与宋代的妾真的有次妻（侧室）与奴婢这样的天渊之别吗？造成这个重大转变的原因又是什么？为何同样是宋代的妾，一方面是填补亡妻留下的家庭角色，或被接纳入家庭体系之中成为家族之一员；另一方面却又会被转卖、转典、转赠和交换，跟婢女几无两样，甚至直如资财？这种两极化的现象应如何解释？除了上述母凭子贵（尤其是妾子成为家长）等影响妾的家庭地位的因素外，还有哪些答案？

从现有的研究里最容易找到的答案，大抵是说：妾家庭地位的两极化是由于妾地位本身的不稳定，简单说就是妾身未定论。刘增贵在1991年发表典范之作《魏晋南北朝时代的

---

① ［日］滋贺秀三，《中国家族法の原理》（东京：创文社，1967），页551—575。在2003年11月，滋贺先生将这本获得日本学士院奖的巨著中译本送我，并在407页删改之处插入一张小字条，上写"高名见兹"，事实上有不少地方与不同意我的见解，可惜今日只能睹物思人了，见［日］滋贺秀三著，张建国、李力译，《中国家族法原理》（北京：法律出版社，2003），页438。对明清和中国近代香港地区蓄妾的研究不少，到各大书目数据库检索便可，不必列举了。

妾》，指出当时的"妾有不同的等级，正式的妾在户籍上是家庭的一分子，地位稍高，而妓妾、侍婢等贱妾地位较低。但无论贵贱，妾的地位都不稳定。从许多方面看来，妾直如家主的财产，甚至有杀妾的例子。……妾与婢的地位相近，故杀之甚易。……她们大多是通过非正式的聘娶程序及买卖、掠夺、赏赐等方式而得，也常被杀戮、转赠、嫁卖，视同夫家的私产"[9]。毫无疑问，妾被杀戮、交换、转赠和转卖等各种被亏待的情况，一直继续到宋代甚至明清，假如根据这些情况来评估历朝的妾，那么妾的地位似乎百千年来始终无法稳定，得宠之妾可以媲美正妻，失宠之妾可以不如婢女。我们当然要追问，造成不稳定的原因是什么？是什么因素容许家主既是魔鬼也是天使？是否因为妾的身分在法律上界定不清楚（例如究竟是人还是产）①，以致出现极大的解释空间？若往正面解释就可待之如次妻（"您是我聘娶来的"），若朝负面解释则可待之如奴婢甚至资财（"你是我买来的，故可转卖转赠交换"），两者均是合法的，虽是两个极端，却不是矛盾而是题中本有之义。简言之，就是妾的身分没有得到明确的法律界定或保障，以致其地位之高低起伏与命运之悲欢离合，完全操于主人之手。真的是这样吗？

　　假如妾的身分真的是界定不清，那么在史料不足以量化统计的困境下，学人研究了老半天，无论研究的是善待妾如

---

① 如伊沛霞说："妾的法律身份没有像妻那样清楚界定，大抵由于前者没有多少特权。"*The Inner Quarters*, p.218；《内闱》，页192。

次妻或亏待妾如资财的例子，都可能只是零星个案，难以得出通则，既无通则，那如何比较唐宋元明清的变化呢？唯一可以确定的，也几乎是常识的，就是在同一时代，妾的地位有高也有低，有高如次妻，也有低至奴婢，甚至直如资财，这恐怕是历朝皆然的。假如我们仍然采取同样的研究路子，继续研究元明清时代善待和亏待妾的例子，结论恐怕仍是妾的地位呈现两极化，很难有新意可言。何况，学人也不难找到父母、妻子、子女被亏待的例子，尤其是大量贫民和难民卖妻鬻儿的例子，难道可以推论说，父母、妻子、儿女的地位都不稳定吗？反之，有主人极宠美妾，连她跟僧人通奸也不忍舍弃①，难道可以推论说，妾的地位较妻子还要稳定吗？打个比方，某人是大学副教授，凭着这身分，他在大学里享有副教授的权利和义务，在制度上的地位（职等）当然就是

---

① ［宋］王铚，《默记》卷下，页47。这未可全视为小说家言。［宋］袁采，《袁氏世范》（知不足斋丛书）卷3，页6："人有婢妾不禁出入，至与外人私通有妊，不正其罪而遽逐去者，往往有于主翁身故之后，自言是主翁遗腹子以求归宗，旋致兴讼。"

云注：《默记》载章申公年老时宠爱美妾蒨英，发现其与僧私通已久。事发后，他将美妾降为爨婢，这是否算是舍弃？宋代妾、婢都为良人，但《宋刑统》仍将妾、婢乱位视为违法。若章申公此举合法，应是与其妾断绝了婚姻关系。

赵案：须区分升降身分与变更待遇，如宠幸与冷落可能只是待遇变更，而不涉及身分。此外，《宋刑统》卷13，页241严禁的行为是"以妻为妾""以婢为妻""以妾及客女为妻""以婢为妾"，并未明文禁止"以妾为婢"，是否要对条文进行扩大解释，尚需更多证据。

柳答：云同学点出"合法"二字，正好作为切入点之一。合法之休妾，即废止婚契，需经官处理。离异之后，两不相干，例如双方都无须为对方日后的非法行为负上连带责任等，这也是必须经官的一个重要原因。在此故事中，很难看出章氏曾采取法律途径（当然他可用其他非通奸的理由诉官请离），故似未休妾。如是休了，应还其自由之身，以其美貌，不愁再嫁，现在强行留置家中服役，岂非反成章公之恶？此故事撰者之目的，应非揭露章公之恶，而是其善。　　　（接下页）

正教授之下和助理教授之上。他的学问很好，有多篇论文发表在重要期刊，在学术界的地位还高于很多正教授。他兼任文学院院长，在行政体系里，很多正教授都要听命于他。请问读者，我们能否因为他的学术地位和行政位阶高于很多正教授，便说他是正教授？当然不能，他一天没有升等，他的地位就仍是副教授。假如在副教授的任期内，他的学术地位骤降，学校发给他的薪俸低于副教授，亦即损害了他作为副

（续上页）我补充另一个切入点：读笔记小说，应找出"重点"何在，亦即撰者希望读者留意到什么。这故事只有三个情节：一是章公对美妾之宠嬖，连心爱的玉界尺也送给她；二是妾与僧通奸，并转赠界尺；三是章公对通奸者的处理。十分明显，前两个情节并无特殊之处，故重点在第三节，关键词有两个："而已"和"未尝棰也"，它们告诉读者何事？当然是章公对妾通奸的处置与一般人不同，否则就不值得记下了。一般人会怎样处理？大抵会体罚、休妾和逐出家门，气不过的甚至将其暗杀或明杀。[参见《英雄难过美魂关》，收入山口智哉等编著，《五代武人之文》(桂林：广西师范大学出版社，2021)]愚见以为，章公并无打算休妾，但不能不惩罚。他没有体罚（未尝棰），仅仅（而已）令其"换上粗服下厨"，一如仆婢之干粗活，应不是真的将其"法律上的身分"从妾降为婢，因为连棰和逐两者都舍不得，何况休呢，相信有悔改、宽宥和复好的一天。暂且不论有无休妾，单是不体罚和不逐出，就是章公特殊之处，值得一书。当然，我只是凭阅读史料得来的经验法则，推定章公之处置并非普遍(common)或普适(universal)，最好将宋代妾侍通奸案一网打尽，看看大多数的夫君如何处置。

无论如何，我举此例的用意，如这段 topic sentence 所说："零星个案，难以得出通则，既无通则，那如何比较唐宋元明清的变化呢。"所以我们最好不要用"特殊之例"作为论据，而要用"法律"作为论据，来推论妾的权利和责任。立法之法是静态的法，司法之法是动态的法，最好兼用。五代以前极少司法案例可用，故研究宋元司法可超越研究唐代法律的成果，明清司法档案之多，又可超越宋元。我觉得大家挑选哪一个朝代研究，要视乎题目而定，如宋元已有可供比较的研究成果，与其重复，不如到明清创新。

现有二问请读者思考：其一，拙文利用章案之目的已如上述（特例不足以推出通论），那么有无需要寻找更多的数据来确定章公有无休妾？其二，要回答什么问题，才需要寻找更多的数据来确定章公有无休妾？读者思考之后，应较能了解"史无定法"的真正意义在于因问题或立论重点之不同，而采取不同的方法。如是回答同一个问题，应是史有定法，若研究者一人一把号，只表示没有一个人的研究方法是面面俱到的，那不叫史无定法，而叫思考不周，圣贤难免。

教授所应有的权利，他是可以提出申诉的，他在制度上的地位稳定得很。反过来说，那些学术地位不如他的正教授，难道就不是正教授吗？当然仍是，他们享有的权利，仍是正教授的，假如学校发给他们的薪俸低于正教授，他们一样可以提告。我们不要把不同场合（学校、学术界、行政体系）的地位混为一谈。妾在家里的地位，跟副教授在学校职等制度里的地位，是一样道理的，没有不稳定的问题。

　　另一个答案虽非现有的研究所明言，但我们可推想而出，就是把妾地位的两极化归诸"法律"与"实际"的落差①，例如法律上禁止将妾转典、买卖或交换等，实际上时有发生，属于违法，而合法与违法本身就是一种落差或矛盾，学人的研究在无意之中正好反映这种矛盾。这答案跟第一个答案最大的不同，是认为妾的"身分"或"地位"有着一定的法律保障，而她的"命运"或"遭遇"则受主人宠爱等因素所左右，我们不应把法律或制度层面的"身分/地位"，跟现实层面的"命运/遭遇"混为一谈，正如嫡妻在现实里也可能受到丈夫的亏待，例如被降为妾，但由于她作为"妻"的身分得到法律的保障，她的亲人便可凭着法律去纠正她丈夫的违法行为，恢复妻的地位。反之，假如妻的身分没有得到这种法律保障，那么即使嫡妻被降为妾，也无法通过法律去恢复妻的地位。妾的情况也一样，

---

① 正如伊沛霞说："妾的际遇,取决于她的人际关系的好坏,多于习俗或法律"。*The Inner Quarters*,p.218;《内闱》,页192。

假如法律规定她是不能被转卖的，而她被夫君转卖，那么她的亲人就可凭着法律去纠正她夫君的不法行为[1]；反之，假如法律没有这规定，或妾的法定身分和地位本身就包含了可被转卖这一款，她就可被合法地转卖了，而我们根据这一款，也不能不承认妾的法定地位是低下如仆婢、如资财的。所以，正如我们不能因为看到若干妻子被丈夫转卖转嫁或亏待如婢女[2]，便去推论妻的地位有如婢女，我们也不能因为看到若干妾被夫君转卖转嫁如婢女，便去推论妾的地位有如婢女。我们应该分辨，把妻妾转卖转嫁如婢女是否违法，更不要把违法当作合法来讨论妻妾的地位，正如我们不能把一位官员的违法行为当作他的合法职权来研究，否则就不能分别清官与贪官了。

这答案的道理其实不难明白，研究传统中国家庭继承法的学人都知道，即使某个儿子被父亲极为厌恶甚至虐待，只要不失子职，他在父亲死后便可跟其他兄弟一同均分父亲的遗产。被厌恶或虐待是个人的"遭遇或命运"，不失子职是作为子的"法律责任"，均分父产是作为子的"法律权利"，三

---

[1] 妾被害，亲人告官的实例，见《宋史》卷247，页8748。夫君与妾之家人交往的例子，见《续资治通鉴长编》卷390，页9491。事实上，即使是女仆的家人也会控告雇主，更不用说妾的家人了，见王平宇，《〈名公书判清明集〉中所见的女使诉讼——传统妇女法律地位的一个侧面》，收入宋代官箴研读会编，《宋代社会与法律——〈名公书判清明集〉讨论》，页213—236，尤其页223—225。

[2] 实例见《名公书判清明集》卷11，页414—416："奸占兄嫂，以妻为妾，红帏紫幔，以银为枕，与嫂同房，而妻则屏弃于污漫之地，役使同奴婢之列。"又见同书附录2，页602—603："京宣义与周氏为夫妇，仅及一年而已，反目不相顾矣。既溺于嬖妾，无复伉俪之情，又携其妾之官，而弃周氏于曾岩叟之家者凡四年，又岂复有夫妇之义乎？"

者不容混淆。这答案同时凸显一个问题：若以违法的行为来研究古今之变，有什么应该注意的地方？

从违法或违反道德的行为来研究妾，固然可以了解她们实际的遭遇和有血有泪的生命史，但有两点必须注意：首先，我们不能因此推论这就是她们的普遍处境，因为在正常情况下，违法毕竟少于守法，大违法又少于小违法。除非能证明当时是违法多于守法，否则我们就只能说，妾被亏待确有其事，但大都属于违法，数量上应少于守法。①直到今天，父母杀婴和贩卖子女仍有所闻，但既属违法，数量也有限，我们不必夸大其辞，认为社会没有进步或改变。其次，若以违法或违反道德的行为来排比史料，那么，历朝几乎毫无分别，我们一读陈鹏先生罗列的史料便心知肚明，不必赘言。[10]那么，难道历代连一点进步或改变都没有吗？很多违法行为如杀人放火、谋财劫色、贪赃枉法等都有千年以上的历史，不曾消失也不会消失，只是数量可能减少，多少反映社会的进步（如某些国家在国际清廉排行榜上的进步反映贪污的减少），但宋代史料不足以量化比较，要说出宋代与其

---

① 王曾瑜，《宋朝阶级结构》，页521指出，主人杀害奴婢固然有脱身的，"但从另一方面看，宋代关于奴婢遇害，而雇主受刑罚的记录，似乎是更多一些"。刑罚就是一种阻遏犯罪的力量。近来有人赞成废除死刑，理由之一是虽有死刑，仍有人不断犯死罪，可见死刑并无阻遏死罪的作用，不如废止算了。但是，我们也有惩罚骗人、杀人、强奸、贩毒的刑罚，但它们仍是天天发生，那么是否也把相关的刑罚废掉算了？常识告诉我们，没有一项刑罚是能够起到百分之一百的阻遏作用的，而阻遏作用是无法准确量化的，因为所谓阻遏，就是没有发生，既是没有发生的事，又如何统计？我们不妨把闯红灯的刑罚废止，便不难看到它有多少阻遏作用了。

他朝代有何重要的不同，是对研究者的一大挑战。[①]事实上许多历史问题都遇到相同的困境，即它们的研究结果有多少"代表性"，究竟是"主流"还是"支流"，是"基调"还是"变奏"，这牵涉史学方法的问题，应有专文讨论。（例如代表性如何界定？它对历史研究真的有意义吗？它的重要性在哪里？）

所以，加诸妾的违法行为固然要留意，但也必须从法律的界定和执行来了解妾的角色和地位，才较易看出历史的变化，例如宋律"可能"较唐律赋予妾更多的保障，而法律的改变正可反映立法和司法者对妾的态度的转变，一如墓志的笔法前后不同，可以反映作者和墓主家庭对妾的态度的转变。至于这转变的影响有多大（如对不同阶层的影响力）、多深（如对同一阶层的影响力）和多广（如对不同地域的影响力），有时可以用量化的方式回答（如研究守节可用贞节牌坊的数量），有时却必须以其他方式回答，也属于史学方法的问题，本书不拟节外生枝了。

个人认为，妾的家庭地位何以出现两极化，还有第三个答案，就是学人把妾与婢混为一谈。假如那些被转卖交换或转赠的所谓"妾"，其实仅是"婢"的泛称或美名，而我们不分清楚，就会将婢的遭遇当成是妾的，自然会推论宋代的妾与婢并无多大的分别了。假如研究者是宋代的法官，处身于

① Patricia Ebrey，"Concubines in Sung China，" pp.18-20特别讨论各朝代的同与异；顾名思义，柏文莉《宋元墓志中的"妾"在家庭中的意义及其历史变化》亦尝试指出妾的地位在历史上的变化。

讲究身分与阶级的时代，就必须首先厘清当事人的真正身分，究竟是妾还是婢，然后根据她的身分找出她的法律权利和责任，最后才是综合各种考虑去论罪定刑。假如他把妾当作婢，或把婢当作妾来办案，判决结果恐怕是无法获得审查通过的。唐代均田制规定，寡妻与寡妾同受田三十亩，执法者是否先要分辨可受田的正式的妾和不可受田的非正式的妾？到了元代，更要分辨妻、妾和婢，因为妻所生之子可继承父产四分，妾生子三分，而婢生子只有一分。那么，法官是根据什么来分辨的？

针对上述，下文站在宋代司法者的立场，主要探讨两个问题：一是如何分辨正式的妾（侧室、次妻）与泛称的妾（如妾婢、婢妾、婢、妓）。这个问题不解决，恐怕不能了解史料里被转卖、交换、送人，或是签订有限期契约的，究竟是正式还是泛称的妾，从而影响我们对妾地位的评估。二是妾的司法遭遇，而不是其他的遭遇如与正妻、诸妾和诸子的关系及封赠丧葬等制度问题。①所谓司法遭遇，是指她本应享有的法律权利（立法面），例如她对亡夫遗产的使用权等，是得到了应有的保障，还是被削减甚至剥夺（司法面），从中可看到立法者和司法者对妾的态度，以及他们对正式的妾和泛

---

① 唐代的情况,可见刘燕俪,《唐律中的夫妻关系》(台北:五南出版公司,2007);廖宜方,《唐代的母子关系》(板桥:稻乡出版社,2009)第5、7章。看来唐宋差不多,例如有些嫡妻本人无子,对待庶子及其生母就较佳。诸如此类的情况,似乎历朝的变化不大。又见[日]大泽正昭,《"妒妇""悍妻"以及"惧内"——唐宋变革期的婚姻与家庭之变化》,收入邓小南主编,《唐宋女性与社会》(上海:上海辞书出版社,2003),页829—848。

称的妾是否有不同的对待等。事实上第二个问题也迫使我们
必须分别妾与婢，否则我们说宋代的婢对主人的遗产享有使
用权，恐怕要闹笑话了。由于史料的限制，我们只能探讨妾
对夫君遗产的权利和立嗣权。

注释

[1] 中国学人有：徐规，《宋代妇女的地位》（浙江大学硕士
学位论文，1945），收入氏著《仰素集》（杭州：杭州大学出版
社，1995），页316—403，姬妾的部分见页379—385；庞德新，
《宋代两京市民生活》（香港：龙门书店，1974），页120—164；
唐代剑，《宋代妾的买卖》，《南充师院学报》1988.4，页58—64；
游惠远，《宋代民妇的角色与地位》（台北：新文丰出版公司，
1998），页91—108；宋东侠，《南宋特殊群体寡妻妾的家庭地
位——读〈名公书判清明集〉》，收入文集编委会编，《漆侠先生
纪念文集》（保定：河北大学出版社，2002），页302—308；刘
祥光，《婢妾、女鬼和宋代士人的焦虑》，收入《走向近代：国史
发展与区域动向》，页45—84；吕永、王进科，《宋代妾之家属
身份与地位的边缘化》，《池州师专学报》20.4（2006），页78—
81；吕永，《宋代的妾问题研究》（安徽师范大学硕士学位论文，
2007）；程郁，《宋代的蓄妾习俗及有关法规考察》，收入戴建国
编，《唐宋法律史论集》（上海：上海辞书出版社，2007），页
277—306；《宋代士大夫家庭蓄妾现象之估量》，收入朱瑞熙等
编，《宋史研究论文集》（上海：上海人民出版社，2008），页
479—496；崔碧茹，《唐宋女性生活管窥——从契约关系入手的
考察》（北京大学博士学位论文，2010），页103—139。

日本学人有：草野靖，《宋代奴仆婢妾问题の一斑》，收入青山博士古稀纪念论丛刊行会编，《青山博士古稀纪念宋代史论丛》（东京：省心书房，1974），页71—78；［日］柳田节子，《宋代裁判女性诉讼》，收入中国女性史研究会编，《论集中国女性史》（东京：吉川弘文馆，1999），页2—17，但两人所说大都是婢而非妾。

西方学人有：Patricia Ebrey（伊沛霞），"Concubines in Sung China," *Journal of Family History*, 11.1〔1986），pp.1-24; *The Inner Quarters* （Berkeley: University of California Press, 1993），pp. 217-234，中译是：［美］伊沛霞著，胡志宏译，《内闱》（南京：江苏人民出版社，2004）；Neil E. Katkov, "The Domestication of Concubinage in Imperial China," （Ph.D. thesis, Cambridge, Mass.: Harvard University, 1997）；Don J. Wyatt, "Bonds of Certain Consequence: The Personal Responses to Concubinage of Wang Anshi and Sima Guang," in Sherry J. More ed., *Presence and Presentation: Women in the Chinese Literati Tradition* （New York: St. Martin′s Press, 1999），pp. 215-237; Beverly Bossler（柏文莉），"Shifting Identities: Courtesans and Literati in Song China," *Harvard Journal of Asiatic Studies*, 62.1（2002），pp.5-37;《宋代的家妓和妾》，收入张国刚编，《家庭史研究的新视野》（北京：生活·读书·新知三联书店，2004），页206—217;《宋元墓志中的"妾"在家庭中的意义及其历史变化》，《东吴历史学报》12（2004），页95—128。

云注：上述程郁《宋代的蓄妾习俗及有关法规考察》一文经增补，收入氏著《宋代的仕女与庶民女性——笔记内外所见妇女生活》（郑州：大象出版社，2020），页253—298。程著页218—229还设专章讨论乳母与妾的区别、联系，认为二者的身分也颇易混淆；戴建国也曾论述过宋代婢妾混用的问题，不同于伊沛霞、柏文莉以"妾"为着眼点，他主要关注"婢"，认为宋代妾婢身份混同是奴婢身分提高的一种表现，见其《唐宋变革时期的法律与社会》（上海：上海古籍出版社，2010），页330—337；张文、范梦还考察宋代笔记小说中妾婢鬼魂复仇的情节，揭示妾婢的生活实态及妻妾关系，见其《从女鬼故事看宋代妾婢的人间生活》，《安徽师范大学学报（人文社会科学版）》39.1（2011），页29—34、65。至于美国学者柏文莉，于2013年出版专著 *Courtesans, Concubines, and the Cult of Female Fidelity: Gender and Social Change in China, 1000–1400* (Harvard University Asia Center, 2013)，pp.11–159, pp.161–289，对北宋、南宋两个时期的妾再作详论，注重妓、妾、妻三者身分和地位的区别。该书出版后，受到学界的关注和好评，也面临一些质疑：如女性商品市场和妓、妾的买卖现象孰因孰果；以朝代为顺序的章节架构是否能清楚呈现"妓妾家内化""妻妾身分距离消解"等现象在不同时代的变化层次；上层社会的纳"妾"现象又是否在平民社会中蔓延等。参见林欣仪，"Courtesans, Concubines, and the Cult of Female Fidelity : Gender and Social Change in China, 1000–1400,"《新史学》25.2（2014），页187—196。王燕，"Courtesans, Concubines, and the Cult of Female Fidelity," *Frontiers of History in China*, 9.4（2014），pp.628–630. Christian de Pee, "Courtesans, Concubines, and the Cult of Female Fidelity : Gender and Social Change in China, 1000 – 1400，" *Harvard Journal of Asiatic Studies*, 74.1（2014），pp.108–115.

［2］徐规，《仰素集》，页379、383。

［3］庞德新，《宋代两京市民生活》，页134—142。

［4］游惠远，《宋代民妇的角色与地位》，页91—108。

［5］Patricia Ebrey, *The Inner Quarters*, p.229, 233；中译参考《内闱》，页202、205。

［6］吕永、王进科，《宋代妾之家属身份与地位的边缘化》，"物格化"的四项表征见页80。

［7］［美］柏文莉，《宋元墓志中的"妾"在家庭中的意义及其历史变化》。唐代可参考张国刚，《墓志所见唐代妇女生活探微》，《中国社会历史评论》1（1999），页147—157；陈尚君，《唐代的亡妻与亡妾墓志》，《中华文史论丛》2006.2，页43—81；万军杰，《唐代"妾"的丧葬问题》，《魏晋南北朝隋唐史资料》25（2009），页186—200，均可看到唐妾的地位。

［8］［美］柏文莉，《宋元墓志中的"妾"在家庭中的意义及其历史变化》，页97—98。

［9］刘增贵，《魏晋南北朝时代的妾》，《新史学》2.4（1991），页1—36，引文见页17、35。

［10］陈鹏，《中国婚姻史稿》（北京：中华书局，1990），页717—723、724—735。

第二章
妾、婢岂难辨

妾的身分似乎有点暧昧，在宋代文献里，一方面妾与妻并称为"妻妾"，甚至直到现在还有学人把她们合为一谈，让人看不出守寡的妻与妾在立嗣权和对亡夫遗产的承受权上有何不同。[1]另一方面妾又与婢、仆并称为"妾婢""婢妾""仆妾"和"僮妾"等，好像妾就是婢仆，故一直有学人认为纳妾跟雇婢一样实行有限期的契约制，约满便可离开。①在妻与婢的上下等级（hierarchy）里，妾究竟接近哪一端？

其实，妻与妾的分别是相当清楚的，不必多赘[2]，但妾与婢则有些混淆，究竟应如何分别？刘增贵指出，魏晋南北朝时代的"妾有不同的等级，正式的妾在户籍上是家庭的一分子，地位稍高，而妓妾、侍婢等贱妾地位较低"，又说：

---

① 唐代剑在 1988 年就说"宋代的妾在买卖过程中已出现典雇的新趋势。……（契约）时间满后，离去、不离去或另择他家由自己决定"，见其《宋代妾的买卖》，页 63。二十年后，程郁仍沿袭此说，见其《宋代的蓄妾习俗及有关法规考察》，页 293 — 294；又见崔碧茹的博士学位论文，《唐宋女性生活管窥》，页 106 — 112。当然，西方学人几乎都沿袭伊沛霞的说法——"妾无需买，赁便可"，见 *The Inner Quarters*, p.220；《内闺》，页 194。

"妾具有正式名分,妓则有子才能取得妾的地位,有时亦泛称为妾。"[3] 这是一针见血、足为后世法的观察,妾可粗分为"正式(具有名分进入户籍)的妾"与"泛称的妾"或"贱妾",其实到宋代仍是如此。为行文之便,下文有时将宋代正式的妾(侧室、次妻)简称为"妾",而将泛称的妾或贱妾(如妾婢、婢妾、婢、妓)暂称为"婢",探讨如何分辨她们。

马克思主义者认为法律曾是维护封建社会身分制度的工具,可说是至理名言。而众所周知,传统中国的法律,至唐代已是高度的礼法合一,所以要分辨妾与婢的身分地位,必须从礼和法入手,这大抵就是法官用来分别妻、妾和婢的首要根据。[1]伊沛霞的论文一开始就从礼(ritual status of concubines)和法(legal status of concubines)切入,在研究方法上贴近宋代实况,可说是伊氏最值得我们学习的地方。[2]

---

① 例如为了确定胡五姐是否翁泰之妻,执法者下令,"至于胡五姐,则当究问,昨来是何人主婚,是何人行媒,是何财帛定聘,是何财帛回答,是何人写婚书,是何时成礼,成亲之夕,会何亲戚,请何邻里,宴饮用何人庖厨"。可见除了要看婚书外,还要看婚娶手续是否合乎礼法,见《名公书判清明集》卷5,页143—144。

② Patricia Ebrey,"Concubines in Sung China,"在伊沛霞之前,亦有学人探讨妾的法律地位,如赵凤喈的《中国妇女在法律上之地位》(上海:商务印书馆,1929)和瞿同祖的《中国法律与中国社会》(北京:中华书局,1981重印1947版),但不如伊氏之明确显示研究方向。必须指出,伊沛霞的论文有先发之功,但对史料的解读时常跟本文不同,例如程颐和朱熹所讨论的袝庙,其实是针对继室而非妾(侧室),随女儿嫁到夫家的"妾"应理解作"婢"(maid)而不能译作"妾"(concubine)等。

(接下页)

一、礼之婚娶与丧服

刘增贵指出，魏晋南北朝具有正式身分的妾"大体仍以礼聘。妾而以嫁娶者，其例甚多。……娶妾亦有聘礼，其奢者耗费不赀。……甚至有亲迎之礼。……聘娶之妾地位较高，而购买所得者，地位则较低"[4]。这里有三个"礼"字、三个"聘"字和三个"娶"字。陈鹏先生在遗著《中国婚姻史稿》里花了不少篇幅论述妾，实在很有见地，因为作为侧室的正式的妾，应是通过聘娶得来的，既是聘娶，就要遵守一些婚姻礼法，这是与雇婢的极大不同。陈先生指出，宋沿唐律，娶妻要订"婚书"，娶妾要订"婚契"，"复次，娶妾者，依唐宋律所定，有下列各项限制：（1）居父母丧不得娶妾；（2）祖父母父母被囚禁不得娶妾；（3）同姓不得娶为妾；（4）亲属妻妾不得娶为妾；（5）逃亡妇女不得娶为妾；（6）监临官不得娶所监临女为妾；（7）（良贱不婚），奴婢女不得私嫁

（续上页）诸如此类，均影响伊文的推论，本文难以一一指明，读者小心便是。最近黄启江在一篇长文里花了接近三十页的篇幅来修正伊氏 The Inner Quarters 对史料的运用，个人读之不无感慨，觉得固然应该修正以免传讹，但修正所花的精神和时间却是对学人很大的负担，而且不见得能拨正传之已久的讹言。详见黄启江，《两宋社会菁英家庭妇女佛教信仰之再思考》上、下，《法鼓佛学学报》2（2008），页163—244；3（2008），页233—277；对伊氏的评析主要集中在上篇页165—192，下篇则分散各处，见页236。事实上，每位学者都有长处与短处，读者应舍短取长，若舍长取短，例如将其抛出来的"问题"或流于"臆说"的论述当作是真理，那就真是学界的大不幸了。同样不幸的是，有着同样短处的学人互相赏识，互相推介，就难免三人成虎了。

与人为妾。凡此诸项与结婚之限制略同，惟处刑减等而已，宋法除仍唐律外，复禁宗室以倡为妾"。[5]吕永的硕士论文《宋代的妾问题研究》补充若干例子，并增加了宋代不准纳娶宗室女为妾之法禁。[6]柏文莉也说："宋律还规定，妾与主人的关系是婚姻关系……尽管妾可以是主人买来的，但因纳妾需要立婚契，法律要求妾应当是良家妇女。至少在法律上，妾的良人身分和婚契凭证显然有别于作为奴仆和贱民的婢"[7]，不过，宋代奴婢跟唐代大不同之处就是她们在法律上大都是良人不是贱民[8]，故良人身分实不足以分辨妾和婢。

无论如何，综合上述各点可知，有无婚契和符合礼法的娶纳过程，可作为分辨正式的妾和泛称的妾的明确依据，而且两者同等重要，例如父丧期间娶的妾，纵使有婚契，严格来说亦属无效。当然，娶妾不是娶妻，婚礼自有高下繁简之别，对娶妾的半吊子婚礼，可称之为"非礼婚"，以别于娶正室的"礼婚"。①苏轼说："不告于庙，而终身以为妾"[9]，可能是娶妻跟娶妾最深的鸿沟。

针对学人常有的疑问或误解，本书按照婚娶的进程，即

---

① "非礼婚"（不是依礼成婚）见《名公书判清明集》卷8，页252："（侧室）刘氏自丞公在时，已掌家事，虽非礼婚，然凭恃主君恩宠，视秋菊辈如妾媵。"是说刘氏不是以礼娶来的正室，却以正室自居，把别人视作妾媵。"礼婚"见《宋会要辑稿》职官4，页2："自今每覃恩封赠……初叙封者须开说存亡，并录本官告身及妻礼婚正室状。"我们借用妻之"礼婚正室状"，把侧室之婚称为非礼婚。唐代与此的差异，见刘燕俪，《唐律中的夫妻关系》，页190—194。近代见［日］滋贺秀三，《中国家族法の原理》，页554—556。

婚前、为婚、婚后，略为补充，重点在妾与婢的分别。

（一）对象

　　正式的妾的出身仍有一定的限制，婢则无。《宋刑统》沿唐律说：“妾者，娶良人为之”[10]，意思是说不得以贱民如奴婢为妾，但宋代有无贱民或谁是贱民，学界争议不休。[11]《宋史》记载，历任司法职务、理应熟悉法律的“来之邵，字祖德，开封咸平人，登进士第，由潞州司理参军为刑部详断官。元丰中改大理评事，御史中丞黄履荐为监察御史。未几，（之邵）买倡家女为妾，（黄）履劾其污行，左迁将作丞”①。南

---

　　①《宋史》卷355，页11181，但《宋会要辑稿》职官66，页29—30作“顾（雇）杂户女为婢”及《续资治通鉴长编》卷348，页8346作“雇杂户女为婢，有此污行”。这里产生两个问题，杂户是指什么和究竟是妾还是婢。《宋刑统》卷12，页218沿唐律说：“杂户者，前代犯罪没官，散配诸司驱使，亦附州县户贯，赋役不同白丁”，身分是贱民。到了南宋，仍有杂户，例如屡犯奸罪的妇女便判处为杂户，可编为官娼，供官员驱使。故此，来之邵所雇买的张氏可能是贱民身分，但遍查相关史料，却没有不准雇用贱民为婢的例子。戴建国指出，从宋初开始，至少到神宗时期，“宋代有部分私奴婢由官奴婢转化而来……（后者）‘许人请为（私）奴婢’……只有当国家或主人赦免他们时，才有可能免贱成为良人”，见其《“主仆名分”与宋代奴婢的法律地位》，页60。来之邵是神宗时人，自得以贱民为婢，又怎会构成“污行”？相信这里所说的婢乃是妾，弹劾者替来之劭留下余地，乃称之为婢。《宋刑统》卷14，页255说：“诸杂户不得与良人为婚，违者，杖一百。……议曰：杂户配隶诸司，不与良人同类，止可当色相娶，不合与良人为婚。违律为婚，杖一百。”娶妾亦属为婚，故来之邵是不得娶贱民为妾的。无论如何，假如真的是婢，那以之作婢都不可以了，更不用说作妾了。士大夫亦有纳娟的例子，但不知是妾还是妾婢，见［宋］曾巩著，陈杏珍、晁继周点校，《曾巩集》（北京：中华书局，1984）卷17，页275—276。有关杂户，可参考［日］高桥芳郎，《宋代の“良贱制”と杂人·杂户》，《史朋》20（1986），页17—27，日后再商榷。

　　云注：中译本收入［日］高桥芳郎著，李冰逆译，《宋至清代身分法研究》（上海：上海古籍出版社，2015），页104—119。

宋末年，一位地方首长被弹劾无耻，其中一项便是"以妓为妾，而不知礼于其妻"[12]。看来从北宋到南宋，士大夫以出身低贱者为正式的妾都可能受到弹劾，平民似无此限制。①陈鹏先生说法律禁止宗室以倡为妾，所举之例是赵士倪"特追（削去）魏国公，依法别定承袭之人，坐以倡女为妾也"②，是十分严重的惩处，看来官员（尤其是御史等负责维护纲纪匡正风俗的言官）至少在道德上亦不应以倡优妓乐等人为妾。当然，以她们为女仆或婢妾是不禁的，正如学人所说，纳妾的一个重要原因是征歌逐色。那么，不少倡优妓乐，有些才色艺俱全，属于梁庚尧所说"伎艺人"中的高档或柏文莉所说的courtesans[13]，她们能否成为正式的妾？从来之邵受劾降职来看，不爱高官爱美人的士大夫不是没有，但不会太多。③相信她们大多不是正式的妾，甚至即使有子，也可能因为出身低贱④，不一定能上升为正式的妾。史料中

① 平民以脱籍后的官妓为小妻的例子，见《名公书判清明集》卷14，页526。究竟官妓或名列妓籍者算是"法律定义里"的贱民（今日已无），或仅是"社会价值观念里"的贱民（今日仍有），学界并无定论。官妓的来源至少有二：一是直接将犯罪的女性没入，二是从民间妓女中挑选。要脱离官妓妓籍，必须得到长官如知州的核准。不能以娼为正室，见[宋]洪迈，《夷坚志》甲志卷15，页130。

②《续资治通鉴长编》卷455，页10904。后来可能较宽，例如因朱熹劾唐仲友案名闻一时的官妓严蕊，"判令从良，继而宗室近属纳为小妇以终身焉"，但亦可能是小说家言，见[元]周密，《齐东野语》卷20，页374—376。

③ 吕永，《宋代的妾问题研究》，页16共举五个士大夫以娼为妾的例子，但可能都像第一例，是"妓妾"而非正式的妾，五人均能歌擅唱。

④ 倪思说："妾本贱种"，他指的正是"声伎"，见[宋]倪思著，邓子勉点校，《经鉏堂杂志》（沈阳：辽宁教育出版社，2001）卷7，页94、96。

不无母去子留、母子俱去甚至母本人舍子而去的记载①，可
见母凭子贵的大前提，还是该子是否得到生父的认可及其母
是否得宠，否则生得再多，非正式的贱妾仍不能上升为正式
的妾的，为数可能不少。以照顾全体族人著称的范仲淹范氏
义庄《初定规矩》说："女使有儿女，在家及十五年，年五
十岁以上者，听给米"，《修定规矩》说："未娶不给奴婢米
（虽未娶，而有女使生子，在家及十五年，年五十岁以上者，
自依规给米）。"[14]可见仍会用奴婢来称呼女使，她们即使替
未娶的主人生了子女，仍要满足在家已十五年及年五十岁以
上这两个条件，始能领得薪水之外的义庄米，但身分仍是女
使不是妾。个人相信，这些婢的儿子也有成为士大夫的，但
我们很少看到婢的墓志数据，她们很可能都被墓志作者美称
或模糊指为"妾"了②，以之用来研究妾的地位。毋宁是张

---

① 陈鹏，《中国婚姻史稿》，页721；王曾瑜，《宋朝阶级结构》，页513。王
铚，《默记》卷中，页29—31；[宋]陆游，《老学庵笔记》卷1，页6；[宋]洪迈，《夷
坚志》补卷卷10，页1640—1641。甚至怀孕便遣去或不留庶子的，见Patricia
Ebrey, *The Inner Quarters*, pp. 229-231，特别是李定和朱寿昌的例子；吕永、王进
科，《宋代妾之家属身份与地位的边缘化》，页80。

② 唐代墓志所看到的妾，有些的前身似乎是婢，例如刘燕俪，《唐律中的
夫妻关系》，页320—347的例子，其中艺妓和贱民出身者，很可能都是先以婢
的身分进入主家，后来才上升为妾，甚至始终没有成为正式的妾。当然，学人
对墓志的解读或"感觉"每有不同，例如能否参与家祭关系到妾的身分和地位，
柳知微之妾陈氏对家事"靡不躬亲，致使春秋祭祀，无所阙遗"，刘燕俪认为她
"主持春秋祭祀"（页326），而陈尚君认为她"没有资格参加祭祀，只能助柳做好
春秋祭祀的准备"（《唐代的亡妻与亡妾墓志》，页62）。又如妾的葬地亦反映妾
的家庭地位，刘燕俪认为崔洧之妾张氏"是与夫婿合葬"（页341），而万军杰说
"张氏并未与丈夫合葬"，并强调"妾是绝无可能与所奉之夫合葬，即使在未有
正室的情况下"（《唐代"妾"的丧葬问题》，页188、200）。由此看来，墓志所记的
究竟是婢是妾，是妾的话地位又如何，恐怕难有共识。　　　　　　（未完）

冠李戴，而西方学人所谓"妾"的家属化，有些原来是母凭子贵的"婢"的家属化。

谈到宋元的变化时，柏文莉说，"到了元末（士大夫）纳一个擅于表演的妾已经较不为社会所接受"[15]。假如这妾是正式的妾（侧室），柏氏是对的，但正如上述，恐怕宋代亦是如此，不易看出宋元的变化。假如这妾是泛称的妾，特别是作为家中的伎艺人，柏氏之说恐怕难以成立，同样不易看出宋元的变化。

（二）数量

正式的妾似有一定的数目限制，婢则无，例如仁宗嘉祐四年下诏："中外臣庶居室、器用、冠服、妾媵，有违常制，必罚毋贷。"[16]多数士大夫或可依礼书"大夫一妻二妾，士一妻一妾"来纳一至二个妾，超过此数，可能不算正式的妾，无事时自无问题，打官司争权益时便要计较了。吕永统计《夷坚志》中约二百个妾，指出"平均每人纳妾1.3人，没有达到2人的规模"[17]。也许是一妻一正式的妾，但有其他非正式的妾。由于史料不多，这问题尚需进一步探讨。

（三）付财

刘增贵提到纳妾的聘礼，宋代亦沿用，跟娶妻一样，泛

（续）的确,史料有时因各种原因没有说得太清楚,学人只能凭历史知识和对史料一种难以言喻的"历史感"和"方向感"(即往哪一个方向或依附哪一个问题来读,是顺着读还是拗着读),来作出合乎常理的解读。

称之为聘财。《宋史》记载，四川一郡吏年近五十而无子，到
临安买一妾，后来发觉是已故知府之女，尚在服丧，因家贫
无以归葬，乃卖身为妾。郡吏将之送还，其母泣曰："计女聘
财犹未足以给归费，且用破矣，将何以酬汝？"郡吏回答说：
"贱吏不敢辱娘子，聘财尽以相奉"，并加送路费。[18] 为了传
宗接代而纳妾，或多会采用聘娶的方式，显得比较庄严隆重，
对将来诞生的子女也不无好处（"妈是聘娶来的"），学人未
可全视"聘财"为买身钱的美称。不说亦可知，雇婢是不会
用聘财的名义的。

（四）入门

付财之后，要按照一定的礼法进入夫家。居父母丧不得纳
妾是切实执行的，例如太祖朝的"工部侍郎毋守素坐居（父）
丧娶妾，免"①，徽宗朝的宗室赵仲晔在母丧之中"含哀买妾，
诏特降一官，逐其妾"[19]，可见从北宋初年至末年都在执行，
雇婢自无此限制。既然毋守素和赵仲晔所纳的妾都是正式的妾
而非泛称的妾，为何守素是"娶"来而仲晔是"买"来？

（五）买来？娶来？

对纳妾是以"婚娶"的形式取得这一点，法律是相当重

---

① 《宋史》卷2，页26。所谓"免"，应是免所居一官，见《宋刑统》卷1，页
12："其男夫居丧娶妾，合免所居之一官"，又见卷2，页39、40。吕永，《宋代的妾
问题研究》，页20指出宋代是由严到宽，也许娶妻有此可能，但纳妾有何紧要性
非得在父母丧期内进行？

视的，故坚持主人与妾不得同宗共姓（明代连异宗也禁止），这是所有人娶妾都要遵守的，但除了宗室之外，所有人雇婢都可以跟婢同姓。[20]《宋刑统》依唐律说："问曰：同姓为婚，各徒二年，未知同姓为妾，合得何罪？答曰：买妾不知其姓则卜之。取决蓍龟，本防同姓，同姓之人，即尝同祖，为妻为妾，乱法不殊。户令云：'娶妾仍立婚契'，即验妻、妾俱名为婚。依准礼、令，得罪无别。"①这里有几个关键词必须留意：买妾、娶妾、为婚、依礼、准令（法令、户令）。"买"之于"娶"及"婚"似乎有点格格不入，其实两者是指不同的事情，买是指男方为获得女方而要单方面付出财物，有如男方给女方聘礼，但不收女方的回礼；娶及婚是指男方付出财物之后，他与女方进一步要发生的某些关系，要按婚娶的形式条件来进行。既然是婚娶，就要"依准礼、令"，即符合礼对婚娶的规定和法对婚娶的规定，例如已付了财物，但要待父丧之后才能将女方迎进家门，甚至还要选择吉日。所以他与女方的关系，是婚娶关系而不是雇佣关系。

事实上，在宋代文献里，不乏将纳妾称为"嫁""娶"和"纳"的，如《宋刑统》说"前人之妻，今娶为妾""娶妾之罪"和"父祖亡殁，（妾）改嫁他人"等。[21]宋人笔记亦有将寡妾"以礼遣嫁"和将妾"出嫁"他人，正式的判词亦有裁定夫君将有子之宠妾"改嫁"以避免跟无子之妒妻冲突等说

---

① 《宋刑统》卷14，页247。唐代卜姓纳妾的例子，见张国刚，《墓志所见唐代妇女生活探微》，页149。吕永，《宋代的妾问题研究》，页10将"即验妻妾俱名为婚"之"妾俱名"解读为妾在契约上具名，殊不可解。

法。①南宋礼学家车垓《内外服制通释》更说："户令：'妻犯七出内恶疾，而夫不忍离弃者，明听娶妾，昏（婚）如妻礼'，故今俗呼为小妻也"②，可见有些妾是可以用娶妻之礼娶来的。刘克庄以"主君"之名义替妾陈氏写墓志铭，说"陈氏本大族，母微，携以适人，长无所归"，刘母"为余'纳'之"。③另一方面，正式的妾在官文书里可称夫君为"夫"而非婢所称呼的"主"，甚至替夫君争取权益。南宋初年，"故承议郎杜结（之）妾孙氏状：夫结在日，乞磨勘转朝奉郎……缘知州李尚行非理沮难，致疾身故"，结果获得平反，杜结一子得官。[22]此案明显指出，正式的妾在必要时的确能扮演次妻的角色，并得到官府的接受，这恐怕不是没有名分的婢妾所能做到的。在下文的案例里，有些原告就是寡妾，包括控告非所生长子不孝、请求官府管理夫产和协助儿子打官司等。

总之，"买"字仅表示，只有男方付出财物，女方没有。

---

① ［元］周密，《癸辛杂识》别集下，页289，此处是将寡妾再嫁。［宋］陆游，《老学庵笔记》卷1，页6："仇氏……为国子博士李问妾，生定，出嫁郚氏，生蔡奴。"均用"嫁"字，后者更可看出是母去子留。《名公书判清明集》卷10，页381—382，执法者下令夫君把妾"立限改嫁"。

② ［宋］车垓，《内外服制通释》（丛书集成续编）卷3，页4。《宋刑统》卷14，页252："七出者，依令：一无子，二淫逸，三不事舅姑，四口舌，五盗窃，六妒忌，七恶疾。"周必大奉命替被杀之契丹归正人萧中一之"次妻"撰写加封制词，认为"次妻"于经无据，请改称"小妻"，是介乎妻与妾之间，见［宋］周必大，《文忠集》（文渊阁四库全书）卷97，页3—4。又见［宋］赵与时著，齐治平点校，《宾退录》（上海：上海古籍出版社，1983）卷9，页112—113。

③ ［宋］刘克庄，《后村先生大全集》（四部丛刊初编）卷161，页1427。另一例见［宋］曹彦约，《昌谷集》（文渊阁四库全书）卷20，页26—27。崔碧茹，《唐宋女性生活管窥》，页105认为墓志铭用纳字是对死者的尊重，且二妾均有子。

我们不能因为"买"字便否认正式的妾仍是通过合礼和合法的婚娶程序进入夫君的家门①，这是与雇婢很大的不同。前文提到毋守素和赵仲晔服丧纳妾受罚，毋守素是"娶"来而赵仲晔是"买"来，就是指先买后娶这两回不同的事，史家择一而记，笔记小说亦有将"嫁"与"鬻"混用于同一人的例子。[23] 简单说，正式的妾既可说是买来也可说是娶来，但非正式的妾只能说是买来不能说是娶来。

（六）称谓

陈鹏先生认为唐以前士大夫多称妾为姬、姬妾、小妻或庶妻，五代时有称侧室，宋时又有称旁妻等。[24] 上引车垓《内外服制通释》说："今俗呼（妾）为小妻也"[25]，可见小妻已成了妾的俗称，不再限于小妻原来的用意。南宋的判例汇编《名公书判清明集》除了"侧室"外，就有"小妻"②，反映民间俗称随着平民中举成为士大夫后，也进入司法领域，到后来甚至可能成为官方用语。此外，亦有称为"小妇"的。[26] 个人相信，除了用"姬"之外，应不能用"庶妻""侧室""旁妻"和"小妻"等来称呼非正式的妾。

---

① 如 Patricia Ebrey 说："妻子是以礼娶来，故必须以礼待之，妾则否。""Concubines in Sung China," p.11.

② 在《名公书判清明集》里，"侧室"见卷7，页232，"小妻"见卷14，页526。目前尚未在正式政书如《宋会要辑稿》里发现它们，但"侧室"屡见于墓志，如［宋］刘克庄，《后村先生大全集》卷158，页1399：正室"爱侧室子甚于己出"。［宋］陈叔方，《颍川语小》（文渊阁四库全书）卷上，页14，则说："今有上僭之妾，便目为如夫人，或呼为侧室……大抵世俗称谓多失其义。"

此外，正式的妾在官方文书中单独出现时，往往连同其姓氏。例如"人有言（太宗之子）元僖为嬖妾张氏所惑""臣父妾雷氏鞫臣备极难苦"及"建王妾夏氏可特封齐安郡夫人，翟氏可特封咸安郡夫人"等[27]，类似记载，当夫君有多妾时（如赵元僖），自有指明是哪一位妾的作用，但亦可反映，纳妾不能同姓，故需知道妾的姓氏，并写在婚契上，这是雇一般仆婢所不需要的。据吕永统计，妾的取名常有"奴"字[28]，个人认为，她们都不是侧室，只是姜婢。

（七）参与家礼

正式的妾得以穿着符合身分的服饰参加祭祀、冠和婚等家礼。朱熹曾在孝宗在位时拟定士大夫祭祀、婚礼和冠礼的服饰，并得到朝廷认可颁行。他的设计是："凡士大夫家祭祀、冠、婚，则其盛服：有官者幞头、带、靴、笏；进士则幞头、襕衫、带；处士则幞头、皂衫、带；无官者通用帽子、衫、带。……妇人则假髻、大衣、长裙；女子在室省冠子、背子；众妾则假紒（假发作的结，似即假髻）、背子。"①由此可知，朱熹非常重视身分等级，区分有官者、进士、处士和

---

①《宋会要辑稿》舆服4，页9。朱熹曾对弟子说："有妻有妾，方始成个家。"又谓吊人妾母之死，"恐也只得随其子平日所称而称之"，似乎相当重视人情，并不严守礼法，见［宋］朱熹，《朱子语类》卷72，页1828；卷87，页2248。宋末元初的日用类书《新编事文类要启札青钱》收录了朱熹《家礼》的婚礼篇，其中纳妾是称作"娶"妾，亦可反映朱熹承认主人与正式的妾的关系是婚娶的关系，见不著人编，《新编事文类要启札青钱》（台北：大化书局，1980影印日本德山毛利家藏元泰定元年日新书堂刊本）别集卷2，页460、487。

243

无官者，但他还是将妾纳入，把她们当作家人让参与祭祀、婚礼和冠礼等家礼，这恐怕是非正式的妾所不能的。

（八）可否将妾转嫁？

这问题的另一面，就是能否以别人的妾为妾？既然法律规定"妻、妾俱名为婚"，所纳之妾自不得是任何人的现任妻或妾，否则纳者就犯了娶人妻妾之罪，而所纳之妾犯了一女二夫之罪，小说笔记甚至传言，违者引起纠纷，不得善终。[29]但除了少数限制外，雇婢是可以雇用别人的现任妻或妾，故谓"以人之妻为婢，年满而送还其夫"①。这里的"婢"就不可以当作"妾"来研究。《宋刑统》说："诸和娶人妻及嫁之者，各徒二年；妾，减二等（各徒一年）；各离之。即夫自嫁者，亦同。"[30]这就是说，丈夫既不得将妻或妾嫁给别人，别人也不得娶之，违反者除了要接受徒刑，还要强制跟嫁出去和娶来的妻或妾离异，这是法律对妻和妾的共同保障。《宋刑统》又沿用后周显德五年七月七日敕，规定"妻擅去者，徒三年，因而改嫁者，流三千里；妾各减一等。娶者，并与同罪，如不知其有夫者，不坐。娶而后知者，减一等。并离之。父母主婚者，独坐父母，妻妾唯得擅去之罪；周亲等主婚，分首从"[31]。这是说，明知对象是别人离家之妾而故娶的，要

---

① ［宋］袁采，《袁氏世范》卷3，页14。妻子作别人婢女的有名的例子，是哲宗元祐四年，乡贡进士张初平的生母是宗室赵克惧的婢女，初平愿意赎回其母，克惧不肯，言官以敦风教为名，替初平说情，皇帝下令赎回，见《续资治通鉴长编》卷425，页10288。元代似乎一度禁止典雇妻妾，见［元］不著人编，《元典章》（海王邨古籍丛刊）卷57，页12—15，尤其页13。

流二千五百里，并强制离异；不知道而误娶的，知道后要立即离异，不离异便要流二千里，并强制离异。父母明知女儿已为人妾而再嫁之，只罚父母不罚女儿重婚之罪。一言以蔽之，就是妾有婚契在身，在解除之前，不得再婚。

由此可知，学人说夫君把己妾转嫁转卖或转赠给别人为妻或妾，恐怕都是违法的，若要这样做，就要先办离婚，"妻、妾若被出及和离，即同凡人"[32]，也许和离（双方同意离婚）是较易行的，这当然也发生在妻的身上，即卖妻和嫁妻之前，也要先办离婚。①明乎此，虽然弃妾比弃妻似乎容易得多（但数量不见得较多）[33]，我们仍不应动辄就说妾的地位如何低下如物品了。

对不得纳同姓及有夫之妇为妾等规定，宋人似乎相当遵行，即使在笔记小说里也不忘强调纳妾之前已确信其不同姓和未有夫，兹举一例。被视为神怪小说的《夷坚志》记载，段某之妻看到一妇，"询其姓氏始末，自云无夫，亦无姻戚。

_____

① 相传王安石夫人为安石买一妾，安石发现她是别人的妻子，因丈夫负责纲运时失落军粮，尽卖家资犹不足抵偿，只得把她也卖掉。安石"呼其夫，令为夫妇如初"。这固然表示王安石不忍见夫妻分离，但未尝不可反映妻子要先跟丈夫离异，才能当别人的妾，否则王安石将犯上娶人妻为妾之罪，见[宋]邵伯温著，刘德权、李剑雄点校，《邵氏闻见录》（北京：中华书局，1983）卷11，页121—122。此事为执法者所引用，见《名公书判清明集》卷9，页345，该案名为"女已受定而复雇当责还其夫"，是说姜百三把女儿嫁予吴亚二之家，已收聘财，但又将女儿雇予徐贡元，执法者乃用王安石的故事，劝徐贡元放弃一娘，"责姜一娘还其夫成婚"。对此案的不同理解，见[日]高桥芳郎，《译注〈名公书判清明集〉户婚门——南宋代の民事的纷争と判决》（东京：创文社，2006），页583注2。南宋时，"在法，雇妻与人（为婢）者，同和离法"，连雇妻与人为婢都要先办离婚或自动生效，更何况把妻妾卖或嫁与他人？见《名公书判清明集》卷10，页382—383。

段妻云：'既如是。胡不为人妾而乞食，肯从我乎？'曰：'非不欲也，但人以其贫贱，不肯纳耳，若得供执爨之役，实为天幸"。从段妻询问该妇姓氏、有夫无夫和亲属状况，及该妇答称"贫贱"和"不肯纳"等语来看，段妻就是要替丈夫纳妾，后来把该妇加以装扮训练，"容色殊可观，段名之曰莺莺，以为侧室"，果然成为正式的妾，后来出事，也是因为莺莺已经有夫："一夕已夜分，段氏皆就寝，有自门外呼阍者曰：'我莺莺夫也。'仆曰：'莺莺不闻有夫。'"[34] 类似的记载其实不少，只是学人较多注意笔记小说的社会史信息，较少留意其法制史资讯。

附带一提，上述陈鹏先生说"亲属妻妾不得娶为妾"，容易引起误会，以为可以娶非亲属之妻妾为妾，其实陈先生的说法是基于一个对他来说已是常识的大前提，即不得娶任何人（含亲属）的现任妻妾为妻妾，以致说得有点简略，较详细的说法应是：既不得以亲属（含袒免）之"现任"妻妾作为自己的妻妾，也不得以他们的"前任"妻妾（如出妻、离妻、出妾、离妾）或"守寡"妻妾作为自己的妻妾①，简单说就是"曾任亲属妻妾者不得娶为妻妾"。其实今人读唐律，因

① 《宋刑统》卷14，页248—249："诸尝为袒免亲之妻而嫁娶者，各杖一百；缌麻及舅甥妻，徒一年；小功以上，以奸论。妾，各减二等。并离之。"疏议说："称妾者，据元是袒免以上亲之妾而娶者，得减二等。若是前人之妻，今娶为妾，止依娶妻之罪，不得以妾减。如为前人之妾，今娶为妻，亦依娶妾之罪。"后来稍为放宽，南宋时有一位寡妻改嫁亡夫同曾祖之弟，执法者判离："准法：诸违法成婚，谓尝为袒免以上亲之妻，未经二十年，虽会赦犹离"，见《名公书判清明集》卷4，页107。

基本知识与唐人不同，也常觉得有些地方过于言简意赅，令人捉摸不定。

（九）婚姻到期了吗？

宋律规定，雇婢不能终身，最长十年，契约期满便可离开，当然亦可自愿续约[35]，有些学人认为纳妾也有期限，期满也可离开。但是，纳妾既是婚娶关系，就不可能有期限，而是终身。今日已难睹唐宋妾的婚契，岳纯之推测，唐代的契"应是从妾方的角度来写，包括做人妾的原因、妾方的基本情况、违约责任、保证人、见证人和妾方的签押等应该都有。此外，'妾通买卖'，那么，买妾价款也应在契约中写明。……尽管妾通买卖，与妻'等数相悬'，但整个娶纳过程与娶妻还是有点相似的，而与市场上的买卖毕竟有些区别"[36]。元代法律规定，娶妾需要明立婚书[37]，夹在唐元之间的宋代，大抵差不多。元初编撰的《新编事文类要启札青钱》保留了相当多的宋代资料和民间习惯，其《外集》卷11共有六种跟人口有关的文件：觅子书式、弃子书式、雇女子书式、雇小厮契式、雇脚夫契式、雇船只（户）契式，其中的雇女子书式是雇妾，雇小厮契式是雇仆男①，我们试行比较：

---

① 不著人编，《新编事文类要启札青钱》外集卷11，页620、755—757。中统（1260—1264）乃元世祖年号，此式至少反映北方的情况。仁井田陞收录了一则较短的典雇女子书式，大同小异，见《唐宋法律文书の研究》（东京：东方文化学院东京研究所，1937），页445—446。

雇女子书式

厶乡厶里姓厶。

右某有亲生女名几姐，今已年高，未曾嫁事，诚恐耽误前程，遂与妻阿氏商议，情愿托得某人为媒，将本女不立年限，雇与厶里厶人为妾，即日交到礼物于后：

金钗一对、采段一合。

已上共折中统钞若干贯文，交领足讫，更无别领。所雇本女几姐，的（是）未曾许事他人，即目〔日〕凭媒，雇与厶人为妾，是某中（心）情愿，于条无碍。如有此色，且媒人并自知，当不涉（雇主）之事。或女子几姐在宅，向后恐有一切不虞，并是天之命也，且某更无他说。今恐无凭，立此为用。谨书。

□年□月□日父姓某□号□书

母阿氏□号

媒人姓某□号。

雇小厮契式

厶乡某里姓某。

右某有亲生男子名某，年几岁，今因时年荒歉，不能供赡，情愿投得某人保委，将本男雇与厶里厶人宅，充为小厮三年。当三面言议断，每年得工雇钞若干贯文，其钞当已预先借讫几贯，所有余钞，候在年月满日结算请领。自男某计工之后，须用小心伏事，听候使令，不敢违慢，忤对无礼，及与外人通同，搬盗本宅财货什物，

将身闪走等事。如有此色，且保人并自知，当甘伏倍还
不词。或男某在宅，向后恐有一切不虞，并是天之命也，
且某即无他说。今恐仁理难凭，故立此为用。谨契。

□年□月□日父姓厶□号□契

保人姓某□号

根据原文语意，两份文件的主要异同如下：

	雇女子书式	雇小厮契式
文件名称	书式、谨书、父……书	契式、谨契、父……契
职称	妾	小厮
中介者称谓	媒人	保人
同意及签约之家人	父、母	父，不需母
同意原因	年高未嫁，恐误前程。实际上可能有其他原因，如饥荒乏食,却强调"未嫁"	荒年无以为生
年岁	不注明	注明
婚姻状况	"未曾许事他人"。正如上述,强调的是该女子不是别人的妻妾,符合法律对婚姻的规定	不注明。正如上述,即使是婢,也可以是别人的妻妾
工资	以礼物为名,一次付清。实际所付的可能就是钞贯	以雇工钱为名,分批支付钞贯
工作年限	不立年限,这符合婚姻乃终身之事	三年
雇主责任	一切不虞,并是天之命也	一切不虞,并是天之命也

十分明显，雇女子书式与雇小厮契式有多处不同，例如称"书"而非"契"，称"媒人"而非"保人"（虽可能是同一位中介），称"礼物"而非"雇工钱"，称"不立年限"而非"若干年"等，均使之接近婚书的性质。何以用"雇"而不用"娶"或"聘"，这跟上述"买"与"婚"之别乃同一道理，兹不再赘，"买"的性质可能就是把娶妾书式称为雇女子书式的一个原因。伊沛霞怀疑这份雇女子书式是假借妾的名义来雇终身婢，实质是一份卖身契[38]，但这不正好从反面证明，纳妾是终身缔约，雇婢是有期限缔约，乃不得不借用前者来雇用终身婢？宋代的确有有限期契约，但不用于正式的妾，而是用在非正式的妾（见下文"妾与婢的中间层"）。

（十）丧服

宋朝人要确定对方是否家人或族人，最重要的根据是五等丧服，服愈重则表示亲等愈近。对夫君之家人，妾有服而婢无服，也是妾与婢的重要分别。滋贺秀三很早就说妾是"不正规的家族成员"，伊沛霞亦说"妾是处于边缘的家属concubines as marginal family members"，吕永和王进科更特别撰文讨论《宋代妾之家属身分与地位的边缘化》，认为"服制—亲属关系—法律责任"三者紧密关联，我们认为这三者的次序应是先有亲属关系，然后反映在丧服等级和法律责任中。以下略增修吕、王根据南宋《庆元条法事类》卷77《服制门·服制令格》所制作的服制表，表中北宋《天圣令》的条文是我们所加：

服制表①

服期	丧服类型	所服对象	
		《天圣令》	《庆元条法事类》
斩衰三年	义服	妻妾为夫	妾为君(妾谓夫为君),妻为夫
齐衰三年	义服	慈母如母	为慈母(谓妾无子,妾子无母,而父命为母子者)
		妾为夫之长子	妾为君之长子
齐衰不杖期一年	正服	妾为子	妾为其子
	降服	妾为父母	妾为其父母(凡妾为私亲,如众人)
	义服	妾为嫡妻,妾为夫之庶子	妾为嫡妻,妾为君之众子
缌麻三月	义服	为庶母(父之妾有子者)	为庶母(父之妾有子者)
		妻妾为夫,既葬除之,改葬(服)缌	妻妾为夫改葬服缌,既葬除之

从上表可知，除了由北宋《天圣令》的"夫"变为南宋《庆元条法事类》的"君"值得留意外，其余各项几乎完全相同，亦即妾的服等并无变化。一言以蔽之，只就最足以反映

① Patricia Ebrey, *The Inner Quarters*, pp.227-233.吕永、王进科，《宋代妾之家属身份与地位的边缘化》，页80，详见《庆元条法事类》卷77，页824—825、836，核对无误；又见陈鹏，《中国婚姻史稿》，页716。《天圣令》之条文，见[宋]吕夷简，《天一阁藏明钞本天圣令校证》下，页359—366。滋贺秀三很早就认为妾是"不正规的家族成员"，因为除了夫君之子外，其他家族成员都不必替她服表，见其《中国家族法的原理》，页552—553。他又认为在律文之中，无论妻或妾，均称所嫁者为夫，若从《天圣令》来看，所言甚是，但从《庆元条法事类》来看，则是称君。北宋之律文称夫而南宋称君，是否反映妾地位之稍降，或仅是将礼书之称谓正式移用于律文，不一定反映妾地位之升降，有待探究。

家属身分和亲疏的丧服制度来说，从北宋至南宋，妾始终都是家属，地位也没有变，既没有从"非家属"向"家属"变化的转变，也没有从所谓"边缘家属"向"核心家属"移动的由疏而亲的转变。

学人时常说妾与夫君的丧服关系是单向的，即夫君无须为妾服丧，这固然是事实，但中国传统法律的一个基本原则是按服等治罪，那么当夫君侵犯妾的权利时，应如何治罪？首先，夫君"殴妾，折伤以上，减妻二等"，即依照折伤凡人的刑罚减四等，"皆须妻、妾告，乃坐。即至死者，听余人告"，而"妻殴伤杀妾，与夫殴伤杀妻同"[39]。假如是"妻之子殴伤父妾，加凡人一等；妾子殴伤父妾，又加二等。……称'又加'者，总加三等，若殴折一齿，徒二年半之类"[40]。妻之子即泛称的嫡子，妾子指其他妾的儿子，泛称庶子，他们都不得对父妾动粗。从"妾告，乃坐"可知，妾被夫君及女君殴伤是可以自行告官的，不是我们所想象的坐以待毙。学人时常将妻妾不得告夫理解为除了反逆等大罪外，其他事情都不得告，恐怕是一种误会，较正确的说法，是该事若跟妻妾无关，如丈夫偷邻家的东西，就不得告，若跟自己或父母有关，如丈夫出手伤人，是可告的。其次，当夫君把妾强卖给别人为婢时，分两种情况惩处：妾无子便视同无服之卑幼，妾有子似应视同有服之卑幼，可惜律文无进一步说明是什么服等，似应是期亲（周亲）以下，不会是期亲。刘燕俪认为，既是有服亲，那不管是卖为婢或卖为其他身分的人，均按照"卖缌麻以上亲者，无问强、和，俱入'不睦'"，夫君要受到惩处。[41]由此可知，夫君之刑度视乎罪行及其严重性而定，并非依固定之服制。

夫君虽不必为妾服丧，但诸子要替有子之父妾服丧。如该子是妾所生之子，要替妾母服正服齐衰三年，但若其成为父亲继承人，则改服缌麻三月，一如嫡子。①如该子非妾所生之子，要替庶母服义服缌麻三月。如该子是士大夫，还要解官持服，例如南宋后期的董道隆，获派"为迪功郎慈利县主簿，丁庶母王氏忧，不行，服除，调永州司户"[42]。这是法定的持服，私下似乎略有不同，朱熹（1130—1200）说："父妾之有子者，礼经谓之庶母，死则为之服缌麻三月，此其名分固有所系，初不当论其年齿之长少，然其为礼之隆杀，则又当听从尊长之命，非子弟所得而专也。"[43]较后的魏了翁（1178—1237）又说，某人"有弟之所生母讣，曾相与质疑云：妾母为长子齐衰三年，某若先死，弟之母为某服三年，今（弟之母）乃先死，（某）为父妾之有子者大功五月，则报似轻否？答云：此圣人制礼，不可加减"[44]。似乎长子反要替庶母服大功五月，重于缌麻，有待考究。

对无子之父妾，《宋刑统》说："子孙于父祖之妾，在礼全无服纪"，诸子应不必为之服丧。[45]对有子之父妾，似乎曾经生子便算有子，即使该子已不在世或已送人等。虞县丞与妻生子艾，艾及其妻死而无子，不知何故，妻家告官，要索

---

　　① 朱熹曾说："庶母自谓父妾生子者，士服缌麻，而大夫无服。"似乎是说古礼，宋代似非如此，待考，见[宋]朱熹，《朱文公文集》(四部丛刊初编)卷55，页985；卷63，页1167、1169。

回妆田（依法是不能索回的），县丞为了保住妆田，不得已
选择族子虞继作为艾之继子，但县丞宠妾刘氏不喜欢继，唆
使县丞换人，竟告以"虞艾死，虞继已不归家持丧"之不孝
罪，但实系捏造。执法者一面告诫刘氏不得妄自生事惹词，
另一方面劝谕虞继要看在祖父的份上，与刘氏和好相处，判
词说："刘氏乃虞丞之妾，曾为虞丞生子，于虞继合有服纪，
父母所爱，犬马亦然，而况于人，父母有过，子孙安可拟议。
虞继……不可以旧恶为念，与刘氏生隙。"①整份判词都看不
到刘氏所生之子（即虞继之叔伯），似乎已不在了，但虞继仍
要替他服庶祖母之丧。

总之，妾的亲等、封赠及丧葬是一个很复杂的问题，对
礼书所记不明确之处，宋人议论纷纭，并无共识，需要专题
研究。从宋初开始，妾所生之子应为生母在何种情况下服何
种丧服，妾母在何种情况下可得封赠，就因为妾子成为士大
夫面对丁忧和恩荫的问题，得到朝廷的讨论和重视，使妾从

---

① 《名公书判清明集》卷8，页248—249。虞县丞为何不想替儿子虞艾立
后，有点不可解，程郁，《宋代的蓄妾习俗及有关法规考察》，页298认为虞县丞
另有庶子，正欲将虞艾的遗产和艾妻的嫁妆遗于庶子。此案还有一处难解，因
为根据法律，女方是不得索回嫁妆的。

云注：高楠分析此案后认为母家对出嫁女的妆奁归属有监督权见其《宋代
家庭中的奁产纠纷——以母亲为中心》，收入朱瑞熙等编，《宋史研究论文集》，
页146—163。据法，"诸应分田宅者，及财物，兄弟均分，妻家所得之财，不在
分限"，又"妻虽亡没，所有资财及奴婢，妻家不得追理"，说明妻子的妆奁仅归
属自身或与丈夫组成的"小家"。若夫妻与子俱亡，奁产自然可能引发纠纷。
如《清明集》卷8《利其田产自为尊长欲以亲孙为人后》收有夫家族人告妻家占
据妆奁的案例，这实际上是因个人私欲引发的诉讼，不能据此得出夫家或母家
对奁产有监督权。

亲生子（但不一定从夫君或非亲生子）那里得到不少尊崇。[46]吕永和王进科虽然说妾作为家属的地位被边缘化，但论文结束时所举的例子，却是两位异姓高层士大夫争葬同一位改嫁的妾母，惊动皇帝，最后由皇帝葬之[47]，这当然是特例甚至杜撰，未可过于推论。朱熹曾说："而今国家法，为所生父、母皆心丧三年，此意甚好"，事实上士大夫还要解官以申心丧①，文天祥更走到极端，其"伯祖母梁夫人卒，夫人其父本生母也，即日解官终丧"，并引发争议。[48]看来我们除了利用正面（孝）和负面（不孝）俱有，几乎可以互相抵消，以致结论左右俱可的事例外，还是需要从"国家法"入手，探讨妾的丧葬制度，正如前述，新的法制可以反映立法者价值观念的转变。我们把这些国家法的时代先后排列出来，便不难发觉，早在学人所利用的墓志之先，国家法就尊崇作为士大夫生母的妾了。国家法既然尊崇妾母，士大夫自然乐于奉陪，北宋末年的王黼，位至翰林学士、知制诰兼侍读的高职时，上奏说："臣家贫窭，幼而多病，臣父妾雷氏鞠臣备极难苦。臣不幸，年二十有二，遽失所恃……臣见合磨勘，伏望圣慈悯恻，特许臣以见磨勘一官回授父妾雷氏一近上名称"，结果不必回授，雷氏径赠硕人。[49]一代权相史弥远的生母也是妾，更是备极哀荣。[50]也就是说，有些

---

① ［宋］朱熹，《朱子语类》卷89，页2283；《续资治通鉴长编》卷117，页2749—2752。心丧是二十五个月，见《宋刑统》卷10，页186："妾子及出妻之子，皆降其服，皆二十五月内为心丧。"

士大夫的生母是妾，在尽孝和丁忧的前提下，她们的身分都会曝光，也逐渐得到尊崇，而儿子的孝行更被称许为"至孝通神明"①。把尊崇妾母的各种行为反映在墓志的书写里，是顺理成章的，例如韩琦之母胡氏是妾，他写的《太夫人胡氏墓志铭》就对妾母尊崇备至，留下了"礼非天降地出，本于人情而已矣"的名言，掩饰他葬母的不尽合礼[51]；另一方面，假如在墓志里没有看到这些行为的反映（有时其实是墓志没有传世），我们却不能说没有这些行为，而是应到其他的史料里寻找。②无论如何，妾的亲生子为她带来的尊崇，跟她是否得到夫君、非亲生子以至夫族的尊崇，是不同的两回事，不可混为一谈。③

---

① ［宋］杨万里，《诚斋集》（四部丛刊初编）卷117，页1029—1030。《续资治通鉴长编》卷255，页6232记载光禄寺丞陈象古甚至要将改嫁的妾母迎接回家。

② 例如"妻庄而妾艳"的描述，既出现在唐代丈夫替亡妾所写的墓志中，也出现在宋代丈夫替亡妾所写的悼亡词中，见骆新泉，《宋代男性词人悼亡妾亡妓词的美色、情事主题》，《南阳师范学院学报》8.5（2009），页39—42。由此可知，假如我们不是只利用单一或同性质的史料（如列女传和墓志），而是利用多种不同性质的史料（如兼用列女传、墓志、笔记小说、诗词），便可能发现，宋代士人对妾的态度，可能跟唐代差不多。我们在宋代墓志所看不到的士人态度，可能在笔记小说和诗词里看到，后者甚至更为真实，不似墓志之矫情，例如骆新泉从"容貌服妆""形体情态""歌舞琴伎"和"云雨情事"四方面指出，"宋代士大夫寄内词近八十首，就内容看，与妓情词大体上无二致"，这尤其容易发生在词人年少风流之时，见《论宋代士大夫寄内词的艳情化》，《社会科学家》2010.8，页130—133。

③ 王平宇研究宋代的女使，指出范氏成为一家四房中第三房的尊长，"若非在判词中不经意的提及范氏的出身，单从她的种种作为，几乎让人以为她就是房长的元配"，但她仍遭受其他三房的歧视和欺负，见其《〈名公书判清明集〉中所见的女使诉讼》，页215—216、230。案件见《名公书判清明集》卷7，页205—206，下文亦分析本案。

（十一）改嫁、转卖

正式的妾替亡夫服丧后，便面临是否守节或改嫁。有些学人认为亡夫的家人可以把寡妾转卖作他人之妾或婢，但是否果有如此？

就礼而言，妾跟妻一样，有替亡夫守节的义务，是她的分内事，而婢是不用的，即使愿意，也属分外事，两事不可混为一谈，正如妾愿意殉夫[①]，也属分外事。但是，妾要改嫁，似乎较妻容易被接受。有一妾阿何，生有两名子女，丈夫陈盛"当溺爱之时，亦曾以妻礼遇之"，但她跟非亲生的长子陈友直关系欠佳。陈盛去世，阿何不堪友直凌辱，带同子女搬离陈家，又"讼陈友直不孝"[52]。执法者首先验明正身，确定阿何"系妾分明"，并非继室，只是友直的庶母，然后根据《春秋》，指出父以妾为妻，其子不得不以为母，又根据《礼记》，指出父母所爱，虽父母没，其子敬之不衰，下令"何氏虽为陈盛之妾，其陈友直当以妾母之礼待之，有敬而不衰之义"。所谓妾母，一般指所生之母是妾，这当然只是针对友直对待阿何的礼数而言，不是说真的把阿何当作法律上的生母。另一方面，执法者下令"押阿何归陈氏之家守孝，俟其服满，如欲改嫁，则从其便，其所生子，当育于陈氏"。由此可知，正式且有子之妾跟妻比较，相同之处有二：一是寡

[①]　[宋]陆游，《老学庵笔记》卷4，页76记一故事，谓某翰林学士病危昏卧，二妾侍疾，其中一位说："若内翰不讳，我辈岂忍独生，惟当俱死尔"，更是较守节更高一层的殉主了。

妾也可控告亡夫之子不孝，来维护自己应有的权益，例如守寡受供养的权益；二是寡妾也必须替亡夫服丧。相异之处也有二：一是寡妾服丧后再嫁的自由似乎较妻为大（"从其便"）；二是寡妾再嫁时不得带走夫君之子，而妻不无可能，当然这不一定是通则。

乾道六年，右从事郎惠利民上状：

> 伏念利民幼而多难，才及三岁，所生母赵氏为舅氏夺志它适。经建炎兵火之后，奔走南北，各不相闻。于绍兴二十三年遂得踪迹，复获侍养，母子如初。今利民考第举主及格，已到部，合该磨勘宣义郎。以所生母赵氏见年七十八岁，情愿乞改次第右承事郎，将合得宣义郎一官转封所生母赵氏为孺人。[53]

孝宗特旨，封妾母为太孺人。由此可见三点：其一，妾母赵氏改嫁时没有带走利民；其二，所谓"舅氏"，可指寡妾之公公（亦即利民的祖父，实在不应称之为"舅氏"），亦可指寡妾之兄（即利民之舅）。如是前者，无疑是留子逐母，如是后者，兄长并无权力要妹改嫁，故赵氏可能是自愿改嫁，但假手于兄；其三，妾因所生子获殊荣，这就是母凭子贵，但我们不能因此推论她以前在夫家也得到尊崇。

寡妾能否被亡夫的家人转卖为他人之妾或婢？学人时常引用这条宋代史料："士大夫欲永保富贵，动有禁忌，尤讳言死，独溺于声色，一切无所顾避。闻人家姬侍有惠丽者，伺其主翁属纩之际，已设计贿牙侩，俟其放出以售之。虽俗有热孝之嫌，不恤也。"[54] 一般以为是主翁死后，家人便将姬妾转卖，不但得回昔日买姬妾的本钱，甚至还有利润，反映姬妾之地位有如货物。其实，热孝之嫌是说妾替刚死去的主人服丧，她们的处境跟《隋书·李谔传》的记载有些相似："谔见礼教凋敝，公卿薨亡，其爱妾侍婢，子孙辄嫁卖之，遂成风俗。谔上书曰：'……妾虽微贱，亲承衣履，服斩三年，古今通式，岂容遽褫缞绖，强傅铅华，泣辞灵几之前，送付他人之室？'"结果皇帝下诏，五品以上官员之寡妾不得改醮，不过似乎此令行之不得久远。[55] 将这两条史料比较，最重要的不同，是宋代士大夫寡妾的下场较佳：首先，魏晋南北朝的寡妾是被亡夫的子孙强逼改嫁来赚钱的（即将"嫁卖"两字连读而不是分读为"爱妾嫁之""侍婢卖之"），而宋代是"放出"，即亡夫之家使其离开，重新进入就业市场，依照法律规定，通过牙人的中介，成为他人之妾或婢等。其次，宋代所有寡妾都不必硬要留在夫家守寡。

平心而论，寡妾的出路只有三条：一是殉夫，恐怕不是很好的选择；二是留在夫家守寡，这对年老的寡妾来说应是不错的选择，对有子女的寡妾来说也是不错的选择，既可解决生活问题，又可照顾子女，甚至母凭子贵，但对年轻貌美又无子女或受排挤的寡妾来说，不一定是最有利的选择；三是离开夫家另谋出路。所以，宋代好色之徒贿赂牙侩，等待亡夫之家放出姬妾时，获得付财的先机，其实反映寡妾上述第三条出路，不能单凭此点就说她被视同货物。事实上，寡妻也有在夫丧期间改嫁为妾的，《宋刑统》界定十恶中的"不义"时说："夫者，妻之天也。……（夫丧而）改嫁忘忧，皆是背礼违义，故俱入十恶。其改嫁为妾者，非"，即不算不义。[56] 也就是说，寡妻和寡妾都有改嫁给他人作妾的可能，岂非都是货物？

我们讨论寡妾的所谓转卖（或嫁卖），应着眼于两个要点：一是寡妾是否自愿，如上述魏晋南北朝的寡妾就是被逼；二是她改嫁所得的"聘金"（买款），是否落在亡夫家人手里，还是归她本人或家人所有，上述魏晋南北朝寡妾再嫁的聘金就似乎是落入亡夫之家（事实上元明寡妻再嫁所得的聘金也是归于亡夫之家）。以这两点来检讨上述宋代史料，难以得出明确的答案。一个可能，是亡夫的家人放出或逐出寡妾，亦即她自愿或被逼离开，之后她自行或由家人安排回到就业市场，经牙人转介，所得钱财自归本人或本家，这就不算嫁卖。另一个可能，是亡夫的家人把尚在新丧中的寡妾公然委托牙人转让，这就算嫁卖，但正如李谔所批评，是相当违反礼教和道德的。不知读者以为哪一种可能性比较高？除了违反礼教和道德之外，不知有无违法？

历史研究其实也可以用中学生回答单项选择题（multiple choice）时所用的排除法，即列举所有的可能性，逐一排除，剩下的一个，纵使没有多少证据，也相去不远，而且也是可能性最大的答案了。我们大胆推论，夫君对妾都不能做的事，他的遗族也不能做，除非是违法。上文已述，夫君不得将正式的妾转嫁转赠给别人为妻或妾，否则要处以徒刑并强制离异，举轻以明重，既然连免费赠送都不可以，当然更不能卖给别人为妻或妾来赚取钱财了，那么能否卖给别人为婢？即使没有律文为证，答案也可推想而出，这是逻辑推理，不必死守一分证据一分话的玉律，因为传统法典本就采用轻重相明等原理，不是采用列举式的一事一法，何况《宋刑统》说："诸略卖周亲以下卑幼为奴婢者，并同斗殴杀法。无服之卑幼亦同。"谁是无服之卑幼？疏议说："谓己妾无子，及子孙之妾。……假如杀妾徒三年，若略卖，亦徒三年之类。"可见以谋略强卖本人无子之妾作为他人之婢，视同杀妾，要徒三年。即使妾同意被卖，亦即和卖而非略卖，亦不为法律所容许，而且根据"家人共犯，只罚尊长"的原则，不罚作为卑幼的妾，只罚夫君，要徒二年半，买者更要加一等治罪，即徒三年。[①]举轻以明重，既然连无子之妾都不可略卖及和卖，更不用说有子之妾了。故此，当夫君说"你是我买来的，故可转卖给别人为妾为婢"，妾可以反驳说"根据法律，不可转卖，牙人敢经手，要吃官司，有人敢买，罪加一等"。既然连夫君本人都不能转卖，更何况是他的遗属呢，即使是他的父母，略卖子孙之妾，要徒三年，和卖亦徒二年半。所以，除非是违法，否则寡妾被亡夫家人转嫁或转卖的可能性是可被排除的，那就剩下寡妾自愿离去或被亡夫家人赶走这两个可能性，都不能称之为嫁卖。

---

① 《宋刑统》卷20，页359—360。《后魏律》就以流刑惩罚卖妾之人，见刘燕俪，《唐律中的夫妻关系》，页93。

二、法之株连与奸罪

刘燕俪从多方面论证唐代的"妾准同夫的家属关系",有些仍适用于分别宋代的妾和婢[57]:

第一,夫犯死罪被囚,妻和妾作乐者,是谓不义,各徒一年半;婢与主之关系并非义合,自无此罪。

第二,丈夫户绝(无继承人),名列户籍且愿意守志的妻和妾可以"继承"夫产,而婢大都无此权利。本文认为,无论妻或妾,都不是继承而是"承受"亡夫遗产,即没有处分权(right of disposition),仅有使用权(usufruct)以维持生活,妻且得选立继承人来"继承"这笔夫产。但是,无论是妾还是有子之婢,纵使在表面上得以承受夫产,也要分辨她们得以承受的原因是什么?是因为她们"妾"或"婢"的身分,还是因为她们"母"的身分。换言之,无子之妾与婢能否承受夫产?我们留待下文讨论。

第三,丈夫五品以上,妻及妾若犯十恶之外及流罪以下,皆得以其荫封之官品赎罪;婢非受荫之亲,自无此特权。

第四,无论有子无子,妾殴主人之部曲及奴婢,均依凡人减等论罪;反之,部曲及奴婢殴主之妾,依凡人加等论罪。妾与婢之不同至为明显。

对这一点,这里略作补充。《宋刑统》说,当妾殴夫君之部曲及奴婢时,"在律虽无罪名,轻重相明,须从减例"[58]。刘燕俪认为,无子之妾殴部曲时,减凡人二等,殴奴婢时,减凡人三等，乃是视妾同于夫君之期亲卑幼来论处。有子之妾，其子不为家主，则妾仍视同夫君之期亲卑幼来论处，若其子为家主，则妾视同主来论处[59]。明显可见，相对于部曲和奴婢，妾的地位只会因子是家主而提升，但不会因子非家主而受影响，也不会因无子而受影响。换言之，对部曲和奴婢来说，无子之妾与有子之妾的地位是一样的，基本上都视同夫君之期亲卑幼，然后视其子之身分而上升。为何妾的地位不受无子所影响？大抵是因为她的身分就是妾而非婢，这正如对部曲和奴婢来说，无子之妻与有子之妻的地位是一样的，因为她的身分就是妻。由此言之，妾的身分给予为妾者一定的保障，当妾无子时，夫君可以出妾但不可把妾降为婢，正如在某种条件下，妻子无子，丈夫可以出妻但不可以把妻降为妾或婢。他可以亏待她们如婢，但不能对别人说，她们的身分是婢。

第五，夫犯流配罪定案，不得弃放妻妾，除非确有义绝之事实，否则妻妾均要"从夫"，谓之株连，婢无此责任。但是，唐宣宗大中五年臣下上奏说："今后有配长流及本罪合死，遇恩得减等者，并勒将妻同去"，只提到妻没有提到妾，刘燕俪因此认为，唐朝晚期可能没有像前期一样，硬性规定妾也需随夫流配。①

---

① 刘燕俪，《唐律中的夫妻关系》，页213—214。张国刚，《墓志所见唐代妇女生活探微》，页148提到杨氏之妾王卿云（847—864）恰好在此时期，也许是王氏不必受夫罪牵连的原因。不过，张氏亦指出，王氏愿随夫贬谪，夫家可能"不再把她当作女伎看待，要对她有所回报，这里暗示要给王氏某种名分"。可能王氏本来只是能歌善舞的伎妾，此时才上升为正式的妾，并生下一子，故铭文美称之为"作媵于杨"。

事实上，妾和婢在法律上的分别还有不少，例如妾与婢偷盗主物，妾之处罚轻于婢，两者被主人殴打杀伤，主人所受处罚是杀伤妾重于杀伤婢等，本文不拟一一探讨，只谈株连与奸罪。

刘燕俪怀疑唐宣宗以后妾不一定随夫流配，不过《宋刑统》仍沿用前期的唐律，"诸犯流应配者，三流俱役一年，妻妾从之"和"妻妾见已成者，并合从夫。依〔唐〕令：犯流断定，不得弃放妻妾"[60]①。而且从北宋初年到南宋末年，都有妾因夫君获罪而被株连放逐的例子。太宗时，大臣卢多逊被控大逆不道，臣下建议的刑罚是多逊处斩，"母女、妻妾、子妻妾……部曲、资财（含奴婢，因宋初沿用唐律之意涵）、田宅，并没入官"。皇帝施恩，多逊免死，"一家亲戚并配隶崖州，充长流百姓，终身禁锢，纵更大赦，不在量移之限；其期周已上亲并配隶边远州郡禁锢；部曲、奴婢并纵之"[61]。可见部曲和奴婢还比较幸运，不必像妾一样随从主人流配，而且此案建立了奴婢

---

① 云注：真宗年间，起居舍人吕夷简引《编敕》言："配罪人父母妻子不欲同行者，亦听。"[《宋会要辑稿》（上海：上海古籍出版社，2014），页8450]；又仁宗天圣七年诏："罪人配隶他州而妻子不愿从者，听之。"[《续资治通鉴长编》，页2494]，推知北宋初期丈夫犯流罪，妻子可选择是否随迁。

赵案：首先可参考戴建国《宋代刑法史研究》中的论述；其次可引用《天圣狱官令》宋令条文，如"皆不得弃放妻妾。如两情愿离者，听之"，相比于天圣七年诏，令文规定若不愿从者，得满足"两情愿离"，可见有所变化。

柳答：我曾分析此条文，见拙著《宋代法律史研究之史料解构与问题分析》，《法制史研究》27（2015），页321："唐代坚持株连之惩罚性，罪及妻妾；宋代仍坚持株连，没有准许妻妾留在家里等候夫君刑满归来，但同时减低它的惩罚性，使罪可不及妻妾，代价是和离，这当然挑战了礼法合一且明示于《名例律》之出嫁'从夫'，既反映礼与法在某些情况下的相离相悖，也似乎给予妻妾较大的自主权，是否反映妇女部分权利的上升？"

不受株连的先例。南宋末年，抗金名将吴玠与吴璘的后人吴曦反叛，失败被杀，朝臣议罪，"其母女、妻妾、子妻妾……合于流罪以上议刑"，并没有提到仆婢。皇帝施恩，妻子处死，"女反（及）生子之妾，并分送二广远恶州军编管"，无子之妾则视同婢妾，送军营射充军妻。[62] 由此可知，虽然夫君已死，无夫可从，但有子之妾仍要放逐，而南宋时的奴婢基本上已不受株连了。学人看到某士大夫被流放前遣散婢妾，就有理由怀疑她们不是正式的妾了。

反过来说，妾犯罪亦会连累夫君。最著名的例子是仁宗朝宰臣陈执中之妾阿张殴杀婢，言官批评执中不能"正家"，结果执中罢相。[63] 孝宗朝的安远军承宣使张子仁，"自陈失觉察外妾棰楚婢妇致死"，降一官。[64] 可见从北宋至南宋，都有夫君受妾牵连的事例。这两案都有实际的严重违法行为，不算太无的放矢，但亦有违反道德伦理便构成口实的。哲宗时宰臣韩缜被弹劾"闺门之内，悍妾贪虐，父子之间，天性疏薄，其治家如此，而能上助陛下理阴阳、顺四时，下育万物之宜乎？"结果也罢相。[65] 当然，陈执中和韩缜罢相还有其他的原因，本文要指出的是，不但妻的不良行为会影响丈夫的前程①，妾的也会，而婢的不会。所以，当妾犯事时，夫君也要告诉官府她究竟是妾还是婢，以免受牵连。

被夫君纳娶之后至离婚之前，正式的妾不得与别的男性

① 有名的例子，见《续资治通鉴长编》卷65，页1462：真宗朝的国子博士通判台州龚绶，"治家无状，不能制悍妻，准敕断离，取笑朝列，不当亲民。诏徙监场务"。

发生性行为，否则就是通奸。在这一点上，妾与妻的量刑是完全一样的，通奸者的刑罚是依照奸有夫之妇各徒二年，而不是奸无夫之妇各徒一年半。[66] 所谓把妾借给朋友生子，假如是正式的妾，便是非法（夫使妾与人通奸），假如是非正式的妾如婢，可借转雇的方式过渡，虽道德上不无可议，但未至非法。

强奸或和奸父及祖之妾，不管妾有子无子，均入十恶之内乱，有子者绞，无子者减一等成加役流三千里。[67] 曾有士大夫因此外贬并"皇恐暴卒"①。而"诸奸父、祖（所幸）女使，徒三年，非所幸者，杖一百，曾经有子，以妾论"[68]。可见妾的法律地位高于婢，婢要生子才能比附妾，而且这是修改后的条文（详见下文）。

注释

［1］宋东侠，《南宋特殊群体寡妻妾的家庭地位》，页307—308。

［2］陈鹏，《中国婚姻史稿》，页714—717。

［3］刘增贵，《魏晋南北朝时代的妾》，页9。

［4］刘增贵，《魏晋南北朝时代的妾》，页11—12。

［5］陈鹏，《中国婚姻史稿》，页705、710。

［6］吕永，《宋代的妾问题研究》，页17—26。

［7］［美］柏文莉，《宋代的家妓和妾》，页207—208。

---

① 《续资治通鉴长编》卷142，页3415。另一例见吕永，《宋代的妾问题研究》，页25，但从措辞看来，说犯者"烝其庶弟之母"而不言"奸其父妾"，那位庶弟之母可能不是正式的妾。

　　[8]王曾瑜，《宋朝阶级结构》，页505、509、510—518；戴建国，《"主仆名分"与宋代奴婢的法律地位：唐宋变革时期阶级结构研究之一》，《历史研究》2004.4，页55—73。

　　[9]《苏轼文集》卷2，页41—42。

　　[10]《宋刑统》卷12，页219—220。

　　[11]相关论文相当多，不克罗列，见张文晶，《宋代奴婢法律地位试探》，收入戴建国主编，《唐宋法律史论集》，页307—328。

　　[12][宋]徐经孙，《矩山存稿》（文渊阁四库全书）卷1，页16。

　　[13]梁庚尧，《宋代伎艺人的社会地位》，收入邓广铭、漆侠主编，《国际宋史研讨会论文集》（保定：河北大学出版社，1992），页89—99。Beverly Bossler, "Shifting Identities: Courtesans and Literati in Song China," *Harvard Journal of Asiatic Studies*, 62.1（2002），pp. 5–37.

　　[14][宋]范仲淹，《范文正公集》（四部丛刊初编）义庄规矩，页310、311。

　　[15][美]柏文莉，《宋元墓志中的"妾"》，页118。

　　[16]《宋史》卷12，页244；《续资治通鉴长编》卷189，页4563。

　　[17]吕永，《宋代的妾问题研究》，页48。纳二妾的例子见《宋史》卷477，页13836—13837；[宋]陆游，《老学庵笔记》卷4，页76。

　　[18]《宋史》卷415，页12452。

　　[19]《宋会要辑稿》帝系5，页13。

　　[20]《宋会要辑稿》帝系5，页12。

　　[21]《宋刑统》卷14，页249；卷26，页479。

　　[22]《宋会要辑稿》职官11，页33。

　　[23][宋]洪迈，《夷坚志》支志戊卷3，页1071："李妙者，

池州娼女也。……郡为落籍，许自便。后鬻吕本作'嫁'于染肆为妾。"

[24] 陈鹏，《中国婚姻史稿》，页 677 — 679。

[25] [宋] 车垓，《内外服制通释》卷 3，页 4。

[26] [元] 周密，《齐东野语》卷 20，页 374 — 376。[宋] 任广，《书叙指南》（文渊阁四库全书）卷 3，页 9。

[27]《宋会要辑稿》帝系 2，页 3；仪制 10，页 18、35。

[28] 吕永，《宋代的妾问题研究》，页 37。

[29] [宋] 叶绍翁著，沈锡麟、冯惠民点校，《四朝闻见录》（北京：中华书局，1989）丙集，页 98 — 99。

[30]《宋刑统》卷 14，页 251；对监临官枉法娶人妻妾，更以奸论，见卷 14，页 250。

[31]《宋刑统》卷 14，页 252。

[32]《宋刑统》卷 17，页 312。

[33] 刘燕俪，《唐律中的夫妻关系》，页 195 — 196。

[34] [宋] 洪迈，《夷坚志》甲志卷 3，页 22；丁志卷 11，页 631 — 632："以同官妻为妾，不能审详，其过大矣，幸无男女，于此尚敢言钱乎？"

[35] 王曾瑜，《宋朝阶级结构》，页 511 — 515。

[36] 岳纯之，《唐代民事法律制度论稿》，页 164 — 169；刘燕俪，《唐律中的夫妻关系》，页 188 — 194。

[37] 陈高华，《元代的妾和婢》，《文史知识》2008.10，页 15 — 22。

[38] Patricia Ebrey，"Concubines in Sung China," p.10.

[39]《宋刑统》卷 22，页 394。

[40]《宋刑统》卷 22，页 400 — 401。

[41] 刘燕俪，《唐律中的夫妻关系》，页 207 — 208。

[42] [宋] 魏了翁，《鹤山先生大全文集》（四部丛刊初编）

卷80，页658。学人用"庶母"二字作全文检索便可，不必赘言。

［43］［宋］朱熹，《朱文公文集》卷63，页1167、1169。

［44］［宋］魏了翁，《鹤山先生大全文集》卷109，页931。

［45］《宋刑统》卷26，页480。

［46］《宋会要辑稿》职官77，页3；礼36，页7—8；礼44，页1；职官46，页5；职官73，页2—3。《续资治通鉴长编》卷86，页1966—1967；卷208，页5048—5049；卷211，页5121；卷213，页5173—5174；卷216，页5259；［宋］邵博著，刘德权、李剑雄点校，《邵氏闻见后录》（北京：中华书局，1983）卷6，页46—47。读者用"所生母"等关键词检索电子全文数据库便可进行研究了。

［47］吕永、王进科，《宋代妾之家属身份与地位的边缘化》，页78—79、80—81；时人不同的意见，见吕永，《宋代的妾问题研究》，页29—30。

［48］［宋］文天祥，《文山先生全集》（四部丛刊初编）卷19，页388，争议见卷5，页96—97；卷10，页217—219。

［49］《宋会要辑稿》仪制10，页18。

［50］《宋会要辑稿》礼62，页85；职官77，页24—25。

［51］［宋］韩琦，《安阳集》（文渊阁四库全书）卷46，页11—12。

［52］［宋］王十朋，《梅溪王先生文集》（四部丛刊初编）后集卷25，页448。

［53］《宋会要辑稿》仪制10，页39。

［54］［宋］周煇著，刘永翔校注，《清波杂志校注》（北京：中华书局，1994）卷3，页101—102。

［55］［唐］魏征、［唐］令狐德棻著，汪绍楹点校，《隋书》（北京：中华书局，1973）卷66，页1543—1544。

［56］《宋刑统》卷1，页14。

［57］刘燕俪，《唐律中的夫妻关系》，页188—214。

［58］《宋刑统》卷22，页391—392。

［59］刘燕俪，《唐律中的夫妻关系》，页212。

［60］《宋刑统》卷3，页50—51。

［61］《宋会要辑稿》仪制8，页2。

［62］《宋会要辑稿》刑法6，页46。

［63］《续资治通鉴长编》卷177，页4296—4297。

［64］《宋会要辑稿》职官72，页10。

［65］《续资治通鉴长编》卷373，页9046；卷374，页9053。

［66］《宋刑统》卷26，页478："妻、妾罪等。"

［67］《宋刑统》卷1，页14："内乱：（奸）父祖妾及与和者。议曰：父祖妾者，有子、无子，并同。"

［68］《庆元条法事类》卷80，页920。

第三章
妾与婢混淆的原因

既然妾和婢在礼和法等方面都有泾渭分明的大异之处，为何还会产生混淆呢？我们可从三方面说明：一是大异之中确有小同；二是名称被混用，这也许是随第一点而来的；三是妾、婢中间层"妾婢"或"婢妾"的存在。

一、大异之中的小同

第一，不少妾与婢有着相同的来源，例如都是穷民和难民。

第二，取得她们的主要方式亦相同，即通过牙人的中介和订约，虽然所订的约大有不同，妾的约是终身的"婚契"，婢的约是有期限的"雇契"。①

---

① 《名公书判清明集》卷10，页382—383有"官族雇妻"一案，判词说："因其贫而利其人，诱致以为婢"，是说一位破落的士大夫将妻子雇与别人为"婢"，所立者即"雇契"。吕永，《宋代的妾问题研究》，页8误婢为妾，程郁，《宋代的蓄妾习俗及有关法规考察》，页286亦然。

第三，她们都是"买"来的，即由夫君单方面付出聘金和雇资。

第四，她们大都是良人，不再是良贱有别。在唐代，"妾者，娶良人为之"，而婢女很多是贱民，必须经过放良的手续，才能成为主人的妾。[1] 到了宋代，婢女大都是良人，不必放良便可直接成为妾。两者之间既然没有了放良的关卡，便容易造成妾与婢的混称，但这不应被视为妾地位的下降，只能说是让婢较容易上升为妾。父母把女儿卖身为婢，对外声称是作妾，似乎也有"地位好一些"和"面子也好一些"的心理作用。

第五，法律规定，妾与婢均不能为妻[2] ①，违者均处徒刑，如宗室赵宗景"丧其夫人，将以妾继室，先出之于外，而托为良家女且纳焉，坐夺开府（仪同三司）"，后来才特恩恢复[3]。

第六，跟妾一样，婢女必须接受主人的性要求。学人喜谈宋代的婢女解放为良人，又有契约制的保障，甚至将之比

---

① 云注：除宗室外，妻死妾摄的现象在民间普遍存在。王扬曾指出："唐宋律对缺妻条件下的以妾为妻没见明文规定。"见其《宋代女性法律地位研究》（北京：法律出版社，2015），页156。这或许是造成该现象的原因之一。

赵案：以妾摄妻事（如管家务），与以妾为妻别为二事。就像院长空缺，让副院长暂行院长事（签字、审批等），并不意味着让副院长变成院长。这跟法律"没见明文规定"无关，而是一种现实需要——总要有人操持内务。因此若妻死妾摄普遍存在，那就意味着：第一，民间普遍纳妾；第二，民间续弦较少。若然，我们要回答的问题就转换为："为何不续弦，而让妾摄妻事？"

柳答：是的。"现实需要"的例子，还有宋代官员到偏远地方任官，为安全计，有时只带妾不带妻，这时的妾，在各方面都尽着妻的责任，我们能否因此说，妾如同妻？

拟为同居的卑幼，认为是唐宋一大变革，但是有一重点却是唐宋相同的，就是婢女对自己的贞操没有自主权，且明载于礼和法。唐律及《宋刑统》均说："若婢有子及经放为良者，听为妾。议曰：婢为主所幸，因而有子，即虽无子，经放为良者，听为妾。"[4] 至迟到南宋中期，出现了"在法，雇妻与人者，同和离法"①，其实是强制丈夫与妻子离婚，以免作为婢的妻子跟主人发生性关系时，双方蒙上奸罪。②车垓《内外服制通释》指出，妾立的是婚契，婢立的是顾契（"顾"通"雇"），但"元有顾契，主人通幸为妾，不通幸为婢"[5]，这当然是理论上言，没有说通幸之后就一定要立为妾的，甚至通幸之后有子也不一定立为妾，如上文所引范氏《义庄规矩》之外及南宋《庆元条法事类》所见，即便婢女曾经有子，也不一定能上升为妾，仍然是婢，但当她被主人诸子强奸或和奸时，以妾论罪，亦即准妾；当然，准妾的身分是限于被主人诸子强奸或和奸的场合，不能一条鞭式地推及其他场合（如承受主人遗产）。无论如何，唐宋礼律都指出主人可与婢女发生性行为，婢有机会成为妾，是妾与婢容易混称的重要原因。

---

① 《名公书判清明集》卷10，页382—383。判词作者不详，只能从"丞相秀国陈公（升之），先朝实与郑国公富公（弼）并相，五传而至其孙思永，去先世盖未甚远也"来推测，陈升之下传五世，约在宁宗之时。

② 参考《元典章》卷57，页13："其妻既入典雇之家，公然得为夫妇，或为婢妾，往往又有所出。三年五年限满之日，虽曰还于本主，或典主贪爱妇之姿色，再舍钱财，或妇人恋慕主之丰足，弃嫌夫主"，并指出这是南宋风俗："南方愚民，公然受价，将妻典与他人，数年如同夫妇。"

二、名称混用：婢被泛称为妾

陈鹏先生已指出，宋人有时将婢泛称或美称为妾。[6] 柏文莉《宋代的家妓和妾》开首便引用苏轼替弟弟乳母杨氏所写墓志的一句话："先夫人之妾杨氏名金蝉"，认为"这句话无论在汉语或在英语中都令人惊讶。苏轼的母亲怎么会有妾呢？"[7] 同样，《宋史》说"（韦）太后性节俭……然好佛、老。初，高宗出使，有小妾言，见四金甲人执刀剑以绐，太后曰：我祠四圣谨甚，必其阴助"[8]。这位小妾不是高宗（时为康王）的小妾，而是生母韦后的小婢。南宋前中期的倪思（1147—1220）劝人不可随便买妾，其中一个原因是"妾既为主人所犯，必持此而与他人通"①。但假如是正式的妾，又怎会是"为主人所犯"呢？可见她不是正式的妾。这几个例子毕竟属于私人撰述或非正式场合用语，未经审定，但即使是官文书也将婢、妾混用，如大臣上奏："人臣患不节俭，今居第多逾僭，服玩奢侈，仆妾无数，宜有数制"[9]，这里的妾无疑是跟男仆对称的婢女。高宗末年，宗室赵子潚知临安府，"禁权家僦人子女为仆妾者"[10]，这里的妾跟"仆妾无数"的妾一样，是指跟男仆对称的婢女，但读来令人一头雾水，怎会有人不准有权有势之家雇用仆和妾呢？幸好《宋会要辑稿》有较清楚的记载：

---

① ［宋］倪思，《经鉏堂杂志》卷7，页97。倪思名之为《买妾家训》，一开始就说："素富贵之家蓄教声伎"，以下所说，其实是声伎，不是正式的妾。

　　知临安府赵子潇言：近来品官之家典雇女使，避免立定年限，将来父母取认，多是文约内妄作奶婆或养娘房下养女，其实为主家作奴婢役使，终身为妾，永无出期，情实可悯。望有司立法。

　　户部看详，欲将品官之家典雇女使妄作养女立契，如有违犯，其雇主并引领牙保人，并依律"不应为"（之罪），从杖八十科罪，钱不追，人还主，仍许被雇之家陈首。

　　从之。[11]

　　法律规定，雇用女使（婢女）不但要经牙人中介和订立契约，还要定出服务年限，最长十年，使之"及时婚嫁，不失人道"[12]。品官之家为了回避年限，希望女使终身服役，于是不用"女使"而用"乳母"或"养女"的名义立约，因为后者大都是终身职。当然，所雇用的女使不会因此而改变地位，故谓"其实为主家作奴婢役使，终身为妾。这里先后所说的"女使""奴婢"和"妾"，事实上是同一个人，所谓"妾"，仅是泛称的妾，其实就是女使和奴婢；假如真的由女使上升为正式的终身妾，赵子潇就不会认为是"情实可悯"了。户部的建议，就用"女使"。

　　读了这段文字，不禁觉得这位高高在上的宗室颇有人道精神，更重要的，是他不希望依赖可能因人而异（personal）的个案性（individual）解决，而是诉诸立法（legislative），建立划一和普遍性（universal）的规范，来达到长治久安。有司所立的法也相当周全，它容许女使的家人陈情自首，不追究他们参与伪造契约之罪，而且不但可得回女使，也不用归还原来收到的雇钱。雇主不但人财两空，还要杖八十（折杖后是臀杖十五下），那是"不应为"之罪的最高刑罚（最低是笞四十，折杖后是小杖八下）。[13] 有些学人喜将法、理、情分开来谈，甚至认为三者时有相冲，但从本案可知，法的背后本就具备情与理，不过是昔日之情与理不见得尽合今日的情与理而已。又有学人认为，执法者作出对弱者有利的判决，是基于同情，不是基于法律，故我们未可将其判决等同为弱者享有的正式法律保障。[14] 但由此案可知，"同情"与"依法行事"可以是同一件事，不能说以后把权势之家杖八十是出自执法者"个人"（personal）对弱者的同情，因为这是依照有司立法（legislative）亦即柏文莉所怀疑的法律规定，所作出的惩处。

读者不免好奇，既然权势之家要雇用终身服役的用人，为何只用乳母和养女的名义，却不用正式的妾的名义立约，那不是更名正言顺吗？看了上文"妾、婢岂难辨"，答案明显不过，就请读者自行回答吧，至少宋人是清楚知道，娶妾跟雇婢是两回事，等闲不会移花接木。

除了奏疏外，甚至连法律文书也会用妾来称婢。《清明集》有一南宋晚期的案例，全录如下以便分析：

　　潘富为王府之仆，挟刃以逼奸主家之妾，因奸以窃盗主家之财，罪不可胜诛矣！决脊杖二十，刺配广南远恶州军，拘锁外寨，听候押遣。喜安先系和奸，庆喜后系逼奸，并偷盗主物，喜安决脊杖十五，庆喜决脊杖十二，免编管。喜安交还王府，庆喜责还其夫，仍具先后供款，牒王府照会。其索到赃物，取王府干人交人交领状，申。①

　　被挟刃逼奸的"妾"是庆喜，究竟她是正式的妾，或仅是泛称，还是因王府的关系而被美称为妾的婢？首先，可从刑罚来看。南宋时的法律规定，人力（男仆）"奸主之亲：品官之家，缌麻、小功，加凡人一等，大功、期亲递加一等，已成并配邻州"，而凡人的刑罚是"诸强奸者……流三千里，配远恶州"[15]。假如庆喜是正式的妾，替主人服斩衰三年之丧，那么强奸她的潘富便要加凡人三等治罪，乃是死罪②，但其刑罚（盗罪与奸罪并发只罚其重者）是"决脊杖二十（即流三千里的折杖法），刺配广南远恶州军"，仅同凡人论罪，

---

　　①《名公书判清明集》卷12，页441。同书另一案亦有以妾称婢的，见卷10，页381：丈夫"称（妻）虞氏曾令妾搬去房奁器皿"。据称是宋本的《名公书判清明集》析类目录最后一项是"雇妾三条"，现存两条，即中华书局标点本卷9之"雇赁"，两条均不是妾而是女使，可见当时已用妾字来称呼女使，见《名公书判清明集》附录1，页562；卷9，页357—358。

　　②赵案：《庆元条法事类》同条规定："人力奸主，品官之家，绞。"对人力而言，妻、妾应皆为主，似乎可径用此款。又，《宋刑统》页119规定"加者，数满乃坐，又不得加至于死，本条加入死者，依本律"，因此若据柳先生的条文适用，亦恐难将潘富治以死罪，只能定流三千里。

可见庆喜不属"主之亲"，不是正式的妾，而是视同凡人的婢。其次，庆喜最后是"责还其夫"而不是交还王府，可见此夫并非王府主人，而决定是否离婚，也由其夫而非由王府。如前所述，正式的妾不得是任何人的现任妻子，故庆喜既有夫，就不可能成为王府正式的妾。①无论庆喜还是喜安，都是王府的婢而已。

元代的妾与婢较宋代更要分得清楚，因为妻所生之子可继承父产四分，妾（侧室）之子得三分，而婢之子只得一分。由此继承比例可知，元代妾的地位较近于妻而远于婢，这也许是因为元代的婢有不少是属于贱民的驱口。然而，元代亦习惯以"妾"来称婢，民间用书《新编事文类要启札青钱》

----

① 云注：上文提到"婢女必须接受主人的性要求"，且在法"雇妻与人者，同和离法"。此案中，庆喜既有夫，又是王府的婢，这是否违反了法律的规定？庆喜在受雇前是否已与丈夫和离？聂雯认为婢女有已婚和未婚之分，而真正接受主人性要求的似乎只有妾与婢的中间层"妾婢"，且"雇妻与人者"的"雇"应不是一般的雇佣关系，而是"雇卖"，见其《书评：柳立言〈宋代的宗教、身分与司法〉》，收入包伟民、刘后滨主编，《唐宋历史评论》（第九辑）（北京：社会科学文献出版社，2022），页316。

赵案：或是南宋中期立法后，又有修改；又或如滋贺秀三等争论女子分法的性质一样，所谓"在法"云云并非实指国家法律。

柳答：岛田和滋贺等人认为，"所谓'在法'云云并非实指国家法律"，但他们因各种原因，如下笔时未能看到今本《清明集》的更多案例，所以没有解释，为何时间不同、地点不同、执法者不同，实时、地、人都不同，但其判决大致上都用了"未婚女得男之半"的分产比例而不用其他比例，故愚见认为此法在南宋时已从地方法发展为国家法。其实南宋之"全国"就只有南方，也许北宋时期的南方习惯法和地方法较易得到南宋朝廷接受为国家法以适应现实，而南宋愈到中晚期，立法者就愈多土生土长的南方人，不赘。记得在其他一二案例里，也有男二女一的判决，当时我很高兴地写下"这是另一种女得男之半"字样。反问各位读者，如要确定"雇妻与人者，同和离法"是不是国家法律，应如何入手？

就时常把妾与婢合在一起，引起学人的混淆，例如该书《后集》之"委置侍妾"条说：

> 偶欲得一针线饮食之妾，仙里商贩所集，计必有此，倘蒙引进为感。
>
> 答：承谕置宠，已即扣之侩者，云：日来殊少，雇直稍高，有可意者，即遣诣盛宅。[16]

乍看之下，征求的既是"妾"，回答又说是"置宠"，当属妾无疑，但同书"置宠"项下，就是将妾与婢混在一起，共有六种名称：抱衾、炊爨、女厮、拂枕、赤脚、贱妾，每一个名称下面的解释，都离不开"婢"的字或意。如"贱妾"之下说："同前，言'婢使'曰（贱妾）"①，亦即"贱妾"其实是"婢使"，竟同属主人所置之"宠"。上引征人启事所要聘请的"针线饮食之妾"，无疑较接近"置宠"项下的"炊爨"，分明是"婢使"，但在启事里竟称为"妾"。客人称主人的仆婢为"盛宠""盛仆""盛干""盛佃"，与之相对，主人称他们为"贱妾""家僮""小厮""干者""佃客"等，有些在宋代已经应用。②细心的读者未免疑惑，为何没有婢女？答

---

① 不著人，《新编事文类要启札青钱》后集卷2，页194。又见续集卷4，页364，亦是将小妻、如夫人、嬖妾、朝云妾这四种较接近妾的名称，跟女工和青衣较接近婢的名称，统统放在"宠妾"名下。

② 不著人，《新编事文类要启札青钱》前集卷10，页150。有些在宋代已应用，如［宋］陈叔方，《颍川语小》卷上，页14："仆妾称盛宠盛纲之类，传习已深，不觉其谬，亦不可得而革矣。"

案应就是婢女与"贱妾"合而为一，即以贱妾泛称婢女了。最有趣的莫过于下面这一贺一答：

> 贺人置宠：剩倾珠斛，荣置玉姬。伏想皓齿细腰，繁弦脆管，无非真乐，殊伸羡言。
>
> 答：兹求赤脚，不过效樵爨之职。乃蒙遗书，褒拂过实，益重揀惶。[17]

贺者以为主人以千金买得美人归，尽享声色之乐，而主人答以所买者不过是斩柴烧饭之老妪（赤脚）。为何有此美丽的误会，一是由于妾、婢不分；二是由于妾婢的种类众多，性质不同，如抱衾与拂枕似为房事婢女，而炊爨、女厮和赤脚似为杂务婢女，贺者一如今日之学人，若不加细究，乃易张冠李戴。由此亦可知，众婢之中，有些如抱衾与拂枕等，根本就在执行妾的工作，乃造成妾婢的混为一体。

三、妾与婢的中间层：有雇期的妾婢

婢与妾连称为"婢妾"或"妾婢"，在唐以前已出现，陈鹏先生认为"其身份实低于妾"[18]。刘增贵研究魏晋南北朝时代的妾，指出："'妓妾'一词，不见于汉，但却常见于此时。……她们除歌舞外也侍寝，地位较正式的妾稍低，但较婢为高。……妾具有正式名分，妓则有子才能取得妾的地位，有时亦泛称为妾。"[19] 这是值得我们沿用的看法，可看到在正式的妾与婢之间有一中间层，其地位徘徊于妾与婢之间，有子之时可能较接近妾的地位，甚至被主人纳为正式的妾，无子之时则较接近婢，但有时泛称为妾。这种情况其实一直继续到宋代，也成为妾与婢混称的一个主要原因。史料有时明确将她们称为"妾婢""妾使""妓妾""婢妾""侍妾""侍婢"不等（以下一律用"妾婢"），有时却单称为"妾"或"姬"，有时又单称为"婢"，稍一不慎，便会把她们当作一般的女使或正式的妾来分析。

我们先看两则北宋的故事。《宋史》记载，五代至北宋时期：

> （王）晏（890—966）为军校，与平陆人王兴善，其妻亦相为娣姒。晏既贵，乃薄兴，兴不能平。晏妻病，兴语人曰："吾能治之。"晏遽访兴，兴曰："我非能医，但以公在陕时，止一妻，今妓妾甚众，得非待糟糠之薄，致夫人怏怏成疾耶？若能斥去女侍，夫人之疾可立愈。"晏以为谤己，乃诬以他事，悉案诛其夫妻。[20]

前称"妓妾"，后称"女侍"，可见从宋代开始，就跟魏晋南北朝一样，一家之中，有介乎妾与婢的中间层，人数可以"甚众"，自然不可能人人都得宠，有些只是婢而已。

另一则故事经常被引用，约在太宗和真宗之世：

> 张咏（946—1015）知益州，单骑赴任，是时一府

> 官属，惮张之严峻，莫敢蓄婢使者。张不欲绝人情，遂
> 自买一婢，以侍巾帻，自此官属稍稍置姬属矣。张在蜀
> 四年，被召还阙，呼婢父母，出赀以嫁之，仍处女也。①

最有趣的问题就是官属因为惧怕张咏严峻而不敢蓄置的"婢使"和"姬属"究竟是什么身分？我们再用上述的选择题排除研究法。这问题的答案只有三种可能：一是正式的妾，但看来不是，因为法律规定，"诸监临之官，娶所监临女为妾者，杖一百；若为亲属娶者，亦如之"，又说："诸州、县官人在任之日，不得共部下百姓交婚，违者，虽会赦，仍离之。"[21] 故外来官员不会娶正式的妾，而对本地官员来说，娶妾是礼法所容许，实无惧怕之理。二是一般的女仆，看来更不是，因为士大夫家中用女仆乃甚为正常的事，照顾女眷亦非用女仆不可，故招请女仆不会引起张咏的不满。三是上述妾与婢的中间层，即妾婢，可说是唯一的可能，而张咏所买的"婢"，其实也是妾婢，因为假如是一般的女仆，他的下属看了，又岂敢放胆去置"姬属"？正因为是妾婢，风俗习惯上可以发生性行为，而张咏四年来从未有之，该女离开时仍是处女，故传为美谈。所以史料里先后出现的三个称谓：婢使、婢、姬属，其实是指同一种女子，假如三个称谓单独出现，

---

① ［宋］魏泰著，李裕民点校，《东轩笔录》(北京：中华书局，1983)卷10，页110。在真实故事里，张咏在筵席间看到能歌善舞貌美如花的名妓小英，惊为天人，送词一首，中有"人看小英心不足，我看小英心本足"句，亦可看到张咏发乎情止乎礼义的一面，见［宋］张咏著，张其凡整理，《张乖崖集》(北京：中华书局，2000)卷2，页20。

实在很难分清是婢还是姬。张咏后继有人，南宋初年，沈姓官员"方售一妾，年十七八，携与俱行，处筠（州）凡七年。既归，呼妾父母，以女归之，犹处子，时人以比张忠定公咏"。这位妾是正式的吗？一位士大夫献诗说："昔年单骑向筠州，觅得歌姬共远游。"[22] 可见这位十七八岁的妾其实也是伎妾（歌姬）或妾婢。总之，属于妾婢的姬属有时是被称为婢或婢使的，假如把她们当作一般的女仆来研究，便会觉得妾与婢似乎是一样了。

我们再看两则南宋的故事来反映两宋都有同样的情况。约在南宋前期：

> 罗点春伯为浙西仓摄平江府，忽有故主讼其逐仆欠钱者，究问虽得实，而仆黠甚，反欲污其主，乃自陈尝与主馈之姬通，既而物色，则无有也。于是遂令仆自供奸状，甚详，因判云："仆既欠主人之钱，又且污染其婢，事之有无虽未可知，然其自供罪状已明，合从奸罪定断，徒配施行。所有女使，候主人有词日根究"。闻者无不快之。[23]

罗点（字春伯，1150—1194）单凭口供断罪，不问事之有无，于今日诚难以想象，于当日则闻者快之，可见百姓有时愿意牺牲法律之程序正义来谋求实质正义。我们应注意的，自是史料里"姬""婢"和"女使"的关系：三者实是同一个人，但究竟是姬妾还是女仆？从"欲污其主"和"主馈"来看，自属关系亲密之妾婢，而非一般女仆，否则不足以让昔日的主人戴上绿帽子。既然是妾婢，又何以贬称为女使？个人认为，"姬"字是用来表达妾婢跟主人的亲密关系，"婢"或"女使"则用来陈述她的法律地位。

另一则故事说舒从义"新置美妾，甚嬖之，妻颇嫌忌，思所以去之"，最后得逞，用计使丈夫把美妾送给了孙绍远，但孙"相待只如庖婢"，还因误会她擅离职守，把她送到官府，要求行罚，使她差点便受到杖责。故事前面用"美妾"称之，反映她跟主人的亲密关系，亦即主妇嫌忌之由，后面用"庖婢"，却正可反映她的法律地位，不过是婢，故可送官究治，也符合宋代"不得私自棰挞奴婢"的规定。[24]也因她的法律身分是婢，原来的雇主才能把她免费转雇给朋友使用①，若学人把她当作正式的妾，就不免得出妾可转雇和可送到官府受罚的结论了。

袁采专门写给"中人以下"参考的《袁氏世范》多次提到"婢妾"，但指涉并不完全相同。"人有正室妒忌，而于别宅置婢妾者"，所指应是接近姬属；"夫置婢妾，教之歌舞，或使侑樽以为宾客之欢，切不可蓄姿貌黠慧过人者，虑有恶客起觊觎之心……苟势可以临我则无不至，绿珠之事，在古

---

① [宋]洪迈，《夷坚志》补卷卷8，页1620—1621记载，吴宅因故释出三妾，其中一位年轻有乐艺，但只售八十贯，因为她跟吴宅的契约"受雇垂满，但可补半年"。新雇主付钱后，"怀吴氏券与妾归"。这即属转雇，而新的雇期，既有吴宅剩下的雇期(根据吴氏券)，又加上新的半年。为何只有半年？因为转雇是采取累积的计算方法，例如聘期最长是五年，她已累积工作四年，转雇便只能雇余下的一年，约满她便可离开。

所鉴，近世亦多有之，不欲指言其名"[25]，所指就是刘增贵所说的妓妾；这两处的婢妾还大致相同。但是，袁采又说："或有婢妾无父子兄弟可依，仆隶无家可归，念其有劳，不可不养者，当令预经邻保自言，并陈于官，或预为之择其配，婢使之嫁，仆使之娶，皆可绝他日意外之患也。"[26] 在这里，"婢妾"与"仆隶"对举，又谓其"有劳，不可不养"，都视之如女仆，后来说"婢使之嫁，仆使之娶"，更是将前面说的"婢妾"简称为"婢"，与"仆"对应。《清明集》有一案件的题名是"诱人婢妾雇卖"，这位被雇卖的某人"婢妾"，在判词里前后出现五次，四次被称为"女使"，一次为"奴婢"，可见其法律地位仅是女使和婢，不是妾。①由是言之，无论是姬属、伎妾，还是妾婢，特别是没有生子者，她们的地位接近婢女多于接近正式的妾，故有时简称为婢。此外，从"以人之女为婢，年满而送还其父母"[27]，却"无父子兄弟可依……无家可归"来看，妾婢所签的，是有期限的契约，期满可以归家，与正式的妾有很大的不同。

学人提到纳妾的契约化时，时常以银花为例，它的确是目前发现最完整的个案，由银花的主人以编年体的方式亲笔写下，有助我们理解婢是如何转为所谓"妾"的。银花本姓何，主人是协助韩侂胄发动庆元党禁的翰林院祭酒高文虎，在庆元六年约六十七岁左右得到银花，之后宠爱有加。转载

①《名公书判清明集》卷12，页451。程郁，《宋代的蓄妾习俗及有关法规考察》，页293—294说是"将人家女使典卖为妾"，实在看不出来是妾。

此事的周密称她为"妾",而高文虎本人称她为"妾婢",究竟她是什么身分?其实她不是正式的妾,只是"妾婢"。假如她是正式的妾,高文虎岂会加一个"婢"字来称呼她?高文虎说:"余丧偶二十七年,儿女自幼至长大,恐疏远他,照管不到,更不再娶,亦不蓄妾婢,至此始有银花,至今只有一人耳。"以文虎的身分地位,家里不可能没有婢仆,亦不可能只有一名婢仆,故所谓"不蓄妾婢"的妾婢,不是指婢,而是指非正式的妾,而"至今只有一人",就是说银花是目前唯一的非正式的妾,不是唯一的女仆。但是,文虎又怎会把自己的宠妾贬称为"妾婢"呢?也许"妾婢"一词正可忠实反映银花的地位,就是介乎妾与婢之间,法律地位属于婢,与雇主签订有期限的雇约[1],但既执行婢,也执行妾的工作,工资或身钱也较婢为高,有可能成为正式的妾,没有的话,约满便可离开,幸运的话可能拿到一笔额外的赏赐当作嫁妆。我们可从两方面来观察:她的工作内容和她的工作收入。

就银花的工作内容来说,她原来是接近刘增贵所说的伎妾。一开始让文虎动心雇用她的,正是她的伎艺,她"善小唱嘌唱,凡唱得五百余曲,又善双韵,弹得五六十套"。但进入高家之后,她的工作就不止弹唱,而接近贴身丫嬛或护理:"银花专心供应汤药,收拾缄护,检视早晚点心,二膳亦多自烹饪,妙于调腼。缝补、浆洗、烘焙,替换衣服,时其寒暖

---

① 王曾瑜根据银花的工资是"身子钱",将她归入"女使",见其《宋朝阶级结构》,页512。

之节，夜亦如之。……亦颇识字，助余看书检阅，能对书札。"后来文虎就带她游山玩水，"同往新安，供事三年，登城亭，览溪山，日日陪侍，余甚适也。既同归越，入新宅次家"。这真是"婢"与"妾"兼而有之：缝补浆洗等可说是婢的工作，而同往新安以至同返越州的新家等，可说是得到妾的待遇，而且文虎自谓"衰老，多小小痰嗽，或不得睡，（银花）即径起，在地扇风炉、趣汤瓶，煎点汤药以进"，看来银花是有侍寝的，至少就睡在附近，但他们始终没有子女。

那么银花的收入如何？最初三年的契约，每个月给米一斛。以一斛十斗算（南宋末年曾减为五斗），十斗共一百升，宋代平均每人一日需米二升，故百升可吃五十天，约可供应银花二位家人一个月之需。以银花能歌善弹的才能，身资不算特别高，只算中级的婢。三年约满，银花的母亲到高家索女，但银花愿意"一意奉侍内翰，亦不愿（增）加身钱"。如是又三年，合计已六年，银花的母亲又前来，这次议约有些特别，文虎"约以每年与钱百千，以代加年之直"，即回溯从第四年或从第二次合约起算，每年一百贯（或缗），每月平均8.33贯，可购米四斛（或石）左右[28]，较第一次合约增加三倍（即原来的四倍），但银花一直没有领走。如此又五年，银花侍奉文虎已前后十一年（1200—1210），但只拿了前三年的工资，其余八年的，现在却出了点问题。文虎跟儿子有些财务纠纷，而银花虽然愿意留在高家，甚至替文虎守"盼盼燕子楼之志，而势亦不容留"，必须离开高家，文虎恐怕银花拿不到工资，便算了一次总账："官会一千八十贯，除还八年逐年身钱之外，余二百八十贯，还房卧钱。……余谓服事七十七岁老人凡十一年……十一年间看承谨细，不曾有病伏枕，姑以千缗为奁具之资，亦未为过。"高文虎一共打算给银花一千零八十贯，其中八百贯是八年所积欠的工资，另二百八十贯以"偿还房卧钱"的名目，给银花作为嫁妆。文虎还声明："银花自到宅，即不曾与宅库有分文交涉，及妾有支用。遇寒暑，本房买些衣着及染物，余判单子付宅库正行支破，银花即无分毫干预，他日或有忌嫉之辈，辄妄有兴词，仰将此示之。"① 这声明是说，银花除了工资及衣物杂用之外，十一年来没有多拿一分钱。

从待遇的改善和工资的增加来看，都可看到银花地位的逐渐转变。银花以才艺初入高家，工资仅及中级的婢，但她是专属于主人的私婢，不是全家的家婢，她的工作对象只有主人一人，几乎是全天侍候，不及他的家人。她订了三年的雇约，假如主人不满意，约满便不续约，她对主人不满，亦可约满离去，这完全是雇婢的方式。银花表现良好，主人十分满意，基本工资增为四倍，也被待之如妾，一起游山玩水，雇约也一再延续。与之相应，银花以唐代由妓转妾并为夫守志最后绝食的关盼盼自期，而主人愿意多付一份"房卧钱"，颇能反映她在执行妾的工作。但是，她没有生子，主人也没有把她纳为正式的妾，而是继续以有限期的雇约来维持双方

---

① ［元］周密，《癸辛杂识》别集下，页272—274。吕永，《宋代的妾问题研究》，页10—11认为妾价一般在一百钱至十万钱，可见银花多年工作的总收入，达到了最高的妾价。

的关系。银花的收入，亦应根据雇约，假如超出雇约所订，便可能引来怀疑，故文虎一再澄清她十一年来只拿了约定的工资。最后银花选择离开，文虎赠以工资以外的嫁妆，并清楚写明。

假如主人要把银花从妾婢转变为正式的妾，就要将有限期的雇约改换为终身的婚契。跟高文虎同时代的另一位士大夫方回，"得一小婢曰半细，曲意奉之。……未几，此婢（约）满，求归母家，拳拳不忍舍，以善价取之以归"[29]，即把有限期雇约变为终身约，身分也当由婢变为终身的妾，中间应有娶或嫁的手续如订立婚契。《清明集》有一案件名为"假为弟命继为词欲诬赖其堂弟财物"：王平是王方亲弟，身无长物，受雇于堂弟王子才。王平死而无后，王方告官，谓要替弟弟树立继承人，但弟弟的遗产被王子才占去，要求官府传唤王平的妾使红梅，追回遗产。官府查出王方的说辞漏洞百出，"王方无可抵争，往往力于攻一妾使红梅，且曰红梅一出，则干照具白，此妾不出，虽千言亦难凭据"[30]。看来红梅深得王平宠信，始能熟悉王平家产的来龙去脉。官府只得传唤红梅，"唤上王方指认，当官又复无语。乃以红梅即不曾嫁，必置之狱，始见情节"。就是说红梅的供词不利于王方，王方就指出她"不曾嫁"给王平，要求官府把她关起来逼供。官府反驳说："不思有无财本，全凭王平之生前干照，何关于红梅之嫁未嫁邪？"王方大抵以为，正式的妾对亡夫遗产享有一些权益，假如红梅是妾，便会供称王平有遗产，证实他的说辞，现在红梅不肯说王平有遗产，戳破了他的说辞，他就指出红梅不是正式的妾，不能承受遗产，故说没有遗产。由此可知，红梅未嫁之前只是妾婢，嫁了之后才是正式的妾，两者的分野就在"嫁未嫁"。

综合上述，妾婢有几个特点：

其一，她签订的是有年限的雇约，约满可以离开，这是跟婢一样的，也决定了她的法律地位不可能是妾。《夷坚志》一则南宋初年的故事说：有一寡妇携两幼女再嫁，两女"稍长，（继父）悉售之为人妾。次者入湘阴赵主簿家，岁满不得归，继父死，厥母经官取之。方在赵（家）时，为主簿之子所私，虽已出，犹窃诣之弗已。……诞一男，方道本始，盖赵生之子"[31]。第一，所谓"售"，其实没有卖断，仅是"赁"，属有限期雇约，才会"岁满不得归"。第二，雇约期满不得归，妾之家人可凭官司取回女儿。第三，此妾恐怕不是赵主簿个人的妾婢而仅是家婢，故赵之子与其私通生子，并无受到世间的处罚或《夷坚志》喜谈的报应式处罚。

其二，她按照雇约领得固定的工资，假如所得超过这份工资，便可能招来怀疑，惹起官司，但假如她拿不到主人承诺的工资和赏赐，她或她的家人亦可诉诸官司，这也是高文虎详细写下银花故事并最后画押的重要原因："若遇明正官司，必鉴其事情。"雇佣双方以打官司来解决薪资纠纷，也是接近婢的。

其三，她是专属主人的私婢，不是家婢，这是较接近妾的私人化性质，《夷坚志》有一则故事颇能透露此讯息。"李妹者，长安女倡也。家甚贫，年未笄，母以售于宗室四王宫为同州节度之妾，才得钱十万。王宠嬖专房。渐长，益美，善歌舞，能祗事王意。一日（王）忤旨，命车载之戚里龙州刺史张侯别第。"①由倡女、未及笄，及王爷遭遣时把李妹送给他人照顾等事可知，李妹只是妾婢，不是正式的妾，因为宗室纳倡为妾是违法，娶未及笄的女性亦是违法，在受到遣谪时把妾送走不随行也是违法。由"善歌舞"来看，李妹属于伎妾，却是"宠嬖专房"，只侍候王爷一人。后来当张侯侵犯李妹时，李妹说："同州性严忌，虽亲子弟犹不得见妹之面。偶因微遣，暂托于君侯……愿速斩妹头送同州"，最后自缢。所谓"虽亲子弟犹不得见妹之面"，就是父亲独享之意。

其四，她既执行婢也执行妾的工作，例如每天睡在主人旁边，但正如上文所说，婢也不能拒绝主人的性要求，故这点是妾与婢共同之处，但毕竟较接近妾。

其五，由于她有可能被上升为妾，故在雇用时可能便要知道她的姓以免同姓为婚，甚至还要知道她是否为别人的妻妾。神宗时，百姓傅泽之妻以丈夫外出不知消息，请求改嫁，官司照准，实际上是违法（可能未达外出三年不归的条件），而判官稍后将之"宛转顾（雇）买"为婢，事发后被言官弹劾调职。②由请求"改嫁"变为"雇买为婢"，可能就是"妾婢"，所以要替她先办好离婚，否则若只是一般的女仆，自可

<hr />

① ［宋］洪迈，《夷坚志》三志己卷1，页1309—1310。［宋］倪思，《经鉏堂杂志》卷7，页95："其父既有声伎，必防子弟侵盗。"
② 《宋会要辑稿》职官61，页40。又见刑法4，页12："诱虎翼兵士妻佣雇得钱，法当徒一年半。"

雇用别人之妻。《袁氏世范》一再告诫主人"雇婢仆要牙保分明""买婢妾当询来历"及"买婢妾须问其应典卖不应典卖，如不应典卖，则不可成契"等[32]，其中一个原因，当是害怕买到别人的现任妻或妾。一位医官要雇"侍婢"，却误买他人之妻，发觉后，"诟责之曰：去年买汝时，汝本无夫，有契约牙侩可验，何敢尔！"[33]可见在订约时就要清楚说明她是否有夫，这是接近妾的。

其六，她有时被称为"妾"，有时被称为"婢"，但就第一点来说，她的法律地位毕竟是婢，因为她只有雇契没有婚契，无法享受法律对婚娶的各种保障，例如禁止转卖、转嫁和交换等，当然她也不必负上法律责任如替主人服丧和受株连等。

简言之，妾婢就是私人化的婢女，她或被要求执行妾的工作，但只享有婢的法律地位。当强调她的工作或跟主人的私人关系时，可称之为妾（例如周密称银花为妾，是强调她跟高文虎的亲密关系），当强调她的法律地位时，乃称之为婢（例如高文虎称银花为妾婢，是强调她作为有限期雇婢，根据契约所应获得的合法工资），这可作为阅读的一条线索，有时或可分辨出她在史料里究竟是何方神圣。①当然，这不是唯一的线索，还要配合其他，有时也确是分辨不来，遇到这种情

---

① 《宋史》卷248，页8779—8780说驸马王诜"不矜细行，至与妾奸(公)主旁。妾数抵戾主。……(神宗)帝命穷治，杖八妾以配兵"，而《续资治通鉴长编》卷304，页7408谓"诜侍主疾，与婢奸主旁，婢数抵戾主……上命有司穷治，婢八人皆决杖，配窑务、车营兵"。究竟是妾、妾婢还是婢，读者不妨自行判断。

况，最好不要将之用于重要的论证。

妾婢从魏晋南北朝出现，一直继续到宋，自然有其不衰的理由。纳妾的一个重要目的是传宗接代，但这是没有完全把握的事，与其出现无子的妾，而且可能不止一个，不如先以妾婢的身分买入，有子之后再考虑是否升为正式的妾，无子的就可能"逐去"[34]。柏文莉指出，元代吴越有雇用"宜妇"的习俗，即雇用女子一至两年，作用就是生子，生子之后，女子便回到父母家中等候下一次的受雇[35]，这与雇妾婢的一个目的其实大同小异，尤其是能力不足以养正式的妾但又无后的家庭，雇用有限期的妾婢不失为一条出路。此外，人之多欲，与婢发生性行为固然是礼法所容许，但毕竟是夺人贞操，史料里也赞扬不侵犯婢女甚至婢妾的士大夫（如上述的张咏和沈某）①，故买妾婢来发生性行为，至少较跟婢女来得光明正大，这当然也是一种纵欲，这也许才是柏文莉所说的，"南宋之时——特别是那些道学家作者——更明确地昭示不纳妾是一种高尚的德行"②。我们知道，道学泰斗朱熹是纳妾的，还跟弟子说："有妻有妾，方始成个家。"[36]他们所反对的，应是妾婢，不是正式的妾。

---

① 答应女父不以"姬妾"待之而最终发生性行为，被认为"为义不终"的例子，见［宋］洪迈，《夷坚志》乙志卷2，页195—196；［宋］倪思，《经鉏堂杂志》卷7，页96。

② ［美］柏文莉，《宋元墓志中的"妾"》，页116。刘祥光以《夷坚志》为出发点，认为洪迈"暗示读者娶妾是件危险的事"，又以《袁氏世范》为出发点，认为"在袁采看来，纳妾是男性情欲发作的结果"。其实就刘氏所引《夷坚志》数例和《袁氏世范》来看，都是指妾婢而非正式的妾，见其《婢妾、女鬼和宋代士人的焦虑》，页48—53。

必须指出，法律上只有妾与婢，没有"妾婢"的名目。当妾婢发生官司时，司法者在理论上应按照婢的条文来审判，但实际上可能采用轻重相明的方式，在轻于妾而重于婢之间，处理妾婢的责任和权利，这是值得进一步研究的，以下仅是一点推敲，希望引起学人留意。

假如因为妾婢的流行，政府创立一些新的法令来加以规范，这些法令应如何归类？是放入妾还是婢的名下？妻和妾的身分来源都是婚姻，故妻和妾在法典里往往相提并论，而妾婢的身分来源毕竟是职业（有限期雇约）而非婚姻（终身婚契），故除非在法律上新立妾婢的名目，否则新法令出现后，理应归类到婢而非妾的名下，因为婢的身分来源也是职业（有限期雇约）。针对跟婢通奸（和奸而非强奸）的刑罚，我们将10世纪《宋刑统》承袭唐代的旧法跟13世纪《庆元条法事类》的新法比较如下，新的部分用下划线标出：

宋初《宋刑统》	宋末《庆元条法事类》
奸父祖所幸婢,减(绞)二等,合徒三年。	奸父祖(所幸)女使,徒三年;非所幸者,杖一百。 (所幸者无子,徒三年;)曾经有子,以妾论,罪至死者,奏裁。
不限有子、无子、得罪并同(合徒三年)。[37]	奸别房及异居亲(所幸)女使,以凡(人)论(徒一年半),别房非所幸者,杖八十。[38]

毫无疑问，针对同样的情况，《庆元条法事类》较《宋刑统》的处罚严厉许多，以至出现"罪至死者"。我们要解释的，是两者为何出现这样大的"差异"？立即想到的答案，自

是良贱之别，即宋初沿用唐律，视婢如贱民，而宋末的婢就大都是良民了，故《庆元条法事类》加大了对良民的保障。①但这答案完全不能解释为何同是良民的婢，在宋末却有"徒三年"和"杖一百"，及"徒三年"和"罪至死"的差别，故回答的重点，仍应放在"所幸""非所幸"和"无子""有子"。在尝试回答之前，必须重申，当事人是婢或女使，父祖不曾因为她有子而把她升为妾，否则就不会有"以妾论"三个字了。

两条律文有两处很大的不同：一是《宋刑统》没有奸父祖"非所幸"婢之罪，《庆元条法事类》增加为杖一百；二是《宋刑统》不分婢之有子无子，均徒三年，《庆元条法事类》加以分别，凡奸父祖所幸之婢而该婢无子，照旧徒三年，如该婢有子，虽仍是婢的身分，但"以妾论"，处以流三千里（若依无子之妾论罪）至绞杀（若依有子之妾论罪），后者要奏裁。"以妾论"是否如同奸正式的妾，入十恶之内乱，律文不详。②官员犯奸就要免官，如更入十恶，还要除名。[39]

---

① 赵案：此"奸"乃是和奸，婢是自愿的；若此时立法已规定雇佣时婢要与其夫和离，那么被侵犯的法益也不涉及其夫，这就与"保障良民"无关。

柳答："保障良民"是某位学人的意见，姑讳其名。跟您一样，我不以为然，故随即说"这答案完全不能解释……"

② 相关刑罚的律文有二：一是《宋刑统》卷26，页479："诸奸父祖妾谓曾经有父祖子者……绞。……疏议曰：奸父祖妾……其无子者，即准上文'妾减一等'，（流三千里）。"二是《宋刑统》卷1，页14十恶之"内乱"注云：（奸）父祖妾及与和（和奸）者。议曰：父祖妾者，有子、无子，并同"。

赵案：《宋刑统》页115规定"称'以枉法论''以盗论'之类，皆与真犯同。议曰：……所犯并与真枉法、真盗同，其除、免、倍赃悉依正犯"，若比引此条，或许"以妾论"亦应与真妾同。

最令人感到好奇的，首先是父祖的婢，未经父祖临幸，子孙与之和奸，子孙便要杖一百，较之与一般女性和奸要徒一年半（无夫奸）至两年（有夫奸）当然是轻很多，但与旧律相较则是从无罪变为有罪，应如何解释？为何与一个不曾跟父祖发生关系的婢女有性行为便要受罚？以下使用比较的方法尝试回答，所说的婢，自一律是父祖"非所幸者"：

> 子孙与自己的婢发生性行为，不构成奸罪；
> 子孙与一般家婢发生性行为，不构成奸罪；
> 子孙与父祖之婢发生性行为，杖一百。

由此可见，第三位婢女应是父祖专属之婢而不是侍候众多家人的一般家婢，否则就同居共财的家庭制度来说，父祖作为家长，法律上是以他的名义来雇用和支付所有的婢，合家各房之婢都可视为父祖之婢，则子孙根本不能跟家内任何的婢（包括他自己的婢）发生性行为了。这种专属父祖本人或本房之婢，跟父祖的关系应较亲密，好像银花一样，属于妾婢，但因各种原因（如尚属年幼），并未跟父祖发生性关系，子孙若敢染指，便要杖一百。同样，别房之女使，也是专属该房之女使，不是各房共享之女使，故也要处罚。

其次，改变相当大的，是奸父祖有子之婢的刑罚，由以婢论罪改为以妾论罪，由徒三年增加三等变为流三千里或增加五等变为绞杀，大抵也是因为这婢不是一般的婢，而是父祖专属的妾婢，故虽然没有成为正式的妾，甚至所生子已经不在，也"以妾论"了。

南宋前中期的倪思说："其父既有声伎，必防子弟侵盗，若隔绝屏居，父子之情次不相通，若其共居，妾方慕少，子弟不知礼法，必为诱陷，以致乱伦。又有父在，其子不能堪，特以父故隐忍，至父殁，子必痛治其妾，妾知其家隐匿，投牒论讼者多矣。"[40] 所谓声伎，应就是专属父亲的妾婢，不是正式的妾，故儿子才敢伺机加以痛治，而妾婢也敢于揭发主家的隐事。她们虽非正式的妾，但父子共之，在倪思眼中仍属乱伦，只是他认为妾是主动者。

根据上述的推测，《宋刑统》针对的婢，主要是一般的婢，或者可以说，宋初对一般的婢和妾婢是一视同仁的，在刑罚上没有差异。《庆元条法事类》针对的婢，表面上仍是一般的婢，但似乎已有区别一般的婢和父祖专属的婢（妾婢），后者即使尚未被父祖临幸，子孙与之和奸，也要杖一百，假如她曾为父祖生子，便视同正式的妾，子孙可能被判绞罪。也许可以说，对这种介乎妾与婢的妾婢，宋代较前代不同之处，是从法律上加强对她们性关系的约束，但若从她们是女性和往往处于弱势的角度来看，也未尝不是对她们的保障，亦即法律增修条文所针对的，其实是想跟她们发生性行为的男性。

至于这些新修条文能否适用于一般的婢而非专属父祖的婢，大抵要看司法者的轻重相明了。《宋刑统》似乎较重视婢与父祖的形式关系（formalism），没有被父祖升为妾的婢，即使已经有子，法律身分仍是婢，不能视为妾，而《庆元条法事类》似乎较重视婢跟父祖的实质关系（realism），没有被父祖升为妾的婢，有些是较被善待如妾的，虽未临幸，子孙也不得染指，有些曾经生子，更是"以妾论"。相信坚持形式主义的法官，跟采用实质主义的法官旗鼓相当，研究者不必强行统一了。总之，同事异判的原因有很多，法律条文本身的两可性或弹性就是其中之一。

《庆元条法事类》的规定似乎在北宋时已经产生。仁宗景祐四年，洪州别驾王蒙正诬赖"父婢"霍氏与亡父所生子为异姓（即非其父所生），意图否认其遗产继承人的身分。霍氏远赴京师挝登闻鼓投诉，朝廷下令地方追究，发现蒙正与霍氏曾经私通，乃将蒙正除名，配广南编管，永不录用。①从刑罚来看，自是超过《宋刑统》之徒三年而类似《庆元条法事类》之"以妾论"：如依照奸有子之妾论罪，本应处以绞刑，现减一等为流配，但同时除名。②此案还有一点值得留意，是

---

① 《续资治通鉴长编》卷120，页2820。另一案例见［宋］苏辙著，俞宗宪点校，《龙川略志》（北京：中华书局，1982）卷4，页20，与亡父之妾通奸的士大夫依律应处绞刑，最后被刺配海岛。还有一个除名和编管的例子发生在南宋初年，见［宋］李心传，《建炎以来系年要录》（北京：中华书局，1988）卷156，页2539。

② 赵案：王蒙正之刑为"编管"，相对于配隶而言，属于较轻的刑罚。据《宋刑统》页553—554规定"从笞、杖入徒、流，从徒、流入死罪，亦以全罪论。……断罪失于入者，各减三等"，又据"二死三流同为一减"的原则，失入死罪者，刑罚为徒二年半。刘琳等点校，《宋会要辑稿》刑法四之七五，页8486载：熙宁二年十二月十一日诏，官员失入死罪，"已决三名，为首者手分刺配千里外牢城，命官除名编管……"因此，当时若失入死罪且已决三名，首犯之命官要被除名、编管，此时"决三名"为加重情节，已改变了《宋刑统》页101—102所定"二罪以上俱发……等者从一"的处罚原则。无论如何，对于失入死罪的首犯命官，其处罚标准（除名、编管）是在徒二年半基础上的加重。由此推论，王蒙正的"除名、广南编管"似乎接近《宋刑统》的"徒三年"，而非柳先生所谓的绞刑减等。

婢控少主，依婢不得告主及其共财亲的法令，霍氏本不能告蒙正，但既有子，与蒙正同为继承人，乃义同庶母（参考上文妾阿何告长子陈友直不孝案），故应是以庶母的名义控告蒙正。有趣的是，霍氏在主人生前不能母以子贵上升为妾，在主人死后发生官司，却因有子而以妾论。有学人谓现代的法律只维持最低的道德标准，但在宋代来说，使用的却是不低的标准，否则霍氏以婢的法律身分不能告蒙正，蒙正也不必受重罚了。

《清明集》也有一案例，有女子阿连，是傅十九之妻，与王木等人通奸，被判与夫离异，逐出县境。王木"溺爱不忘，竟收阿连归家，妾以为乃父婢使，既复奸通，因之不娶"。执法者说："殊不思奸父祖女使，法令弗容：以妾为妻，古人有戒"。下令王木"逐去淫婢，别婚正室"[41]。所谓"以为乃父婢使"而不是作为一般家婢，也许就是"专属"父亲之意。王木与阿连有奸案在先，不好意思雇为自己的婢，于是推给父亲，对外可以宣称阿连是父亲的而不是自己的婢，结果弄巧成拙，跟自己的婢或家婢有性行为是无罪，跟父亲的婢则有罪。

除了奸罪外，犯者是婢而"以妾论"的情况也见于以荫赎罪。《庆元条法事类》说："诸八品以上官子孙之妇犯罪，荫如其夫；即官品得请者之女使，曾经有子者，听用荫如五品妾。"[42]也是将曾经有子之女使以妾论，相信理由同上，即这些女使其实等同妾婢。

为清眉目，以下简单呈现妻、妾、妾婢及婢在礼与法上的主要差别：

比较项目		妻	妾	妾婢	婢
约之性质		终身婚书	终身婚契	有限期雇约	有限期雇约
婚娶手续		较完整	不完整	无	无
身分之来源		婚姻	婚姻	职业	职业
与主人之法律关系		婚姻关系	婚姻关系	主仆关系	主仆关系
较常见的称谓		正室、嫡妻	侧室、小妻、姬、妾	姬、妾、妾婢、婢、女使、奴婢	妾、妾婢、婢、女使、奴婢
是否家属		替夫服斩衰三年,义同家属	替夫服斩衰三年,义同家属	否,为主人私婢	否,为一家之婢
身份能否转换		不可为妾	不可为妻	不可为妻,可为妾	不可为妻,可为妾
与其身分对应之法律规范	夫(主)在	同姓不婚等礼法规范	同姓不婚等礼法规范	无此规范,但变成妾时则有	无此规范,但变成妾时则有
		七出三不去	无此规范	无	无
		和离	和离	无	无
		不得转嫁转赠或交换	不得转嫁转赠或交换	得转雇	得转雇
		得荫赎	得荫赎	无→特殊情况有	无→特殊情况有
		互相株连	互相株连	无	无
		犯妾、婢减等	犯妻加等,犯婢减等	犯妻、妾加等	犯妻、妾加等
		奸罪:以妻论	以妾论	以婢论→有子时以妾论	以婢论→有子时以妾论

续表

比较项目		妻	妾	妾婢	婢
夫(主)死		替夫服斩衰三年	替夫服斩衰三年	否	否
		有守节问题	有守节问题	无	无
		遗产承受权	遗产承受权	无	无
实际待遇		被亏待时可如婢	被善待时可如妻,被亏待时可如婢	被善待时可如妻,被亏待时可转雇如资财	被善待时可如妻,被亏待时可转雇如资财

注释

[1]《宋刑统》卷12,页219。

[2]《宋刑统》卷13,页241—242。

[3]《宋史》卷245,页8704。

[4]《宋刑统》卷13,页242。

[5] [宋] 车垓,《内外服制通释》卷3,页4。

[6] 陈鹏,《中国婚姻史稿》,页679。

[7] [美] 柏文莉,《宋代的家妓和妾》,页206。

[8]《宋史》卷243,页8643。

[9]《续资治通鉴长编》卷115,页2693。

[10]《宋史》卷247,页8747。

[11]《宋会要辑稿》刑法2,页155。

[12] [宋] 罗愿,《罗鄂州小集》(文渊阁四库全书)卷5,页14。王曾瑜,《宋朝阶级结构》,页512—515。

[13]《宋刑统》卷27,页507:"诸不应得为而为之者,笞四

十，事理重者，杖八十。"折杖法见〔日〕川村康，《宋代折杖法初考》，《早稻田法学》65.4（1990）；中译是：〔日〕川村康著，姚荣涛译，《宋代折杖法初考》，收入杨一凡主编，《中国法制史考证》丙编（北京：中国社会科学出版社，2003）卷3，页344—415。魏殿金，《宋代"折杖法"考辨——兼与薛梅卿先生商榷》，《南京大学法律评论》2003.1，页171—178。

〔14〕〔美〕柏文莉，《宋代的家妓和妾》，页215。

〔15〕《庆元条法事类》卷80，页919—920。

〔16〕不著人，《新编事文类要启札青钱》后集卷9，页295。

〔17〕不著人，《新编事文类要启札青钱》后集卷2，页204。

〔18〕陈鹏，《中国婚姻史稿》，页677—679。

〔19〕刘增贵，《魏晋南北朝时代的妾》，页9。

〔20〕《宋史》卷252，页8849。

〔21〕《宋刑统》卷14，页250—251。

〔22〕〔宋〕庞元英，《谈薮》，页2，收入〔明〕陶宗仪等编，《说郛三种》册2，页1632。见崔碧如，《唐宋女性生活管窥》，页116。

〔23〕〔元〕周密，《齐东野语》卷8，页133。

〔24〕〔宋〕洪迈，《夷坚志》三志辛卷7，页1434—1435。不得私自挞婢，见张文晶，《宋代奴婢法律地位试探》，页325。

〔25〕〔宋〕袁采，《袁氏世范》卷3，页6—7、7—8。

〔26〕〔宋〕袁采，《袁氏世范》卷3，页14。

〔27〕〔宋〕袁采，《袁氏世范》卷3，页14。

〔28〕程民生，《宋代物价研究》（北京：人民出版社，2008），页145。

〔29〕〔元〕周密，《癸辛杂识》别集上，页250—251。

〔30〕《名公书判清明集》卷13，页512—517。

〔31〕〔宋〕洪迈，《夷坚志》支志乙卷10，页869。

［32］［宋］袁采，《袁氏世范》卷3，页14—15。

［33］［宋］洪迈，《夷坚志》丙志卷8，页435—436。

［34］［宋］洪迈，《夷坚志》支志乙卷6，页837。

［35］［美］柏文莉，《宋元墓志中的"妾"》，页109。

［36］［宋］朱熹，《朱子语类》卷72，页1828。

［37］《宋刑统》卷26，页479。

［38］《庆元条法事类》卷80，页920。

［39］免官见《宋刑统》卷2，页37，除名见卷2，页34。

［40］［宋］倪思，《经鉏堂杂志》卷7，页95。

［41］《名公书判清明集》卷12，页442—444。

［42］《庆元条法事类》卷76，页814。

第四章
妾的司法遭遇

只就夫、妻、正式的妾三者来说，当夫在世时，无论是妻或妾，她们对夫产和立嗣是没有多少权利的（以下简称妻权和妾权），理论上均由夫做主，即使让她们参与甚至主持，也是出于夫的授权。夫死之后，诸权落在寡妻之手，只有妻也不在，才轮到妾。下文所述，除了特别声明外，基本上都是夫妻俱亡只剩下妾的情况，不必一再复述。

研究寡妾对夫产和立嗣的权利，既有趣又困难。有人说不管法官是违法还是依法，总有一个"法"可作根据，去判断他是违还是依。事实上，立法者看不到、看得不周详，甚至视而不见的地方实在很多，岂能凡事皆有立法？宋代的妾权正是如此：寡妻的权利是法有明文的，而寡妾是法无明文的，只能比拟。根据妾权不能超过妻权的逻辑，我们可以肯定地说：寡妻没有的权利，寡妾也不可能有，但寡妻享有的权利，寡妾未必没有，其有无、大小和多寡均要根据实际的案例来分析。既是如此，必须声明在先，下文提到的"权利"，有些是属于司法者赋予寡妾的广义权利，不是立法者赋予的狭义权利。由此自然产生两个问题：司法是否有一致性（或司法者有无共识）和案例是否有代表性。

就司法来说，从唐宋到现在，都有一审二审和再审，表示不同的法官对同一案件会有不同的见解，更不用说法官跟庭外百姓会有不同的见解了。研究宋代的立法史可说困难重重，我们无法掌握所有的法令和它们的时空变化，表面看来是南宋才有的法令可能在北宋已经有了，看来是法官误判的可能是他根据新的或修订后的法令裁定，看来他没有依据法令的可能是他把法令融于文章化的判词里。那么，法官究竟是依法而判还是依循己意呢？妾权无明文，似乎更增加了司法者的自由裁量权，那么判决是否有一致性可言？就案例来说，两宋三百二十年，留下的案例恐怕不到一千件，其中较详细、可分析的又不到四百件，而且集中在南宋中晚期和东南地区，那么学人的发现究竟有多少代表性，可以反映宋代的普遍现象？我们似乎陷入两难：不研究案例无从知道妾权，但研究的结果会被质疑有多少代表性或普遍性。

不过，在正常的情况下，例如没有贪腐、无能或失智，同是科举出身的执法者大抵都会依循一些"默契"或"共识"从事判案。在宋代，除非是疑难案件（hard case）[①]，刑事案

---

① 对同一疑难案件有截然不同的意见，大抵以洞穴奇案最为有名，见Peter Suber, *The Case of the Speluncean Explorers: Nine New Opinions.* London, New York: Routledge, 1998。中文译本见［美］彼得·萨伯（Peter Suber）著，陈福勇、张世泰译，《洞穴奇案》，香港：商务印书馆（香港）有限公司，2007。宋代的例子，见柳立言，《一条律文各自解读：宋代"争鹑案"的争议》，《"中央研究院"历史语言研究所集刊》73.1(2002)，页119—164。

大都以法为据（无论是全国性的法或是地方性的法），即使是民事案如财产和继承等，较为讲究人情，也有学人如佐立治人等认为很少以情曲法。[1]马伯良指出影响宋代裁判的因素有八：法律本身，法律原则，行政实效，风俗习惯，政府政策，地方人士的意见和态度，基本社会价值和法官个人的意识形态等。[2]它们是否有一个优先次序，例如现代民法的有法依法，无法依习惯，无习惯依法理？

下文的目的有三：一是尽力将案情正确呈现。学人意见之差异，有时不是因为价值观念，而是对案件有不同的解读。遇到难解的案件，本书尽量引用原文来支持推论。二是探讨情、理和法的关系。在法无明文的情况下，执法者一再强调裁判是依据情和理，究竟它们是什么？发挥了什么作用？三是向案件提出相同的问题，尽量指出审判的大异和大同，不会以小同来遮盖大异，亦不会以小异来抹杀大同，借此探讨宋代的执法者在某些与妾有关的问题上，究竟是因个案而异，无规可循，还是有较为一致的判决，好让她们面对司法时，不致难以预料其结果，而是有所期待，甚至有所把握，虽不一定能达到今日喜谈的依法而治，但也能有规可循。

一、妾对己产的权利

学人总是认为妾大都是"买来的"，较少想到有些妾也有随身财物，而宠妾更有主人的赏赐。她们对私房钱有何权利？妻子的嫁妆可能要留给诸子（不管嫡或庶）当作父产的一部

分来分配[3]①，妾的嫁妆又如何？史料实在有限，只能勉作研
究的开头。

（一）随嫁之资

有财就有觊觎者，妻子要保住随嫁之财，时常要靠嫁妆
清单，有一位丈夫"谓妻（虞氏）盗搬房奁器皿，及勒令对
辨，则又皆虞氏自随之物"[4]，就是有嫁妆的清单可以比对，
妾也不例外。

理宗淳祐年间有一案件，可看到妾对私有财产的权利。案
情有些复杂，以下只陈述跟本文相关的部分。贾勉仲有妾严氏，
生一庶子名文虎，过房给贾宁老。勉仲有亲弟性甫，过房给贾
通判的后人贾县尉，在法律上两人由亲兄弟变为堂兄弟。勉仲
后来将严氏送给性甫，并拨了一些田产给她作自随之业，但严
氏没有替性甫生下儿子，性甫乃抱养游氏之子游宪，取名贾宣。
宁老和勉仲去世，文虎"承分（宁老一房）之业已破荡无余，
亡兄之业复盗卖殆尽"，竟意图用假的典田契和严氏遗嘱，染指
性甫的家产。②据他说，严氏得到自随之业后，曾立下遗嘱将

①　云注：程郁，《宋代的仕女与庶民女性》，页297认为："关于妻的奁产能
否由嫡庶子均分一条，宋官之判决显得游移不定。"

②　《名公书判清明集》卷5，页146—148。程郁，《宋代的蓄妾习俗及有关
法规考察》，页297—298说游氏乃贾性甫之妻，但游氏其实是男子，所生子名
游宪，交给性甫抱养，改名贾宣。程郁把此案放在"宋代寡妾之立继权"来分
析，实在令人摸不着头脑；她说"官府判'将伪契毁抹'，贾宣仍作为性甫的唯一
继承人"，事实上，伪造的是田产交易和拨田契，与立继毫无关系，贾文虎亦从
未声称自己是性甫的继承人，而贾宣是性甫生前抱养，根本不是夫死妻立的
"立继子"，性甫在案发时七十五岁，尚未死亡，根本轮不到妻子来立继。本案
名为"侄假立叔契昏赖田业"，完全是田业之争，全案找不到半个立继子。

这些田产摽拨给他，在她生前，这些田产自由夫君性甫掌管，而性甫曾将田产典卖给他，但性甫却是"不割税（予文虎）、（文虎）不收租不管业"，等于文虎拥有一笔"二十二年无租无税之田"，既不收租，又不用自己纳税，且不管业，实在疑点重重。执法者的答案是："严氏既归性甫，则自随之业合归性甫，严氏既立通判户下，夫何遗嘱印于文虎之手，收租于文虎之手！然则文虎假立二契者何意？亦曰勉仲之业，非我得有，严氏，吾母也，得以与我，性甫之子抱养异姓，盗印此契，异时藉以为骗胁之资。"也就是说，勉仲馈赠田业给严氏带到性甫家里，死后便由其子贾宣继承，而文虎认为自己是严氏亲生之子，贾宣只是异姓继子，自己更有理由获得严氏产业。让我们好奇的是，严氏与勉仲和性甫的关系是什么？

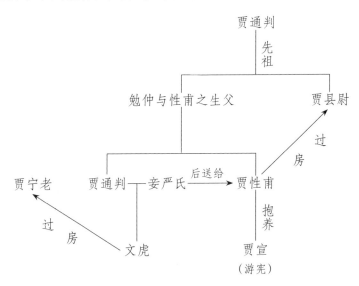

执法者说："勉仲之妾严氏归于性甫者，绍定之己丑（1229）

也，彼时勉仲无恙，是雇非雇，有物无物，既由所生，子复何说。"何谓"是雇非雇，有物无物"？后句问有没有财物，当是指勉仲把严氏转雇性甫时，有没有给严氏一些财物，自应由勉仲作主，作为儿子的文虎并无置喙之地，但前句问是不是雇佣应如何理解？难道妾是可以转雇给别人当妾的吗？这让我们想到前述银花的情况，即严氏不是勉仲正式的妾（侧室），而仅是"妾婢"，立有雇约，她生了文虎之后，也没有成为正式的妾，故是以婢的身分转雇给性甫为婢或妾婢。假如她本来就是勉仲的妾，转嫁给五服之内的性甫，便触犯了上文所述"曾任亲属妻妾者不得娶为妻妾"的法规，而且可能犯了奸罪，宋律说："诸尝为袒免亲之妻而嫁娶者，（嫁者及娶者）各杖一百；缌麻及舅甥妻，徒一年；小功以上，以奸论。妾，各减二等。并离之。"①所谓"并离之"，是指嫁已妾者要跟妾离异，娶人妾者亦要跟妾离异。但是，假如她是以婢的身分由勉仲转雇给性甫，即使她曾经替勉仲生子，也是被容许的，北宋末年诏："诸宗室女使曾生子者，更不得雇入别位，不限有无服纪"[5]，可见生子之婢以前还可以转雇给别房的宗室为婢，现在不得转雇，仍于本房为婢。法律只禁宗室，其他人应是不禁的，故可将有子之婢转雇给亲属。

严氏进入性甫之家后，可以从雇来的婢或妾婢，发展为正式的妾，但不可能变为妻，理由有二：一是上文所述，法

---

①《宋刑统》卷14，页248－249。［宋］洪迈，《夷坚志》丙志卷15，页4921记载，从弟纳亡兄之妾，仅数月便在大白天被兄之亡魂持梃追击，最后病死。

律规定妾不能升等为妻;二是法律规定不能娶同居亲属(如祖父在世,则父叔伯、兄弟堂兄弟及诸孙四代均是同居亲属)的婢为妻。①仲勉与性甫本是亲兄弟,自属同居亲属,后虽变为法律上的堂兄弟,但血缘是不能变的,娶妻之事自当从严。假如兄弟先后共一妾,岂非类似收继?性甫是官宦之家,不致冒此不韪,否则既不利仕进,婚姻也会失效。②

执法者说:"严氏既归性甫,则自随之业合归性甫,严氏既立通判户下,夫何遗嘱印于文虎之手,收租于文虎之手?"大意是说,严氏后来既成为性甫的妾,她自随之业自当属于性甫,既然她本人和自随之业是登记在性甫家庭的户籍里,又怎可能把遗嘱交给文虎拿去官府登记,把田产摽拨给文虎去收租呢?

---

① 《续资治通鉴长编》卷177,页4283:"诏士庶之家尝更佣雇之人,自令毋得与主之同居亲为昏,违者离之。"

云注:聂霎认为,"为昏"之语不仅适用于妻,亦可用于妾,据此诏令可推测性甫也不能娶严氏为妾,所以严氏只能是"泛称的妾",若然,则难以解释严氏"自随之业归性甫""既立通判户下"。参见氏著《书评:柳立言〈宋代的宗教、身分与司法〉》,页317。实则本案并未明言严氏转归性甫时,二人的祖父是否在世,是否属于同居亲而适用此条诏令亦难确知。

赵案:此处可考虑者二:其一,此为仁宗至和元年之诏,是否只是"临时处分,不为永格",有无最终行用于南宋,目前似无其他证据;其二,《宋刑统》卷6,页113规定"称'袒免以上亲'者,各依本服论,不以尊压及出降。……议曰:皇帝荫及袒免以上亲,户婚律:'尝为袒免亲之妻而嫁娶者,杖一百。'假令皇家绝服旁周,及妇人出嫁,若男子外继,皆降本服一等,若有犯及取荫,各依本服,不得以尊压及出降,即依轻服之法"。所以在涉及娶妻、妾问题上,性甫与仲勉的关系仍依本服论,不受出继的影响,后文所谓"血缘是不能变的,娶妻之事自当从严"确有法律依据。

② 南宋初年,有一位士大夫把嬖妾冒称为兄之女,嫁给另一位士大夫,结果本人被除名,另一人被送二千里外编管,可知是二人合谋,但仍无法把妾转嫁,见[宋]李心传,《建炎以来系年要录》卷151,页2441。

应注意的有两点：

第一，所谓"通判户下"，是指时年七十五岁的性甫的先祖贾通判的户籍，那当然是死人的户籍。在宋代，后人续用先人的户籍，甚至以亡者之名立户是常见的事，尤其是享有限田免税和免役特权的官户，所以性甫是续用先祖贾通判而非亡父贾县尉更非自己的户籍，等通判的特权（也算一种荫）用尽了，性甫的儿子贾宣就可能以贾县尉之名立户以继续享用县尉的荫。"严氏既立通判户下"，既延续了刘增贵的说法，宋代正式的妾仍跟魏晋南北朝一样，也跟唐代一样①，是登记在夫家户籍里，也再次推翻了所谓宋代女口不登记在户籍的说法。简单地说，女口是在基层的户籍里，但呈报给上级税役单位时，只报上承担税役的男丁，平均一户两丁。梁方仲等人以为丁是口，乃产生宋代一户只有两口之谜。

第二，从"严氏既归性甫，则自随之业合归性甫"可知，妾的嫁妆属于夫所有。执法者所比附的，是妻财并同夫为主的"礼"和嫁妆登记在丈夫户下的"法"，所谓"自随之产，不得别立女户，当随其夫户头，是为夫之产矣"[6]。在法无明文下，这比附也不无道理，因为娶妾亦属为婚，假如妻的嫁妆属于夫，那么妾的嫁妆也不能例外。其实，在夫户头里的财物，夫是夫名的，妻是妻名的，后者有嫁妆清单为凭，不会混在一起，但妻子可以把嫁妆交给丈夫管理，投资获利，增加的财富就添加

---

① 唐代的情况，见天宝六年敕节文："其百官、百姓身亡之后，称是在外别生男女及妻妾，先不入户籍者，一切禁断"，引自《宋刑统》卷12，页222。

到嫁妆清单里（详下案）。夫族有时看到妻子的嫁妆清单上增加了财物，尤其是不动产，也会起疑以至兴讼的。[7]

无论如何，在理论上，不但妻财，连妾财也是并同夫为主，没有夫的同意，妾不能自由处分她的财产，在本案就成了杜绝觊觎者的根据。实际上，恐怕跟妻财一样，妾对私房钱有一定程度的处分权。当执法者说"是为夫之产矣"和"严氏既归性甫，则自随之业合归性甫"时，是针对觊觎者而说的，意思是纵使妾把嫁妆给了觊觎者，也与法不合，不是说妾非把嫁妆贡献给夫君不可。当然，婢的私房钱在情、理、法三方面都是不必交给主人的，这也是妾与婢的一大不同。

（二）夫君的赠予

非常遗憾，我们找不到实际案件来探讨妾对夫君赠予的权利①，只能用比较的方法，勉强探讨较大宗而非小额的赠予：假如夫族怀疑其财产来路不明，寡妾将如何自保？

我们先看妻子凭什么条件保住丈夫的赠予。妻子收到动产如金银珠宝，大抵很少会要求丈夫写证明，但收到不动产，

---

① ［宋］叶绍翁，《四朝闻见录》戊集，页183—184记载，韩侂胄败亡，官府"于群婢放逐之时"，令其父母领回，"遂命愿认为父母者，听除首饰衣服之外，不许с衾载出，(诸妾)金钗至满头，衣服至着数袭。市人利其物，而因可以转贸其身，故相竞相逐，愿为之父母。至有引群妾之裾、必欲其同归者，亦足笑也"。可见官府准许诸妾带走的，一是限于首饰和衣服，不及其他财物；二是不准用载具，只限身上所能携带，以致诸妾把金饰一件一件往头上插和把衣服一套一套往身上穿。不过，正如引文首句所言，她们可能只是妾婢，不是正式的妾，后者应流放去了。学人用此例时应再考虑。

却可要求丈夫把产业登记在自己名下，放入嫁妆的清单里，那就有凭有据，恐怕连丈夫都不容易拿回去了。针对当时的社会风俗，袁采的《袁氏世范》（对世俗的规范）说：丈夫"作妻名置产，身死而妻改嫁，举以自随者亦多矣"[8]。什么是"作妻名置产"？《清明集》的"子与继母争业"案就是一个实例，大意是说，吴贡士丧妻，有子汝求七岁，乃再娶王氏。王氏"原有自随田二十三种"，明确写在嫁妆清单里，而贡士替她"续置田产（四十七种），所立契券，乃尽作王氏妆奁"。这有两种可能：一是新田确是贡士或王氏本人利用王氏随嫁之田去投资所增置的，那当然应用王氏之名立契；二是新田是贡士赠予王氏的，并以王氏之名立契，当作是王氏随嫁田的衍生财富。本案以后者可能性大，但无论何者，在王氏嫁妆清单上出现的，就是"王氏原有自随田二十三种，以妆奁置到田四十七种"，两者都属于她所有。贡士死后三年，王氏守丧既满，乃尽携妆奁再嫁，却被汝求告到官府，要索回四十七种之田，"然官凭文书，索出契照，既作王氏名成契，尚复何说"[9]。王氏保有此四十七种新田之关键，在于"作妻名置产"，契约上都是她的名字，而且列入嫁妆清单里，故尽管旧田二十三种和新田四十七种是如此分明，却只有看着她随嫁给新夫，出现在她新的嫁妆清单里。

我们再看有子之婢或泛称的妾凭什么条件保住主人的赠予，亦分为动产和不动产。在上述银花一案里，高文虎以房卧钱的名义送给银花二百八十贯作嫁资，就是一种馈赠。文虎的继承人等假如能提出合理的怀疑，例如指出这笔钱财不在约定的薪资之内，便有可能兴讼。文虎未雨绸缪，把赠予这笔钱财的始末写下和画押（可视为遗嘱），便保证了它的合法性。

不动产有"罗柄女使来安，诉主母夺去所拨田产"案。邹明家贫，女儿阿邹到罗柄的家里当女使，取名来安。罗柄是富户，家产的价值达到五十余贯税钱，但正室和继室赵氏都没有生育。罗柄在六十岁前后跟来安生有一子，不见容于赵氏，引起夫妻反目，赵氏因此被逐，但不久便复合，赵氏乘着丈夫老病缠身，管理家业，赶走老来子，将之寄养在外，不久便死去。未几，可能是雇约期满，罗柄把来安送还父母，同时把价值大约四贯半税钱的典到田产送给她，以她的名字立户，时在宁宗嘉定九年。来安很能干，不但买下了这块田产，还典到了一些新的田业。但是，来安的户籍是非法的，因为一般只有无男丁的寡妇和户绝的女子才能设立女户，而且根据同籍共财的法规，来安不能跟父母别籍异财，所以执法者范应铃下令取消来安的户籍，改由父亲立户，亦即将来安的财产全部转移到父亲名下。当时这些财产已达到应役的水平，故邹父在嘉定十四年服了役。次年，罗柄死去，赵氏立即指使干仆递状，意图夺去邹氏的所有田业。来安上诉，执法者根据罗柄生前的批帖，相信罗柄与来安确曾生子，虽然不育，罗柄赠予来安少许田产，"夫岂为过？"况且前后交割均有省簿或印契为凭，均证明田产属于来安，执法者乃将田业判还邹父。[10]

跟前述"子与继母争业"案比较，我们清楚看到，王氏得保田产是因为丈夫能够以妻名置产，而来安几乎失去田产是因为不能以婢名置产。来安只是女使，不能像妻或妾，登记在主人的户籍里，既是籍上无名，自然不能将田产登记在名下。在正常情况下，来安既然是登记在父亲的户籍里，罗柄只能将田产交给她的父亲，并由父亲负担这些田产所带来的税役，但如此一来，田产的所有者是父亲而非来安，如有交易，亦以父亲的名义进行，根本看不到来安的名字。罗柄似乎知道，让来安保有田产的最安全办法就是以她本人立户，让她以户主的身分进行田产交易和登记产权，但这是违法的，幸好在户籍被取消之前，所有交易都由她进行，留下了重要的证据。当然，另一项重要的证据是罗柄的批帖，说明把田产赠给来安的原委是她曾经生子。简言之，主人的批帖（可视为遗嘱）和以来安名字订立的契约是来安保住主人赠予的关键。

在特殊情况下，执法者对寡妾手上的夫家不动产，无论是亡夫的赠予还是仍属亡夫本人，亦只有从宽结案。田县丞遗下寡妾刘氏和二子二女，长子登仕是抱养子，已逝，次子珍珍和二女都是刘氏亲生。刘氏有意把长子一房的承分吞并，执法者乃强逼刘氏分家，不动产是依法均分，但动产却尽给刘氏子女。执法者说："以法言之，合将县丞浮财、田产，并作三大份均分，登仕、珍郎各得一份，二女共得一份，但县丞一生浮财笼箧，既是刘氏收掌，若官司逐一根索检校（即由官府强制管理），恐刘氏母子不肯赍出，两讼纷拏，必至破家而后已。"让刘氏独得，"可以保家息讼"，但希望她用来贴助诸位子女的婚嫁。[11]我们相信，田县丞生前对刘氏必有馈赠，但执法者提都不提，自是视同她的私产，无须拿出来均分了。

总之，夫君赠予妻、妾和婢的，都应视为她们的私产，但当发生争议时，有三项条件是对她们有利的：夫君赠予的证明文件（如高文虎的记事和罗柄的批帖）、以她们的名字置产和将赠予添入嫁妆的清单里。对大多数的妾来说，未尝不可能拥有前两个条件，对携有随嫁之资的妾来说，也有嫁妆清单可言，但恐怕是少数。若干寡妾出手大方，我们有理由怀疑，她所用的可能是夫君替她置的财产，不是夫君本人的遗产，因为她对后者只有使用权没有处分权（详下文）。

就情、理、法的关系来说，柏文莉针对"罗柄女使来安，诉主母夺去所拨田产"案，认为执法者作出对弱者有利的判决，是基于同情，不是基于法律，又说："当妻子嫉妒成性时，地方官可能站在妾和婢一边；当妻子遇到不公正待遇时，他又可能支持妻子。因为这个原因，我认为很难把《清明集》中的判词与法律规定完全等同起来。"①但只要一读本案，不难发现执法者固然同情来安，但无处不以法规为依据，例如取消了来安的非法户籍，难道不就是基于柏氏所说的法律规定（父母在子女不得别籍异财）吗？我们能否因为他的依法行事而说他不同情来安？他裁定来安可以取回田产，是依据

---

① ［美］柏文莉，《宋代的家妓和妾》，页215，注50。程郁的意见则与柏氏完全相反："由于妻妾之间极大的身份反差，当二者发生矛盾时，地方官判案往往偏向于妻一方，甚至不惜曲断冤杀"，见程郁，《宋代的蓄妾习俗及有关法规考察》，页285。

省簿和印契上来安的名字，假如不认定田产属于来安，就变成了执法者本人违法，我们岂能说他是因为同情来安才依法裁判？研究法律史，必须了解法官的判决是依法而判或是不依法而判，假如是依法而判，就很难说判词跟法律规定不能等同起来了。

黄定偏爱有子之妾桂童，无子之妻余亥姐乃回到父家不返。丈人余文子趁女婿外出时寻衅，发生肢体冲突，乃告女婿殴打，意在离异。执法者相信目击证人，认定女婿是自卫还手，不予追究，只吩咐他在公堂上向丈人道歉，又劝丈人"既以女择婿，何必逐婿！"[12] 同时斥责妻子"既委身事夫，何必背夫！"并劝女婿原谅她，因为"妇人不贤，世多有之，顾何责于此辈！"最后吩咐：丈人将女儿送回，女婿"立限改嫁桂童，别觅乳母，庶息两家纷纷之讼"。可以看到，妾无子固然不易得宠，有子亦受到其他因素的影响，不见得就会母凭子贵。此外，无论我们是否同意执法者的判决，都必须承认，他维护了妻（女君）相对于妾的权利，即使妻子是柏文莉所说的嫉妒成性，执法者也无法站在妾的一边。我们可以批评执法者无情，但不能说他无法。[13]

二、妾对亡夫遗产的权利

跟妻一样，妾在丈夫去世后有三种选择：殉夫、改嫁和守节。殉夫自不能承受夫产，改嫁者就算是嫡妻，也不能带走夫产，妾就更不用说了，这是用妾权不能超过妻权的逻辑就可推出来的结论,不必浪费篇幅。所以,要讨论的只有守节的寡妾对夫产的权利。这里必须留意两个问题:一是权利是指哪些?是代夫承分权、生分权、受养权、保管权,还是教令权?我们必须力求明确,才能避免笼统和各说各的权,结果各说各话。二是权利的来源为何?是来自"妾"的身分,还是来自"生母"的身分,即母凭子富(得财之意,不一定很有钱)?

为行文方便,我们先简单说明三个常用的法律用语和寡妻对夫产的各种权利以便参照。根据宋代法令,父母在生时,已婚和未婚的儿子都必须跟父母同一户籍和将收入交给父母支配,谓之"同居共财"。除非父母愿意在生时分家,谓之"生分"(但也只能异财不能别籍),否则诸子要等到父和母都去世和丧服期满后才能分家,各自取得独立的户籍和将分得之财登记在户下,谓之"异财别籍"。守寡者假如是妻,她对亡夫相关的遗产享有如下的法定权利[14]:

其一,她有代位承分权,代替亡夫承受亡夫父祖的遗产。我们应以宋人而不是以现代人的观念来了解宋朝的代位承分,那是说,某项财产本由甲继承,因各种原因,甲不能继承,就由乙代替他去继承,但乙对这项财产不一定享有跟甲一样的权利,而是根据乙的身分,决定乙的权利。宋代文献出现"妻承夫分""子承父分"和"女承父分",本来的意思都是代位承分,那个"分"字是指丈夫和父亲从上辈遗产里所"应分到的份额"(他那一份),不是指丈夫和父亲本人的"遗产",请见下图:

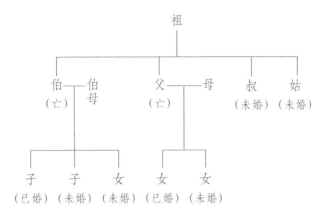

在这图里，祖父分家之前，伯父和父亲已死去，现在祖父去世，分家应分为四份：伯父一份、父亲一份和叔父一份，三兄弟所得是均等的，而姑得嫁妆一份，远小于兄弟之份。但伯父和父亲已死，本房由谁来继承祖父遗产？伯父一房有子，由子代父继承父亲应得之分，得全份，谓之子承父分；父亲一房无子或子幼，由母代父继承父亲应得之分，得全份，谓之妻承夫分，实际上她只有使用权而无所有权（详下），假如母亲也不在，南宋时允许由未婚女代父继承父亲应得之分，但只得半份，谓之女承父分，实际上视同嫁妆。[15] 明州著名的楼氏义庄的创建者楼璹曾两次分家，一次是在绍兴三十一年生分，"以廪稾均付（诸）子"，第二次是死后分，次子铠的寡妻"将析居，默祷于先曰：未亡人愿守故庐也。果得之。厅宇不改，余皆一新"[16]。这很可能是以拈阄的方式分家以避免争执，结果大宅被二房抽中。与楼家缔婚的高闶曾慨叹说："律复有妇承夫分、女承父分之条，万一妇人探筹而得之，则家庙复遂无主祀也！而可乎？"[17] 说的就是代位承分，假如"妇承夫分"是指妻子承受丈夫遗产，那就不必跟别人一起探筹了。

从上图可知，代位承分的重要性，是确定祖父的遗产要分成多少份。在代位继承的原则下，伯父虽有二子，但只算一份，即算是父亲的一份，不能算二子一人一份，即使有十子，也只算一份，因为他们不是自己继承祖父遗产，而是替亡父一人继承。假如父叔伯第二代人在祖父分家之前全部去世，祖父的遗产就由诸孙第三代人继承，便按人头来分，一个孙子一份，因为此时他们是自己不是替亡父继承祖父遗产。

妻承夫分是法定的，那么妾能否妾承夫分？中田薰、仁井田陞和滋贺秀三一致认为妾无立嗣权，自然不能承夫分，故上图父亲之配偶若是妾，她便不能妾承夫分，而要让女儿来女承父分。一是只得半份，其余半份由伯、叔和姑瓜分；二是原来女儿依靠得产的母亲过活，现在母亲依靠得产的女儿过活。有些学人提出异议，但一读之下，不难发觉他们是将"承夫分"理解为妻或妾承受亡夫的遗产，这跟妻或妾代替亡夫继承亡夫父祖的遗产是两回事，根本是各说各话。[18] 就个人阅读所及，《清明集》中所有的妻承夫分都是寡妻代替亡夫继承父祖遗产，从来没有学人所理解的寡妻继承亡夫遗产。① 无论如何，不管

---

① 例如《名公书判清明集》卷7，页220："在法：诸分财产，兄弟亡者，子承父分，寡妻守志而无男者，承夫分。"一看便知，是祖父分家时，诸子之中有兄或弟已经去世，便由他的儿子或节妇代位承分；卷8，页280：方天福之弟"方天禄死而无子，妻方十八而孀居，未能守志，但未去一日，则可以一日承夫之分，朝嫁则暮义绝矣。……唤上族长，将从公将但干户下物业均分为二，其合归天禄位下者，官为置籍"。一看亦知，父亲方但干分家之前，次子天禄已去世，故分家时天福一份由本人继承，而天禄一份由寡妻代位承分。

是代替亡夫所继承的父祖遗产，还是夫死留下的遗产，两笔遗产的所有人都是亡夫，寡妻对之有何权利？

其二，她没有继承权或所有权（ownership），这是必须谨记的。有些执法者甚至认为，妻财并同夫为主，她的嫁妆也应算作亡夫遗产的一部分，她不能随便处分，如出卖和典押，而要交给诸子均分，不管是否她亲生。[19]

其三，她有不生分和生分之权。不生分权是说寡母不愿分家，诸子就仍要跟她同居共财。所谓诸子，是指所有儿子，不管亲生与否，以下不再赘言。生分权是指她自愿将亡夫遗产分给诸子，同籍而异财。生分其实不大符合同居共财的理想，南宋时出现新的规定，假如诸子是一母所生，便不能生分。

其四，她有受养权，这是起码的权利，即从亡夫遗产中得到生活费，以免冻馁之患。假如她愿意与诸子生分，她可以从遗产抽出一部分当作赡养或养老之资（下文或称养老），数量由她决定，当然也要合乎情理，例如南宋流行和纳入法令的养老田。但是，因为没有继承权，她不能随意处分养老田（如出卖或赠送给情人），她只有使用权，将来要留给诸子均分。她亦可以不生分，但将夫产交给诸子管理，他们不以之供养寡母或供养有缺，便犯了十恶之中的不孝罪，寡母如果告官，诸子要徒二年。政府有时亦鼓励旁人告发不孝，官员主动起诉，类似今天的非告诉乃论。

其五，她有保管权，通常是在没有继承人或继承人未成年（十六岁）时行使。如是没有继承人，她可以使用亡夫的遗产，但不能处分如典押出卖[20]，直到找到合适的继承人，最后把遗产交给他继承;假如她不找或找不到,则遗产在她死后要归政府所有。如是继承人未成年,她可以使用亡夫遗产,例如修理住处、教育子女、替女儿办嫁妆,甚至投资获利,但同样不能处分;继承人成年,她便应将遗产交给他们管理,待她死后正式继承。宋代对使用或管理遗产的一个法律用语是"管绍",例如说"翁泰未出幼(未成年)之前,(所继承之田业)若有县判者,则宜令见得业人管绍,与理为正行交易,其无县判者,方可坐以违法",后来翁泰没有继承人,若有合法的妻子,"则翁泰死后鬻不尽之业,合令管绍,然但可食其苗利,至于契书,合寄(官)库,不许典卖"[21],若寡妻真有需要典押或出卖,须得官府许可。在特殊情况下,官府还可将亡夫遗产检校(强制监管),例如"妻在者,本不待检校,但事有经权,(无子)十八孀妇,既无固志,加以王思诚从旁垂涎,不检校不可"[22]。这可称为官府与寡妻共同管理,大致的分工是官府管本金,寡妻管利息,必要时可动用本金。

其六,她有教令或监督管理权,通常是在继承人已成年并管理亡父遗产时行使。教令权是说,即使诸子已经成年,但仍要服从母亲合法的教令,依她的指示管理父产,假如要出卖或典当,便要得到她的同意和画押,否则交易便属违法,犯者要受杖刑。有士大夫称寡母与诸子同籍下的共财为"(与)母共业"①,表示遗产还不是儿子的,而是跟寡母

---

① [宋]刘克庄,《后村先生大全集》卷100,页866—867载:"如妾母得主财,如货鬻母共业,须同藉(籍)人金图,乃成券。"是说儿子要卖掉跟寡母的共同产业,要得到同籍共财者的签押,才能立契买卖。

共有的，甚至认为："（父亡）母在，子孙不得有私财，借使其母一朝尽费，其子孙亦不得违教令也。"[23] 遇到女强人如前述的楼锴寡妻，"处事善断，几烈丈夫之所不能"，诸子只有拱手听命。[24] 假如诸子不遵教令，寡母自可告官，诸子要徒二年。

其七，我们沿用滋贺秀三先生的用法，将三至六合称为承受权，以别于继承权。[25] 当然，影响寡母行使承受权的因素有很多，例如教育水平和年纪老迈等，但至少它是法有明文且带有罚则的。

然而，上述诸权都是针对作为正室或继室的妻而设，那么作为侧室的妾，毫无疑问亦是嫡子的庶母和庶子的生母，是否享有这些权利？上文已排除了寡妾的代夫承分权，而根据妾权不能超过妻权的逻辑，我们可以百分之一百断言，寡妾也没有继承权，但对余下的生分权、受养权、保管权和教令权，却不能单用逻辑，还要结合实证，才能看出寡妾是否和如何享有，但无论如何，妾权不可能大于妻权，即使妾享有诸权，也跟妻一样受到上文所说的限制，例如不能典卖等，下文不拟一再复述，请读者先行记住。

此外，寡妻享有对夫产的权利，其来源是她作为妻的身分，不管她是否有子，或是否是诸子的生母，但假如妾也享有对夫产的某些权利，其来源究竟是妾的身分还是生母的身分，是必须分辨的，因为严格来说，假如她是以生母的身分行使诸权，那么她是管不着非亲生子的，亦即她的权利是不完全的，而当她没有儿子时，便可能一无所有。

以下就分别讨论寡妾享有哪些权利和权利的来源。(一个案件会牵涉不同的权利,为了避免一再重复陈述该案,有时只好在一个案件的分析里同时讨论各种权利。但假如在讨论某种权利时,已有足够的案例,那么即使其他的案例也牵涉这种权利,我们亦会舍而不用,并不表示视若无睹。)

(一) 庶母的生分权

在同居共财制度下,父亡母在,诸子仍不得别籍异财,但寡母可以决定是否生分。唯一的寡母若是庶母,大抵仍可让诸子(含亲生及非亲生子)生分,但能否不生分?由于案件有限,下文不再分类,但依"与嫡子并存"和"没有嫡子"的次序来陈述。

南宋初年有一件分产案,似乎可看到成年的嫡长子与庶母并存时,庶母没有不分家的权力。刘下班之妻郭氏生下长子拱辰,妾生下二子拱礼和三子拱武:

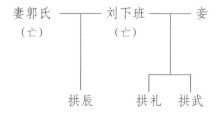

刘下班和郭氏先后去世,三兄弟约在孝宗淳熙十二年分家,拱辰主其事,将父亲的遗产作三份均分。[26] 假如分家时寡妾尚存,便有三点值得注意:第一,分家似乎不须寡妾的同意,亦即父亡庶母在,诸子仍可分家。第二,如何分似乎全听嫡长子安排，庶母无权干预。第三，遗产由三子均分，没有庶母的份，例如没有给她安置养老田，故庶母当是由亲生两子供养，并非由所有儿子供养。这三个问题，都逐渐得到立法者的响应。

在理宗中期，方文亮遗下三房：长房彦德是妻所生之子，已经成年；二房彦诚亦是妻所生之子，但已去世，遗下一子仲乙，"非理赌博，盗卖田产"；三房云老是妾李氏所生，只有两岁。妾既有生子，便是其余两房的庶母。父亲遗产由嫡长子彦德主掌，并没有分家，事实上彦德存心不良，意图把亲弟应有的承分吞并，被执法者发觉，被强逼分家，判词说："云老所生李氏尚存，合照淳祐七年敕令所看详到平江府陈师仁分法，拨田与李氏膳养，自余田产物业，作三分均分，各自立户，庶几下合人情，上合法意，可以永远无所争竞。"[27]

家庭成员的关系如下：

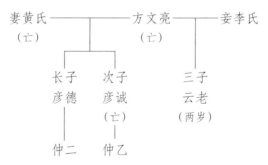

十分可惜，我们看不到陈师仁分法的详情，但明显经过敕令所这个立法机关的研究（看详），然后公布为法规，下达全国，由执法者依照执行。[28] 以下将该法简称之为淳祐七年新法，它有何新意？它由两部分构成，一是拨田与寡妾，二是诸子均分，别籍异财。后者根本是从唐代以来就有的旧法，即父母服阕后，诸子平分遗产，各立户籍，把所得遗产登记户下，从此各不相干。所以，此法之新意在于拨出养老之资予寡妾，可说是"寡妾条款"，如她同意分家，便可按此法进行。如此一来，父亡庶母在，分家便有法可循：一是确定可以别籍异财，二是分家的方法不是嫡长子说了就算，而是要依法进行，先从亡父遗产拨出养老之资给庶母，余产再由诸子均分，包括庶母的亲子，故她既从亡夫遗产得到供养，也从亲子的承分得到供养。当然，别籍之后，各房财产独立，李氏对亲生子的承分固然因生母的身分享有保管权和教令权（详后文），但对其余两子的承分，是毫无权利的，因为他们有了独立的户籍，就表示户下物业可以自由出卖和典押，无须其他人的同意和画押。庶母既无法过问非亲生子的承分，也不易从他们那里得到供养了。

执法者说他的判决可以达到永无争讼，是既合"法意"又合"人情"，两者究竟是什么？执法者所说的法意有三：一是这次生分的法源，即宁宗嘉定十一年的法令："法有标拨，为祖、父俱亡，而祖母与母有前、晚、嫡、庶之分设。今后应一母所出子孙及祖与父年老抱疾者，并不得抑令标拨；虽出祖父母与父母之命，亦不许用，州县毋得给据。"[29] 跟本案有关的部分是，父亲去世，若诸子同母，寡母不得生分，若诸子异母，寡母始得生分。本案诸子同父异母，符合生分的要件。二是依照诸子均分之法，将方文亮的遗产均分为三份，由彦德、彦诚和云老三子三房继承，因彦诚已亡，故由其子仲乙子承父分。三是依照因陈师仁案而订立的新法，替妾李氏另置养老田。

既然诸事都有法为据，依法而行便可，那么执法者所说的人情是什么？我们曾说此案是"母在而别籍异财"[30]，实在违反了儒家同居共财的理想，而所谓人情，就是让这次强迫性的别籍异财变得合理的根据。但是，这里的人情究竟是"谁"之情？本案最重要的裁定有二：分家和另立养老田，它们符合了哪一位当事人的情？就分家来说，最不符合的，应是长房彦德的利益，因为他失去了对三分之二以上的父产的管理权；较符合的，应是二房仲乙的利益，因为可以避免长房的侵渔；而最符合的，应是三房的利益，既可避免长房的侵渔，又可避免二房的破荡。就另置养老田来说，毫无疑问，都不大符合长房和次房的利益，因为他们要等到庶母改嫁或去世，才能取回；而最符合的，自是庶母的利益，她有了独立的养老田，可谓夫死不必从子。由此言之，执法者口中的下合人情，不一定是符合所有人的利益，而仅是符合部分甚至少数人的利益，而在本案里，竟是寡妾之利益，她是最大的赢家。表面上她不能拒绝生分，但生分对她最为有利，可说是执法者替她作了最佳的选择。那么，这是否是执法者的别出心裁，为了维护寡妾利益而作出的特殊裁决呢？显然不是，他不过是执行淳祐七年新法而已，该法本就有利于寡妾，对寡妾的人情自在法理之中，实在没有什么法外情可言，我们不必因为执法者自己说了一句"下合人情"，就大做人情的文章。

最后，我们看一个嫡长子不在而寡妾仍被逼分家的案例。约理宗中期的案件"建昌县刘氏诉立嗣事"中，田县丞遗下两房:长房是抱养子世光,已去世,遗下二女及她们的生母秋菊,是世光的婢女;二房有一子珍郎(珍珍)、二女及三人的生母刘氏,她是县丞的侧室,对世光一房来说是庶母和庶祖母。若要分家,便是世光和珍郎各一份,两位妹妹得嫁妆。

当事人的关系如下:

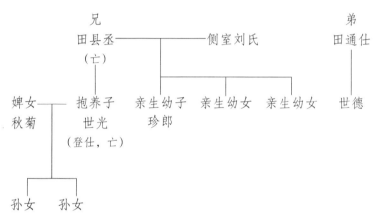

县丞的遗产原由刘氏掌管,她不打算生分,也不打算替长房立嗣,反有意把长房应得的承分并入二房。执法者为了维护长房的权益,不但替世光立嗣,还要替他跟二房分家,如此就两房的产业分明,可防止觊觎了。庶母本想霸产,现在变成分产,掌管的财富几乎不见了一半,自然不愿。执法者反驳说:"在法:惟一母所生之子不许摽拨,今珍郎刘氏所出,二女秋菊所出,既非一母,自合照法摽拨,以息日后之讼。"[31] 这是有点牵强的,因为这法条的原意,是说诸子都是同父同母时,父母不得生分,不是说诸子同父异母时,父母就必得生分。无论如何,从庶母在夫君死后独掌嫡子一房和亲子的产业可知,当嫡子不存时,庶母未尝可以不分家,继续保管亡夫全部遗产，但当嫡子立嗣之后，加上庶母图谋不轨在先，也就被逼生分了，正如执法者所说："（若）尽以县丞全业付刘氏，（秋菊）二女长大，必又兴讼，刘氏何以自明？"在本案里，分家不符合庶母的利益，但符合长房的利益。我们若将人情二字理解为利益，便可知道，除非是双赢三赢，符合所有当事人的利益，否则总是会"拂人情"的，学人似乎把执法者所说的人情二字看得太奇妙了，以为总能符合一众之情。

总之，父亡庶母在，能否生分和如何生分，因淳祐七年新法的出现变得明确，就是可以别籍异财，但要先从遗产里拨出庶母的养老之资，余下的再由诸子均分，包括庶母的亲子，亦即庶母的养老之资跟她亲子的承分是分开计算的，没有合在一起。这就引出下一个问题：寡妾的受养权从何而来？

（二）来自"妾"身分的受养权

针对寡妾对夫产权利的来源，有学人认为是母凭子富（特别是儿子成为家主之时），例如伊沛霞提醒我们："观察者高估了妾的地位，大都因为妾的儿子跟妻的儿子拥有平等的继承权。"[32]程郁亦说："在一般情况下，妾可以通过亲生子女获得丈夫财产的使用权和支配权，这一点有成文法作为依据：'诸户绝人有所生母同居者，财产并听为主。'"[33]这有点令人不解，因为所谓户绝，是指亡夫无后，没有继承人，但妾既有亲生子，又怎会是户绝？程氏恐怕是漏引若干原文了。无论如何，伊氏和程氏确是指出一个问题，就是寡妻是不必通过儿子，只要凭着妻的身分，便可取得对夫产的权利，那么寡妾是否必须通过儿子才能取得？另一方面，有学人认为妾子并无法定的继承权，例如柏文莉说："这些数据很清楚地显示，庶子基本上不被视为父亲财产的当然共同继承人——如果他们有资格分得父亲的财产，就不需要经过正式的宣告手续以成为自己兄长的继承人。"[34] 如是，则寡妾不能通过儿子取得对夫产的权利。

个人认为，妾子或庶子有着清楚的法定继承权，而且是与嫡子均分，是宋代法律史的普通知识了，柏文莉的看法恐怕属于上文所说，把不幸遭遇与法律权益混为一谈。实际上，不幸分不到父产的，既有妾子，也有被嫡生长兄侵渔的嫡生幼弟，也有被妾生弟弟欺负的嫡生哥哥，但他们可以凭着宋代"兄弟均分"的法律保障，争回应得的父产。①在《清明集》一个案件里，妾子不但与嫡子均分父产在前，还通过官司，与嫡子均分嫡母的嫁妆在后，这不是当然共同继承又是什么？②在上述寡妾阿何控告嫡子不孝案里，执法者判决阿何

①《宋刑统》卷12，页221，详见柳立言，《宋代的家庭纠纷与仲裁：争财篇》，收入"中研院"历史语言研究所辑委员会主编，《中国近世家族与社会学术研讨会论文集》（台湾："中研院"历史语言研究所，1998），页1—48。妾生弟欺负嫡生兄的例子，见《宋史》卷304，页10072："富人子张锐少孤弱，同里车氏规取其财，乃取锐父弃妾他姓子养之。比长，使自诉，阴赇史为助，州断使归张氏，锐莫敢辨。既同居逾年，车即导令求析居，(刘)元瑜察知，穷治得奸状，黥车窜之，人伏其明。"可见还是冒牌弟弟要求哥哥分家，这个冒牌弟弟所依赖的，自是庶子与嫡子有着法定的共同继承权。

②《名公书判清明集》附录2，页607—608。[宋]倪思，《经鉏堂杂志》卷7，页95："晚年妾有子，不惟嫡妻不容，嫡子恐分家业，深所忌恶。"可见时人熟知庶子享有分家权。

可以改嫁，但不能带走所生子，他们要留在父家，"俟其成长，依公分析"[35]，所谓"依公"，就是他们与嫡子均分。无论如何，寡妾通过儿子享用夫产是不成问题的。

但是，假如真的只是母凭子富，我们就不能说寡妾拥有对夫产的受养权，因为那实际上是源自她儿子的继承权，她所享用的，实际上是儿子继承的份额（亦即儿子在养她或她在吃儿子的），而不是她自己承受的份额（亦即亡夫在养她或她在吃亡夫的）。事实上，不但寡妾，连寡婢也可母凭子富，兹举一例。农家女子唐氏，十二岁进入士大夫王氏家中为婢，二十八岁生王枼，三十一岁主人及主母相继去世，诸子分家（"兄弟析耕"）。这时王枼才三至四岁，正是孤儿寡妇，但看来没有受到欺负，王枼还是分到了应得之分，"凡枼幼长师友笔砚，觅举近远，虽费而给，未尝告假。……既乃知为唐氏力也"[36]。这就是保管权，寡婢充分利用儿子分得的父产来提供教育费，甚至经营有术，连告借都不必；当然，她也利用这笔儿子的承分来养活自己。她不但母凭子富，还母凭子贵，王枼中举后位至路级长官和国子监司业，她得封为孺人。大名鼎鼎的叶适应王枼之请替唐氏写墓志铭，称许她是重振王氏家声的功臣。但是，唐氏保管权的来源，应是作为"生母"而非"婢"，我们看不到她对主人其他儿子的承分有何权利；她的受养权的来源也是作为"生母"而非"婢"，我们看不出她从亡主遗产分到个人的生活费，她只是在吃儿子的承分。假如她没有生子，就根本没有任何权利，只有离开主家另谋生路。所以，我们若不追究权利的来源，便会以为泛称的妾也可享有对亡主遗产的保管权和受养权了。

寡妾究竟是在吃儿子的还是在吃亡夫的，可从两方面解答：一是无子之妾能否承受夫产？二是有子之妾在吃儿子的同时，有没有因为"妾"的身分，也在吃亡夫的，亦即同时吃两份。十分遗憾，我们虽然知道解答的方法，却没有很多解答所需的史料，以下只有四个案例，且限于南宋时期，但似能说明寡妾靠夫产供养可能经历了一个在立法史上从无到有的演变。

第一案就是上文所述的寡妾阿何控告长子陈友直不孝案，记录者是王十朋（1112—1171），故发生在南宋初年。执法者吩咐友直要以妾母之礼对待阿何，可说相当抬举她，但同时"押阿何归陈氏之家守孝，俟其服满，如欲改嫁，则从其便，其所生子，当育于陈氏"，又下令"其家事当由陈友直管掌，阿何不得自专"。[37] 我们可以看到，阿何不守节，固然吃不到亡夫的或亲子的，即使守节，也不是吃亡夫的，而是吃诸子的，假如诸子对她供养有阙，她只有再诉诸官司，而不能像寡妻的自专，可以替自己设立独立的养老田，亦即吃亡夫的，不必吃儿子的。简言之，寡妾要守节，还得靠诸子从所承父产里拿出一部分来养她。

第二案也在南宋初年，"训武郎杨大烈有田十顷，死而妻女存。俄有讼其妻非正室者，官没其赀，且追十年所入租。部使者以诿迥（程迥，1163年进士），迥曰：'大烈死，赀产当归其女；女死，当归所生母可也。'"[38] 我们可看到妻与妾对夫产承受权的巨大差别。假如是妻，便可名正言顺地承受亡夫的户绝财产，行使保管权和教令权，养育孤女，且可替亡夫选立继承人来继承夫产和香火。但是，一旦官府发觉承受者不是妻而是妾，便认为应将夫产充公。既然夫产从一开始便要充公，寡妾自然不得使用，故官府要回溯过去，要求寡妾交还十年来所有来自夫产的收益。这不但否认了寡妾的受养权，而且剥夺了女儿对户绝财产的承受权，孤女寡母一无所有，如何过活？如何办嫁妆？这明显是不对的判决，故交给程迥再审。程迥推翻了初审，但也没有把夫产交还寡妾，而是依户绝法交给女儿，使之成为女儿的私产，由女儿供养妾母。假如女儿在获得户绝财产之前或稍后便去世，妾母将无人供养，遇到这个情况，便把女儿应得之分交给妾母。个人相信，妾权不能超过妻权，妾母得到女儿之分，应只有使用权而无所有权，"当归所生母"的"归"字，只能释作"交给"而不是"归属"。①无论如何，在南宋初年，寡妾只能吃子女的私产，不能吃亡夫的遗产。本案引申出的问题，自然是没有子女的寡妾怎样办？子女在供养妾母期间去世，妾母

---

① 姚荣涛分析此案，以为寡妾无继承夫产的权利，但"妾作为生母，得继承其子女的遗产"，正确指出杨大烈的户绝财产将成为女儿的私产，但女儿死后如何将本人遗产留给妾母继承？若女儿嫁人且生儿育女，她的遗产应留在夫家，如何流回妾母手里？尤其是妾母可能改嫁，又有何权利取得女儿的遗产？所以，执法者程迥所谓"女死，当归所生母可也"，不但只是针对本案，而且只是针对宣判时的现况，不能作为通则说所有妾母都可继承子和女的遗产。见姚荣涛，《两宋民法》，收入叶孝信主编，《中国民法史》(上海：上海人民出版社，1993)，页323—452，此案见页414。程郁，《宋代的蓄妾习俗及有关法规考察》，页301说亡夫财产"由亲生女继承相应的份数，然后妾以'所生母'的身份间接继承"，更令人不解。女儿承受父产后，便是她的私产，妾母如能继承，也是继承女儿的遗产而非亡夫的遗产了。

怎样办？

从无变有的转折发生在第三案，但执法者不是依法而是参考一位百姓的遗命。约理宗中期，六安县有一百姓甚宠其妾，遗命由妾与二子均分遗产。二子不愿，理由是"妾无分法"，知县杜杲（1173—1248）的判语说："传云'子从父令'，律曰'违父教令'，是父之言为令也，父令子违，不可以训。然妾守志则可，或去或终，当归二子。"提举使季衍大加赞赏说："九州三十三县令之最也。"①

这个判词不到五十字，但信息良多。第一，二子当非寡妾的亲生子，否则父亲不必替三人分家，二子亦必不敢到官府跟生母争产，并直言生母是妾。

第二，从"当归二子"四字可知，寡妾本人无子，否则遗产当归的，就不止二子，还应有她的亲生子了。换言之，寡妾的一份是独享，没有亲子跟她共享。

第三，从"妾无分法"四字可知，从宋代立国直至南宋中后期，仍遵从《宋刑统》"其媵及妾，在令不合分财"[39]的规定，妾是不能得到亡夫遗产的，可能连先例都没有，故无法引用。杜杲最后能够兼顾法律和父亲遗嘱，作出不违法和不违理的判决，故得到上级赞赏。

第四，父亲的遗嘱不能超越"妾无分法"的法律，这是

① ［宋］刘克庄，《后村先生大全集》卷141，页1237。利用此案的学人甚多，如李淑媛，《争财竞产：唐宋的家产与法律》（台北：五南图书公司，2005），页215—216；程郁，《宋代的蓄妾习俗及有关规制考察》，页296—297，她正确指出，"夫亡之后，只要妾不改嫁，她就应得赡养，为此，不管她有否亲生子，妾都可能分得一份财产以养天年"。

二子敢于跟父妾对簿公堂，要根据法律来分产的重要原因。①
严格来说，无子之妾在法律上亦非二子的庶母。

第五，如二子所愿，杜杲也是依法分产。事实上他推翻
了遗嘱，没有让寡妾取得任何夫产的所有权。他只是在她
守节的前提下，维护她的受养权，使她从夫产中获得一份
独立的养老之资。所谓"或去或终，当归二子"，是说寡妾
假如离开夫家（或去），她就不能从养老之资得到供养，而
要交给二子；即使她守志，也不能自由处分养老之资，因
为待她终老后（或终），要交给二子，由他们继承。杜杲依
从遗嘱的，或所谓顺应人情的，仅是份额的部分，即让寡
妾得到三分之一的夫产作为养老之资，为了让二子接受这
比例，他援用经和律，使二子遵从父亲的教令。个人相信，
均分是例外的，寡妾的养老之资应少于男性继承人的份额，
因为寡妾毕竟只有一个人，而男性继承人是被期望成家立
室、传宗接代的。

第六，假如上级的赞赏发挥一定的作用，我们可以说：
无子寡妾留在夫家守节，假如得不到应有的供养而需要诉诸
官司来争取自己的权益，那么执法者可能像杜杲一样，从丈
夫的遗产里拨出一笔独立的养老之资，让她享有使用权，但
无所有权，直到她改嫁或死去为止。

本案足以说明，单凭妾的身分，即使没有子女，寡妾仍

---

① 《名公书判清明集》卷5，页141—142："户令曰：诸财产无承分人，愿遗
嘱与内外缌麻以上亲者，听自陈，则是有承分人，不合遗嘱也。"这跟今天的遗
嘱法规是一样的。

享有对夫产的受养权，即亡夫在供养她，不必靠二子，但很明显，她对二子分得的遗产并无教令权可言，而且分家之后，二子不必供养她。简单说，寡妾直接从夫产取得独立的养老金的使用权后，不再接受非亲生子的供养，她对非亲生子也不享有教令权，不像寡妻是接受亲生和非亲生子的供养，并对他们都享有教令权。

本案亦足以说明，在此之前，寡妾对夫产的受养权是"法无明文"的，现在得到了，亦只属司法者赋予的权利，要等到下一案，才看到这项权利得到立法者的讨论和确定，成为"法有明文"。新法的诞生，既表示寡妾可以依法争取她的权利，也表示司法者要依法而判，否则寡妾可以从地方上诉到中央，要求依法来判。

第四案较第三案稍晚，在一件名为"业未分而私立契盗卖"的案件里，方文亮去世，在服丧期间，遗族依法不能分家，但已发生财产纠纷。

当时，"家业尽系长男彦德主掌，昨据彦德入状，论男仲乙非理赌博，盗卖田产"。查明之后，发现果有其事，但仲乙并非彦德之子，而是侄儿。根据各种情况，执法者指责彦德"岂应无故变乱宗枝，绝灭彦诚继嗣。此皆是彦德起意并包，利取全业，指侄为儿，名不正，言不顺，此仲乙所以不伏，此非理破荡之由也"。[40]

至是，执法者所面对的，不单是仲乙盗卖遗产的问题，还有是彦德由原告变为嫌疑人，有着"起意并包，利取全业"的问题，后者可说是由案生案，站在一案一事的立场，法官本不必追究，但本案执法者翁甫（1226年进士）主动解决，以保障其他家人的权利不被彦德侵占。对盗卖田产的问题，执法者不过依法裁决，跟本文无大关系，无须讨论。对意图并产的问题，执法者的判决是"合照淳祐七年敕令所看详到平江府陈师仁分法，拨田与李氏膳养，自余田产物业，作三分均分，各自立户"，即将方文亮的遗产分为四大份：一份给寡妾李氏作为养老田，一份给她的亲子云老，一份给彦德，一份给彦诚。寡妾的养老田仍登记在方文亮的户籍里，田契存放在官库里，不能出卖典押，田产的收入供她使用，待她死后仍作为方文亮的遗产，由三子再均分。三子所得承分则各自登记在三个独立的户籍里，互不相干，亦即别籍异财。

就寡妾的受养权来说，第一，从"家业尽系长男彦德主掌"来看，寡妾李氏还是跟第一案的阿何和第二案的杨大烈妾一样，靠诸子供养，她对亡夫遗产并无多少权利，故本案的原告是彦德本人而非李氏或由彦德代表李氏。现在发生纠纷了，执法者如何处理？让寡妾靠亲子供养，继续靠诸子供养，还是靠亡夫供养？

第二，至迟从淳祐七年的新法公布开始，分家时替寡妾设立独立的养老之资已成为法规，不但提供寡妾受养的保障，也提供一个法定的选择，假如寡妾愿意接受这选择，其他分产者就不能无理反对。当然，用来养老的不一定都是田产，还可以是一笔用来收息的现金等。

第三，养老田的财产来源（即谁给的）决定了寡妾是吃亡夫的还是吃儿子的。跟上案一样，本案的养老田是从夫产里直接拨出，不是先将夫产分给诸子，再由诸子拨出给她。两者最大的分别，简单说就是前者是亡夫在养她，她所用的是亡夫的遗产，假如她再嫁，便要停止使用，交给诸子均分；后者是诸子在养她，她所用的是诸子的私产。无论如何，养老田是专为李氏本人而设，是独立的，并不附于她亲子云老的名下。李氏一方面从养老田接受亡夫的供养，另一方面从云老继承之分接受亲子的供养，简单说就是同时吃两份。从设立独立的养老田，没有跟亲子的承分合在一起，就足以说明，单凭妾的身分，寡妾对夫产享有受养权，她不必依靠亲子的承分。

第四，李氏的养老田在死后由三子再均分，这对三子来说实在有点不便，但对李氏来说却有重要的意义，使她的生活得到更大的保障，因为有了独立的养老田，那么无论彦德、仲乙和云老的承分出现何种意料不到的情况，例如仲乙破荡净尽或云老夭折，都不会影响李氏的生活费，可说是夫死不必靠子。跟第一案阿何告子案比较，便可看到明显的发展，是寡妾从依靠诸子的私产到依靠亡夫的遗产的变化。

第五，李氏固然是夫死不必靠子，但从另一角度来看，除了亲子之外，其余二子都不必供养庶母，也不必听从她的教令，这跟上案的二子不必供养父亲无子之妾和不必听从她的教令是一样的。也许可以说，无子寡妾只能吃亡夫的，有子寡妾可以吃亡夫和亲子的，但她们都不能吃非亲生子的，也不能监督非亲生子的承分。

最后两案可以说明，无论有子无子，凭着妾的身分，寡妾对夫产便可享有受养权，她只靠亡夫，不必靠其他人。在第三案里，拨出独立的养老田给寡妾似乎是执法者个人的决定，到了第四案，这已经成为通用的法令了，而源头是一个经过中央立法单位讨论成立的案例（平江府陈师仁案）。与妻相较，主要的差别是妻自行决定养老田的多寡，而妾是由他人决定。与婢比较，毫无疑问，无子的婢在法律上是不具有被主家扶养的权利的，那么有子的婢或泛称的妾能否吃亡夫的，还是只能母凭子富，仅吃儿子的？

约跟第四案同时（距亡国不过十多年），有蔡氏一家四房，第三房的蔡汝加跟婢女范氏生一子梓，故范氏可说是泛称的妾。梓死，无子而有二女，范氏没有替儿子立嗣，而依靠两位赘孙婿杨梦得和李必胜维持家业。有一次杨梦得奉范氏之命到汝加所有的山业内斫柴，却被其他三房殴打，"其意盖谓蔡氏之木，不应杨氏伐之，兼范氏乃汝加之婢，尤非诸蔡所心服者"，等于不认同范氏对亡夫遗产的权利，还告到官府，谓杨梦得非法斫柴，且要求立嗣。[①]

可以看到，汝加死后，遗产由儿子梓继承，因母在不得别籍，梓与范氏同居共财，范氏母凭子富，以生母的身分享

---

① 《名公书判清明集》卷7，页205—206。程郁，《宋代的蓄妾习俗及有关法规考察》，页297说范氏是妾，但判词说"范氏乃（蔡）汝加之婢"，程又说范氏生了两子杞和梓，但她只生了梓，而杞是汝加之弟汝励的儿子。

有保管权和教令权①，但她并无独立的养老田，这可能是因为她无权生分，亦可能是因为梓是唯一的继承人，没有另立养老田的必要。然而，梓死而本房户绝，父产无人继承，若要立后，有决定权的首先是梓之妻，但已不在，其次是生母范氏。表面上，在本房绝嗣的情况下，范氏对汝加遗产仍拥有保管权，例如用来招了两名赘孙婿。但对蔡氏族人来说，保管的最终目的是把遗产交给姓蔡的人来继承，当他们发现范氏并无此意时，便阻挠她使用保管权，虽然明知她本人也需要柴木，却不再让她派异姓的赘孙婿来采用。执法者深知此理，判词一开首便说："蔡氏立嗣、斫木之诉，虽曰二事，实则相因，只缘立嗣未定，遂致斫木有争"，后来又说，"今若不为……梓命继，则诸蔡纷纷，必不止今日伐木之争而已"。由此来说，寡婢对夫产的保管权是以有嗣或立嗣为前提的，她不能独立享有。

执法者询问范氏立嗣之意，范氏只想维持现状，执法者无法同意，认为"妇人女子，安识理法，范氏自谋得矣，如蔡氏无后何？"最后的判决是由蔡氏尊长替蔡梓选立一位继子，之后分家，"合以一半与所立之子，以一半与所赘之婿，女乃其所亲出，婿又赘居年深，稽之条令，皆合均分。范氏

---

① 《名公书判清明集》卷8，页251："在法：诸户绝人有所生母同居者，财产并听为主。户绝者且如此，况（侧室）刘氏者珍珍之生母也，（女使）秋菊者二女之生母也，母子皆存，财产合听为主。"范氏跟秋菊一样是婢，不妨碍她以生母的身分保管亡夫遗产。王平宇甚至说，"若非在判词中不经意地提及范氏的出身，单从她的种种作为，几乎让人以为她就是房长的元配"，见《〈名公书判清明集〉中所见的女使诉讼》，页215—216、230。

年老无依，亦深可念，仰所立之子如法供养，仍众存些小，以为范氏他日送老之计，庶几死生皆安，争讼可息"。我们清楚地看到，是把汝加的遗产分为两大份，一半给继绝之孙，一半给两位赘孙婿，范氏没有得到独立的养老田，那她如何过活？

判词说继孙"如法供养"，就是法律所规定的不得供养有阙，即继孙必须供养范氏，但除了吃孙子之外，寡婢有没有吃其他的？程郁认为，"所谓继子养范氏，并非直接奉养，而是于分产之时，留下一小部分给范氏，很明显，这部分财产是从继子所应得分数中扣除的，待范氏卒后，此产应仍归继子"[41]，但本书认为，所谓"众存些小"，是指继孙和二名赘孙婿等"众人"，各从所得的份额中拨出小许，存立一笔养老金或棺材本，让范氏生前使用，死后营葬，是不必一定还给继孙们的。但无论何者，都是继承人先分得遗产，成为自己的私产，再拨一些出来给寡祖母养老，而且很可能只是动产，不是田产，因为若是田产，就不知登记在谁人的户籍下了。

"众存些小"跟寡妾的养老田比较，不同之处有三：一是从淳祐七年开始，从夫产拨出养老田给寡妾是有法令为根据的，但"众存些小"似乎仍是出自执法者个人的决定。二是寡妾养老田的多寡应有一定规定，数量不致太少，但"众存些小"似是各人自定多寡，可能真的是"些小"。三是养老田是在分家之时先拨给寡妾，剩下的才由子女瓜分，或是同时由寡妾和子女议分，没有先后之别，而"众存些小"是子女先行分得家产，再从自己所得之分拨出一些来给寡祖母的，假如两名赘孙婿不愿意，那么生养死丧的费用就全由继孙一人负责了。既然养她的不是亡夫而是子女，我们很难说婢或妾婢的身分让寡婢享有夫产的受养权。就其他寡婢的案例（包括上述的王棐案）来说，都难以看到寡婢有独立的养老田，似乎都是母凭子富，只能依靠子女的承分维生[42]，这是一个尚待研究的题目。

然而，不管财产的来源是亡夫还是子女，养老田和"众存些小"终是独立的一份。无论是夫的寡妻、寡妾，还是有子之寡婢，三者得到独立的养老之资后，生活都有较大的保障，不必再仰人鼻息，生时尽情享受，死时用于丧葬，应交回诸子的就交回诸子，庶几死生皆安。假如设立独立的养老之资是宋代的普遍情况，可说是寡妻、寡妾和有子之婢受养权的一大进步。到了今天，寡母与子女均分夫产，跟宋代不同之处有二：一是寡母所得之比例应多于宋代（上文妾与二子均分应是特例）；二是寡母对所得拥有所有权，可带走改嫁，远胜过宋代的使用权，不能带走改嫁，要留给亡夫的继承人。相同之处亦有二：一是让寡妻和妾得到一份独立的养老之资，不必仰子女鼻息；二是让她们吃亡夫的遗产，不是吃子女的私产。这想法和做法，确是宋代就有了，而且不但适用于妻，还适用于妾。

（三）来自"生母"身分的保管权和教令权

保管权主要在继承人未成年时行使，教令权主要在继承人已成年时行使，若有后者就必有前者。在上文寡妾阿何控告长子陈友直不孝一案里，我们已看到寡妾可借告官来维护她的受养权，那么她有没有保管权和教令权？陈友直既已成年，阿何自无使用保管权的余地，至于教令权，执法者一方面把她从庶母抬高为妾母，另一方面说："又按《春秋》，妇人有三从……以嫡母之尊，犹有制于长子之义，今阿何系陈友直妾母，其家事不得自专……其家事当由陈友直管掌，阿何不得自专"[43]，排除了她的教令权。

然而，执法者不是据法而是据经，而且夫死从子之义也可适用于嫡母，即执法者亦可用之来剥夺嫡母的教令权，造成经（礼）与法的冲突，事实上是法外之礼（没有被纳入法律的礼，如守节）和法内之礼（被纳入法律的礼，如夫丧不得改嫁）的冲突。这当然不是常见的，因为在一般情况下，法内之礼（如教令权所蕴含的孝）高于法外之礼（如夫死从子），只有在特殊情况下，执法者才会以礼逾法或以礼代法，恰好"妾"的教令权（不是"生母"的教令权）是于法无据的，于是执法者以夫死从子之春秋大义来判定"妾"不具有教令权。

那么这位执法者的判定有无代表性或普遍性？上文讨论受养权时已指出，在阿何讼子案之后的"妾无分法"案和"业未分而私立契盗卖"案里，寡妾取得独立的养老之资后，对非亲生子所承父产没有教令权可言。就目前所有案例来看，寡妾对非亲生子，尤其是主家的长子，并无教令权，她不能指示他们如何处理所承受的父产，他们将之典卖也无须她的同意。也就是说，父妾或庶母的身分没有替她带来教令权。个人相信，执法者的思考并不难懂，就是妾权不应媲美妻权。

受亡夫供养是较为基本的权利,执法者不吝给予寡妾,不过仍是不如寡妻,但对诸子行使教令权却非基本的权利,实无必要给予寡妾。按照服制,非亲生子为庶母服缌麻三月,庶母为非亲生子服齐衰三年至一年,亦看出身分等级之悬殊。执法者遵行这些原理较违反它们容易,也许是他们不难达成共识的一个原因吧。

另一方面,作为生母,寡妾对亲子所承父产是享有教令权的,具体表现就是当亲子要典卖父产时,必须得到她的同意。《续资治通鉴长编》的撰者李焘在绍兴二十七年担任成都府双溪县知县,有"大姓李雩,市邱成之产业,公(李焘)以成之不白所生母,追正之。雩谰词诉府,公列经义律文,寘雩(于)法"①。就是邱成之把产业卖给李雩之前,没有征询妾母的意见,当然更没有得她的同意,李焘取消了交易,李雩不服上诉,李焘就以经义和律文指出他的不是,把他绳之以法。可惜我们看不到李焘所用的经义和律文,但毫无疑问,绝不是夫死从子。

很明显,有子寡妾对丈夫的所有儿子来说,都是父妾,她对非亲生子不能行使教令权,但对亲生子能够行使教令权,原因只有一个,即她不能凭父妾(庶母)的身分,只能凭生母(妾母)的身分来行使教令权。不过,在李焘的裁定里,我们只

①［宋］周必大,《敷文阁学士李文简公焘神道碑》,《续资治通鉴长编》点校说明,页24—25;［宋］周必大,《文忠集》卷66,页8—23。徐规,《李焘年表》,《续资治通鉴长编》点校说明,页49—50。［宋］倪思,《经鉏堂杂志》卷7,页96:"身死而妾有子,妾尚少,既为母,其家别无尊长,或有外情,子不可制,尤难区处",亦可看到子对母的屈从。

看到邱成之的亲生姜母，没有看到他的嫡母，假如后者仍在，成之应听从哪一位母亲？用另一个问法，就是有哪些人或事的因素，是会影响寡妾对亲子行使教令权的？学人时常争论的"法、理、情"有没有起到一定的作用？下文分两种情况尝试回答：夫产有继承人和夫产没有继承人（即户绝财产）。

1. 夫产有继承人

情形1：妾子是唯一继承人（妾子可以不止一位，下同），嫡母仍在，父产由嫡母掌管。

在宋初一件上达天听的讼母案里，妾子安崇绪是唯一的继承人，且已成年，但父亲遗产由继母阿冯掌管。阿冯亏待妾母，使其衣食不足，崇绪乃控诉告阿冯早跟亡父离异，无权掌管遗产。此是诬告，告母已是死罪，何况是诬告？几经论争，最后由太宗裁定，崇绪提前继承父产，继母不准干预。[44] 这是继母有错在先，不表示妾子在继母（也算正妻）犹在时，可以不听从她的教令。崇绪告官，不是告阿冯剥夺了生母的受养权，而说阿冯早与父亲离异，正是要否定她作为继母的身分，由此反观，即使妾子是唯一的继承人，父产仍应由正妻主管。十分可惜，寡妾自己没有告官，否则可让我们知道她有哪些权利。①

与上案刚好相反，仁宗年间，一位嫡妻无子而妾有子，

---

① 云注：聂霙指出，据《文献通考》载，安崇绪之父有"小妻高"，而安崇绪母阿蒲仅被称为"所生母"，且有"阿蒲虽贱"之言，则"正式的妾"应是高氏，其母蒲氏可能是"泛称的妾"。参见氏著《书评：柳立言〈宋代的宗教、身分与司法〉》，页317—318。

夫死，嫡妻"为妾所逐，家赀为妾尽据之。妪（嫡妻）屡诉于官，不得直，因愤恚发狂。（王）罕为直其事，尽以家赀还之，吏民服其能察冤"①。妾把嫡妻逐去乃明显违法之事，因为剥夺了她的受养权，我们实在不知道王罕之前的执法者是如何判决的。无论如何，此案清楚显示，妾子虽为父产的唯一继承人，但其母在，理论上应服从母亲的保管权或教令权，而在两母并存的情况下，应服从嫡母而非妾母，可以认为妾母的保管权或教令权不如嫡母的。②对于此案，姚荣涛说"亡夫的家产都由寡妻继承"，固然不妥，应将继承改为承受，不过程郁的反驳也不得要领，她说："这里有一定的特殊性，在中国古代的案例中，的确多见地方官基于情理的越法判决，此其一。其二，文献也未明言已剥夺了庶子的全部财产权。所谓'还'究竟是将她应得一份或其奁产全部还给她，还是将妻立为全部家产的户主？如是前者，庶子应得合法的一部分，如是后者，则妾与庶子便作为合法的家庭成员仍能同居共财，而在嫡妻百年之后，庶子仍能合法继承家庭财产。"从

---

① ［宋］司马光著，邓广铭、张希清点校，《涑水记闻》（北京：中华书局，1989）卷14，页289—290。亦见《宋史》卷312，页10245："夫死，妾有子，遂逐妇而据家资，屡诉不得直，因愤恚发狂。（王）罕为治妾而反其资，妇良愈。"此是名案，收入［宋］郑克，《折狱龟鉴译注》（上海：上海古籍出版社，1988）卷2，页103，又见卷6，页342，卷8，页492等其他案件。

② 从以下两条史料，可见嫡母的地位远高于妾母："（英宗治平元年）闰五月十一日，太常礼院言：'宗室嫡母存，则所生母、庶母、乳母，妇之所生母、乳母卒，请皆令治丧于外。'从之。"见《宋会要辑稿》帝系4，页14。"（哲宗元祐）二年九月十五日，诏：'诸父及嫡继母在，不得封赠所生母。虽亡而未有官封者，不得独乞封赠所生母。若父及嫡继母、所生母未有邑封者，不得独乞封赠妻。'从吏部请也。"见《宋会要辑稿》职官9，页4。

本文可知，王罕既无越法判决，嫡妻也没有"应得一份"（否则不也是部分继承？），庶子亦不是"应得合法的一部分"（因为他是继承全份），更无须扯到另立女户那么远。[45]

情形2：妾子是唯一继承人，嫡母不在，但祖母仍在，父产由祖母掌管。

在一田业纠纷中，有人伪造卖契，意图夺去死者莫君实的一块烝尝田（祭田）。"君实之子梦回，同其所生母周八娘"提出控告。周八娘拿出亡夫遗嘱，请求执法者比对遗嘱与卖契的笔迹，果然不同。执法者"唤到君实母亲赵氏，不特不认金契，而赵氏当厅亦自能书写，笔迹亦自不同"，可见"母亲之金，亦是假伪而为之也"，加上其他证据，断定卖契是假，乃判决"田还莫梦回管佃"[46]。程郁认为"莫君实寡妾周八娘分有'烝尝田'"[47]，恐非如此。第一，顾名思义，祭田的收入是用来祭祀莫家历代先人的，是不能让妾当作养老田的。第二，从"田还莫梦回管佃"来看，该田未由寡妾承受，而仍在莫家祖孙手里。第三，读者也许好奇，为何执法者在核对莫君实的笔迹后，还要核对他母亲的笔迹？因为无论莫君实与母亲仍否同居共财，或是已经生分，莫君实要卖田，仍要得到手握教令权的母亲的同意和画押，这就是执法者要核对母亲笔迹的原因。君实去世，遗产当归梦回，但祖母犹在，还是要听她的教令权，故理论上梦回只能管理，直到祖母去世，始能正式继承。假如祖母不喜欢梦回，只要理由正当（如不孝或破荡），还可另立一位孙子继承君实。至于妾母，当然是接受儿子的供养，假如她要别立养老田，须得祖母同意，但实在没有充分的理由。现在田业发生纠纷，乃由目前的管理者和将来的继承者梦回率先处理，妾母因掌握亡夫的遗嘱等文件，故协同梦回打官司，并非她本人打官司，胜利之后，执法者把田业交回儿子管理，而不是交给她。总之，妾母对亲子所承父产的教令权不但次于嫡母，也次于亡夫的生母。①

情形3：妾子是唯一继承人，嫡母及祖母均不在，但未成年，父产检校。

南宋赫赫有名的大诗人和执法者刘克庄曾说："如妾母得主财，如货鬻母共业，须同藉（籍）人佥图，乃成券。"[48]所谓"妾母得主财"，不能随便引用，它有特定的场合："妾母"是指有子的妾，故"妾母得主财"的前提，是该妾之子继承父产，不是该妾本人承受夫产。一种情况，是妾子继承父产时并未成年，妾母就行使遗产的保管权，故泛称"得主财"；另一种情况，是妾子继承父产时已经成年，妾母得行使教令权，亦可泛称为"得主财"。无论何者，所谓"得"，不是指所有权，因为下文说，买卖主财时，必须同籍共财的人一起签押，契券才算有效成立；假如妾子继承父产时未成年，便要待亲子成年满十六岁，妾母和亲子一起签押，才能典卖遗产。一起签押的目的，一是防止儿子瞒着母亲私下交易，二是防止母亲私下把遗产转移，包括随本人改嫁。有时官府为了防范寡妇上下其手，乃将遗产检校。

---

① 云注：聂雯认为，此案仅言周八娘为"所生母"，并无证据证明她是"正式的妾"，所以恐难以此证明亡夫生母对家产的教令权优于妾母。参见氏著《书评：柳立言〈宋代的宗教、身分与司法〉》，页318。

约理宗淳祐六年有一案件名为"建昌县刘氏诉立嗣事"，不但可看到两个寡妾对夫产的保管权，还可看到执法者刘克庄以"止是两个所生母"为理由，在分产和立嗣两个问题上，平等对待正式的妾和泛称的妾。顾名思义，本案是刘氏针对立嗣提出控诉，学人时常用来研究南宋未婚女儿与兄弟的分产比例，无论案情和判决都相当复杂[49]，但就寡妾对夫产的权利来说，却十分清楚。

田县丞跟妻子没有生育，抱养世光，法律上视同亲子，享有完整的继承权，事实上他已受荫取得登仕郎的文散官衔。妻子去世，县丞"不娶"，只纳妾刘氏，甚得宠信，掌理家事，共生一子（珍珍）及两女，尚未成年。县丞去世时，世光已成年，应由他掌理家事，轮不到刘氏，但世光亦去世，刘氏的幼子珍珍成为唯一的继承人和未来的家主，刘氏母凭子贵，也确是家中身分最高的长辈，乃继续掌管家业。若要生分，应由世光一房得一份，珍珍一房得一份，两妹各得嫁妆。

案发的原因，是田县丞亲弟田通仕（通仕郎是选人阶名）以登仕死而无子，本房家业无人继承，乃撰造登仕遗嘱，谓由己子世德入继，以为可以独得登仕全份家业，当时"田通仕执留登仕丧柩在家，以为欺骗孤幼，占据产业之地"[50]。刘氏不服，"以丞妻自处"，提出上诉。第一位执法者判刘氏得直，"产业听刘氏为主"。通仕上诉，第二位执法者刘克庄仍判刘氏得直，产业仍听刘氏为主。未几，案情急转直下，刘克庄改判，通仕之子可以入继，县丞必须分家，刘氏只能保管亲生子女之分，不能保管世光子女之分。

程郁认为，这是"刘克庄得知刘氏为妾后，对判决作了修正……一旦刘氏的妾身份为人得知，官府之态度顿时改变"①，本文认为，改判的重要原因应是刘克庄发现了刘氏的贪念，判词说："刘氏自丞公在时，已掌家事，虽非礼婚，然凭恃主君恩宠，视秋菊辈如妾媵。然观其前后经官之词，皆以丞妻自处，而绝口不言世光二女见存，知有自出之珍珍，而不知有秋菊所生之二女……是（刘氏）欲并世光一分归之珍珍，此刘氏之谬也。……（若今日）尽以县丞全业付刘氏，（秋菊）二女长大，必又兴讼，刘氏何以自明？"言下之意，是刘氏本来是可以保管亡夫的全部遗产的，即"尽以县丞全业付刘氏"，那当然包括世光一房和珍珍一房的承分了，但刘氏隐瞒世光有二女，意图把世光一房的承分并给珍珍，二女将来必要兴讼争产，不如替世光和珍珍分家算了，如是则两房产业独立分明，刘氏便无法染指世光的承分。

生分之后，仍有两个问题需要解决：一是世光绝后，家业落在寡婢和二女手中，将来要流入异姓，这也许是刘克庄终于接受田通仕之子以堂弟入继堂兄为子（昭穆不顺）的重要原因。第二个问题是世光和珍珍两房产业由谁保管？刘克庄说："在法：诸户绝人有所生母同居者，财产并听为主。户绝者且如此，况刘氏者珍珍之生母也，秋菊者二女之生母也，

---

① 程郁，《宋代的蓄妾习俗及有关法规考察》，页 299 — 300。田通仕要越过刘氏取得立嗣的优先权，除了撰造世光遗嘱外，最好是指出刘氏是庶母（妾）不是嫡母（妻），便能双管齐下。即使通仕第一次要求立嗣是仅凭着撰造的遗嘱，没有指出刘氏是妾，败诉之后，第二次总要指出吧，否则那些煽动他打官司的"囚牙讼师"的法律水平未免太低了。

母子皆存，财产合听为主，通仕岂得以立嗣为由，而入头干预乎！"这句话是针对通仕而说的，意思是说，世光一房不立嗣便是户绝，财产依法听秋菊为主，立嗣便不户绝，财产还是听秋菊为主，无论立不立嗣，都轮不到通仕干预。至于珍珍一房，既非户绝，财产依法听刘氏为主，也轮不到通仕干预。刘克庄的确在判词内一再警告通仕不得干预两房，但他是否放心让刘氏和秋菊保管两户财产以待子女成年呢？显然不是，判词说："县丞财产合从条令，检校一番，析为二分，所生母与所生子女各听为主，内世光二女且给四之三，但儿女各幼，不许所生母典卖。"所谓检校，即把财产条列，交给官府监管，所生母只能使用财产的收入，不许典卖财产，直到子女成年，才从官府领回财产来继承。事实上，以刘氏之能力，大可继续掌管亡夫遗产，不必检校的，而对秋菊来说，检校反有防止他人侵夺遗产的功用。由此可知，一旦执法者认为有人觊觎亡夫的遗产，不管这人是寡妾本人或其他人，执法者就有可能不让寡妾保管夫产，而由官府代管。

我们再看刘克庄对刘氏和秋菊的态度。从判词两次称呼刘氏为侧室，和始终称呼秋菊为婢或女使，可知刘氏确是正式的妾而秋菊只是泛称的妾，尽管如此，刘克庄对她们是颇为公平分尊卑的，例如在立嗣问题上，刘克庄每次提到以通仕之子入继，都同时提到刘氏和秋菊，例如说："若刘氏、秋菊与其所生儿女肯以世德为世光之子……待委官劝谕田族并刘氏、秋菊母子，照前日和议，姑以世德奉世光香火"，及"刘氏、秋菊亦宜念通仕是县丞亲弟，所分之业，仅得八分之二，与其立疏族，不若立近亲"，似乎赋予她们平等的立嗣权（详下文）。刘克庄为何有此平等的态度？且听他自己的话。在拒绝让刘氏独掌家业时，他说：

> 刘氏，丞之侧室，秋菊，登仕之女使。昔也行有尊卑，人有粗细，爱有等差，今丞与登仕皆已矣，止是两个所生母耳。尽以县丞全业付刘氏，（秋菊）二女长大，必又兴讼，刘氏何以自明？兼目下置秋菊于何地？母子无相离之理！秋菊之于二女，亦犹刘氏之于珍珍也，人情岂相远哉。

关键句是"止是两个所生母"和"母子无相离之理"，都是指亲生母子之情，所谓"人情岂相远哉"，人情亦是指亲生母子之情，即秋菊跟二女的母女之情，和刘氏跟珍珍的母子之情，两者不会差很远。所以，对刘克庄来说，尽管刘氏与秋菊的地位有着不可磨灭的差异，但作为生母，她们是平等的，既然刘氏以生母的身分可以主掌本房的承分，那么秋菊以生母的身分不是一样可以主掌本房的承分吗，为何要让刘氏同掌两房呢？这也可能是他让秋菊在立嗣问题上与刘氏享有相同地位的原因，因为秋菊将成为继子的母亲，"母子自要相依而居"，生活将受继子影响。

这是刘克庄个人的特殊态度吗？个人认为，他的态度是从律文而来的，或与律文契合，两者是难分的。他所引用"诸户绝人有所生母同居者，财产并听为主"的律文，本身就强调"所生母"的重要性。若所生母是嫡母，自然掌管户绝人之财产，当嫡母不在时，所生母是妾，甚至只是婢，也一样掌管财产，此时身分之高低已不重要，血缘之有无才重要。秋菊在主人生前没有取得正式的妾的地位，反在主人死后，在司法审判之中，获得跟正式的妾、侧室刘氏一样的待遇。她没有儿子，在主人生前无法母以子贵，主人的庶母刘氏也待她如婢，但在主人死后，她与主人的庶母变成了"止是两个所生母耳"，不同身分和辈分的人竟因同是生母的缘故变得一样了。[51]

从本案可知，有着未成年亲生子女的寡妾未尝不可能保管夫产，但当发生纠纷，尤其是财产之争后，官府介入，便用检校的方式接管夫产，只将夫产的收入交给寡妾保管和使用。这一次无疑是从上而下的命令，不是寡妾的自愿，但对无助的寡妾来说，检校似乎也是不错的选择，请看下案。

梁居正相当富裕，去世时遗下妾郑氏和郑氏所生两名幼子。"郑氏固梁居正之侧室也，然一从居正之死，便知遣唤梁太行房长之事"，可见郑氏自知以妾的身分不足以独掌庞大的家业，便邀请亡夫的族人梁太帮忙。不料梁太在主持居正的丧事后，便入住居正之家，管理遗产时，"每于财利之间，动有披襟攘袂之状"。寡妾看到梁太不足信赖，便请父亲郑应瑞帮忙，结果也有"搬搋"之嫌，梁太于是控告郑父意图包并居正物业。寡妾不得已，"遂自求于官，首乞检校，以待二幼之长"，即委托官府监管居正遗产，等二子成年后取回。梁太不服，"力诋郑氏为居正之妾而非妻"，似乎认为妾是无权申请检校的，执法者却将之倒过来说："使郑氏自诡以居正之妻，则又奚以检校为哉？"似乎是说，假如郑氏是妻，就不必请求检校，正因她只是妾，才求助于官府。[①]

执法者对寡妾相当赞赏，首先是她把事情始末说得很清楚，其次是她"犹能委利权于官，以为他日全身远害之计，（官府）遂得以别公私，定是非于梁、郑氏之争也"，认为她的立场有利于官府判别公私是非。值得注意的是"利权"两字，它是否就是今日所说的"权利"？我们先看判决：

第一，答应检校，将亡夫田契寄留县库，杜绝出卖典押，仍在营业的两个库暂停营业，本钱三千六百零八贯也寄留县库。两库可能是质库或长生库，当时由僧人营运。

第二，检校财产的收入由寡妾掌管，"令郑氏管收租利，以为拊育二幼之资"，但财产的所有权属于二幼，"合本县给据，付二幼收执，许令逐季具状经县，委收支官同词人入库点视，候出幼日，照数给还"。

第三，检校财产的收入共有"月利三十五贯，岁收谷三十七石，租利钱一百六十三贯"，支出主要有三项：一是"为郑氏、二幼衣服、饭食、教导、税赋之资"；二是依照亡夫过去的做法，每月提供寡妾父母三贯五百文足，作为赡养月钱；三是梁太目前月领三贯，增加为月领五贯。

第四，梁太应搬出，"但当时其来往，照拂其门户，不必

干预财谷，郑应瑞但当处居正在日借住之屋，享今来照原数给助之资，不当非时登门预事"。

执法者在判词最后说："当职于孤幼之词讼，尤不敢苟，务当人情，合法理，绝后患"，他自认为能够做到，乃将判词"备榜市曹"，作为示范。有学人认为判词里的案情不过是执法者的一面之词，有如历史学家的剪裁，但至少这位执法者相信他的判词没有歪曲事实，起码是已将最重要的事实呈现，并经得起民众的议论。

执法者所谓"合法理"，当是指遵行检校法的各项规定，没有违法，但何谓"当人情"？从判决来看，法外之情只有两项，一是让寡妾的父母每月领取生活费和住在借住之屋里，这是继续女婿在生时的做法，执法者照行不误，也让我们看到夫家与妾家除了买卖之外，还有一些姻亲的关系。二是每月多给梁太二贯，多于寡妾父母所得，可能是借此希望梁太不要继续兴讼，并尽可能照顾孤儿寡妇。第一项合情，第二项似乎见仁见智，不知能否绝后患。

由判决可知，寡妾"犹能委利权于官"的利权，应是指寡妾对夫产的各种"权利"，由寡妾交付给官府代为行使。首先当然是保管权。毫无疑问，本案也属"妾母得主财"，寡妾对夫产享有保管权，故郑氏先是可以决定请谁来帮忙（先是梁太后是父亲），最后决定把它委托给官府，并接受官府的支配。最明显的支配有三：一是官府下令两库暂停营业，并把本钱存留县库，理由是"若不与防闲，不阴消于梁太、库僧之侵移，必将潜耗于郑应瑞之搬揆"；二是把梁太的月给三贯增加至五贯；三是准许以夫产继续照顾寡妾家人。不难想象，寡妾仍会依旧赡养父母，那执法者为何多此一举，要声明仍然月给三贯五百文？一是避免有人批评寡妾把夫产用于外家；二是设定赡养的上限，不能给予太多。从梁太可以"时其来往，照拂其门户"而郑父"不当非时登门预事"，甚至"不得复登梁氏之门"，可知执法者还是担心夫家的利益会落入外人之手。当然，即使当家者是年轻的寡妻不是寡妾，执法者亦时常抱着怀疑的态度，对此柏清韵有很好的研究，不必赘述。[52] 其次是受养权。寡妾把夫产交托官府后，她和儿女的生活费也由官府计算支付。她所"管收租利"其实不少，除了用于衣服、饭食、教导、税赋，还有管佃的支出外，剩余的就由她支配，如投资、捐献（如奉佛）和救济等。总之，我们固然不能把今天对"权利"的界定全然套用在古代，但说古代没有权利的观念，恐怕也不尽然。

根据上述各案，寡妾对亲子所承夫产的权利主要受两个因素所影响：一是亲子的嫡母和嫡祖母犹在（或说亡父亡祖父的正妻犹在），则寡妾的权利屈居于后，这点发现是跟妻权（正妻对所有儿子的承分都可行使保管权和教令权）一致的；二是发生官司，官府介入，亲子未成年，寡妾要跟官府分享保管权，官府管本金，寡妾管收入。

2. 夫产无继承人（户绝财产）

死而无子谓之绝后，假如死者已有独立的户籍，便谓之户绝或绝户，不妨称之为狭义的户绝。假如死者未有独立的户籍，但出现好像代位承分的情况，即死者在父祖别籍异财之前已经去世并且绝后，只遗下妻妾和女儿，死者一房亦谓之绝户，不妨称之为广义的户绝。例如在前述田县丞案里，县丞的抱养子世光在县丞家产被分析之前便去世绝后，遗下寡婢和二女，现在官府下令分析县丞的遗产，世光与庶弟珍珍各得一份，执法者便称世光一房是"绝户"，例如说："考之令文，诸户绝财产尽给在室诸女，又云诸已绝而立继绝子孙，于绝户财产，若止有在室诸女，即以全户四分之一给之；然则世光一房若不立嗣，官司尽将世光应分财产给其二女，有何不可"，其实世光在生时并未有户。①绝户通常面临两个问题：香火继承和财产继承，两者息息相关，但亦有不立嗣的，以下侧重对财产的分析，下文才讨论立嗣。

不言可知，夫户绝而有妻，夫产由妻保管，让她立嗣来继承夫产，轮不到妾保管，只有夫妻俱亡，寡妾对户绝财产才有权利可言，应分两种情况处理：一是亡夫连女儿都没有，二是亡夫有女儿，全部或部分是妾所生。

情形1：户绝无女。

周德没有继承人，只遗下妾阿张。数年之后，阿张改嫁，并将周德的遗产献给县政府当作学田。周氏族人不服上诉，执法者李文溪（1226年进士）认为有理，指出"嫁出妾以主田献入官，亦无此法"，并把官学教训一顿说："学校，教化

①《名公书判清明集》卷8，页251—253。但有学人认为只有生前已立户者才算户绝，见戴建国，《南宋时期家产分割法"在室女得男之半"新证》，收入北京大学中国古代史研究中心编，《邓广铭教授百年诞辰纪念论文集》（北京：中华书局，2008），页226—240，尤其页231。日后可再商榷。

所出之地，诸友平日讲明义利之辨，于取舍必不苟；理所不可，虽千钟若将浼焉，(周德田产收入)壹拾伍硕之微，于续食何补，而忍犯不韪乎？"下令把学田交还族人周起宗，"以立周德之后"，即由他负责替周德立嗣，并且指出，"起宗虽非周成亲生子，毕竟从小抱养，况其有子，可以继周德之绝"，似乎有意让起宗把某位儿子入继。执法者还故意将判决"榜县学前，仰周起宗前来本司，供合立嗣人名，以凭给据。帖县日下拨田还本人，责领管业。阿张系出嫁妾，不合妄以主家田献入官，勘杖六十，照赦免断"①。

我们看到四点：第一，至迟至南宋后期，守节的寡妾对亡夫户绝遗产享有保管权，当然包括她的受养权。在保管期间，她可以使用田产的收入，但不能将田产出卖或典押。执法者警告阿张，假如她敢上诉，"则当径追阿张后夫章师德，根究积年侵用周德租米多少，计赃定罪"。可见她本人能够使用和让情人侵用的，仅是田产收入(租米)，而不是田产本身。个人相信，一如前述十八岁寡妻承受夫产被逼检校，为了防范寡妾典卖于未然，省去补救于已然，亡夫的不动产是以检校的方式交由官府监管，而将收入交给寡妾管理和使用，不料寡妾用来供应情人。第二，寡妾对夫产没有所有权，一旦改嫁，便要交还，不能随嫁。寡妾把夫产献给官府，当然是不合法的，没有人有权把不属于自己的东西送给别人，故周氏族人才敢于跟寡妾，甚

---

① 《名公书判清明集》卷8，页258；程郁，《宋代的蓄妾习俗及有关法规考察》，页301谓周起宗是周德的抱养子，令人不解。

至是跟官学打官司。第三，寡妾对夫产享有保管权的主要作用或目的，是让亡夫将来的继承人来继承，这充分反映在执法者要官学还田，和将寡妾判刑，因为她理应将遗产交回周氏族人来立嗣，而官学不应接受别人用来立嗣的财产。第四，入继者的生父跟寡妾一样，只能保管遗产（"管业"），不能拥有，待入继者成年，便要交出让他正式继承。

情形2：户绝有女。

对寡妾甚至寡婢来说，最大的转变，是从南宋中期开始，执法者应用"诸户绝人有所生母若祖母同居者，财产并听为主之条"，使寡妾对亲生女儿承受的父产（可以是全份）享有保管权和教令权，直到女儿去世、成年或出嫁。此法让寡妾对亲生子女所承父产的权利，从法无明文变成法有明文。

在前述南宋初年杨大烈户绝案里，有女无子的遗孀被发现是妾之后，第一位执法者要把她使用了十年的夫产全部充公，第二位执法者程迥虽然推翻了初判，但也没有把夫产还给寡妾继续使用，而是全部判给女儿："大烈死，赀产当归其女；女死，当归所生母可也。"[53]他没有应用"诸户绝人有所生母若祖母同居者，财产并听为主"的法令，但似乎可以看到，寡妾可借着所生母的身分，保管女儿承受的父产，直到她成年或出嫁，如是出嫁，所承父产自是随嫁去了。假如在保管期间女儿去世，寡妾便继续保管，跟前述改嫁献田案的寡妾阿张一样了。

到了南宋中期，户绝财产听同居所生母为主的法令就明确应用于裁判。在理宗前期的丁某户绝立嗣案里,丁某父亲有妾名邓安安,自称是丁某的生母,执法者说:"若邓氏即安安果生□□(丁某),则有诸户绝人有所生母若祖母同居者,财产并听为主之条"[54],可见当时已有此法令。在理宗中期的前述田县丞案分产立嗣案里,执法者说:"在法:诸户绝人有所生母同居者,财产并听为主",认为田世光的户绝财产由两女承受,而两女的生母是世光寡婢秋菊,故听秋菊为主,即使世光之叔田通仕以子入继世光,也不得干预世光的遗产。连寡婢都可借生母的身分保管户绝夫产,寡妾就更不用说了。在理宗末年或度宗初年有一"出继子破一家不可归宗"案,执法者虽然没有引用户绝父产听生母为主的条文,但事实上寡妾对亲女承受的父产有相当大的保管权。此案相当复杂,这里只陈述财产的部分。

何存忠跟妾杨氏生了一男一女,男名康功,不到三岁就出继给存忠的妹夫黄县尉当儿子(抱养子),长大后竟成败家子。康功出继二十七年后,存忠死而无后,遗下杨氏和亲女,有三方人马争着入继,最后剩下黄康功和何斗焕。"六年之中,讼无虚日,于是何存忠之家产,半为其女所抽拨,半为其出继之子黄康功所典卖,而所存无几矣。"[55]读者未免好奇,康功尚未入继,怎能典卖存忠的遗产?执法者说:"康功所生母杨氏,念其父之遗体,与其亲女俱私自摽拨田业以与,以初意非薄康功也。康功得陇望蜀,必欲掩而有之。"这是说,康功的生母杨氏和亲妹,看在存忠的分上,把存忠遗产"私自摽拨"给康功,而摽拨的前提,自是存忠的遗产依照户绝法，全部由在室女承受，该女是杨氏亲生，根据遗产听所生母为主的法规，杨氏享有保管权和教令权，乃令亲女摽拨给亲兄。

综合来说，南宋初年也许还没有"诸户绝人有所生母若祖母同居者，财产并听为主之条"，但至迟到南宋中期，此条已被不同的执法者所应用。根据此条，假如户绝之家的全部女儿都是一妾所生，此妾得以生母的身分保管诸女所承受的亡夫遗产，直到诸女成年；假如部分女儿是一妾所生，此妾得以生母的身分保管所生女所承受的亡夫遗产，但不能保管非所生女所承受的。就此而言，寡妾只在吃亲女的承分，没有吃到亡夫的。她能否另置养老田，有待追究。与妻比较，寡妻有权保管所有亲生和非亲生女儿的承分，直到她们成年，而且可自行另置养老田。

此外，有一要点必须提出，就是在丁某和田县丞两案里，执法者都应用同样的法条，但对"户绝人"的所指并不相同。在丁某案里，户绝的丁某既无儿也无女，故这里所说的"户绝人"应是指丁某本人，他的遗产要交由同居的所生母保管。这是可以理解的，因为所谓母子同居，就是父亲死后，寡母与亲生子不能异籍，故母子仍同在死者的户籍里，而寡母对户下财产仍有保管权和教令权，直到儿子正式继承为止。现在儿子死而无后，户下财产自然仍由寡母保管。但是，在田县丞案里，"户绝人"却是指无后的田世光与婢女秋菊所生的两名幼女，意思是说，替田县丞分家之后，世光一房户绝，遗产由二女承受，二女与亲母秋菊自是同财共籍，故二女的承分由秋菊保管，田通仕派儿子继承世光，也不能干预世光遗产的保管权。同一条法令，在丁某案里，只赋予户绝者的同居生母保管户绝者遗产的权利，不管生母是父亲的妻还是妾；但在田县丞案里，却赋予户绝者的同居配偶保管户绝者遗产的权利，只要这位配偶生有女儿，不管她是妻是妾还是婢。在何存忠案里，执法者虽无引法，但可看到户绝者的同居有女寡妾享有保管权，这跟田县丞案的寡婢秋菊是一样的。所以，根据案例，"户绝人"既指无后者本人，也指他的女儿，而户绝财产的保管者，既可以是无后者的同居生母，也可以是他女儿的同居生母。

总而言之，当夫亡无妻无子也无女之时，寡妾对夫产享有受养权和保管权（无论是保管全部或局部），在她改嫁或死亡后还给夫族或收归政府。当夫亡无妻无子但有女时，寡妾对夫产享有的权利分两种情况：如夫产的承受者是其亲女，她享有受养权、保管权和教令权，直到亲女成年或出嫁；如夫产的承受者非其亲女，她凭"妾"的身分，应得享受养权。假如她本人无女，非亲生女不养她，她可以像阿何案里的寡妾，告该女不孝，而执法者可以下令该女养她，或按照淳祐七年新法，让她获得独立的养老之资。

三、妾对亡夫绝户的立嗣权

死而无子谓之绝后，立嗣权就是替绝后者树立继承人的权利。一个完整的立嗣权包含"优先权""提名权""决定权"

和"同意权"（包括同意立嗣和同意人选等），必须加以分辨和指明，否则学人之间就会各说各话，如甲说寡妾无权是说没有优先权，乙说有权是说有同意权等。

我们先看寡妻的法定立嗣权。执法者说："又法：其欲继绝，而得绝家亲尊长命继者，听之。夫亡妻在，从其妻。……若夫妻虽亡，祖父母、父母见在而养孙，或夫亡妻在而养子，各不入继绝之色。窃详法意，谓夫妻俱亡，由祖父母、父母立孙；无祖父母、父母，由近亲尊长命断；若夫亡妻在，自从其妻，虽祖父母、父母亦焉得而遣之，而况于近亲尊长如叔伯兄者乎？"①最值得注意的，自是"夫亡妻在，自从其妻"的规定，把寡妻排在父母和祖父母之前，要待夫妻俱亡不能立"子"，才轮到父母和祖父母立"孙"。排完死者的直系近亲尊长之后，便轮到旁系近亲尊长如叔伯兄等，"若一家尽绝，则从亲族长之意"[56]，最后轮到关系更远的族长等人。简单说，立嗣的优先次序，第一是亡者的遗嘱，第二是寡妻，第三是直系近亲尊长中的父母，第四是直系近亲尊长中的祖父母，第五是旁系近亲尊长中的叔伯兄，第六是本族尊长，可说是由直系而旁系亲属。与这个优先次序对应的，是继承人的名分和继承份额的多寡，大抵以"夫妻俱亡"为分水岭。

---

① 《名公书判清明集》卷7，页220。《宋会要辑稿补编》宗室，页13："（孝宗）淳熙九年十一月一日，吏部侍郎兼详定一司敕令贾选详定宗室立嗣条法：'宗室年五十以上，并媳居宗妇无嗣者，听养兄弟之子。无，即养同堂兄弟之子。以上祖父母、父母在，许早陈乞。又无，即以近及远，养别位兄弟之子。……若夫妻俱亡，听近亲尊长依上法命继，有致仕或遗表恩泽，止承受一名，仍不许袭所继人封爵及承升等恩数。'从之。"

执法者说："祖宗之法，'立继'者谓夫亡而妻在，其绝则其立也当从其妻；'命继'者谓夫妻俱亡，则其命也当惟近亲尊长。'立继'者与子承父分法同，当尽举其产以与之；'命继'者于诸无在室、归宗诸女，止得家财三分之一。又准令：诸已绝之家立'继绝'子孙谓近亲尊长命继者，于绝家财产者，若止有在室诸女，即以全户四分之一给之，若又有归宗诸女，给五分之一。"[57] 为清眉目，将立嗣之优先次序（1 至 6，3—6 为夫妻俱亡时的情况）及相关项目整理如下：

立嗣者与死者之关系	法律名称	继承人与立嗣者的关系	继承份额
1. 死者本人（遗嘱）	立继	子	全份
2. 寡妻	立继	子	全份
3. 父母	命继	孙	最多 1/3 份
4. 祖父母	命继	曾孙	最多 1/3 份
5. 叔伯兄	命继/继绝	侄等	最多 1/3 份
6. 族长等	命继/继绝	从侄等	最多 1/3 份

从上表可以看到几点：

第一，寡妻有明确的法定立嗣权，寡妾没有，但我们不能因此推论寡妾没有任何权利，而要从案例入手，探究司法者在法无明文的情况下，是否赋予她优先权、提名权、同意权或决定权。

第二，我们应从三处探讨寡妾的立嗣权：她作为第二顺位的次妻、作为第三顺位的母亲和作为第四顺位的祖母，后两者又要分为所生母（妾母）和非所生母（庶母）。限于史料，虽然不能面面俱到，但也不能混在一起。

第三，谁是立嗣者直接影响继承人的继承份额，对继承人或所继之家来说，最好当然是由死者遗嘱或由寡妻立继，乃可得全份。

第四，从有权立嗣者的家庭地位来看，既有视同卑幼的寡妻亦有作为尊长的父母，我们便可预料：有权优先立嗣的人可能被挤到后面，有权提名的人不一定是有权决定的人，而有权决定的人可能只是同意别人的提名而已。设有一死者，无后亦无遗嘱，却有寡妻和亲母，若由寡妻依优先权立继，立继子可继承全份遗产，问题是亲母用来维护尊卑有序的教令权在哪里？若由亲母命继，命继孙的权益少了三分之二，这矛盾如何解决？是否名义上由寡妻立继而实际上由亲母决定人选？寡妻的立嗣优先权和亲母的教令权均于法有据，一部法典之内两权相竞，若对簿公堂，将如何判决？是否诉诸情理？在这种一家之内不牵涉他人的民事案件里，是否可看到情、理、法的另一种互动，不一定都是学人所说的法先于情和理？

以下就以优先权、提名权、同意权和决定权来检讨寡妾究竟享有什么权利，避免笼统地说有无立嗣权，也许可以引起较明确和客观的讨论。再次强调，法律并无明文规定寡妾享有立嗣权，故我们说寡妾享有立嗣权中的某项权利时，只是就司法而言，并非就立法而言。

（一）寡妾作为第二顺位的次妻

我们先看一个以今天的标准也觉得"宽得可以"的判决，目的似乎是为了替继子争取最大的权利，而争取者不是当事人或律师,而竟是法官。罗谦死后,遗产由长子岊、次子崟和三子仚瓜分。罗崟后来去世,寡妻阿王携独子宁老改嫁给罗械。宁老又死,罗械于是将宁老的财产(亦即罗崟的遗产)交给官府处理。罗仚向官府申请,要以长兄之次子入继罗崟以免绝后。执法者指出:"在法,诸已绝之家而立继绝子孙,谓近亲尊长命继者,于绝家财产,若无在室、归宗、出嫁诸女,以全户三分给一分,余将没官。合听罗仚以长兄之子立为罗崟后,将罗崟家业给与三分之一,其余照已行没官"[58],亦即命继子只能继承三分之一。令人出奇的是下文。执法者查出阿王的新夫罗械原来是亡夫罗崟同曾祖之弟,违反了不得娶亲属妻妾的法令,乃下令离婚,接着说:"若阿王再归罗崟之家,不复改嫁,抚养其子,当用夫亡从其妻之法,听阿王为主,免与没官",无疑是规劝或利诱阿王恢复寡妻的身分,并以寡妻的名义替亡夫立继,继子便可依法继承全份遗产了。事实上,立嗣的优先权、提名权和决定权都是由旁系近亲尊长行使的,寡妻只有消极的同意权(甚至不能不同意),但最后是以寡妻的名义立继,以便嗣子继承全份遗产。这当然是不常见的案情,但有一点似乎不一定受到案情的影响,就是法官作出判决时,相当重视百姓的私产权利,不愿将之没官,如真德秀上奏说:"夫法令之必本人情,犹政事之必因风俗也。为政而不因风俗不足言善政,为法而不本人情不可谓良法。陛下亦知近日人情之休戚乎?……今闾巷细民,小有讳误,辄罄其赀而没之官,有人心者宁忍为此?"[59] 于是,为了让嗣子继承全份家业,名义上的立嗣者是妻,实际上的立嗣者可能是别人。我们不可高估妻子法有明文的立嗣权，也不可低估侧室法无明文的立嗣权。

现在就看一个嫡妻的案例，借以说明即使是嫡妻，亦未必能够行使完整的立嗣权，尤其是优先权和决定权。张介然遗下一妻三子，寡妻刘氏是女强人，没有生分，而且充分发挥教令权："盖刘氏康强，兄弟聚居，产业未析，家事悉听从其母刘氏之命。"[60] 长子张迎死而无后，遗下寡妻陈氏，依法应由她优先立嗣。堂侄张达善拿着族长的同意书，要求继承叔父张迎。"刘氏年老垂白，屡造讼庭，不愿立张达善，其词甚功。"执法者同意她的意见，并说："在法，立嗣合从祖父母、父母之命，若一家尽绝，则从亲族长之意。今祖母刘氏在堂，寡妇陈氏尚无恙，苟欲立嗣，自能选择族中贤子弟，当听其志向可否。……岂有舍亲祖母之命，妄从远族人之说？……今仰刘氏抚育子妇，如欲立孙，愿与不愿悉从其意。"我们不禁好奇，究竟是寡母刘氏还是寡妻陈氏具有立嗣的优先权？

执法者虽然援引法令，却从头到尾都没有提到"夫亡妻在，自从其妻"的规定。当他说"苟欲立嗣"时，虽然同时提到刘氏和陈氏，没有忘记陈氏，但最后的判决还是"（刘氏）如欲立孙，愿与不愿悉从其意"，漏了陈氏立子之权。当然，可以想象，最后还是以陈氏之名立继，而不是以刘氏之名命继，以免损害继承人的权益。我们可以大胆推论，在同居共财的家庭里，不但是由主家的寡母"屡造讼庭"，不是由寡妻来维护权益，而且是由寡母提名和决定继承人，寡妻只有同意权和去执行寡母的决定而已。这里可看到"情、理、法"的先后：法律上，寡妻和寡母都有立嗣权，但因为前者优先于后者，故寡妻应有提名和决定权，寡母勉有同意权；实际上，寡母是寡妻的尊长，握有教令权，在讲究尊卑有序的家庭传统里，连执法者都要尊重尊长的决定，把她的立嗣权摆在寡妻之前，未尝不是情理（家庭伦理）先于法，除非寡母自愿让寡妻作主或寡妻不惜打官司。不难想象，寡妾的情况更不如寡妻。十分可惜，我们没有寡妾立嗣的案例，以下只能进行理论上的探讨。

无论是正室或继室，寡妻具有立嗣的优先权是无可置疑的，夫亡从妻的法条屡见于《清明集》，被不同的执法者一再引用，例如说"在法：户绝命继，从房族尊长之命；又云：夫亡妻在，则从其妻"[61]，或说"夫亡妻在，从其妻，法有明条"[62]，甚至清楚说："在法，夫亡妻在者，从其妻，尊长与官司亦无抑勒之理。"[63]为何除了亡夫遗嘱外，寡妻享有最优先的立嗣权？执法者说："所以如此者，无他，在法：诸分财产，兄弟亡者，子承父分，寡妻守志而无男者，承夫分。妻得承夫分财产，妻之财产也，立子而付之财产，妻宜得而与之，岂近亲他人所得而可否之乎？"[64]应注意的有两处：

第一，何谓"妻得承夫分财产，妻之财产也"？我们能否根据"妻之财产也"而说寡妻对夫产拥有所有权？当然不能，因为执法者论说的重点或对象是立嗣，不是寡妻对夫产的权利，故"妻之财产也"一语在立嗣的语境中只是一般性论述，不是法律性论述，全句的意思不过是说："这份财产是妻子代夫承受的，不是他人的，现在由她主掌，她要交给谁继承就交给谁，其他近亲等人岂能过问"，否则如何解释上文屡次引用的寡妻"不许典卖"夫产的法令？假如她拥有夫产的所有权，就可典卖夫产了，正是因为没有所有权只有使用权，才不许典卖夫产。无论是"妾母得主财"或"妻之财产也"，都应放在该句出现的脉络里寻找其意义，不宜断章取义。

第二，执法者是根据代位承分的情况，来说明寡妻何以有立嗣的优先权。"诸分财产，兄弟亡者，子承父分，寡妻守志而无男者，承夫分"，就是说祖父的家产现在分析，第二代诸子之中，有兄或弟已先去世，就由他的儿子代父继承父亲应得之分，若没有儿子，就由守节之寡妻代夫继承丈夫应得之分。上文引用的另一份判词就说："立继者与子承父分法同，当尽举其产以与之"，这里的"子承父分"跟前述"诸分财产，兄弟亡者，子承父分"同样是指儿子代替父亲继承父亲应得之分（不是学人常说的儿子继承父亲之产），执法者直接将立继子的权利等同亲子，故得全份。

为何寡妻跟亲子一样，是继承全份？因为代夫承分的目的，是替他立继，把夫产交给立继子，即执法者所说："立子而付之财产。"立继子既继承父亲香火，也供养寡母（这是命继子不必承担的），他的责任跟亲子无异，故继承的份额也应相同，乃是全份。换言之，寡妻代夫继承的全份，实际上就是将来要交给立继子的全份，执法者是将寡妻的承分权和立嗣权紧紧扣在一起。就两种权利来说，承分之后，不必一定要立嗣，但立嗣之前，最好承分，否则一无所得，拿什么交给嗣子去继承呢？

所以，在理论上，寡妻有权承夫分，乃有权替夫立嗣；寡妾假如无权承夫分，自无权替夫立嗣，但寡妾假如有权承夫分，是否就表示有权替夫立嗣？目前没有寡妾代夫承分然后立嗣的案例，只能探讨寡妾替户绝之夫立嗣。

在前述南宋初年杨大烈户绝案里，有女无子的遗孀被发现是妾之后，第一位执法者要把她使用了十年的夫产全部充公，寡妾无权承受，自不能立嗣；第二位执法者程迥虽然推翻了初判，但也没有把夫产还给寡妾继续使用，而是全部判给女儿，寡妾无权承受，自也不能立嗣。若单就此案来看，很容易推论出寡妾无权承受夫产和无权立嗣。但是，在前述南宋中期的周德立嗣案里，无儿无女的寡妾阿张一直使用夫产，其实跟嫡妻的权利差不多，她明知只有使用权而无所有权，故在再嫁时就献给官学，而最后执法者判决这些财产要用来替周德立嗣。那么，究竟是阿张有权立嗣而不愿，还是无权立嗣？站在"虽异姓，（三岁以下）听收养，依亲子法者，何也？国家不重于绝人之义"的立场[65]，连立继的异姓子都可视同亲子，继承全份夫产，那么寡妾要替亡夫立嗣，恐怕不是没有可能的。

最令人讶异的是发生在南宋末年的"出继子破一家不可归宗"案，执法者竟把"夫亡从妻"以立嗣的律文用在妾身上。何存忠死而无后，遗下寡妾杨氏和亲女，而竞争入继的有三方人马，最后剩下黄康功和何斗焕。康功本是存忠和杨氏的亲生子，不到三岁便出继给存忠的妹夫黄县尉，长大后把黄家产业尽行破荡，现在看到生父户绝，便要归宗继承何家，而把儿子留下来继承黄家，等于以孙承祖，遭到黄家反对，一时不能归宗。斗焕是存忠族子，尚在幼年，得到部分族人如何麟夫等推举，在宝祐三年选立，但迟至五年之后才办好入继的手续，"是必何氏族议有所未尽协而然也"[66]。寡妾杨氏在这阶段的立嗣权，例如何氏族议有无请问她的意见等，并不清楚，但明显可见，斗焕是由族人推举，是以族人的名义呈报官府，而官府迟迟未能定案亦是由于族议未能协同，故至少决定权是在族人而非寡妾手里，亦即她的立嗣权排在其他立嗣者之后，否则族人呈报官府时应多少提到寡妾的意见。

在斗焕入继悬而未决期间，杨氏与亲女已私下把存忠的部分遗产拨给康功。斗焕入继后，乃发生取田之讼，康功索性再次要求归宗，而"杨氏年老孀居，必欲令立康功为子"。换言之，杨氏不同意斗焕入继，支持康功。这情况实在有些特殊，因为寡妾要立的不是别人，乃是亡夫的亲子，这点对她的立嗣权是有利的，法律上执法者可以坚持遵守族议，但情理上似乎不得不考虑杨氏的意见。执法者列举不利于康功的理由，包括他败家、于黄家不义及攻讦养母以暧昧之事等，劝杨氏"与其立败家讦母出继庶子之康功，诚不若立同宗幼稚之斗焕，犹可与母子相安，犹可望其保守门户，犹可自附于'夫亡从妻之条'也"。如上文所述，执法者所引用的"夫亡从妻之条"，是指寡妻拥有的优先立嗣权，现在竟让寡妾杨氏来行使，把选立斗焕视同她的决定，让他享有立继子可得全份而非命继子只得部分遗产的权益。为了顾及杨氏对康功的母子之情，执法者作了一个很大的让步，把存忠遗产一半给康功，一半给斗焕，务使杨氏舍前者取后者。若谓执法者以情屈法，亦不为过，他的上司就说："今揆之天理，决不可容，金厅所拟，已尽情理，照行"，是以情理压倒天理，也压倒法理。这让我想到西方很久以前一件疑难案件，是某位继承人为了提早得到遗产，乃下手杀人，那么他现在应否得到遗产呢？是的话自然是根据继承法，否的话便应根据什么法则或道理呢？

综合上述，在户绝而且没有其他立嗣者相竞的情况下，寡妾的立嗣权是否跟她的承受夫产权一样，由南宋初年的无权，发展为中后期的有权，目前并无充足的证据。在户绝而有其他立嗣者相竞的情况下，寡妾的立嗣权似乎是排在后面的，除非出现十分特殊的情况，如入继者竟是昔日出继的亲子。不过，假如法律没有规定寡妾可以立嗣，但也没有规定不可以，在这种灰色地带，正是情、理、法的战场，如何判决，在乎执法者的个人判断。个人相信，以法理胜情理跟以情理屈法理是并存的，学人实在不必坚持一说，继续争论了。

（二）寡妾作为第三顺位的母亲

1. 非生母

《清明集》有一"先立一子俟将来本宗有昭穆相当人双立"案，执法者是方大琮（1183—1247，1205年进士），故应发生在南宋中晚期，判词脱字甚多，影响学人的断句和理解，但细读之下，发现甚有利用价值，只得冒险分析，因为此案颇能反映寡妾的立嗣权及法律与人情的关系，亦即有哪些因素影响裁判。为方便读者问难，兹将全案重新标点和分段，并加入案由和判决等字眼：

（案由：）

丁□□无子，争立者凡三：

①项知县主其族人所推丁僖者，固然矣，金厅犹有疑焉者，

②若□氏果其妻，则有夫亡从妻之条，然乘□□死日乃入，妇人有无耻者若是乎！

③□父妾安安主其女夫家孕婢，指为□□遗腹，有嫂□氏之语，而族人不以为然也。若邓氏即安安果生□□，则有诸户绝人有所生母若祖母同居者，财产并听为主之条。然邓氏词称□□为亡男，又自曰庶母，而丁一鹗则谓只生一女之妾，是生母之说未必然也。

帖县更与契勘，着实保明申。十日□□□□□□□□□□看详案卷，参以通判所申：

（判决：）

①见得丁□□无嗣，丁僖孙（案："孙"似为"系"字之误）三从侄，虽昭穆相当，但年二十有一，已承父分，已自婚娶，与□□素有雕隙，入其家，乱其妾，又近亲一鹗、一夔，庶母、继母之所不乐，若强立之，何以绝词。

②荣孙，异姓也，七岁，且遗嘱非真，似难争立。

③贵奴之子虽异姓，方在襁褓，而一鹗、一夔、邓

氏、□□皆所愿立，固非所由尊长，参之人情、法意亦近之。然使独立，恐不能绝丁僖之词，莫若照条检校，先立贵奴之子，仍俟丁族子孙之生者，择昭穆相当而并立之，而邓氏、□□不许典卖，庶几□□之业可保，而欺孤灭寡之徒，可绝觊觎之望矣。①

明显可见，执法者的目的有二：一是替丁某选立合适的继承人，二是保护丁某的遗产，杜绝欺孤灭寡之徒的觊觎。用来达到这目的的手段，是"人情"和"法意"，两者的组合有四：合法合情、违法违情、合法违情、违法合情。下文就分析执法者如何选出既合法又合情的继承人，又指出人情的考虑如何将不同身分和地位的人，包括丁某的族人、近亲、庶母（父妾）和妻子的立嗣权变得比较平等。

丁某死后户绝，有三方人马争取树立继承人：一是丁氏族人推举的丁僖。二是自称丁某的妻子，"乘□□（丁某）死日乃入"，应是指她在丁某死亡当天，向官府递入一份文件，是一张遗嘱，说丁某要树立一位名叫荣孙的小孩作为继承人。三是自称丁某生母的邓安安，她说女婿家中一名婢女怀了丁某的遗腹子，且有人证，但族人不以为然。三方相争的结果，是全部落空。当事人和提名人选的关系如下图：

---

① 《名公书判清明集》卷8，页268；［日］高桥芳郎译注，《译注〈名公书判清明集〉户婚门》，页518—521与本文的解读不同，他把"乃入"读为丁某的妻子"入门"；程郁，《宋代的蓄妾习俗及有关法规考察》，页299则将"丁某父妾"读作"丁某之妾"。

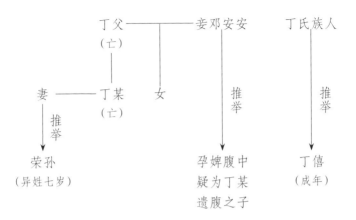

丁僖是丁某一位三从兄弟的儿子，论血缘和辈分是可以作为丁某的继子的，而且得到族人的推举和项姓知县的认可。如前所述，这里有两个问题要考虑，即树立丁僖是否合法和是否合情。就法令来说，夫亡之后，妻子有选立继承人的优先权，故不应听由族人作主，这也是州金厅不能也不肯顺从项知县的主要原因，否则就可能违法。就人情而言，执法者指出，丁僖二十一岁，已婚并继承了本家的产业，与丁某家里素来不睦，若强立之，恐怕官司不断。其实，单就他与丁某家人的恶劣关系，尤其是"乱其妾"，就不应成为丁某的继承人。故此，选择丁僖，可说既不合法，也不符合丁家之情，这当然较丁僖本人之私情和族人之众情更为重要。

荣孙得到丁某妻子的支持，本来最有机会，正如执法者所说："若□氏果其妻，则有夫亡从妻（立继）之条"。但是，有两事违法，剥夺了荣孙的机会：第一，树立他的法源，即丁某的遗嘱是假的；第二，他已经七岁，违反了树立异姓不能超过三岁的法令。那么，能否请丁某妻子另行提名继承人呢？这位妻子乘丈夫死日以假遗嘱树立荣孙的行为，被执法者斥为"妇人有无耻者若是乎"，成了不择手段或觊觎遗产之人。虽然执法者后来查明了她确是丁某之妻，故仍以"继母"来称呼她与继承人的关系，但没有请她再提名继承人。总之，选择荣孙，也许符合丁某妻子之私情，但不合法。

孕婢的遗腹子无论是真是假，得到了邓安安的支持，而邓氏的身分决定了她选立继承人的权限。她的确是丁某父亲的妾，故此不是丁某的生母就是庶母。假如真是生母，正如执法者指出，"若邓氏即安安果生□□（丁某），则有诸户绝人有所生母若祖母同居者，财产并听为主之条"，她可以保管丁某的遗产，就可能增加了命继的机会。但是，邓安安本人的说辞有些前后矛盾，既"称□□（丁某）为亡男，又自曰庶母"，究竟是生母还是庶母？根据丁某近亲丁一鹗的说法，她是"只生一女之妾"，不是丁某的生母。执法者请县方查明后，确定了她只是庶母不是生母，同时也采纳族人的意见，不认为遗腹子之事为真。总之，树立遗腹子，也许符合邓氏之私情，但不合法。

这样的结果有些特殊：第一顺位的死者遗嘱是伪造的，自然不采用；第二顺位的寡妻假传夫意和伪造文书，不为执法者所信任；第三顺位的寡母冒认生母和捏造遗腹子，亦不为执法者所信任；第四顺位的本族尊长提名极为不当，也不为执法者所信任。最后，不知是出自何人推荐，执法者选择了贵奴之子为继承人。就法而言，他是异姓，但尚在襁褓，不足三岁，符合树立异姓的法令；就情而言，丁某的近亲"一鹗、一夔、邓氏、□□（丁某之妻）皆所愿立"，可说符合众情。他无疑是既合法又不违情的继承人，但美中不足之处有二：首先，他是异姓，而被否决的丁僖是本族，有本族不立而立异姓，容易引起纠纷，所以执法者表明是先立该子，待丁氏族人有了新的子孙，再选一人继承丁某，是谓双立；其次，正如执法者所说，树立贵奴之子"固非所由尊长"，明白表示不是尊长们的选择，为免后患，乃下令检校，即由官府管理丁某的遗产，"邓氏、□□（丁某之妻）不许典卖，庶几□□（丁某）之业可保，而欺孤灭寡之徒，可绝觊觎之望矣"。用今天的话来说，应是执法者运用经验法则，推论一众尊长都不大可信，都有觊觎之嫌，乃由官府插手管理丁某遗产。

厘清了案情和执法者作出裁判的根据后，便可进一步分析人情和法意如何影响各人的立嗣权。就第二顺位的寡妻来说，她的不当行为让执法者剥夺了她的优先权、决定权甚至提名权，只余下同意权。可以推想，贵奴之子仍是以她的名义立继的，否则由他人命继就只能继承三分之一。将来再立一位同姓子，假如寡妻仍在，相信就能恢复她的优先权、提名权和决定权了。

就第三顺位的寡母来说，影响她立嗣权的有无和大小的，首先是她是父妻还是父妾。父妻的立嗣权，不管是否生母，是法有明文的，而父妾是法无明文的。其次，假如是父妾，影响她的立嗣权的，是她究竟是生母（同时具备血缘和法律关系）还是庶母（只有法律而无血缘关系）。假如她是生母，可以掌管亡子遗产，便增加了她立嗣的提名权甚至决定权，这应是邓安安要冒称丁某生母的一个主要原因。假如她不是生母，不管她是广义（父妾）或狭义（父有子之妾）的庶母，立嗣的权利就要看执法者的裁量了。

不难看到，执法者让邓氏享有同意权，事实上她有女无子，不过是广义的庶母而已。执法者否决丁恬的继承，理由之一，是"近亲（丁）一鹗、（丁）一夔，庶母、继母之所不乐"。庶母即邓安安，继母即丁某妻子（继承人法律上的母亲）。执法者选立贵奴之子，理由之一，是"一鹗、一夔、邓氏、□□（丁某之妻）皆所愿立"，亦即邓氏同意，虽然贵奴之子不是出于她的选择。执法者两次提到邓氏，应不是虚应故事，而是真的有询问和听到她的意见。至少就本案的特殊情况来说，邓氏跟排在她前面的丁某妻子、近亲和族人尊长的立嗣权是差不多的。此外，也要留意，执法者勒令把丁某遗产检校时说："邓氏、□□（丁某之妻某氏）不许典卖，庶几□□（丁某）之业可保"。令人好奇的是，丁某寡妻对夫产享有保管权是可以理解的，故要防止她动手脚，但何以把庶母也列上去，难道在某种情况下，庶母对亡子遗产也有保管权，所以也要防止她动歪脑筋？这有待更多的案例才能解答。

学人时常争论法、理、情三者在司法中的作用，但往往不能明确界定情的"范围""内容"和"作用"。个人相信，三者会因案而异，不能一概而论，更不易建立通说。就本案而言，情的范围是指"谁人的情"，情的内容是指"这些人的意见"，情的作用是指"情与法何者优先"，而三者均以法或理为依归。

谁人的情？涉案诸人可分为两类：继承人选和跟他们相关的继母、庶祖母、近亲尊长和本族尊长。法官所说的人情，就是限于这些人的，没有其他的人了，例如没有考虑丁某的老师、朋友和邻居或项知县的情，为什么？因为根据法律，拥有立嗣权的，就是丁某的妻子、父母、近亲尊长和本族尊长，没有其他的人了。也就是说，针对案件的主题，即树立继承人，当法律有明文限定相关的人物时，所谓人情就是这些人的情。"谁人"是由法律所初步限定的。

这些人的情的内容，其实就是他们对继承人选的意见（一如今日所谓民情，很多时候都是民意的同义词），亦即他们支持或反对及原因。限于资料，我们只看到反对丁僖的原因，就他"与□□（丁某）素有雠隙，入其家，乱其妾"来看，反对的原因是"合理"的。也就是说，人情最好合理，便较易取信。

情与法孰先？从下表可知，几乎每一个继承人选都能符合某人或某些人的情（符合打○，不符合打×），但只有贵奴之子是同时合法又合情的。毫无疑问，法与情何者优先的问题不能机械式地回答，例如法官可能接受合情却违法的继承人，但是，在诸多选择互相竞争的情况下，同时符合法与情的继承人，胜出的机会是最大的。

继承人选	是否合法	是否符合诸人之情			
		丁妻	丁之庶母邓氏	丁氏近亲一鹗、一夔	丁氏族人，应是本族尊长
1.丁僖	×	×	×	×	○
2.荣孙	×	○			
3.孕婢之子	×		○		×
4.贵奴之子	○	○	○	○	

综合来说，本案立嗣的立法顺序是：丁某之妻→母→近亲尊长→本族尊长，但司法顺序变成：某人（应是族人）提名→寡妻、庶母和近亲尊长等人同意→以寡妻的名义立继、遗产检校。由此可知，尽管法律赋予母亲替亡儿立嗣的权利，但当这位母亲只具有父妾的身分，也非亡儿的生母时，她的立嗣权就或有或无。虽然如此，基于各种考虑，执法者没有越过她，还是把她当作其中一位立嗣者，并让她对别人所选择的继承人行使同意和反对同意权，这当然是消极的权利，而且不同的法官可能有不同的做法，未可视为通则。

在前述田县丞案里，也同样看到庶母对立嗣只享有消极的同意权。执法者替田县丞分家之后，便须面对其子世光绝后的问题。县丞之弟田通仕撰造世光遗嘱以堂弟世德为子，被刘克庄否定说："此遗嘱二纸，止合付之一抹。何者？国家无此等条法，使世光见存，经官以世德为子，官司亦不过令别求昭穆相当之人。况不繇族众，不经官司之遗嘱乎？"[67]既然亡夫遗嘱无效，便轮到妻，但世光的寡婢秋菊有女而无子，连妾都不是，能享有的立嗣权自然有限。接着是世光之母刘氏，假如她是嫡母，自可立嗣，但她只是有子之庶母，有多少立嗣权？

与下一顺位的立嗣者近亲尊长相竞，庶母的地位大大不如。执法者虽然否定了田通仕撰造的遗嘱，但不能否认他亲叔的身分，"当公心为世光立嗣"，而在选无可选的情况下，只得"唤上田族尊长，与通仕夫妇，刘氏、珍郎，并秋菊、二女，当官劝谕，本宗既别无可立之人，若将世光一分财产尽给二女，则世光不祀矣"。执法者给予刘氏及秋菊的权利，不过是同意，甚至只是勉予同意权而已。总之，本案立嗣的立法顺序是：遗嘱→妻→母→亲叔，而司法顺序是：亲叔提名→寡婢和庶母同意→以亲叔的名义命继、命继子得遗产的四分之一、遗产检校。

2. 生母

南宋末年（自1263年后），黄以安死而无子，异母兄以宁和叔雷焕都想替他立嗣，乃引起纷争。叔雷焕有子无孙，其子与以安同辈，昭穆不顺，执法者说"堂堂大族，岂无昭穆相当之人？"等于破碎了雷焕以子入继的希望。兄以宁推举的入继者是曹老，身分可疑，可能根本不是黄氏族人，而是黄氏仆人徐某的儿子，不但如此，"立继之时，不使其叔（雷焕）与闻，亦有可疑"[1]。不过树立曹老似乎是以安生母阿袁的主意，但阿袁的身分亦可疑，执法者说："但阿袁如果非所

---

[1]《名公书判清明集》卷7，页207—208。[日]高桥芳郎译注，《译注〈名公书判清明集〉户婚门》，页377则把阿袁理解为曹老之生母，令人费解，因为纵使阿袁是曹老的生母，也不是凭着她的命令，便能把曹老出继给以安的，那么"阿袁如果非所生，而谓（立嗣）出于生母之命"就解释不通了。

生（母），而谓出于生母之命，曹老如果非姓黄，而欲立为黄氏之子，则是虽有此法，实无此事，何以绝雷焕之词？"何谓"虽有此法，实无此事"？那是说生母有权立嗣是有法可据的（"有此法"），但阿袁可能不是生母，由她立嗣便是弄假了（"果非所生""实无此事"）；以同宗之子入继也是有法可据的，但曹老可能不是同宗之子。执法者于是下令："合追阿袁、阿汤与曹老父子出官供对，及会问黄氏诸尊长，要见阿袁是不是生母，曹老是不是姓徐，阿汤是不是情愿命继，则曲直可以立判。"万一无可立之人，"再请宗族亲戚识道理者，合谋选立，以尽存亡继绝之义"。

依照判词，立嗣者的顺序是：生母阿袁→阿汤→近亲尊长，跟本文相关的是阿袁和阿汤。很明显，阿袁不是以安的嫡母，否则不会用"生母"来称呼她，她不是妾就是婢。如果真有判词所谓"有此法"，那么只要是绝后者的同居生母，不管是嫡母、妾母还是婢母，都有立嗣权，而且优先于近亲尊长。根据判词，阿汤有命继权，故应是以安的祖母，是妻是妾，实在无法分辨。假如是祖母而非庶祖母，那么阿袁作为妾母的立嗣权还优先于阿汤作为祖母。

依照婢权不能超过妾权的逻辑，假如正式的妾不具有法定的立嗣权，非正式的妾亦不可能有，其权利之有无和多寡完全在乎执法者的个人裁量。在前述蔡汝加案里，蔡梓户绝，妻不在，而执法者的确优先询问作为生母且保管夫产的范氏愿否替亡子立嗣，尽管她只是寡婢，连寡妾都不是。假如范氏同意，也许还会请她提名，如人选恰当，还会定案，如此她就享有立嗣的优先权、提名权甚至决定权。然而她不同意立嗣，执法者说她"妇人女子，安识理法"，就不跟她讲情而讲她所不识的"理法"了，并指定由蔡氏尊长命继。[68] 立嗣的立法顺位是：蔡梓之妻→母→近亲尊长，而司法顺序乃是：生母寡婢不同意立嗣→执法者指令近亲尊长提名、决定、命继，生母最后连消极的同意权都没有。由此可知，在法无明文的情况下，即使是生母，但不是父妻，名位不正，是否享有立嗣权，完全在乎执法者，她不可能凭官司争取那似有若无的权利。

综合而言，夫亡户绝，寡妻有法定的立嗣权，包含优先权、提名权、同意权和决定权等，当它的完整性受到破坏时，理论上她可以通过司法争取回来。寡妾并无法定的立嗣权，但也没有说她不得立嗣，在法律并无明确界定"有权"和"无权"时，执法者的个人裁量就很重要，而影响他作出裁量的因素有四：第一，遗产与立嗣既然密不可分，谁握有遗产的保管权，谁的立嗣权就可能较大。根据南宋中期"诸户绝人有所生母若祖母同居者，财产并听为主"的新法，又根据寡妾改嫁献田案，寡妾至迟在南宋后期取得了夫产的保管权，她未尝不可能享有立嗣权，让嗣子继承夫产。第二，无论是作为亡者次妻还是母亲，妾的立嗣优先权似乎都在其他法定立嗣者之后。也就是说，家中只有她一人时，她的立嗣权就较为完整，当她与其他立嗣者并存相竞时，她的立嗣权就相对降低，而且在理论上她无法通过司法去争取那似有若无的权利。第三，作为亡者的母亲，非生母（庶母）的立嗣权不如生母（妾母），这也是因为法律让生母保管亡者遗产之故。第四，作为亡者的生母，执法者似乎不大在乎她是妾还是婢，都会赋予她一定的立嗣权。我们不妨把作为第三顺位立嗣者的"母"依次排列为"嫡母、生母（不管是妾母还是婢母）、庶母"。当然，还有其他因素会影响执法者的裁量，例如当事人有无不法行为、与死者的相处情况、是否长辈、是否亡夫的宠妾，是否对家庭贡献良多等。不言可知，这些考虑是因人因事而异，难以形成通则的，恐怕无人能够确定指出，在法无明文的大前提下，在司法审判之中，寡妾究竟在何种情况下享有立嗣权中的哪一权。简言之，就立法言，寡妾的立嗣权是没有的，就司法言，是不确定的。

最后，以一个被学人误读为立继的案子作结。南宋中期，有一位还俗的僧人，要跟叔父何烈瓜分祖父的遗产。执法者说："其何氏见在物业，并合用子承父分法，作两分均擘。"[69] 僧人是代替亡父继承祖父遗产（代位承分），亡父与叔父是兄弟，依兄弟均分之法，侄僧与叔父应该均分祖父遗产（"作两分均擘"），但叔父不愿，侄儿"隐忍"，等到叔父去世便告官，结果得直。案情既是这样简单，法律条文又如此分明，但程郁说："在有妻有妾的情况下，妾所生庶子虽为亲生，与妻所抱养异姓子，同被认作合法继承人。……如夫马进所言，正是这条'妻在从妻'之条，使嫡妻得以顺利地立抱养之子为继。"[70] 这恐怕是误读或误导。本案名为"僧归俗承分"，为何扯上"妻在从妻"呢？因为叔父何烈去世，他本人的家产也产生了继承问题。他留下一妻一妾和两个儿子，大儿子是他跟妻子缪氏抱养的，原名赵喜孙，改名何喜孙，现已成年；小儿子是他在晚年跟姜亲生的，名叫何乌老。依照寡母在子孙不得分家的法令，何烈的家业由妻子缪氏管理，她可以生分，不然就等死后由喜孙和乌老均分。执法者说得很清楚："喜孙虽异姓子，乃是何烈生前抱养，自从妻在从妻之条"，意思是说，喜孙虽是异姓，却是何烈本人在生之时就树立的，他作为继承人的地位无可置疑，纵使是寡母，也不能无理更改亡夫的决定，即所谓"虽有夫亡从妻之法，亦有父在日所立不得遣逐之文"[①]，不过，寡母假如真的不喜欢喜孙，未尝不可以易嫡（因异姓祭非其鬼），树立另一位符合她心意的继承人[②]，但在本案里却没有这问题。根据执法者的说法，"缪氏子、母不晓事理，尚执（何烈）遗嘱及关书一本，以为己（跟侄僧）分析之证"，可见缪氏与喜孙两母子一同伪造关书一同打官司，关系良好，喜孙若不是"子"，又凭什么身分去争产？寡妻既不打算再立继承人，妻在从妻，何烈的遗产问题就可定案了。就法律上言，喜孙和乌老的继承权同样稳当，喜孙也不是寡妻新立而是丈夫生前抱养的，完全看不到学人的疑问究竟是从何而来。

---

① 《名公书判清明集》附录3，页621；又见卷7，页224—225："准令：诸养同宗昭穆相当子孙，而养祖父母、父母不许非理遣逐。若所养子孙破荡家产，不能侍养，及有显过，告官证验，审近亲尊长证验得实，听遣。"卷8，页245："准法：诸养子孙，而所养祖父、父亡，其祖母、母不许非理遣还。"

② 姜子是老二，在父亲死后是唯一继承人，而继母替死去的收养长子立后，并均分家产的例子，见《名公书判清明集》卷8，页234—235。

注释

[1]［日］佐立治人，《〈清明集〉の"法意"と"人情"——诉讼当事者による法律解释の痕迹》，收入［日］梅原郁编，《中国近世の法制と社会》（京都：京都大学人文科学研究所，1993），页293—334。

[2] Brian McKnight（马伯良），"Some Thoughts on Law and Morality in Sung Justice,"收入柳立言主编，《传统中国法律的理念与实践》，页413—464；中译是：［美］马伯良著，江玮平、李如钧译，《法律与道德——对于宋代司法的几点思考》，《法制史研究》6（2004），页225—258。

[3]《名公书判清明集》附录2，页607—608。

[4]《名公书判清明集》卷10，页380—381。

[5]《宋会要辑稿》帝系5，页19。

[6]《名公书判清明集》附录2，页606—608。

[7] 有关妻财，见柳立言，《宋代的家庭和法律》（上海：上海古籍出版社，2008），页247—374。

[8]［宋］袁采，《袁氏世范》卷1，页13。

[9]《名公书判清明集》卷10，页365—366。

[10]《名公书判清明集》卷4，页115—116。

[11]《名公书判清明集》卷8，页255—256。

[12]《名公书判清明集》卷10，页381—382。

[13] 详细的分析，见柳立言，《从法律纠纷看宋代的父权家长制》，《"中央研究院"历史语言研究所集刊》69.3（1998），收入氏著《宋代的家庭和法律》，页247—324；本案见页284—285。

[14] 柳立言，《宋代的家庭和法律》，尤其页247—324、

375—407。

　　[15]柳立言，《宋代分产法"在室女得男之半"新探》（上、下），《法制史研究》5、6（2004），收入氏著《宋代的家庭和法律》，页408—494，尤其页435—436、481—483。

　　[16][宋]楼钥，《攻媿集》（四部丛刊初编）卷105，页1032。详见柳立言，《宋代明州士人家族的形态》，《"中央研究院"历史语言研究所集刊》81.2（2010），页289—364，尤其页318—319。

　　[17][宋]高闶，《送终礼》，收入[宋]刘清之，《戒子通录》（四库全书珍本初集）卷6，页13。

　　[18][日]仁井田陞，《宋代の家产法における女子の地位》，收入《穗积先生追悼论文集——家族法の诸问题》（东京：有斐阁，1952），收入氏著《中国法制史研究——奴隶农奴法、家族村落法》（东京：东京大学东洋文化研究所，1962），页365—392。[日]滋贺秀三，《中国家族法の原理》，页561。刘燕俪，《唐律中的夫妻关系》，页205—206。

　　[19]《名公书判清明集》附录2，页607—608："以法论之……（妻）自随之产，不得别立女户，当随其夫户头，是为夫之产矣。为夫之产，则凡为夫之子者皆得均受，岂亲生之子所得独占。"

　　[20]《名公书判清明集》卷5，页141："寡妇无子孙、（子孙）年十六以下，并不许典卖田宅。"卷9，页304："又法：诸寡妇无子孙，擅典卖田宅者杖一百，业还主，钱主、牙保知情与同罪。"

　　[21]《名公书判清明集》卷5，页143—144。

　　[22]《名公书判清明集》卷8，页280。

　　[23]《宋史》卷437，页12950。

　　[24]柳立言，《宋代明州士人家族的形态》，页318—319。

　　[25][日]滋贺秀三，《中国家族法の原理》，页108—128、

425—433。

[26]《名公书判清明集》附录2，页606—608。

[27]《名公书判清明集》卷9，页303—304。

[28] 郭东旭，《宋代编敕制度述略》，《河北大学学报》1990.3，收入氏著《宋朝法律史论》（保定：河北大学出版社，2001），页90—104。孔学，《宋代全国性综合编敕纂修考》，《河南大学学报》38.4（1998），页6—11；《宋代专门编敕机构——详定编敕所述论》，《河南大学学报》47.1（2007），页14—21。据孔学前文（1998），本案执法者所据，似为《重修淳祐敕令格式》。

[29]［宋］刘克庄，《后村先生大全集》卷82，页700。

[30] 柳立言，《宋代同居制度下的所谓"共财"》，《"中央研究院"历史语言研究所集刊》65.2（1994），页253—305，尤其页263—264。

[31]［宋］刘克庄，《后村先生大全集》卷193，页1726—1730；《名公书判清明集》卷8，页251—257。详见柳立言，《宋代的家庭和法律》，页465—472。

[32] Patricia Ebrey, "Concubines in Sung China," p. 2. Neil Katkov, "The Domestication of Concubinage in Imperial China," p.328.

[33] 程郁，《宋代的蓄妾习俗及有关法规考察》，页299—300。

[34]［美］柏文莉，《宋元墓志中的"妾"在家庭中的意义及其历史变化》，页115。

[35]［宋］王十朋，《梅溪王先生文集》后集卷25，页448。

[36]［宋］叶适著，刘公纯、王孝鱼、李哲夫点校，《叶适集》（北京：中华书局，1961）卷22，页432—433。王平宇亦有一例，见《〈名公书判清明集〉中所见的女使诉讼》，页230。

[37]［宋］王十朋，《梅溪王先生文集》后集卷25，页448。

〔38〕《宋史》卷437，页12949。

〔39〕《宋刑统》卷17，页311。

〔40〕《名公书判清明集》卷9，页303—304。

〔41〕程郁，《宋代的蓄妾习俗及有关法规考察》，页297；〔日〕高桥芳郎译注，《译注〈名公书判清明集〉户婚门》，页370。

〔42〕《名公书判清明集》卷7，页230—232、238—239。

〔43〕〔宋〕王十朋，《梅溪王先生文集》后集卷25，页448。

〔44〕柳立言，《子女可否告母？——传统"不因人而异其法"的观念在宋代的局部实现》，《台大法学论丛》30.6（2001），页29—93。

〔45〕姚荣涛，《两宋民法》，页410；程郁，《宋代的蓄妾习俗及有关法规考察》，页295。

〔46〕《名公书判清明集》卷6，页172—173。

〔47〕程郁，《宋代的蓄妾习俗及有关法规考察》，页296—297。

〔48〕〔宋〕刘克庄，《后村先生大全集》卷100，页866—867。

〔49〕〔宋〕刘克庄，《后村先生大全集》卷193，页1726—1730，又见于《名公书判清明集》卷8，页251—257。详见柳立言，《宋代的家庭和法律》，页465—472。

〔50〕《名公书判清明集》卷8，页256。

〔51〕柳立言，《宋代的家庭和法律》，页471—472。

〔52〕Bettine Birge（柏清韵），*Women, Property, and Confucian Reaction in Sung and Yüan China （960–1368）*（Cambridge: Cambridge University Press, 2002）.

〔53〕《宋史》卷437，页12949。

〔54〕《名公书判清明集》卷8，页268。

〔55〕《名公书判清明集》卷7，页225—227。

〔56〕《名公书判清明集》卷7，页211："在法：立嗣合从祖父母、父母之命，若一家尽绝，则从亲族长之意。"

［57］《名公书判清明集》卷8，页266。详见柳立言，《养儿防老：宋代的法律、家庭与社会》，收入汉学研究中心编，《中国家庭及其伦理研讨会论文集》（台北：汉学研究中心，1999）；收入氏著《宋代的家庭和法律》，页375—407。

［58］《名公书判清明集》卷4，页107。

［59］［宋］真德秀，《西山先生真文忠公文集》（四部丛刊初编）卷3，页82。

［60］《名公书判清明集》卷7，页211—212。

［61］《名公书判清明集》卷7，页214。

［62］《名公书判清明集》卷7，页219。

［63］《名公书判清明集》卷8，页245。

［64］《名公书判清明集》卷7，页220。

［65］《名公书判清明集》卷7，页220。

［66］《名公书判清明集》卷7，页225—227。

［67］《名公书判清明集》卷8，页253排版有误，今从《后村先生大全集》卷193，页1728修正。

［68］《名公书判清明集》卷7，页205—206。

［69］《名公书判清明集》卷5，页138—139。对本案的分析，见柳立言，《宋代的家庭纠纷与仲裁》，页23—24。

［70］程郁，《宋代的蓄妾习俗及有关法规考察》，页297。

结 论

本书的主题是宗教、身分和司法。上编以僧人为例，探讨人们犯罪时，宗教身分与司法的关系；下编以妾为例，探讨人们主张他们的权利时，身分与司法的关系，近似今日刑事与民事的分类。如此安排有两个主要原因：一是犯罪和主张权利的性质不同，必须分别处理，例如人情的作用，对刑事和民事案件自有不同。二是史料的限制。理论上应同时处理僧人的犯罪和主张权利与妾的犯罪和主张权利，但僧人主张权利和妾犯下罪行的案件实在不多，只有各取重点，以僧人反映"宗教"在犯罪的案件里对司法的影响，以妾反映"身分"在主张权利的案件里对司法的影响。以下先就"僧"和"妾"分别作结，然后就"宗教"与"身分"跟司法的关系综合作结。

僧

正如其他人犯罪，僧人犯罪不始于宋代，但实际情况如何，不能单凭印象或想象，必须有系统地整理分析，才知道问题超乎想象的复杂，才能发现更多的问题，才能由浅入深，否则只会停留在一个大概印象，甚至误解而自以为是。对其他朝代的僧人犯罪，态度也应如此，不能说宋代已经写了，明清就不必再写。限于史料，关于宋代，不能回答的问题非常多。

宋代僧人犯案的比例超乎想象的高，但研究论著几近于零，很多基本问题都没有可供参考的答案。学人提及时，大多是间接碰到，不是有意探讨，更谈不上研究方法或方向。历史和佛教文献已大量电子化，研究的难处，不是张罗资料，而是提出有意义的问题去资料里找答案，否则资料就在眼前，也会视而不见。无论是旧的或新的研究领域，都经历了"开拓—发展—成熟"的阶段。衡量一个领域的成熟程度，除了看史料是否足够外，主要是看研究者提出的问题是否重要、全面和深入，及解决这些问题的方法是否有效、全面和精密。本书一个重要目的，就是尝试将一个大问题分解为若干小问题或切入点，分解得愈细致，就愈能提供较完备的答案，也较易看出不足之处，例如明知要回答某个小问题，却因史料不足无法回答，假如这个小问题是关键性的，就表示我们目前还不能充分回答大问题了。

宋代有些僧人犯罪的情况几与黑道无异，可归纳为四个特点：第一，无恶不作，所犯之罪包括酒、色、财、气、杀人，连放生池的鱼也劫去牟利。第二，无计不施，犯罪手法包括欺诈、恐吓、禁锢、暴力，公然于白昼为之，手段阴险残酷。第三，无人不害，犯罪对象包括同道、百姓、士大夫、官员。第四，无类不党，犯罪伙伴三教九流，僧俗合伙。僧人不是单独（个人）或单靠僧众犯案，而是与各类俗人（顽民、官吏、缙绅、恶霸）联手。僧人或是主谋，或是合谋，或是得到俗人包庇，有时是临时组合，有时是早已构成共犯集团，属于长期性和有组织性的犯罪。

僧人如何犯罪？因史料的限制，僧人犯罪的型态只能简单而论。就色戒来说，犯罪的时间不分昼夜，无时无之。犯罪的地点有城市通衢大道、民居、邸店、妓院和寺院等，堪称无所不至。犯罪的对象遍及同道、信徒和非信徒，包括士大夫、尼姑、妓女、民妇和士大夫女眷，可说不分性别、职业、信仰和社会阶层。较特别的是佛教文学，未尝不是泄欲的管道。犯罪的方法是交替使用"僧"的身分和形象、宗教职权、金钱、共同需要和兴趣、社会歪风、伪称佛法、诡计和威力等。要言之，僧人犯罪跟凡人一样不择手段，甚至过之而无不及。值得注意的，是士大夫女眷也会被僧团以诡计和威力拐带、奸淫、长期禁锢、最后灭口，她们不如我们想象中安全，更没想到危险是来自佛教。破案的关键大都是受害者逃逸或通风报信，不是官府侦破，反映僧人犯案已达专业水平，且充分利用僧人身分和寺院的掩护。此外，民众较在乎僧人的功能，不在意他们破戒，而士大夫将一己的生活方式如饮酒召妓强加于僧人，或与僧人情投意合，都助长僧人破戒犯法。

从司法的角度研究僧人犯罪，不外审与判。"审"是厘清案情和确定所犯何罪，亦即"定罪"。宋代有接近罪名法定的思想，但亦不容忍有罪无罚，既不要把好人冤枉，也不让坏人漏网。"判"是决定刑罚，亦即"量刑"，要求罪、刑相对和相称。相对是说甲类的罪就判甲类的刑，例如窃盗的罪不能判强盗的刑；相称是指重罪就重罚，轻罪就轻罚，不能轻罪重罚。然而，在轻重之间，需考虑法、理和情。法官对犯人因饥饿而偷盗一万元，或为吸食毒品而偷盗一千元，心中自有不同尺度。也就是说，必须考虑犯罪之原因。

僧人为何犯罪？我们不否认犯罪者的个人因素，也接受20世纪犯罪学的"环境理论"（environmental theories），认为社会和经济等外在条件会导致个人犯罪，须负相当责任，但不至于决定一切（determinism）。[1] 以此为研究方向，我们既探讨佛教自身的发展，也探讨佛教外在的因素，跟僧人犯罪的关系，前者可说是自律的问题，后者是他律的问题。我们发现，从自律的角度来看，当政府的度僧制度受到破坏，僧众的数目增加而素质下降之时，寺院的管教条件，包括师资、教材和教育环境的恶化，如高僧被俗务所困和文字禅误入歧途等，均不足以提升僧众的素质。佛教入世更深，例如大寺院的市场化和营利化，使僧众暴露于物质的诱惑之中，追名逐利。密宗的咒术法事，迹近旁门左道，使僧人恒成嫌犯。禅宗提倡在欲修禅和色中悟空，为纵欲打开了方便之门。戒律的松懈和矛盾，使犯者容易脱身。从他律的角度来看，士大夫和大众文化对佛教的信仰和行为都产生同化的作用，使之更为世俗化和低俗化。例如醉僧罪该还俗，却被文人形诸笔墨，传为佳话，进入士大夫控制的地狱判亦能减罪。所谓"文化僧"的僧人酒色财气一样不缺，不过是"士大夫文化僧"甚至"官僚文化僧"而已。民众怪力乱神的要求，本违反佛教基本教义，但经济基础不稳的众多中小寺院，为求生存，乃迎合民众，易触法纪。官吏、缙绅与僧团结为盟友，既能造福社会，也会为害，构成共业，甚至使司法者对后台强硬的罪僧不能绳之以法。这些因素对僧人犯罪的影响不易量化评估，但不能否认其存在，构成了宋代僧人生活的环境，并影响他们的修行。

　　最值得注意的，是构成一个宗教的核心部分，即思想信仰和行为守则，竟不断向世俗妥协，形成宗教的"非宗教化"或"异化"，亦即被其他文化所"同化"。士大夫积极参与宗教活动，一方面提高宗教的文化水平，另一方面也将士大夫的价值观和行为习惯（包括酒色财气）渗入，改变了宗教的信念和行为。抽象来说，若干构成佛学和佛教的成分，失去了主体性（独立性），沦为其他文化的一部分，例如沦为士大夫文化、大众文化和城市文化的一部分，并在这些文化里被改造。在改造的过程中，假如佛学或佛教失去主导性，例如在士大夫文化里处于弱势或从属地位，在大众文化里为了扩大市场而迎合大众口味，在城市文化里被商品和市场观念淹没，那么佛学和佛教就可能任人宰割，进一步失去主体性，以别人的价值为价值，以别人的道德为道德了。这跟法律史研究因为失去"专业"而被"边缘化"可谓异曲同工。[2]

妾

在同一批史料里，妾的犯罪案件比僧人少得太多，较常见的是虐待婢女，但不少学人把妾与婢混为一谈。站在执法者的立场，我们首先必须分别妾与婢，或正式的妾与泛称的妾，然后才能按照她的真正身分，根据她的权利与责任作出审判。这也许是研究法律史跟研究社会和生活史的大不同。社会和生活史指出，妻、妾和婢的遭遇有时是一样的，故谓三者难分，但法律史要进一步指出，"遭遇是一样的"这情况是否合法或违法，以及司法如何处理违法。众所周知，社会秩序是建立在认定某种行为是否违法（即是否符合道德和价值判断）和防止违法基础上的，而社会进步是建立在将违法的标准愈定愈高（即提高道德和价值判断）和减少违法，例如买卖奴婢如资财在唐宋两代都会发生，表面上唐宋并无分别，但在唐代是合法的，在宋代变为非法的，便可看到社会的进步，因为唐代法律把奴婢界定为"资财"，宋代界定为"人"，而且大都是良人。又如纳妾（今谓之"二奶"），古代和现代都有，但我们不能说古今社会都一样，也是因为昨是而今非的分别。

尽管妾与婢都是由主君单方面付财取得（买来），辨别两者的主要根据，是夫君付财之后，纳妾需具备终身的婚契和合礼合法的婚娶手续（娶来），谓之形式条件或法律形式主义（legal formalism）。所谓形式主义，就是符合某些形式上的条件，例如某项规定只要通过国家的立法程序，便得承认它目前是有效且由公权力执行的法律，而不问它是如何好的法或是如何恶的法，那是日后修法的事情了。同理，一位女性只要具备婚契和符合婚姻礼法进入夫君之家，她便具有妾的身分地位及相应而来的权利和责任（如持丧和株连），而不管她的婚后生活是否美满。即使她被夫君对待如婢，最后被虐杀，死时的法律身分仍是妾不是婢，夫君要按照杀妾的罪名定罪，不是按照杀婢的罪名定罪。同样，极得主人宠幸的婢，如在主人去世时仍是婢，便无须替他服丧和守节，也不能承受他的遗产或替他立嗣。这是进行审判的大前提，即使是所谓务实的法官，也不能把一个婢当作一个妻来办案，否则就是侵犯了真正的妻子的权利。无论是形式主义或现实主义（legal realism），首先都要查明当事人的真正身分，即验明正身，其次才是考虑各种因素去定罪量刑。

　　妾的权利和责任，或对妾的法律规范和保障，就是来自法律对婚娶的规范和保障，例如正式的妾在跟夫君离异之前，不得被夫君转嫁、转卖、交换或转赠等，否则买卖双方分别犯了和娶人妻妾及自嫁妻妾等罪。就这点言，妾跟同是通过婚娶手续入门的妻是一样的，律文也是把妻和妾放在一起，只是由于身分不同，丈夫嫁妻的刑罚是徒二年，嫁妾是徒一年。由此可知，妾不得被转嫁、转卖、转赠和借腹生子等各种法律保障，是来自法律对婚姻关系的保障，只要我们承认纳妾是"婚"的一种，便也得承认妾受到婚姻法的保障，即便不如妻受到的保障完整。

学人往往利用违法的行为来评估妾的身分和地位，这无疑是误导的，正如我们不能用一位官员的违法行为来界定他的职权。假如纳妾由过去的合法逐渐变为今日的非法可以代表一种进步，那么妾由魏晋南北朝时期的"公卿薨亡，其爱妾侍婢，子孙辄嫁卖之"，逐渐变为唐宋时期不可被转嫁、转卖、转赠，是否也代表一种进步？违法固然是一种实态，但守法也是一种实态，在史料无法量化以比较多寡的情况下，我们能够说违法是宋代的多数情况，可以代表妾的普遍地位吗？我们是否也应从法律入手，甚至先从法律入手，来探讨妾的地位？事实上这也不是很新的研究方法了，王曾瑜在1988年从四方面讨论人力（男仆）和女使（女仆）的社会地位，即"有期限的契约雇佣""标志人力和女使社会地位提高的几项法律规定""奴婢和人力、女使的法律地位仍低于凡人"和"关于杀奴、黥奴、斗殴等一些具体事例的分析"，前三项就是法律规范，第四项是法律规范和社会实态的对照，没有前者又何来对照可言？[3]

正式的妾，无论有子无子，一直是家庭成员，最明显的，就是她属于五服亲，要替夫君等人持丧和因为夫君的获罪而受株连，而嫡子们也要替有子之妾（庶母）服丧。她可以参加祭祀、冠礼和婚礼等家礼，可以跟夫君和离，可以借着庶母的身分控告嫡子不孝，可以向官府要求检校亡夫遗产，可以在奏状里称亡夫为"夫"、替他争取权益等。非正式的妾，除非本人得到主人改立为正式的妾，或所生子得到主人接受为庶子并登记在户籍里，否则不可能成为家庭成员，她的法律地位一如婢，既无须持服，也不受株连，她跟主人的关系，属于主仆关系而非婚姻关系。包括道学家在内的宋代儒学家和司法者，恐怕从来没有否认正式的妾是家庭的一分子。他们也从来没有打算将非正式的妾承认为家庭的一分子，而始终以主仆关系来处理她们与主人的关系，自然也没有家属化的问题。

现今学界喜谈跨学科或多元观点，强调要从不同的领域来替某人群某事件"定位"，例如要一起从政治、社会、医疗、科学、宗教、法律和经济等领域来全方位界定妇女的角色。这其实跟研究"角色组合role-set"差不多，即同一个人有很多的角色，理应全都研究以一睹全豹。但是，一位女教授要办升等，难道要把她的家庭角色（如单亲妈妈）和职余身分（如柔道高手）也算进去吗？在传统中国，社会地位的高低是以职业作为主要的标准（如士农工商军），并没有"妾"这项标准，因为妾是一种"家庭"身分和地位，跟社会无关，那么从某位女性"妾"或"妻"的身分入手研究她的"社会"地位是否不伦不类呢？另一方面，要理解一位地方官的审判，就不能只看到他作为司法者的角色，还要看到他其他的角色，如办学、收税和移风易俗等，都会影响他的审判。由此可知，针对不同的问题，便要挑选不同的"相关"和"重要"项目来回答，不是一条鞭式的什么项目都回答（有人称之为大历史），那只会反映研究者没有能力分辨"相关性"（relevance）和"重要性"（significance）。个人时常感到困难的，不是提出大问题，而是不知道应把这个大问题分解成哪些小问题，以便逐一回答，最后才能比较完满地解决这个大问题。好像宋代较西方先进的地方为何停滞不前终至落后这个大问题，就是因为未能分解成适当和充足的小问题（或切入点）来回答，到目前尚无让人满意的答案。研究妾也一样，假如不能将大问题切为小问题，便不免陷入迷糊史学的深渊。一时糊涂未尝不是乐趣，时时糊涂就未免误己误人了。

妾的家属化是一个大问题，回答时不能漫无边际，而要明确界定小问题，例如是否探讨妾从"非家属"变为"家属"，或是从"边缘家属"变为"核心家属"等，然后再谈宋代在"变"的过程中处于何种地位。众所周知，有些变化是较为顺利，有些却是一波三折，有些是短时间就达成，有些却是分成许多阶段，而宋代的变化属于何者？假如我们只根据服制，认为妾本来就是家属，没有从非家属变为家属的问题，而从北宋《天圣令》一直到南宋《庆元条法事类》，妾的服制也丝毫无变，所以认为其也没有从边缘家属变为核心家属的问题。除了最足以反映亲属和亲等的服制，我们还应从何处切入？次佳的史料，不是旨在美化墓主的墓志，而是家谱或族谱。然而，直到民国，对所编的族谱应否把妾纳入，仍是众说纷纭。[4]宋代几无家谱或族谱留存，如有的话，恐怕也是众说纷纭。那么能否从实际遭遇看妾的家属化？恐怕不行。假如非正式的妾被善待如家人便可谓之"家属化"，那么妻子被亏待如婢，是否谓之妻的"奴婢化"？正式的妾被善待如妻，是否谓之侧室的"正室化"？也许一个可行之道，是从家属才享有的某些法律权利入手，例如对家产和立嗣的权利，探讨妾是否享有这些权利和是否有所增减。当然，我们也要把一个大权利分解为组成它的小权利，例如寡妻对亡夫财产的权利，应分解为承夫分、生分、受养、保管和教令等法有明文的小权利，妻的立嗣权也应分解为优先权、提名权、同意权和决定权等，作为妾的权利的对照。如此，我们才能较清楚地探究，凭着妾的身分，她有没有这些权利。

“身分”与司法的关系

本书试图发现各种影响宋代司法的因素，包括僧人的宗教身分和妾的家属身分这两种因素的比重。如前所述，我们将宗教因素放在犯罪的案件，和将家属身分因素放在主张权利的案件来分析。

僧人如何面对司法？审判僧人跟审判凡人的最大不同有三点：第一是僧人属于一个合法和有组织性的宗教，具有聚众行道的宗教特权，且有财有势，时常参与各种社会建设如筑桥、修路、赈灾，可说同时拥有宗教力量和社会力量，容易跟国家的安全和利益发生矛盾，故审判时可能受国家的佛教政策（如抑佛）、治安考虑和财政措施等影响，即使僧人所犯之事并不严重，执法者也可能加倍惩罚，造成逾法。第二是僧人这个身分的来源，归根究底就是因为佛教这个宗教，而佛教的信仰可能跟司法者个人的信仰或价值观冲突，影响他的裁判，也可能造成逾法。第三是佛教的信仰和行为难免产生一些非科学和理性所能证明的所谓灵异性案件，如民众相信家里有鬼作祟，重金聘请僧人赶鬼，因失败引起纷争，遇到不信有鬼和相信有鬼的司法者，审判不见得一样。

针对这三点，我们一共探讨了五个可能对司法发生影响的重要因素：属于公领域的是国家的抑佛政策、治安考虑、财政考虑，属于私领域的是士大夫个人的排佛和信仰倾向。毫无疑问，五者之中，国家的抑佛政策、私人的排佛和私人的信仰等三者都属于跟宗教有关的因素，比重实在不轻，而它们同时出现在宗教性和非宗教性的审判里。

对宗教性案件（或信仰性案件），国家订出七个标准来辨别真假佛教和规范真佛教的宗教活动：营建淫寺、崇拜淫神、祭祀越轨（淫祀）、妄言惑众、异行惑众、男女夜聚晓散和使用非佛法咒语等。表面看来，这些是法有明文的，执法者依法办理便可将上述五个因素的影响减至最低，其实不然。第一，有些执法者执着单一标准便去取缔，有些却采用数个，两者均是合法，但由此可看到执法者个人判断的影响。第二，无论是采用单一或数个标准，都涉及所用的标准究竟是"形式"还是"实质"。淫寺、淫神较属形式条件，其他较属实质条件，要凭其实际行动来判断严重性。一般来说，实质条件较为重要，符合的愈多和愈严重（如妄言惑众），取缔就愈合理，处分亦最严厉。究竟采用何者，亦受执法者个人判断的影响。第三，七个标准中，有的较为客观，如不在寺籍的就是淫寺、不在佛典的便是淫神、男女共聚一室达旦便是男女夜聚晓散等，但有的较为主观，如淫祀、妄言、异行、惑众等，故即使是采用同一个条件，执法者认为情况严重便可能重判，认为情况尚可便可能轻判，一轻一重之间，亦可看到执法者个人判断的影响。至于若干士大夫"以礼逾法"，硬要认定佛教的拜祭于儒家礼法不合便是淫祀，更是受个人因素如排佛所影响了。这几个情况都涉及执法者的个人判断，而影响他的判断的，就是上述五个因素。

对非宗教性案件，亦可分为两类。一是危害治安的，如僧人杀人放火打劫以至叛乱，当然是以治安的考虑最为影响执法。二是不大危害治安的，如僧人偷奸偷盗和小赌等，其"定罪"当然是按照相关的国法，但"量刑"就颇受执法者个人因素的影响了。法律对僧人犯奸和犯盗的量刑本重于凡人，反映立法者以较高的道德标准裁量僧人，而司法者顺水推舟，对奸僧处以极刑，毫无疑问是"僧"的身分害了"人"的性命。排佛的士大夫更是"以古律今"，硬要僧人不积余财不涉官司，亦毫无疑问是佛教这"宗教"连累了事主，使他们受到逾法的惩罚，甚至被削减了打官司的权利。另一方面，有些士大夫为了个人福业，纵容僧人，牺牲别人的权益，不过这是对别人不公平，难说是对僧人不公平了。

那么，国家的抑佛、治安、财政及个人的排佛和信仰等五个因素之中，何者最为重要？我们相信，治安的考虑应是最重要的，僧人聚众最容易引起怀疑，特别是有组织性的定期聚会、替聚会取名（如白衣会），和活动形式流于巫术等，几乎让执法者别无选择，必须采取行动。即使如此，执法者个人对佛教的态度仍会影响执法的过程和后果，有信心者倾向出罪或轻罪，怀疑者倾向入罪和重罪，这就是《折狱龟鉴》

三案并列而结果轻重不一的原因。对治安不构成威胁的，如庙里供奉蛇神等淫神，是否取缔和如何取缔，便更受执法者排佛和信仰倾向的影响，如排佛者以礼逾法，或信奉者甘心下拜等。当然，他也会考虑寺院是否跟地方势力有关，或是借机没收寺产来挹注公家财政等。总之，决定"是否"取缔的可以是政府，决定"如何"取缔的却是执法者，他的决定造成寺院、神祇和僧人的不同命运。

司法女神时常被蒙上双眼以示看不到当事人的性别、肤色和宗教等可能影响公平公正的因素。我们则强调，审判毕竟出自人为，执法者的个人因素难免会影响僧人的定罪和量刑，只是程度有大有小。有些士大夫对佛教心存偏见，这些偏见有多种来源，包括士大夫个人的信仰（如相信别的宗教）、跟佛教接触得到的负面印象和经验和同侪的意见等。平心而论，即使在今天，也不是每个知识分子对佛教都有直接的观察或亲身的经验，而是受传媒、出版品和同侪的影响。从宋代士大夫对佛教的批评来看，他们的认知往往来自历史记录（今日所谓一手资料），或来自朋友和同僚对历史的转述和意见（今日所谓二手资料）。很多记录、言论和文字陈陈相因，积非成是，形成了思想的框套。被师承关系和门户之见（如理学）所束绑的士大夫固然不易摆脱这框套，一般士大夫亦难免人云亦云，只有极少数为文反驳，效果有限。这个框套既有新的信息，也有很多过时的信息。许多士大夫对佛教的认知，可能是历史与现实的混淆，甚至把历史认知视为颠扑不破，产生了"以古律今"的后果。简单说，他们故意或在无意中把当时的佛教视同过去的佛教（甚至更差），并以历史为三尺法，把僧人不积余财、不拜君王、不涉官司、不问世事等历史观念充当司法原则，作出跟历史一样的判决。历史之所以重演，是否因为历史人物有意让它重演？他们依据历史知识，依样画葫芦，处理当世之事。这有点像法官依据先例来判案，有时的确达到同罪同罚的效果，有时却会差之毫厘，谬以千里。

除了宗教和人的因素外，法律本身亦会影响僧人的犯法和审判。就今日的认知来看，法规的厘定应切合普遍之需要（此 common law 之所以称为 common），既要符合情和理，更不能违反人性，否则容易流于苛法甚至恶法，令人民动辄犯法得咎。不杀生、不偷盗、不淫乱、不妄语、不饮酒等五戒虽然并列，但性质似有差异。不杀生跟信仰有关，本身就是目的，其余四戒，似乎都算修行的方法，本身不是目的。例如要身体健康是目的，达到此目的却有不同的方法，不必凡是方法都去实行。既是方法，就会发生因材施教、因人而异和因地制宜等问题。同一套修行方法，应用于不同的时、地、事和人，每应加以调整。奸罪之发生，大都跟宣泄性欲有关，今日已知道应善加引导而非压抑，否则恐不利于身心之健康成长。佛教将自慰列为十三僧残法之首，视为犯戒，直到今天仍有得道高僧为之坚持，是否禁欲过度？南禅提出在欲修禅，视酒肆淫坊为道场，固然产生后遗症，但其出发点是否也为了适度调整戒律的严苛和人性的需要？吊诡的是，当佛教某些教派对酒戒和淫戒有所调整时，世俗法律却拒绝接受，甚至加重惩罚，变成了由俗人来限定僧人应如何"修行"才是正确。到了今天，佛法与国法乃告分离，世俗法庭不再惩罚不在国法内的违反佛法的行为（如饮酒和食肉）。

以守旧的世俗法律来规范新兴的宗教信念和行为，是否令僧人易陷法网，是值得进一步研究的，研究时必须分清立法和司法两个层次。就立法言，佛戒的解释持续翻新来迎合世情，但世俗法律固守传统佛教规范，没有修法来追上新戒的发展，或是修法后更趋严峻，造成两种法规的冲突。就司法言，假如新的宗教信念和行为得到若干国法执行者的认同，僧人便可能在审判时得到减罪或脱罪，但这是执法者的个别行为，不能视为通案，不能认定僧人没有触法，也不能推论他们的行为是合乎国法。

与僧人比较，跟妾相关的法规显得稀少不齐全。妾的身分来自婚约，她的人身权利也受婚姻法的保障，如不得被转嫁、转卖、转赠，但其他许多权利却是婚姻法不曾包含的。我们探讨的重点，自然落在妾的权利如何被认定和保障，例如她有没有某些权利，以及这些权利有没有增加或减少等。

妾对嫁妆和夫君赠予的权利，是跟妻一样的。依礼是并同夫为主，依法是登记在夫的户头里，严格来说都不是自己的。不过，依习惯，丈夫不便占有妻妾的嫁妆，对她们的赠予，不动产可用她们的名字成契，大笔的动产也可另纸声明是赠予。若有嫁妆清单、契书或声明，寡妾是可以保有己产的。

夫君死后，妾享有哪些权利？跟妻不同，妾对亡夫财产的权利和对户绝立嗣的权利，是跟妾殴夫君奴婢"在律虽无

罪名，轻重相明"一样，是法无明文的，要靠执法者轻重相
明。理所当然，妾权只能轻于而不能重于妻权。寡妻和寡妾
对亡夫财产都没有继承权或所有权，而就承夫分、生分、受
养、保管、教令、立嗣诸权来说，当夫死妻尚在时，作为次
妻的妾，除了受养权外，均不享有，包括她对亲子的教令权，
也由妻代为行使。可以说，对守节的寡妾而言，受养权是基
本权，其他诸权都是额外的，或是寡妻让她行使的，寡妻死
后，就由政府官员决定她如何享有诸权。

　　就立法而非司法的发展来说，寡妾的受养权经历了一个
从无到有的过程。在淳祐七年新法公布之前，当家中只剩下
寡妾和诸子时，寡妾的受养权是来自庶母或生母的身分，她
甚至可以控告嫡子不孝来维护她的基本权利，但无论如何，
她是在吃诸子的私产，不是吃亡夫的遗产。新法公布之后，
不论有子无子，寡妾凭妾的身分，可以从亡夫遗产得到独立
的养老之资，有子者又凭生母的身分，从亲子继承的父亲遗
产得到供养，她既吃夫产也吃亲子私产，但吃不到非亲生子
的私产。假如夫死户绝只剩下妾，她虽无夫产的所有权，但
能尽享使用权，甚至用来供应情人，如夫族无人过问，便待
改嫁或死亡时再交出。

　　生分权也因淳祐七年新法而确定。在此之前，寡妻不在
而嫡子庶子并存时，"在法：惟一母所生之子不许摽拨……既
非一母，自合照法摽拨"，寡妾自可生分，而且似乎没有不生
分之权，而是由嫡子决定是否分和如何分；在此之后，寡妾
如同意生分，便按照新法来别籍异财，首先从亡夫遗产拨出

她的养老之资让她享有使用权，余下的再由诸子均分，其中要点有二：一是让她吃亡夫的，二是夫死不必从子，这跟现代民法有相通之处，即寡妻（不是寡妾）跟子女均分夫产，既吃亡夫的（而且享有所有权），也不必仰子女鼻息。无论如何，通过立法保障寡妾的受养权，应是宋代超越前代之处。

生分和受养权确定的同时，寡妾的保管权（继承人未成年）和教令权（继承人已成年）也逐渐明确了。当嫡子与庶子并存时，她只能以生母的身分对亲生子女所继承的父产行使，而不能以庶母的身分对非亲生子女行使。当嫡子不在，她的儿子成为家主时（如田县丞分家案里的珍郎），她未尝不可以保管亡夫整份遗产，但当已故的嫡子一房树立成年的继承人后，也就步上生分之途，她只能保管亲生子女的承分。也许可以说，妾对亲生子女的承分可以行使保管权和教令权是常态，对非亲生子女行使则属特例。其主要的理由，一是妾权不应媲美妻权（妻对丈夫所有儿子都可行使教令权）；二是非亲生子为庶母服缌麻三月，庶母为非亲生子服齐衰三年至一年，等级悬殊。执法者遵行这两个原则较违反它们容易，也许是他们不难达成共识的一个原因吧。

对宋代的士大夫来说，代夫承分跟立嗣权密不可分，所谓"妻得承夫分财产，妻之财产也，立子而付之财产，妻宜得而与之，岂近亲他人所得而可否之乎？"寡妻代夫承分，保管亡夫遗产，将来交给立继之子继承，故寡妻立嗣的优先权排在亡夫父母和祖父母之前。我们固然可以倒过来，说她承夫分之权是来自立嗣之需要，不过也应指出，她承夫分后，是可以不立继的。两权相较，就紧要性和先后次序来说，承夫分无疑是优先的，否则寡妻拿亡夫（不是拿自己）的什么东西交给继子去继承呢？随着"诸户绝人有所生母若祖母同居者，财产并听为主"的规定在南宋中期的执行，无论户绝人指的是无后者本人或是他的女儿，他们的所生母即使是姜，仍取得了户绝财产的保管权和教令权，是有可能取得立嗣权的。然而，寡妾的立嗣权毕竟没有立法，在法有明文的立嗣优先级里（亡者遗嘱、寡妻、父母、祖父母、直系近亲尊长、旁系近亲尊长）是没有明确的位置的，究竟如何让她享有立嗣权中的优先权、提名权、同意权和决定权，要视乎司法者的判断，难有通则可言。必须再次强调，在立法上寡妾本无立嗣权，司法者有时看在她是生母的分上，让她享有提名权或同意权等，其实是出自司法之权，对她来说是额外之权，有时甚至可能侵犯了其他立嗣者的权利。

当法无明文时，执法者往往声称是依据情和理。所谓情理，有时不过是一般的道德标准，却不一定能遵行，以致出现了"败家讦母"之出继子，仍然分得亲生父亲半份遗产的判决，是"揆之天理，决不可容，金厅所拟，已尽情理，照行"。有时情理跟礼一样，本来就蕴含在律文之中，如淳祐七年新法十分照顾寡妾，故依法裁判本就符合情理，不是法外讲求，三者更非对立。有时情理就是法理，如妾权不能大于妻权，也不是法外讲求。有时情理是指当事人的利益，除非是双赢，否则岂能同时满足原告和被告的利益？故所谓下合人情，有时不一定是符合所有人的利益，而仅是符合少数人的利益，我们不必夸大了人情的作用。学人拿着"人情有时是指当事人的利益"这观念去重新探讨情、理和法的关系，应有创获。

就法、理、情三者的关系来说，当法有明文时，执法者依法裁判的可能性是最大的，即使他不依法，当事人亦可上诉，指出违法之处，以求达到依法审判。我们相信，跟守法多于违法一样，依法而判是多于不依法的，也跟大违法少于小违法一样，大部分的不依法而判是不至于严重损害当事人的利益的。不过也应注意，一部法典之中，偶然也会出现诸法相竞，例如寡妻立嗣的优先权在父母之上，而且寡妻所立继子可继承全份而父母所立最多只能继承三分之一，但父母握有连儿子都得听从的教令权，两权相竞，均出于法，如闹上法庭，应如何判决？相信要视乎实际的情况和基于执法者的个人，难有通则可言。

就法与礼的关系来说，有些礼（如有名的五等丧服）已经法律化，故执行法的同时也是实践礼，但有些礼并无法律化，如守节、父仇不同戴天和妻财并同夫为主等。当法内之礼（如教令权背后的孝）与法外之礼（夫死从子）冲突时，执行前者应是常态，执行有困难或疑惑时，便当作难案（hard case）处理。不过到了南宋后期，以程朱学派为主的若干士大夫在某些问题，如寡妻守节和妻财并同夫为主等问题上，倾向执行法外之礼，其实是以礼逾法，但随着程朱理学被朝廷奉为正统，这些以礼逾法的判案也逐渐法律化，如寡妇再嫁不得携走己产等。这个对妻不利的发展是否也发生于妾，恐怕要到元明清去找答案了。假如所谓妾的家属化真是程度加深了，相信妾跟妻就同一命运了。权利与责任往往成正比，当妾享有的权利愈多，她对亡夫及其家庭的责任也自然愈大。

最后，让我们略为比较正式的妾与非正式但有子之妾（婢）。两者最大的差别，是无论如何得宠，婢的法律地位始终是婢。对妾来说，受养权是基本权利，其他诸权属于额外权利，而对婢来说，所有权利都是额外权利，完全在乎司法者的给予。就承夫分来说，妾与婢均无。就生分权来说，妾有淳祐七年新法的保障，婢没有。就受养权来说，妾既吃亡夫遗产也吃亲子私产，婢只吃亲子私产。就保管权和教令权来说，两者均因生母的身分，可行使于亲生子女的承分，但都不能行使于非亲生子女。就立嗣权来说，两者亦因为生母的身分，依照南宋中期"诸户绝人有所生母若祖母同居者，财产并听为主"的法令，取得户绝财产的保管权，可能增加在立嗣权上的竞争力。只要她是亡者的生母，执法者似乎不大在乎她是妾还是婢，都会赋予她一定的立嗣权。我们不妨把作为第三顺位立嗣者的"母"，依次排列为"嫡母、生母（不管是妾母还是婢母）、庶母"。不难看到，如有生母的身分，对妾与婢都最为有利。十分有趣的是，有子的婢在主人生前没有获得妾的身分和地位，却在主人死后，在某些地方，无论是立法和司法，都取得妾的地位，立法如"诸奸父、祖女使……曾经有子，以妾论"，司法如上述的立嗣权。这跟子女告母的逐渐摆脱法律关系（可告非亲生母）和重视血缘关系（不得告亲生母）不是有异曲同工之妙吗？这是否反映宋代身分制的宽弛呢？

总之，就妾权的认定和保障来说，宋代有若干进步。在立法上，一是认定了女性单靠"妾"的身分便可对亡夫遗产享有受养权，不必靠"妾母"的身分，亦即可以免靠亲生子女来供养；二是确定了寡妾在诸子生分时应如何分产来保障她的生活；三是确定了寡妾可凭"生母"的身分对户绝财产享有保管权和教令权，未尝不让她可以进一步享有立嗣权。在司法上，就现存案例来看，司法者确实执行上述新法，让寡妾享受新增的权利，同时也谨守妾权不能超过妻权的法理，没有让庶母在非亲生子身上取得保管权和教令权等。在立嗣权上，即使是妻，也会遇到一部法典之中两权相竞的情况，即寡妻享有立嗣优先权而父母享有教令权，究竟应让谁人来行使立嗣的提名权、同意权和决定权？妾的情况也一样，在立法上她根本不享有立嗣权，但在司法上若干司法者可能让她享有不同程度的立嗣权，这是因人因时因地因事而异的，难有通则可言。

法律史一向给人呆板枯燥的印象，希望本书能说服读者，法律史跟社会史和文化史一样有趣，不妨尝试研究。它们也有同样的困难，就是需要多角度甚至跨学科，才能得到比较全面的解释。例如僧人犯罪背后的因素很多，有政府制度、僧团管理、寺院经济、佛门戒律、佛教思想、世俗文化及士大夫文化的侵略等，绝非一人之力所能包办，希望有兴趣的学人分工合作，结合法律与其他学科，一起研究。

注释

［1］ Barbara A. Hudson, *Understand Justice: An Introduction to Ideas, Perspectives and Controversies in Modern Penal Theory* （Buckingham: Open University Press, 1996）.

［2］ 李力，《危机、挑战、出路："边缘化"困境下的中国法制史学》，《法制史研究》8（2005），页263—293。

［3］ 王曾瑜，《宋朝阶级结构》（北京：中国人民大学出版社，2010），页510—524。

［4］ 柳立言，《宋代的家庭和法律》，页95—97。

参考文献
（依作者姓氏笔画排列）

一、古代文献

不著人（编），中国社会科学院历史研究所宋辽金元史研究室（点校）

《名公书判清明集》，北京：中华书局，1987。

不著人（编）

《元典章》，海王邨古籍丛刊，北京：中国书店，1990。

不著人（编）

《新编事文类要启札青钱》别集，台北：大化书局，1980影印日本德山毛利家藏元泰定元年日新书堂刊本。

马令

《马氏南唐书》，四部丛刊续编。

马端临

《文献通考》，国学基本丛书，台北：新兴书局，1960。

王十朋

《梅溪王先生文集》，四部丛刊初编。

王之道（撰），沈怀玉、凌波（点校）

《相山集》，北京：国家图书馆出版社，2006。

王栐（撰），诚刚（点校）

《燕翼诒谋录》，北京：中华书局，1981。

王铚（撰），朱杰人（点校）

《默记》，北京：中华书局，1981。

王懋竑（撰），何忠礼（点校）

《朱熹年谱》，北京：中华书局，1998。

车若水

《脚气集》，文渊阁四库全书。

车垓

《内外服制通释》，丛书集成续编。

文天祥

《文山先生全集》，四部丛刊初编。

叶绍翁（撰），沈锡麟、冯惠民（点校）

《四朝闻见录》，北京：中华书局，1989。

叶适

《叶适集》，北京：中华书局，1961。

叶梦得

《避暑录话》，文渊阁四库全书。

田汝成（辑撰），中华书局上海编辑所（点校）

《西湖游览志余》，北京：中华书局，1958。

冯可墉、叶意深（编）

《慈湖先生年谱》，丛书集成续编。

司马光（撰），邓广铭、张希清（点校）

《涑水记闻》，北京：中华书局，1989。

吕夷简（等撰），天一阁博物馆、中国社会科学院历史研究所天圣令整理课题组（校证）

《天一阁藏明钞本天圣令校证》，北京：中华书局，2006。

吕祖谦（撰），吕乔年（编）

《丽泽论说集录》，文渊阁四库全书。

朱熹

《朱文公文集》，四部丛刊初编。《晦庵集》，文渊阁四库全书。

朱熹（述），黎靖德（编），王星贤（点校）

《朱子语类》，北京：中华书局，1986。

朱熹（撰），郭齐、尹波（点校）

《朱熹集》，成都：四川教育出版社，1996。

任广

《书叙指南》，文渊阁四库全书。

华镇

《云溪居士集》，文渊阁四库全书。

庄绰（撰），萧鲁阳（点校）

《鸡肋编》，北京：中华书局，1983。

刘克庄

《后村先生大全集》，四部丛刊初编。

刘清之
《戒子通录》，四库全书珍本初集。

刘惟谦（等撰），怀效锋（点校）
《大明律》，沈阳：辽沈书社，1990。

刘道醇
《宋朝名画评》，文渊阁四库全书。

江少虞（撰），瞿济苍（参校），上海古籍出版社（点校）
《宋朝事实类苑》，上海：上海古籍出版社，1981。

苏洵（撰），曾枣庄、金成礼（笺注）
《嘉祐集笺注》，上海：上海古籍出版社，1993。

苏轼（撰），王松龄（点校）
《东坡志林》，北京：中华书局，1981。

苏轼（撰），孔凡礼（点校）
《苏轼文集》，北京：中华书局，1986。

苏轼（撰），华东师范大学古籍研究所（点校、注释）
《仇池笔记》，上海：华东师范大学出版社，1983。

苏辙（撰），俞宗宪（点校）
《龙川略志》，北京：中华书局，1982。

李元弼
《作邑自箴》，四部丛刊续编。

李心传
《建炎以来系年要录》，北京：中华书局，1988。

李林甫（等撰），陈仲夫（点校）
《唐六典》，北京：中华书局，1992。

李焘（撰），上海师范大学古籍整理研究所、华东师范大学古籍研究所（点校）

《续资治通鉴长编》，北京：中华书局，1979 — 1995。

李觏（撰），王国轩（点校）

《李觏集》，北京：中华书局，1981。

杨万里

《诚斋集》，四部丛刊初编。

吴廷燮

《南宋制抚年表》，北京：中华书局，1984。

吴自牧（撰），浙江人民出版社（点校）

《梦粱录》，杭州：浙江人民出版社，1980。

吴坛（撰），中国政法大学古籍整理研究所（校注）

《大清律例通考校注》，北京：中国政法大学出版社，1992。

吴景旭

《历代诗话》，文渊阁四库全书。

邱濬

《大学衍义补》，文渊阁四库全书。

何薳（撰），张明华（点校）

《春渚纪闻》，北京：中华书局，1983。

邹浩

《道乡集》，文渊阁四库全书。

辛子牛（主编）

《中国历代名案集成》，上海：复旦大学出版社，1997。

沈仲纬

《刑统赋疏》，丛书集成续编。

沈家本（撰），邓经元、骈宇骞（点校）

《历代刑法考》，北京：中华书局，1985。

宋绶、宋敏求（等编）

《宋大诏令集》，国学名著珍本汇刊，台北：鼎文书局，1972。

宋慈（撰），杨奉琨（校译）

《洗冤集录校译》，北京：群众出版社，1980。

宋慈（撰），罗时润、田一民、关信（译释）

《洗冤集录译释》，福州：福建科学技术出版社，1992。

张咏（撰），张其凡（整理）

《张乖崖集》，北京：中华书局，2000。

张栻

《南轩集》，广学丛刊，台北：广学社印书馆，1975。

陆心源（辑）

《宋史翼》，收入赵铁寒主编，《宋史资料萃编》第一辑，台北：文海出版社，1980。

陆游（撰），中华书局（点校）

《陆游集》，北京：中华书局，1976。

陆游（撰），李剑雄、刘德权（点校）

《老学庵笔记》，北京：中华书局，1979。

陈叔方

《颍川语小》，文渊阁四库全书。

陈亮（撰），邓广铭（点校）

《陈亮集》，北京：中华书局，1987增订版。

陈埴

《木钟集》，文渊阁四库全书。

陈淳

《北溪大全集》，文渊阁四库全书。

陈淳（撰），熊国祯、高流水（点校）

《北溪字义》，北京：中华书局，1983。

陈傅良

《止斋先生文集》，四部丛刊初编。

陈骙等（撰），张富祥（点校）

《南宋馆阁续录》，北京：中华书局，1998。

邵伯温（撰），刘德权、李剑雄（点校）

《邵氏闻见录》，北京：中华书局，1983。

邵博（撰），刘德权、李剑雄（点校）

《邵氏闻见后录》，北京：中华书局，1983。

范仲淹

《范文正公集》，四部丛刊初编。

欧阳修、宋祁（撰），董家遵等（点校）

《新唐书》，北京：中华书局，1975。

罗烨

《新编醉翁谈录》，续修四库全书。

罗愿

《罗鄂州小集》，文渊阁四库全书。

和凝、和𫷷（撰），杨奉琨（校释）

《疑狱集》，上海：复旦大学出版社，1988。

岳珂（撰），吴企明（点校）

《桯史》，北京：中华书局，1981。

金盈之

《醉翁谈录》，收入周光培编，《历代笔记小说集成·宋代笔记小说》第7册，石家庄：河北教育出版社，1995。

周必大

《文忠集》，文渊阁四库全书。

周密（撰），吴企明（点校）

《癸辛杂识》，北京：中华书局，1988。

周密（撰），张茂鹏（点校）

《齐东野语》，北京：中华书局，1983。

周紫芝

《竹坡诗话》，文渊阁四库全书。

周辉（撰），刘永翔（校注）

《清波杂志校注》，北京：中华书局，1994。

庞元英

《谈薮》（《说郛》百卷本），收入陶宗仪等编，《说郛三种》第2册，上海：上海古籍出版社，1988。

郑克（编撰），刘俊文（译注、点校）

《折狱龟鉴译注》，上海：上海古籍出版社，1988。

孟元老（撰），邓之诚（注）
《东京梦华录注》，北京：中华书局，1982。

赵与时（撰），齐治平（点校）
《宾退录》，上海：上海古籍出版社，1983。

赵汝愚（编），北京大学中国中古史研究中心（点校、整理）
《宋朝诸臣奏议》，上海：上海古籍出版社，1999。

胡仔（撰），廖德明（点校）
《苕溪渔隐丛话》，香港：中华书局，1976。

胡宏（撰），吴仁华（点校）
《胡宏集》，北京：中华书局，1987。

胡寅（撰），容肇祖（点校）
《斐然集》，北京：中华书局，1993。

胡宿
《文恭集》，百部丛书集成。

柳永（撰），薛瑞生（校注）
《乐章集校注》，北京：中华书局，1994。

洪迈（撰），何卓（点校）
《夷坚志》，北京：中华书局，1981。

祖无择
《龙学文集》，文渊阁四库全书。

袁宏（撰），周天游（校注）
《后汉纪校注》，天津：天津古籍出版社，1987。

袁采
《袁氏世范》，知不足斋丛书。

真德秀

《西山先生真文忠公文集》，四部丛刊初编。

钱若水（等撰），燕永成（点校）

《宋太宗实录》，兰州：甘肃人民出版社，2005。

倪思（撰），邓子勉（校点）

《经鉏堂杂志》，沈阳：辽宁教育出版社，2001。

徐元瑞（撰），杨讷（点校）

《吏学指南》，杭州：浙江古籍出版社，1988。

徐松（辑）

《宋会要辑稿》，台北：新文丰出版公司，1976影印北平图书馆1936年本。

徐松（辑），陈智超（整理）

《宋会要辑稿补编》，北京：全国图书馆文献缩微复制中心，1988。

徐经孙

《矩山存稿》，文渊阁四库全书。

徐梦莘

《三朝北盟会编》，台北：大化书局，1979。

郭若虚（撰），邓白（注）

《图画见闻志》，成都：四川美术出版社，1986。

郭象

《睽车志》，文渊阁四库全书。

陶穀（撰），郑村声、俞纲（整理）

《清异录》，收入上海师范大学古籍整理研究所编，《全宋笔记》第1编第2册，郑州：大象出版社，2003。

黄光大

《积善录》（《说郛》百卷本），收入陶宗仪等编，《说郛三种》第2册，上海：上海古籍出版社，1988。

黄宗羲（撰），全祖望（补订），陈金生、梁运华（点校）

《宋元学案》，北京：中华书局，1986。

黄淮、杨士奇（编）

《历代名臣奏议》，台北：学生书局，1964影印永乐十四年刊本。

黄幹

《勉斋先生黄文肃公文集》，北京图书馆古籍珍本丛刊，北京：书目文献出版社，1988影印元刻延祐二年重修本。

黄震

《黄氏日钞》，台北：大化书局，1984影印乾隆三十三年刊本。

曹彦约

《昌谷集》，文渊阁四库全书。

曹漫之（主编）

《唐律疏议译注》，吉林：吉林人民出版社，1989。

脱脱（等撰），中华书局（点校）

《宋史》，北京：中华书局，1977。

梁克家

《淳熙三山志》，宋元方志丛刊，北京：中华书局，1990。

董诰（等编）

《全唐文》，北京：中华书局，1987。

韩琦

《安阳集》，文渊阁四库全书。

释正勉、释性通

《古今禅藻集》，文渊阁四库全书。

释延寿

《万善同归集》，大正藏。

释志磐

《佛祖统纪》，续修四库全书。

释宗杲

《禅林宝训》，收入河北禅学研究所编，《禅宗宝典·续编》，北京：全国图书馆文献缩微复制中心，1995。

释宗赜（编），苏军（点校）

《禅苑清规》，郑州：中州古籍出版社，2001。

释晓莹

《罗湖野录》，收入周光培编，《历代笔记小说集成·宋代笔记小说》第22册，石家庄：河北教育出版社，1995。

释惠洪

《石门文字禅》，四部丛刊初编。《林间录》，文渊阁四库全书。

释惠洪（撰），陈新（点校）

《冷斋夜话》，北京：中华书局，1988。

释普济（撰），苏渊雷（点校）

《五灯会元》，北京：中华书局，1984。

释道融

《丛林盛事》，收入赵晓梅、土登班玛主编，《中国禅宗大典》第19册，北京：国际文化出版公司，1995。

释赞宁（撰），范祥雍（点校）

《宋高僧传》，北京：中华书局，1987。

曾巩（撰），陈杏珍、晁继周（点校）

《曾巩集》，北京：中华书局，1984。

谢深甫（编撰），戴建国（点校）

《庆元条法事类》，收入杨一凡、田涛主编，《中国珍稀法律典籍续编》第1册，哈尔滨：黑龙江人民出版社，2002。

楼钥

《攻媿集》，四部丛刊初编。

窦仪（等撰），薛梅卿（点校）

《宋刑统》，北京：法律出版社，1999。

蔡襄（撰），吴以宁（点校）

《蔡襄集》，上海：上海古籍出版社，1996。

潘永因（编），刘卓英（点校）

《宋稗类钞》，北京：书目文献出版社，1985。

薛居正（等撰），刘乃龢（等点校）

《旧五代史》，北京：中华书局，1976。

魏了翁

《鹤山先生大全文集》，四部丛刊初编。

魏征、令狐德棻（撰），汪绍楹（点校）

《隋书》，北京：中华书局，1973。

魏泰（撰），李裕民（点校）

《东轩笔录》，北京：中华书局，1983。

二、近人论著

大泽正昭

《"妒妇""悍妻"以及"惧内"——唐宋变革期的婚姻与家庭之变化》，收入邓小南主编，《唐宋女性与社会》，上海：上海辞书出版社，2003，页829—848。

万军杰

《唐代"妾"的丧葬问题》，《魏晋南北朝隋唐史资料》25（2009），页186—200。

川村康

《宋代折杖法初考》，《早稻田法学》65.4（1990），页77—153；中译是：川村康（著），姚荣涛（译），《宋代折杖法初考》，收入杨一凡主编，《中国法制史考证》丙编，北京：中国社会科学出版社，2003，第三卷，页344—415。

《宋代断例考》，《东洋文化研究所纪要》126（1994），页107—160。

马西沙、韩秉方

《中国民间宗教史》，上海：上海人民出版社，1992。

王云海（主编）

《宋代司法制度》，开封：河南大学出版社，1992。

王水根、吕永

《宋代妾之财产权研究》，《宜春学院学报》32.2（2010），页98—100。

王月清

《中国佛教伦理研究》，南京：南京大学出版社，1999。

《禅宗戒律思想初探——以"无相戒法"和"百丈清规"为中心》，《南京大学学报》2000.5，页100—108。

王书奴

《中国娼妓史》，上海：上海三联书店，1998。

王书庆

《敦煌文献中五代宋初戒牒研究》，《敦煌研究》1997.3，页33—42。

王平宇

《宋代妇女的佛教信仰——兼论士大夫观点的诠释与批评》，台湾"清华大学"历史研究所硕士论文，1998。

《〈名公书判清明集〉中所见的女使诉讼——传统妇女法律地位的一个侧面》，收入宋代官箴研读会编，《宋代社会与法律——〈名公书判清明集〉讨论》，台北：东大图书公司，2001，页213—236。

王立民

《唐律与佛教》，收入氏著《唐律新探》，上海：上海社会科学院出版社，1993，页91—98，原刊《政法论丛》1991.3。

《中国古代刑法与佛道教——以唐宋明清律典为例》，收入氏著《法律思想与法律制度》，北京：中国政法大学出版社，2002，页115—135，原刊《法学研究》2002.3，页151—160。

王永会

《中国佛教僧团发展及其管理研究》，成都：巴蜀书社，2003。

王连儒

《志怪小说与人文宗教》，济南：山东大学出版社，2002。

王秀林

《晚唐五代诗僧群体研究》，北京：中华书局，2008。

王建光

《中国律宗思想研究》，成都：巴蜀书社，2004。

王威宣

《朱熹以"存天理、灭人欲"为核心的法律思想》，收入汪汉卿主编，《中国法律思想史》，合肥：中国科学技术大学出版社，1993，页236—243。

王洁卿

《中国法律与法治思想》，台北：三民书局，1982。

王章伟

《在国家与社会之间——宋代巫觋信仰研究》，香港：中华书局，2005。

王景琳

《中国古代寺院生活》，西安：陕西人民出版社，1991。

王曾瑜

《宋朝的奴婢、人力、女使和金朝奴隶制》，《文史》29（1988），页199—228。

《宋朝阶级结构》，石家庄：河北教育出版社，1996。

韦绍英

《法治＝以法治国：一个公认的定式》，收入陈晓枫主编，《中国法律文化研究》，郑州：河南人民出版社，1993，页226—242。

牛致功

《试论唐武宗灭佛的原因》，《中国文化月刊》207（1997），页1—20。

仁井田陞（撰）、栗劲（等编译）

《唐令拾遗》，长春：长春出版社，1989。

仁井田陞

《唐宋法律文書の研究》，东京：东方文化学院东京研究所，1937。

《宋代の家产法における女子の地位》，收入氏著《中国法制史研究——奴隶农奴法、家族村落法》，东京：东京大学东洋文化研究所，1962，页365—392，原载于《穗积先生追悼论文集——家族法の诸问题》，东京：有斐阁，1952。

《唐令拾遗》，东京：东京大学出版会，1964。

方广锠

《中国写本大藏经研究》，上海：上海古籍出版社，2006。

方立天

《中国大陆佛教研究的回顾与展望》，《世界宗教研究》2001.4，页129—137。

方建新

《二十世纪宋史研究论著目录》，北京：国家图书馆出版社，2006。

孔学

《宋代全国性综合编敕纂修考》，《河南大学学报》38.4（1998），页6—11。

《宋代专门编敕机构——详定编敕所述论》，《河南大学学报》47.1（2007），页14—21。

邓广铭

《宋史刑法志考正》，《"中央研究院"历史语言研究所集刊》20下（1948），页149—150。

石川重雄

《宋元时代における接待・施水庵の展开—僧侣の游行と民众教化活动》，收入宋代史研究会编，《宋代の知识人》，东京：汲古书院，1993，页137 — 192。

石峻（等编）

《中国佛教思想资料选编》，北京：中华书局，1983。

叶孝信（主编）

《中国民法史》，上海：上海人民出版社，1993。

白文固

《八十年代以来国内寺院经济研究述评》，《世界宗教研究》1998.2，页144 — 149。

《唐宋时期戒牒和六念牒管理制度》，《青海社会科学》2005.2，页98 — 102。

《唐宋试经剃度制度研究》，《史学月刊》2005.8，页31 — 36。

皮庆生

《宋人的正祀、淫祀观》，《东岳论丛》2005.4，页25 — 35，又收入《宋辽金元史》2005.4，页18 — 28。

《宋代民众祠神信仰研究》，上海：上海古籍出版社，2008。

《论宋代的打击"淫祀"与文明的推广》，《清华大学学报》2008.2，页40 — 51。

台静农

《南宋人体牺牲祭》，收入宋史研究会编，《宋史研究集》2，台北："国立"编译馆中华丛书委员会，1964，页327 — 342，原刊《"国立"女子师范学院学术集刊》1（1945）。

朴永哲

《中世中国における地狱と狱讼——唐代地狱说话に见える法と正义》，《史林》80.4（1997），页95 — 121。

《晚唐至北宋敦煌僧尼普听饮酒》，《敦煌研究》2005.3，页68 — 79。

吕凤棠

《佛教风俗》，收入徐吉军等编著，《中国风俗通史·宋代卷》，上海：上海文艺出版社，2001，页566 — 586。

吕永

《宋代的妾问题研究》，安徽师范大学硕士学位论文，2007。

吕永、王进科

《宋代妾之家属身份与地位的边缘化》，《池州师专学报》20.4（2006），页78 — 81。

吕有祥

《十年来中国佛教研究述略（1987 — 1996）》，《宗教学研究》1997.4，页85 — 96。

吕建福

《中国密教史》，北京：中国社会科学出版社，1995。

朱勇、成亚平

《冲突与统一：中国古代社会中的亲情义务与法律义务》，《中国社会科学》1996.1，页86 — 99。

朱瑞熙、程郁

《宋史研究》，福州：福建人民出版社，2006。

朱溢

《论唐代的山川封爵现象——兼论唐代的官方山川崇拜》,《新史学》18.4（2007），页71 — 124。

伍伯常

《北宋初年的北方文士与豪侠——以柳开的事功及作风形象为中心》,《清华学报》36.2（2006），页295 — 344。

任继愈

《任继愈禅学论集》，北京：商务印书馆，2005。

伊永文

《宋代市民生活》，北京：中国社会出版社，1999。

伊原弘

《宋代台州临海县における庶民の经济力と社会——寺观への寄付金一览表から》,《驹泽大学禅研究所年报》1996.7，页15 — 49。

向燕南

《北魏太武灭佛原因考辨》,《北京师范大学学报》1984.2，页50 — 59、30。

刘长东

《宋代佛教政策论稿》，成都：巴蜀书社，2005。

刘亚丁

《佛教灵验记研究——以晋唐为中心》，成都：巴蜀书社，2006。

刘达临、鲁龙光（主编）

《中国同性恋研究》，北京：中国社会出版社，2005。

刘复生

《北宋中期儒学复兴运动》，台北：文津出版社，1991。

刘浦江

《宋代宗教的世俗化与平民化》，《中国史研究》2003.2，页117 — 128。

刘祥光

《婢妾、女鬼和宋代士人的焦虑》，收入走向近代编辑小组编，《走向近代：国史发展与区域动向》，台北：台湾东华书局，2004，页45 — 84。

刘淑芬

《从民族史的角度看太武灭佛》，《"中央研究院"历史语言研究所集刊》72.2（2000），页1 — 48。

《戒律与养生之间——唐宋寺院中的丸药、乳药和药酒》，《"中央研究院"历史语言研究所集刊》77.3（2006），页357 — 400。

刘尊明、甘松

《宋代僧词与宋代佛教文化》，收入氏著《唐宋词与唐宋文化》，南京：凤凰出版社，2009，页263 — 311。

刘增贵

《魏晋南北朝时代的妾》，《新史学》2.4（1991），页1 — 36。

刘黎明

《宋代民间巫术研究》，成都：巴蜀书社，2004。

《宋代民间密宗信仰——以〈夷坚志〉为中心的初步考察》，《江西社会科学》2004.2，页53 — 58。

《宋代民间"人祭"之风与密宗的尸身法术》，《四川大学学报》2005.3，页92 — 97。

刘燕俪

《唐律中的夫妻关系》，台北：五南出版公司，2007。

江玉祥

《宋代墓葬出土的二十四孝图像补释》，《四川文物》2001.4，页22—33。

江灿腾

《晚明佛教丛林改革与佛学诤辩之研究——以憨山德清的改革生涯为中心》，台北：新文丰出版公司，1990。

《晚明佛教改革史》，桂林：广西师范大学出版社，2006，是氏著《晚明佛教丛林改革与佛学诤辩之研究》修订本。

严雅美

《〈泼墨仙人图〉研究——兼论宋元禅宗绘画》，台北：法鼓文化，2000。

严耀中

《唐代江南的淫祠与佛教》，《唐研究》2（1996），页51—62。

《汉传密教》，上海：学林出版社，1999。

《论佛教戒律对唐代司法的影响》，收入荣新江主编，《唐代宗教信仰与社会》，上海：上海辞书出版社，2003，页151—168。

《中国东南佛教史》，上海：上海人民出版社，2005。前身是《江南佛教史》，上海：上海人民出版社，2000。

《酒肉和尚现象试释》，收入卢向前主编，《唐宋变革论》，合肥：黄山书社，2006，页562—573。

《佛教戒律与中国社会》，上海：上海古籍出版社，2007。

《述论唐宋间法律对僧尼的直接约束》，收入戴建国主编，《唐宋法律史论集》，上海：上海辞书出版社，2007，页182—189。

劳政武

《佛教戒律学》，北京：宗教文化出版社，1999。

苏军

《宗赜及〈禅苑清规〉的内容与价值》，收入释宗赜（编），苏军（点校），《禅苑清规》，郑州：中州古籍出版社，2001，页175—211。

杜继文、魏道儒

《中国禅宗通史》，南京：江苏古籍出版社，1993。

李力

《危机、挑战、出路："边缘化"困境下的中国法制史学》，《法制史研究》8（2005），页263—293。

李小荣

《隋唐五代至宋初的密宗信仰》，浙江大学博士后学位论文，2002。

李玉珍

《佛教譬喻文学中的男女美色与情欲——追求美丽的宗教意涵》，《新史学》10.4（1999），页31—65。

李正宇

《唐宋敦煌世俗佛教的经典及其作用》，《兰州教育学院学报》1999.1，页9—15、36。

《唐宋时期的敦煌佛教》，收入郑炳林主编，《敦煌佛教艺术文化国际学术研讨会论文集》，兰州：兰州大学出版社，2002，页367—386。

李承贵

《认知与误读——宋代儒士佛教思想论略》，《现代哲学》2003.3，页84—92。

《宋代儒士对佛教的解读及其方法上的困局》，《江西社会科学》2004.7，页65—70。

《儒士视域中的佛教——宋代儒士佛教观研究》，北京：宗教文化出版社，2007。

李春祥

《北魏太武帝与周武帝灭佛之异同》，《通化师范学院学报》22.3（2001），页34—38。

李映辉

《唐代佛教地理研究》，长沙：湖南大学出版社，2004。

李剑亮

《唐宋词与唐宋歌妓制度》，杭州：浙江大学出版社，1999。

李洁华

《唐宋禅宗之地理分布》，《新亚学报》13（1979），页211—359。

李祥俊

《北宋时期儒家学派的排佛论》，《齐鲁学刊》2006.1，页13—17。

李淑媛

《争财竞产：唐宋的家产与法律》，台北：五南图书公司，2005。

李斌城

《五代十国佛教研究》，《唐研究》1（1995），页37—65。

杨果、铁爱花

《从唐宋性越轨法律看女性人身权益的演变》，《中国史研究》2006.1，页115—126。

杨宝玉

《中晚唐时期的世俗佛教信仰》，收入黄正建主编，《中晚唐社会与政治研究》，北京：中国社会科学出版社，2006，页571—657。

杨建宏

《略论宋代淫祀政策》,《贵州社会科学》195.3（2005），页149—152、159。

杨倩描

《南宋宗教史》，北京：人民出版社，2008。

杨鸿烈

《中国法律思想史》下，台北：商务印书馆，1978。

杨曾文

《唐五代禅宗史》，北京：中国社会科学出版社，1999。

束景南

《朱子大传》，福州：福建教育出版社，1992。

岑仲勉

《唐唐临〈冥报记〉之复原》，《"中央研究院"历史语言研究所集刊》17（1948），页177—194。

何柏生

《佛教与中国传统法律文化》，《法商研究》1999.4，页120—128。

何兹全

《佛教经律关于僧尼私有财产的规定》，收入氏编《五十年来汉唐佛教寺院经济研究》，北京：北京师范大学出版社，1986，页158—181，原载《北京师范大学学报》1982.6。

佐立治人

《〈清明集〉の"法意"と"人情"——诉讼当事者による法律解释の痕迹》，收入梅原郁编，《中国近世の法制と社会》，京都：京都大学人文科学研究所，1993，页293—334。

佐藤达玄

《中国佛教における戒律の研究》，东京：木耳社，1986。中译是：佐藤达玄（著）、释见愍（等译），《戒律在中国佛教的发展》，嘉义：香光书乡，1997。

谷更有

《唐宋基层社会控制》，收入林文勋、谷更有合撰，《唐宋乡村社会力量与基层控制》，昆明：云南大学出版社，2005，页133—243。

汪圣铎

《宋代政教关系研究》，北京：人民出版社，2010。

沈宗宪

《宋代民间的幽冥世界观》，台北：商鼎文化，1993。

《宋代民间祠祀与政府政策》，《大陆杂志》91.6（1995），页23—41。

宋东侠

《南宋特殊群体寡妻妾的家庭地位——读〈名公书判清明集〉》，收入文集编委会编，《漆侠先生纪念文集》，保定：河北大学出版社，2002，页302—308。

张文利

《理禅融会与宋诗研究》，北京：中国社会科学出版社，2004。

张文晶

《宋代奴婢法律地位试探》，收入戴建国主编，《唐宋法律史论集》，上海：上海辞书出版社，2007，页307—328。

张立文

《朱熹思想研究》，北京：中国社会科学出版社，1994。

张邦炜

《两宋时期的性问题》，收入邓小南编，《唐宋女性与社会》，上海：上海辞书出版社，2003，页447—464。

张再林

《唐宋文人对佛道思想的"实用心态"及其对词的影响》，《温州师范学院学报》26.3（2005），页24—28。

张先堂

《唐宋敦煌世俗佛教信仰的类型、特征》，收入胡素馨主编，《佛教物质文化——寺院财富与世俗供养》，上海：上海书画出版社，2003，页297—318。

张兵

《宋辽金元小说史》，上海：复旦大学出版社，2001。

张国刚

《墓志所见唐代妇女生活探微》，《中国社会历史评论》1（1999），页147—157。

《佛学与隋唐社会》，石家庄：河北人民出版社，2002。

《中古佛教戒律与家庭伦理》，收入氏编《家庭史研究的新视野》，北京：生活·读书·新知三联书店，2004，页48—70。

张晋藩（主编）

《中国法制通史》第五册，北京：法律出版社，1999。

张晋藩

《由以人治国到以法治国》，收入氏著《中国法律的传统与近代转型》，北京：法律出版社，1997，页411—417。

张培锋

《宋代士大夫佛学与文学》，北京：宗教文化出版社，2007。

张清泉

《北宋契嵩的儒释融会思想》，台北：文津出版社，1998。

张箭

《论导致北魏灭佛的直接原因和罪证》，《西南民族学院学报（哲学社会科学版）》21.12（2000），页96—101。

《三武一宗灭佛研究》，四川大学博士学位论文，2002。

《论北周武帝废佛的作用和意义》，《西南民族学院学报（哲学社会科学版）》23.3（2002），页127—133。

《北周废佛特点初探》，《佛学研究》2003，页162—169。

《后周世宗文明限佛论析》，《文史哲》2003.4，页28—33。

陈中浙

《苏轼书画艺术与佛教》，北京：商务印书馆，2004。

陈玉女

《试析台港地区二十世纪后半期之佛教研究动向》，《佛教图书馆馆讯》27（2001），页15—31。

陈自力

《释惠洪研究》，北京：中华书局，2005。

《论宋释惠洪的"好为绮语"》，《文学遗产》2005.2，页103—115。

《要知在欲是行禅，火聚荷花颜色鲜——宋代僧侣狎妓纳室风气及其原因剖析》，《新国学》5（2005），页289—309。

陈兵

《中国20世纪佛学研究的成果》，《宗教学研究》1999.3，页57—65。

陈尚君

《唐代的亡妻与亡妾墓志》，《中华文史论丛》2006.2，页43—81。

陈明光

《初探大足石刻是宋史研究的实物史料宝库》,《社会科学研究》1994.2,页 114 — 117。

陈泽芳

《宋代潮州佛教的社会功能》,《汕头大学学报》23.4(2007),页 85 — 89。

陈垣

《中国佛教史籍概论》,北京:中华书局,1962。

陈振

《论宋代的县尉》,收入邓广铭、徐规主编,《宋史研究论文集》,杭州:浙江人民出版社,1987,页 308 — 323。

陈高华

《元代的妾和婢》,《文史知识》2008.10,页 15 — 22。

陈植锷

《北宋文化史述论》,北京:中国社会科学出版社,1992。

陈翘

《援儒入佛、善恶别裁——从〈目连救母劝善记〉刘青提的罪与罚说起》,《艺术百家》2002.2,页 37 — 43。

陈智超

《南宋“吃菜事魔”新史料》,《北京师院学报》1985.4,页 21、29 — 31。

《宋代的书铺与讼师》,收入论集刊行会编,《刘子健博士颂寿纪念宋史研究论集》,东京:同朋舍,1989,页 113 — 120。

陈登武

《从人间世到幽冥界——唐代的法制、社会与国家》，台北：五南图书，2006。

陈鹏

《中国婚姻史稿》，北京：中华书局，1990。

武树臣

《"法治"思潮的源头及其归宿》，收入氏等编《中国传统法律文化》，北京：北京大学出版社，1994，页259—291。

范立舟

《白莲教与佛教净土信仰及摩尼教之关系》，收入何俊、范立舟合撰，《南宋思想史》，上海：上海古籍出版社，2008，页351—380。

范忠信

《中西法律传统中的"亲亲相隐"》，《中国社会科学》1997.3，页87—104。

林庆彰（主编）

《朱子学研究书目（1900—1991）》，台北：文津出版社，1992。

林剑鸣

《人治和法治及其反映的文化特质》，收入氏著《法与中国社会》，长春：吉林文史出版社，1988，页72—100。

林悟殊

《摩尼教及其东渐》，北京：中华书局，1987。

松本浩一

《宋代の社と祠庙》，《史境》38&39（1999），页1—15。

罗时宪

《唐五代之法难与中国佛教》，收入张曼涛主编，《中国佛教史专集之二：隋唐五代篇》，台北：大乘文化出版社，1977，页177—190。

牧田谛亮

《後周世宗の佛教政策》，收入氏著《中国近世佛教史研究》，京都：平乐寺书店，1957，页64—95，原刊《东洋史研究》11.3（1941）；中译是：牧田谛亮（著）、释如真（译），《后周世宗的佛教政策》，收入张曼涛主编，《中国佛教史论集之二：隋唐五代篇》，台北：大乘文化出版社，1977，页319—345；索文林（译），《中国近世佛教史研究》，台北：华宇出版社，1985，页89—130。

竺沙雅章

《中国佛教社会史研究》，京都：同朋舍，1982。增订版，京都：朋友书店，2002。

《内律と俗法—中国佛教法制史の一考察》，收入梅原郁编，《中国近世の法制と社会》，京都：京都大学人文科学研究所，1993，页1—37。《宋代佛教社会史について》，收入佐竹靖彦等编，《宋元时代の基本问题》，东京：汲古书院，1996，页453—474。

《宋元佛教文化史研究》，东京：汲古书院，2000。

岳纯之

《唐代民事法律制度论稿》，北京：人民出版社，2006。

金家瑞

《南朝的寺院和僧侣》，收入何兹全编，《五十年来汉唐佛教寺院经济研究》，北京：北京师范大学出版社，1986，页100—107。

周玫

《宋瓷铭文中的佛教世俗化倾向》，《文物研究》2000.11，页106—109。

周相卿

《隋唐时期佛教与法的关系》，《贵州民族学院学报》2002.1，页75—77。

庞德新

《宋代两京市民生活》，香港：龙门书店，1974。

郑显文

《唐代律令制研究》，北京：北京大学出版社，2004。

孟宪实

《唐令中关于僧籍内容的复原问题》，《唐研究》14（2008），页69—84。

赵凤喈

《中国妇女在法律上之地位》，上海：商务印书馆，1929。

赵章超

《宋代文言小说研究》，重庆：重庆出版社，2004。

赵超

《山西壶关南村宋代砖雕墓砖雕题材试析》，《文物》1998.5，页41—50。

郝春文

《隋唐五代宋初传统私社与寺院的关系》，《中国史研究》1991.2，页3—12。

《唐后期五代宋初敦煌僧尼的社会生活》，北京：中国社会科学出版社，1998。

草野靖

《宋代奴仆婢妾问题の一斑》，收入论丛刊行会编，《青山博士古稀纪念宋代史论丛》，东京：省心书房，1974，页71—78。

荣新江（主编）

《唐代宗教信仰与社会》，上海：上海辞书出版社，2003。

胡素馨（编）

《佛教物质文化——寺院财富与世俗供养》，上海：上海书画出版社，2003。

胡戟（等编）

《二十世纪唐研究》，北京：中国社会科学出版社，2002。

柳田节子

《南宋期家产における分割女承分について》，收入论集刊行会编，《刘子健博士颂寿纪念宋史研究论集》，东京：同朋舍，1989，页231—242。

《宋代裁判女性诉讼》，收入中国女性史研究会编，《论集中国女性史》，东京：吉川弘文馆，1999，页2—17。

柳立言

《浅谈宋代妇女的守节与再嫁》，《新史学》2.4（1991），收入氏著《宋代的家庭和法律》，上海：上海古籍出版社，2008，页211—244。

《宋代同居制度下的所谓"共财"》，《"中央研究院"历史语言研究所集刊》65.2（1994），收入氏著《宋代的家庭和法律》，页325—374。

《宋代的家庭纠纷与仲裁：争财篇》，收入"中央研究院"历史语言研究所出版品编辑委员会主编，《中国近世家族与社会学术研讨会论文集》，台北："中央研究院"历史语言研究所，1998，页1—48。

《从法律纠纷看宋代的父权家长制》，《"中央研究院"历史语言研究所集刊》69.3（1998），收入氏著《宋代的家庭和法律》，页247—324。

《养儿防老：宋代的法律、家庭与社会》，收入汉学研究中心编，《中国家庭及其伦理研讨会论文集》，台北：汉学研究中心，1999，收入氏著《宋代的家庭和法律》，页375—407。

《子女可否告母？——传统"不因人而异其法"的观念在宋代的局部实现》，《台大法学论丛》30.6（2001），页29—93。

《一条律文各自解读：宋代"争鹌案"的争议》，《"中央研究院"历史语言研究所集刊》73.1（2002），页119—164。

《宋代分产法"在室女得男之半"新探》上、下，《法制史研究》5（2004）、6（2004），收入氏著《宋代的家庭和法律》，页408—494。

《色戒——宋僧与奸罪》，《法制史研究》12（2007），页41—80。

《宋代的家庭和法律》，上海：上海古籍出版社，2008。

《红尘浪里难修行——宋僧犯罪原因初探》，《"中央研究院"历史语言研究所集刊》79.4（2008），页575—635。

《宋代明州士人家族的形态》，《"中央研究院"历史语言研究所集刊》81.2（2010），页289—364。

香光尼众佛学院图书馆（编）

《佛教相关博硕士论文提要汇编》（1963—2000），嘉义：香光书乡出版社，2001。

《佛教相关博硕士论文提要汇编》（2000—2006），嘉义：香光书乡出版社，2007。

段玉明

《相国寺——在唐宋帝国的神圣与凡俗之间》，成都：巴蜀书社，2004。

侯旭东

《五、六世纪北方民众佛教信仰：以造像记为中心的考察》，北京：中国社会科学出版社，1998。

俞晓红

《佛教与唐五代白话小说研究》，北京：人民出版社，2006。

施进隆

《从胡汉矛盾看北魏太武帝的崇道灭佛》，《史苑》55（1994），页17—34。

洪淑芬

《论儒佛交涉与宋代儒学复兴——以智圆、契嵩、宗杲为例》，台湾大学中国文学研究所博士论文，2006。现已出版，名为《儒佛交涉与宋代儒学复兴——以智圆、契嵩、宗杲为例》，台北：大安出版社，2008。

祝尚书

《宋初西湖白莲社考论》，《文献》1995.3，页83—89。

祝建平

《北宋官僚丁忧持服制度初探》，《学术月刊》1997.3，页71—76。

姚荣涛

《两宋民法》，收入叶孝信主编，《中国民法史》，上海：上海人民出版社，1993，页323—452。

骆新泉

《宋代男性词人悼亡妾亡妓词的美色、情事主题》,《南阳师范学院学报》8.5（2009），页 39 — 42。

袁俐

《宋代女性财产权述论》,收入杭州大学历史系宋史研究室编,《宋史研究集刊》第二集,杭州:浙江省社联《探索》杂志增刊,1988,页 271 — 308。

袁震

《两宋度牒考》,收入张曼涛主编,《现代佛教学术丛刊·宋辽金元篇上》,台北:大乘文化出版社,1977,页 141 — 372,原刊《社会经济史集刊》7.1&2（1944）。

贾二强

《唐宋民间信仰》,福州:福建人民出版社,2002。

夏广兴

《佛教与隋唐五代小说》,西安:陕西人民出版社,2004。

《密教传持与唐代社会》,上海:上海人民出版社,2008。

顾吉辰

《宋代佛教史稿》,郑州:中州古籍出版社,1993。

顾伟东

《从白马驮经到三武一宗——唐宋之前佛教与历代中央政府之关系》,复旦大学硕士学位论文,2003。

钱大群

《唐律译注》,南京:江苏古籍出版社,1988。

铃木哲雄（主编）

《禅の社会的影响》,东京:山喜房佛书林,2002。

徐扬杰

《宋明家族制度史论》，北京：中华书局，1995。

徐规

《宋代妇女的地位》，浙江大学研究院硕士学位论文，1945，收入氏著《仰素集》，杭州：杭州大学出版社，1995，页316—403。

徐道邻

《唐律中的中国法律思想和制度》，收入氏著《中国法制史论集》，台北：志文出版社，1975，页56—67，原刊《大陆杂志》5.1（1952）。

《宋朝的县级司法》，收入氏著《中国法制史论集》，台北：志文出版社，1975，页129—154，原刊《东方杂志》复5.9（1972）。

翁育瑄

《宋代の奸罪》，《お茶の水史学》50（2006），页65—95。

栾贵川

《北魏太武灭佛研究二题》，《北朝研究》1995.1，页57—62。

《北魏太武帝灭佛原因新论》，《中国史研究》1997.2，页65—69。

高启安

《晚唐五代敦煌僧人饮食戒律初探——以"不食肉戒"为中心》，收入郑炳林主编，《敦煌佛教艺术文化国际学术研讨会论文集》，兰州：兰州大学出版社，2002，页387—399。

《唐五代敦煌饮食文化研究》，北京：民族出版社，2004。

高桥芳郎

《宋代の"良贱制"と杂人·杂戸》，《史朋》20（1986），页17—27。

《译注〈名公书判清明集〉户婚门——南宋代の民事的纷争と判决》，东京：创文社，2006。

郭东旭、牛杰

《宋代民众鬼神赏罚观念透析》，《河北大学学报》2003.3，页5—10。

郭东旭

《略论宋朝法律文化特征》，收入台湾大学历史学系编，《转变与定型：宋代社会文化史学术研讨会论文集》，台北：台湾大学历史学系，2000，页185—207。

《宋代编敕制度述略》，《河北大学学报》1990.3，页30—35，收入氏著《宋朝法律史论》，保定：河北大学出版社，2001，页90—104。

《宋代秘密宗教与法禁》，收入邓广铭、王云海等主编，《宋史研究论文集》，开封：河南大学出版社，1993，页413—433。

《宋代法制研究》，保定：河北大学出版社，2000。

郭朋

《隋唐佛教》，济南：齐鲁书社，1980。

《宋元佛教》，福州：福建人民出版社，1981。

《中国佛教思想史》，福州：福建人民出版社，1994—1995。

郭绍林

《唐代士大夫与佛教》，开封：河南大学出版社，1987。

唐代剑

《宋代妾的买卖》，《南充师院学报》1988.4，页58—64。

《宋代道教管理制度研究》，北京：线装书局，2003。

诸户立雄

《中国佛教制度史の研究》，东京：平河出版社，1990。

陶希圣

《中国法制之社会史的考察：汉律系统的源流》，台北：食货出版社，1979。

黄心川

《密教的中国化》，《世界宗教研究》1990.2，页39—43。

黄世希、王洪林

《资阳出土南宋诉讼碑》，《四川文物》1993.3，页16。

黄伟廷

《唐宋奸罪之研究》，中国文化大学硕士学位论文，2010。

黄运喜

《会昌法难研究——以佛教为中心》，中国文化大学硕士学位论文，1987。

黄启江

《北宋佛教史论稿》，台北：台湾商务印书馆，1997。

《两宋社会菁英家庭妇女佛教信仰之再思考》上、下，分载于《法鼓佛学学报》2（2008），页163—244及3（2008），页233—277。

黄纯怡

《国家政策与左道禁令——宋代政府对民间宗教的控制》，《中兴大学历史学报》16（2005），页171—198。

黄奎

《中国禅宗清规》，北京：宗教文化出版社，2008。

黄夏年

《中国大陆禅宗研究十五年（1949 — 1964）》，《佛学研究》1994，页252 — 263。

《20世纪的中国佛学研究》，《中华文化论坛》1997.4，页89 — 97。

黄敏枝

《宋代佛教社会经济史论集》，台北：学生书局，1989。

《宋代妇女的另一侧面——关于宋代的比丘尼》，收入邓小南编，《唐宋女性与社会》，上海：上海辞书出版社，2003，页567 — 655。

曹仕邦

《中国僧史上的沙门社会活动资料》，《大陆杂志》67.2（1983），页95 — 97。

曹刚华

《宋代佛教史籍研究》，上海：华东师范大学出版社，2006。

曹家齐

《宋代佛教的俗化》，收入氏著《宋史研究丛稿》，台北：新文丰出版公司，2006，页307 — 316，原刊《杭州研究》1996.2。

崔碧茹

《唐宋女性生活管窥——从契约关系入手的考察》，北京大学博士学位论文，2010。

阎孟祥

《宋代临济禅发展演变》，北京：宗教文化出版社，2006。

梁庚尧

《宋代伎艺人的社会地位》，收入邓广铭、漆侠主编，《国际宋史研讨会论文集》，保定：河北大学出版社，1992，页89—99。

《豪横与长者：南宋官户与士人居乡的两种形象》，收入氏著《宋代社会经济史论集》，台北：允晨文化，1997下，页474—536，原载《新史学》4.4（1993）。

梁智超

《南宋二十户豪横的分析》，收入邓广铭、徐规主编，《宋史研究论文集》，杭州：浙江人民出版社，1987，页248—266。

梁聪

《两宋时期民间祠祀的法律控制》，《重庆师范大学学报》2005.6，页18—23。

彭自强

《佛教与儒道的冲突与融合——以汉魏两晋时期为中心》，成都：巴蜀书社，2000。

葛兆光

《中国禅思想史》，北京：北京大学出版社，1995。

蒋义斌

《宋代儒释调和论及排佛论之演进》，台北：台湾商务印书馆，1988。

韩府

《"太武灭佛"新考》，《佛学研究》2003，页152—161。

韩毅

《宋代僧人与儒学研究》，河北大学博士学位论文，2004。

覃召文

《禅月诗魂》，北京：生活・读书・新知三联书店，1994。

粟品孝

《文本与行为——朱熹〈家礼〉与其家礼活动》，《安徽师范大学学报》32.1（2004），页99—105。

程民生

《略论宋代的僧侣与佛教政策》，《世界宗教研究》1986.4，页49—59。

《论宋代佛教地域分布》，收入漆侠、李埏主编，《宋史研究论文集》，昆明：云南民族出版社，1997，页248—264，原刊《世界宗教研究》1997.1。

《论宋代佛教的地域差异》，收入程民生、龚留柱编，《历史文化论丛》，开封：河南大学出版社，2000，页512—527，原刊《世界宗教研究》1997.1。

《宋代物价研究》，北京：人民出版社，2008。

程郁

《宋代的蓄妾习俗及有关法规考察》，收入戴建国主编，《唐宋法律史论集》，上海：上海辞书出版社，2007，页277—306。

《宋代士大夫家庭蓄妾现象之估量》，收入朱瑞熙等编，《宋史研究论文集》，上海：上海人民出版社，2008，页479—496。

释圣严

《现代台湾佛教的学术研究》，《中华佛学学报》5（1992），页1—18。

《戒律学纲要》修订版，1999，台北：法鼓文化，1965初版。

《律制生活》修订版，2003，台北：法鼓文化，1963初版。

《佛教入门》修订版，2005，台北：法鼓文化，1979初版。

《正信的佛教》修订版，2006，台北：法鼓文化，1965初版。

《菩萨戒指要》二版，2006，台北：法鼓文化，1996初版。

《学佛群疑》修订版，2006，台北：法鼓文化，1988初版。

《人行道》二版，2006，台北：法鼓文化，1999初版。

释能融

《律制、清规及其现代意义之探究》，台北：法鼓文化，2003。

童玮

《北宋〈开宝大藏经〉雕印考释及目录还原》，北京：书目文献出版社，1991。

曾大兴

《柳永和他的词》，广州：中山大学出版社，1990。

曾小瓔

《南宋地方社会势力的研究——以福建路佛教与地方菁英为中心》，政治大学历史系研究部硕士论文，2005。

曾枣庄

《论宋僧词》，收入南京师范大学中文系编，《中国首届唐宋诗词国际学术讨论会论文集》，南京：江苏教育出版社，1994，页492—504。

曾宪义、范忠信

《关于历史上的"法治主义"和"人治主义"》，收入曾宪义、范忠信编著，《中国法律思想史研究通览》，天津：天津教育出版社：1989，页99—107。

游彪

《宋代寺院经济史稿》，保定：河北大学出版社，2003。

游惠远

《宋代民妇的角色与地位》，台北：新文丰出版公司，1998。

滋贺秀三

《中国家族法の原理》，东京：创文社，1967；中译是：滋贺秀三（著），张建国、李力（译），《中国家族法原理》，北京：法律出版社，2003。

谢元鲁

《成都：唐宋城市公共空间的变迁》，收入中国唐史学会年会编，《唐宋国家与地域社会研究》，上海：上海古籍出版社，2008，页121—136。

谢重光、白文固

《中国僧官制度史》，西宁：青海人民出版社，1990。

谢重光

《中古佛教僧官制度和社会生活》，北京：商务印书馆，2009。

塚本善隆

《北魏太武帝の废佛毁释》，收入氏著《北朝佛教史研究》，收入《塚本善隆著作集》第二卷，东京：大东出版社，1974，页37—66。

蓝吉富

《隋代佛教史述论》，台北：台湾商务印书馆，1974。

《七十年来的中国佛教》，收入朱重圣编，《中国之文化复兴》，台北：中国文化大学，1981，页623—643。

《台湾地区佛教研究的回顾与前瞻》，《佛教图书馆馆讯》27（2001），页50—53。

雷闻

《论中晚唐佛道教与民间祠祀的合流》,《佛教研究》2003.3,页
70—77。

《唐宋时期地方祠祀政策的变化——兼论"祀典"与"淫寺"概念的落实》,《唐研究》11(2005),页269—294。

简瑞瑶

《明代妇女佛教信仰与社会规范》,台北:稻乡出版社,2007。

蔡宗宪

《淫祀、淫祠与祀典:汉唐间几个祠祀概念的历史考察》,《唐研究》13(2007),页203—232。

裴汝诚

《宋代买扑制度略论》,收入氏著《半粟集》,保定:河北大学出版社,2000,页247—266,原载《中华文史论丛》1984.1。

廖宜方

《唐代的母子关系》,板桥:稻乡出版社,2009。

廖咸惠

《探休咎:宋代士大夫的命运观与卜算行为》,收入走向近代编辑小组编,《走向近代:国史发展与区域动向》,台北:东华书局,2004,页1—43。

潘春辉

《晚唐五代敦煌僧尼饮酒原因考》,《青海社会科学》2003.4,页
81—83。

《唐宋敦煌僧人违戒原因述论》,《西北师大学报》42.5(2005),页74—79。

《从戒律自身原因看唐宋敦煌僧人之违戒》，《新疆社会科学》
2006.4，页 106 — 110。

潘桂明

《中国居士佛教史》，北京：中国社会科学出版社，2000。

薛志清

《论宋代僧尼的经商活动》，《云南师范大学学报》32.3（2000），
页 30 — 36。

《禅宗的"顿悟成佛"对唐宋之际寺僧经商的影响》，《河北北方
学院学报》21.2（2005），页 39 — 42。

薛梅卿

《〈宋刑统〉终宋之世的实施》，收入氏著《宋刑统研究》，北
京：法律出版社，1997，页 135 — 152。

薄松年

《宋人〈醉僧图〉考》，《美术观察》1997.5，页 74 — 75。

戴建国

《宋代的公证机构》，《中国史研究》1988.4，页 137 — 144。

《"主仆名分"与宋代奴婢的法律地位：唐宋变革时期阶级结构
研究之二》，《历史研究》2004.4，页 55 — 73。

《南宋时期家产分割法"在室女得男之半"新证》，收入北京大
学中国古代史研究中心编，《邓广铭教授百年诞辰纪念论文集》，北
京：中华书局，2008，页 226 — 240。

魏文斌、师彦灵、唐晓军

《甘肃宋金墓"二十四孝"图与敦煌遗书〈孝子传〉》，《敦煌研
究》1998.3，页 75 — 90。

魏道儒

《宋代禅宗文化》,郑州:中州古籍出版社,1993。

魏殿金

《宋代"折杖法"考辨——兼与薛梅卿先生商榷》,《南京大学法律评论》2003.1,页171—178。

瞿同祖

《中国法律与中国社会》,北京:中华书局,1981。

Baker, Hugh D. R.

1979 *Chinese Family and Kinship*. New York: Columbia University Press.

Bernhardt, Kathryn(白凯)

1995 "The Inheritance Rights of Daughters: The Song Anomaly?" *Modern China*, 21.3, pp. 269–309.

1999 *Women and Property in China, 960–1949*. Stanford: Stanford University Press.

Birge, Bettine(柏清韵)

1992 "Women and Property in Sung Dynasty China, 960–1279," Ph. D. diss., Columbia University.

1995 "Levirate Marriage and the Revival of Widow Chastity in Yûan China," *Asia Major*, 3rd series, 8.2(1995), pp.107–146. 中译是:柏清韵(著),柳立言(译),《元代的收继婚与贞节观的复兴》,收入柳立言编,《宋元时代的法律、思想和社会》,台北:国立编译馆,2001,页383—426。

2002 *Women, Property, and Confucian Reaction in Sung and Yüan China(960–1368)*. Cambridge: Cambridge University Press.

Bossler, Beverly（柏文莉）

2002 "Shifting Identities: Courtesans and Literati in Song China," *Harvard Journal of Asiatic Studies*，62.1，pp.5-37.

2004《宋代的家妓和妾》，收入张国刚主编，《家庭史研究的新视野》，北京：生活·读书·新知三联书店，页206—217。

2004《宋元墓志中的"妾"在家庭中的意义及其历史变化》，《东吴历史学报》12，页95—128。

Brook, Timothy（卜正民）

1993 *Praying for Power : Buddhism and the Formation of Gentry Society in Late-Ming China.* Cambridge, Mass.: Harvard University Press.

Chen, Kenneth K. S.（陈观胜）

1956 "The Economic Background of the Hui-ch'ang Suppression of Buddhism," *Harvard Journal of Asiatic Studies*, 19, pp.67-105.

Ch'u, T'ung-tsu（瞿同祖）

1961 *Law and Society in Traditional China.* The Hague: Mouton & Co., 1965, reprint of 1961 edition.

De Weerdt, Hilde（魏希德）

2006《アメリカの宋代史研究における近年の动向：地方宗教と政治文化》，《大阪市立大学东洋史论丛（OCU Asian History）》15，页121—138。英文版是"Recent Trends in American Research in Song Dynasty History: Local Religion and Political Culture，"目前收入"台湾宋史研究网"（http://www.ihp.sinica.edu.tw/%7Etwsung/index.html）之"书评研讨"。

Ebrey, Patricia（伊沛霞）

1986 "Concubines in Sung China," *Journal of Family History*, 11.1, pp.1-24.

1993 *The Inner Quarters.* Berkeley: University of California Press. 中译是：伊沛霞（著），胡志宏（译），《内闱》，南京：江苏人民出版社，2004。

Ebrey, Patricia（伊沛霞）& Peter N. Gregory, eds.

1993 *Religion and Society in T'ang and Sung China.* Honolulu: University of Hawaii Press.

Faure, Bernard

1998 *The Red Thread: Buddhist Approaches to Sexuality.* Princeton, New Jersey: Princeton University Press.

2003 *The Power of Denial: Buddhism, Purity, and Gender.* Princeton, New Jersey: Princeton University Press.

Fletcher, George

1996 *Basic Concepts of Legal Thought.* New York: Oxford University Press, Inc.

Hegel, Robert E. & Katherine Carlitz, eds.

2007 *Writing and Law in Late Imperial China: Crime, Conflict, and Judgment.* Seattle and London: University of Washington Press.

Hsieh, Ding-hwa（谢定华）

2000 "Buddhist Nuns in Sung China," *Journal of Sung-Yuan Studies*, 30, pp.63-96.

Huang, Chi-chiang（黄启江）

1999 "Elite and Clergy in Northern Sung Hang-chou: A Convergence of Interest," in Peter N. Gregory & Daniel A. Getz, Jr., eds., *Buddhism in the Sung.* Honolulu: University of Hawaii Press, pp. 295-339.

Hudson, Barbara A.

1996 *Understand justice: An introduction to ideas, perspectives and controversies in modern penal theory.* Buckingham: Open University Press.

Hymes, Robert P. （韩明士）

1986 *Statesmen and Gentlemen: The Elite of Fu-chou, Chiang-hsi, in Northern and Southern Sung.* Cambridge; New York: Cambridge University Press.

Karasawa, Yasuhiko（唐泽靖彦）

2007 "Between Oral and Written Cultures: Buddhist Monks in Qing Legal Plaints," in Robert E. Hegel & Katherine Carlitz, eds., *Writing and Law in Late Imperial China: Crime, Conflict, and Judgment.* Seattle and London: University of Washington Press, pp.64−80.

Katkov, Neil E.

1997 "The Domestication of Concubinage in Imperial China," Ph.D. thesis, Cambridge, Mass.: Harvard University.

Kelly, J. M.

1999 *A Short History of Western Legal Theory.* New York: Oxford University Press Inc., 7th edition.

Kieschnick, John （柯嘉豪）

1997 *The eminent monk: Buddhist ideals in medieval Chinese hagiography.* Honolulu: University of Hawaii Press.

Liu, James T. C.（刘子健）

1961 "Some Anomalies of Confucian State," 手稿（1961），日译是：刘子健（著），野村浩一（译），《儒教国家の重层的性格》，《东方学》20，页119—125，英文遗稿刊于 *Chinese Culture* 35.3（1994），pp.1−6.

Langlois, John D. Jr.（蓝德彰）

1981 "'Living Law' in Sung and Yüan Jurisprudence," *Harvard Journal of Asiastic Studies*, 41.1, pp.165–217. 中译是：蓝德彰（著），李明德、李涵（译），《宋元法学中的"活法"》，收入高道临等编，《美国学者论中国法律传统》，北京：中国政法大学出版社，1994，页 302—349。

Liao, Hsien-huei（廖咸惠）

2002 "Visualizing the Afterlife: The Song Elite's Obsession with Death, the Underworld, and Salvation,"《汉学研究》20.1，页 399—440。

McKnight, Brian（马伯良）

1992 "Preliminary Comments on Sung Government Control over the Clergy," 收入"中央研究院"历史语言研究所出版品编辑委员会主编，《中国近世社会文化史论文集》，台北："中央研究院"历史语言研究所，页 587—612。

2008 "Some Thoughts on Law and Morality in Sung Justice," 收入柳立言主编，《传统中国法律的理念与实践》，台北："中央研究院"历史语言研究所，页 413—464；中译是：马伯良（著），江玮平、李如钧（译），《法律与道德——对于宋代司法的几点思考》，《法制史研究》6（2004），页 225—258。

Poceski, Mario

2003 "Xuefeng's Code and the Chan School's Participation in the Development of Monastic Regulations," *Asia Major*, 3rd series, 16.2, pp.33–56.

Schirokauer, C. M.

1960 "The Political Thought and Behavior of Chu Hsi," Ph.D. diss., Stanford Univeristy.

Sommer, Matthew H.（苏成捷）

2000 *Sex, Law, and Society in Late Imperial China.* Stanford, Cal.: Stanford University Press.

Stevens, John

1990 *Lust for Enlightenment: Buddhism and Sex.* Shambhala: Boston & London.

Suber, Peter

1998 *The case of the speluncean explorers: nine new opinions.* London, New York: Routledge. 中译是：萨伯著，陈福勇、张世泰译，《洞穴奇案》，香港：商务印书馆（香港）有限公司，2007。

Tebbit, Mark

2000 *Philosophy of Law: An Introduction.* New York: Routledge.

Teiser, Stephen F.（太史文）

1993 "The Growth of Purgatory," in Patricia Ebrey & Peter N. Gregory,eds., *Religion and Society in T'ang and Sung China.* Honolulu: University of Hawaii Press, pp.115-145.

Van Caenegem, R. C.

1992 *An Historical Introduction to Private Law.* Cambridge: Cambridge University Press.

Von Glahn, Richard（万志英）

2004 *The Sinister Way: The Divine and the Demonic in Chinese Religious Cults.* Berkeley & Los Angeles，Cal.: University of California Press.

Weinstein, Stanley

1987 *Buddhism Under the T'ang.* Cambridge: Cambridge University Press.

Welter, Albert

2006 *Monks, Rulers, and Literati.* Oxford: Oxford University Press.

Wyatt, Don J.

1999 "Bonds of Certain Consequence: The Personal Responses to Concubinage of Wang Anshi and Sima Guang," in Sherry J. More, ed., *Presence and Presentation: Women in the Chinese Literati Tradition.* New York: St. Martin's Press, pp.215–237.

Yang, C. K. （杨庆堃）

1961 *Religion in Chinese Society.* Berkeley: University of California Press.

新版后记

    2012 年，中华书局出版柳立言先生所著《宋代的宗教、身分与司法》，迄今十年有余。本书因契合天津人民出版社"长城砖"丛书的选题方向"关注人的命运、日常生活、司空见惯的概念、潜意识的观念，以及我们这个时代人们焦虑的问题"，所以受到青睐，拟被改题为《宋代的身分与审判》再版。遵柳先生之嘱，僭越拟文，奢言感想，交代因果，不免"狗尾续貂"之讥，敬请读者谅之。

一

    柳先生在自序中曾引述《中华人民共和国宪法》体现"法律面前人人平等"的条文表述，如"不分民族、种族、性别、职业、家庭出身、宗教信仰、教育程度、财产状况、居住期限"，提出一个"大哉问"：所谓性别、宗教、种族和出身等因素与法律执行的关系为何？随后，他将此问拆解为刑、民两个部分，分别以僧人的犯罪与妾侍的权利为例，辅以"历史六问"（when、where、who、what、why、how），尝试呈现宋代身分与司法互动的一个侧面。

把大问题拆解为中、小问题，以及"历史六问"等无疑是一种"史有定法"，本书的示范自然也提供了可资后学效法的门径。然而，柳先生在自序中也曾坦言："个人时常感到困难的，不是提出大问题，而是不知道应把这个大问题分解成哪些小问题（how to break a big question down into small component questions），以便逐一回答，最后才能比较完满地解决这个大问题。"这就属于"史无定法"的领域了。面对"身分与司法"这一命题，自己会如何拆解、想法是否与柳先生有别、能否对本书有所补充，这是我在拜读本书时不断拷问自己的问题。

这里首先值得注意的是身分。身分的意义只有运用"比较"的方法才能彰显，即该群体相较于其他群体而言，拥有的权利是更多还是更少？承担的义务是更少还是更多？即处于更加有利还是不利的法律地位？以僧人为例，其宗教身分的意义须与哪些人进行比较才能获得彰显？第一是非宗教人士，如官吏与平民；第二是其他宗教人士，如道士与巫觋；第三是同一宗教群体内部的不同子群体，如着眼于阶层，就有僧众与僧官之别，如着眼于性别，则有僧与尼之分。以妾侍为例，以性别为标准，比照的对象自然是夫；若比照同一性别之下的其他群体，有妻与婢等。

其次是司法。司法又可细分为两个部分，一是对实体法的适用（如刑事领域的定罪量刑、民事领域的定分止争，即柳先生在结论中所谓的"判"），二是对程序法的适用（如诉讼资格的限定、口供证言的采信等，类似于柳先生所谓的

"审"）。二者皆须被追问：是依法而行，违法而行，还是无
法可依？若是依法而行，因身分产生的区别对待，则由立法
所致；若是违法而行，则须判别立法与司法分别受到身分何
种影响；若是无法可依，则是司法对身分问题的独特回应。

　　以此检视本书，柳先生在妾侍部分对"身分"观照甚切，
尤其是妻、妾、婢之辨，完全贯彻了比较的方法；在"司法"
上则重视当事人实体权利的落实，尤其展现官员在"无法可
依"时如何自由裁量（如围绕寡妾对亡夫遗产的承受权，又
如针对寡妻的立嗣优先权和亲母的教令权出现竞合的情况）。

　　至于程序法适用是否受到"身分"影响，限于史料，本
书并未回答。如《宋刑统》卷24《斗讼律》"告周亲以下"门
规定："诸告周亲尊长、外祖父母、夫、夫之祖父母，虽得
实，徒二年；其告事重者，减所告罪一等；即诬告重者，加
所诬罪三等。……其相侵犯，自理诉者，听。"[1]因妾为嫡妻
所服为"齐衰"[2]，所以妾告妻的诉讼权利受到限制，但若人
身权利受到侵害，则允许妾举告。宋代自然不乏妾被妻殴虐
致死的实例，同样也有妾受宠而掌家政、恶待嫡妻的实例，
此类案件一旦进入司法程序，官员该如何查明事实、采信证
供？尤其是妻、妾各执一词，形成"事有疑似，处断难明"
的僵局，即"疑，谓虚实之证等，是非之理均；或事涉疑似，

---

① ［宋］窦仪等著，薛梅卿点校，《宋刑统》（北京：法律出版社，1999），页
418—419。
② 天一阁博物馆、中国社会科学院历史研究所天圣令整理课题组，
《天一阁藏明钞本天圣令校证　附唐令复原研究》（北京：中华书局，2006），页
360—361。

傍无证见；或傍有闻证，事非疑似之类"①，此时庶子出身的官员与嫡子出身的官员会否因"身分"有别而作出不同判断？带着类似疑问研读史料，虽然未必能找到最终答案，但有时也会别有所获。如《夷坚志·支甲》卷5"刘氏二妾"载：

> 从事郎刘恕，吉州安福人，历阳守子昂之子也。丧其妻，使二妾主家政，一既生子，又娶于高氏，携媵婢四人。淳熙初为道州判官，高氏妊娠，是时妾子年一十二矣。妾性悍狡，虑正室得雄，则异日将分析资产，且己宠必衰，密以淫邪之说蛊惑之。而高志操洁清，复不妒忌，无疵玷可指，谋不得施，但日夜教其子，伺乃父出外治事或对客，辄啼呼奔叫。恕甚爱此子，每归抚之，子无言，而于屏处诉云为母所棰，恕固已疑焉。一日，馈食，妾亲手作羹，倩一媵持以与子。有针贯于菜茎中，子微为所刺，吐之，大呼曰："人欲杀我！"恕惊问，见针，穷诘所来，二妾共证，谓媵承主母意规儿性命。恕以为然，尽执四婢，送狱讯鞫，不得情。郡守念闺门茫昧，难以置法，只挞杖而逐之。高氏竟罹决绝，外间皆明知其诬，恕独弗之悟，旋用他事罢去，还乡而卒。②

故事的叙事者自然有其立场与"后见之明"，如"妾性悍

---

① 《宋刑统》卷30《断狱律》"疑狱"门，页564。
② ［宋］洪迈著，何卓校，《夷坚志》(北京：中华书局，2006)，页751。

狡”“高志操洁清，复不妒忌，无疵玷可指”之类的主观评价
（若出现在审讯时，这就是“品格证据”），自然决定了情节发
展的走向，以及舆论评价“外间皆明知其诬”。若立足事实逻辑
推想，作为生母的妾确有诬陷嫡母的动机，作为嫡母的高氏也
不能排除谋害庶子的想法。犯罪的直接嫌疑人是随高氏陪嫁来
的媵婢，凶器是“针”，二妾“共证”媵婢是受高氏之命行事，
且刘恕“以为然”，将四婢俱送官讯鞫似乎也有“项庄舞剑”之
意，因为按照“造意为首”的原则，首犯或许就是高氏。尤其
是在北宋太平兴国二年（977）新法颁布之后，嫡、继、慈、养
母杀子，皆同凡人论[1]，嫡母身分所具有的法律特权受到限制。
作为官员，在查明此案事实时至少会遭遇以下难题：针并非特
殊之物，无法断定必是媵婢所有；即使能确认是媵婢所有，也
难以断定是她将针贯于菜茎中；即使能确认是媵婢故意为之，
也难以断定是高氏指使。因此，郡守最终只能以“闺门茫昧”
为借口，不了了之，但至少表明他没有因妻、妾身分之别，乃
至于风传的“品格证据”而偏听偏信。

　　以类似的思路反观本书的僧罪部分，可以看到，若相较
于非宗教人士，僧人在行为规制层面被课责的义务更多，触
犯同样罪名后所受处罚更重，在犯罪上可采用的手段与伎俩
亦多。又如与巫觋的异同，读者也不妨将本书与柳先生的
《人鬼之间：宋代的巫术审判》（中西书局，2020）对读，应

---

　　[1] 柳立言，《子女可否告母？——传统“不因人而异其法”的观念在宋代
的局部实现》，《台大法学论丛》30.6(2001)，页41。

能获得部分答案。至于僧人与其他群体的比较，本书着墨不多，如讨论立法禁制时相关条文通常"僧道"并举，又如论及僧人利用职权犯罪时也兼顾尼姑等，但"同"大于"异"，难以析出"身分"因素的影响。

就"司法"而言，本书表明官员在定罪量刑上存在"依法""逾法"的不同处置，或许与他们对佛教的认知、态度有一定关联，而且在司法程序的适用上，理学官员还对僧人提告抱有歧视等。但因本书同样未暇顾及与其他群体的比较，自然也会令读者产生一些疑问，如北宋中叶以后宋廷的抑佛，尤其是徽宗的排佛崇道，是否在司法领域影响僧人与道士的法律地位？当然，因史料所限，此类问题未必会有令人满意的答案。

此外，柳先生在上编部分两次提及南宋晚期包恢在隆兴府秘密处死淫僧案，现概述案情如下：寡母告子不孝，包恢见其书状而生疑，后查实是其母与僧人通奸，嫌恶儿子劝谏，由僧人执笔书状，试图坐罪其子。包恢并未追究寡母与僧人通奸及诬告之事，而是责令其子侍养寡母、寸步不离。后来其母托言丈夫忌日，入寺做法事，将僧人藏于笼中带回，包恢勘破其情，命人将笼置于公库中，将僧人活活饿死，旬余后投笼入江。[①]这不由令人想起《朝野佥载》卷5所载之事：

> 李杰为河南尹，有寡妇告其子不孝。其子不能自理，

---

① ［元］脱脱等，《宋史》（北京：中华书局，1977）卷421《包恢传》，页12592。

但云"得罪于母,死所甘分"。杰察其状,非不孝子,谓寡妇曰:"汝寡居,惟有一子。今告之,罪至死,得无悔乎?"寡妇曰:"子无赖,不顺母,宁复惜乎!"杰曰:"审如此,可买棺木来取儿尸。"因使人觇其后。寡妇既出,谓一道士曰:"事了矣。"俄而棺至,杰尚冀有悔,再三喻之,寡妇执意如初。道士立于门外,密令擒之,一问承伏,曰:"某与寡妇私,尝苦儿所制,故欲除之。"杰放其子,杖杀道士及寡妇,便同棺盛之。①

寡母与人通奸而以不孝罪告子的案件,唐、宋均有,只不过唐案中奸夫是道士,宋案则是僧人,《折狱龟鉴》还有两个类似的北宋案例,奸夫分别为寡妇的邻人和为寡妇代书状纸者,皆为普通人。②这说明"太阳底下没有新鲜事",此类犯罪手段纵横唐宋两代,为宗教与非宗教人士所惯用,可谓人性的普遍问题,难以析出"身分"的影响。

从司法上看,唐代官员公开杖杀奸夫淫妇,宋代官员则悄悄计杀奸夫、放过淫妇。征诸法律,《唐律疏议》卷26《杂律》"凡奸"条规定"诸奸者,徒一年半;有夫者,徒二年";同卷"监主于监守内奸"条规定"诸监临主守,于所监守内奸者,(谓犯良人)加奸罪一等。即居父母及夫丧,若道士、

---

① [宋]张鷟著,赵守俨点校,《朝野佥载》(北京:中华书局,1979),页107—108。

② [宋]郑克,《折狱龟鉴译注》卷5"惩恶·李杰觇妇""察奸·李杰觇妇",页247、293。

女官奸者，各又加一等"。①据此，寡母犯奸罪，徒二年；道士加二等，徒三年。《唐律疏议》卷23《斗讼》"诬告"条规定"诸诬告人者，各反坐"；卷24《斗讼》"告缌麻以上卑幼"条规定"诬告子孙、外孙、子孙之妇妾及己之妾者，各勿论"；卷5《名例》"共犯罪造意为首"条规定"诸共犯罪者，以造意为首，随从者减一等"；同卷"共犯罪本罪别"条规定"诸共犯罪而本罪别者，虽相因为首从，其罪各依本律首从论"。②至于"不孝"涵盖九款罪行，仅"告言祖父母父母""詈祖父母、父母"处绞刑。③据此，寡母诬告儿子不孝，无须论罪；若道士为从犯，以诬告死罪而反坐、减一等论处，刑罚为流三千里；若道士造意为首，则处绞刑。《旧唐书》卷100《李杰传》载"开元初，（李杰）为河南尹"④，可知案件发生的时间。《唐六典》卷6《尚书刑部》"刑部郎中员外郎"条载"若大理寺及诸州断流已上若除、免、官当者，皆连写案状申省案覆，理尽申奏"⑤，若李杰按照法定流程处死道士，需要先申省案覆，最后由皇帝决断。《李杰传》后文还详述了长孙昕等殴打李杰案：

---

① ［唐］长孙无忌等著，刘俊文点校，《唐律疏议》（北京：中华书局，1983），页493、496。

② 《唐律疏议》，页428、437、115、116。

③ 刘俊文，《唐律疏议笺解》（北京：中华书局，1996），页101。

④ ［五代］刘昫等，《旧唐书》（北京：中华书局，1975），页3111。

⑤ ［唐］李林甫等著，陈仲夫点校，《唐六典》（北京：中华书局，1992），页189。此条被复原为开元《狱官令》，参见仁井田陞，《唐令拾遗》（东京：东方文化学院东京研究所，1933），页757—758；仁井田陞著，池田温编集代表，《唐令拾遗补》（东京：东京大学出版会，1997），页817—818；雷闻，《唐开元狱官令复原研究》，收入《天一阁藏明钞本天圣令校证 附唐令复原研究》，页609—610。

　　（李杰）寻代宋璟为御史大夫。时皇后妹婿尚衣奉御长孙昕与其妹婿杨仙玉因于里巷遇杰，遂殴击之，上大怒，令斩昕等。散骑常侍马怀素以为阳和之月，不可行刑，累表陈请。乃下敕曰："夫为令者自近而及远，行罚者先亲而后疏。长孙昕、杨仙玉等凭恃姻戚，恣行凶险，轻侮常宪，损辱大臣，情特难容，故令斩决。今群官等累陈表疏，固有诚请，以阳和之节，非肃杀之时，援引古今，词义恳切。朕志从深谏，情亦惜法，宜宽异门之罚，听从枯木之毙。即宜决杀，以谢百僚。①

　　据《旧唐书》卷8《玄宗纪》载，此案发生在"开元四年春正月癸未"②。根据《狱官令》的规定，"从立春至秋分，不得奏决死刑""断屠月日及假日，并不得奏决死刑"，所谓"断屠月"是指"正月、五月、九月"③，因此为长孙昕等求情的马怀素才会说"阳和之月，不可行刑"，而玄宗最终的变通方案是以杖杀（枯木之毙）代替斩刑。金珍以开元二年（714）三月廓州刺史左感意因坐赃而被杖杀为例，说明从彼时起杖杀已非私刑、滥刑，而开玄宗朝杖杀法定化之先河。④因此，李杰杖杀奸夫淫妇案或许亦应置于这一脉络下理解。⑤

----

　　① 《旧唐书》卷100《李杰传》，页3111。
　　② 《旧唐书》，页176。
　　③ 《唐律疏议》卷30《断狱》"立春后秋分前不决死刑"条，页571。
　　④ 金珍，《唐后期以杖刑为中心刑罚体系的形成》(中国人民大学博士学位论文，2020)，页46—49。
　　⑤ 川村康曾将建中二年以前的杖杀案例勒为一表，但未收此例，或可增补。参见[日]川村康，《唐五代杖杀考》，《东洋文化研究所纪要》117(1992)，页136—137。

若是如此，那么令人好奇的是：唐廷当时为何要逾法处死道士与寡妇呢？①这是否可以回应宗教、身分与司法的关系呢？

《宋刑统》继承了唐代《律疏》的相关规定②，若目前的史料难以反映立法修改的情况，一般认为唐代相关条文皆通行于两宋③，如《名公书判清明集》卷12《惩恶门·奸秽》"因奸射射"载"在法，诸犯奸，徒二年"④，因该案针对的是有夫之妇，"徒二年"恰是对《宋刑统》奸罪条文的适用。至于包恢之所以不追究奸罪，恐怕亦非单纯顾念孝子之情。如《宋刑统》卷24《斗讼律》"部内犯罪不纠举"门规定"诸监临主司知所部有犯法，不举劾者，减罪人罪三等"，卷29《断狱律》"不合拷讯者取众证为定"门规定"若因其告状，或应掩捕搜检，因而检得别罪者，亦得推之。其监临主司于所部告状之外，知有别罪者，即须举牒，别更纠论，不得因前告状而辄推鞫"。⑤据此，包恢所接诉状虽是告子不孝，但

───────

① 《新唐书·李杰传》收载此案，但未言杖杀寡妇，《折狱龟鉴》袭之（称"旧出唐书本传"）。这或许表明宋代作者对寡妇遭刑的不理解吧。参见［宋］欧阳修、［宋］宋祁，《新唐书》（北京：中华书局，1975）卷128《李杰传》，页4461；《折狱龟鉴译注》，页247。

② 《宋刑统》卷26《杂律》"诸色犯奸"门、卷6《名例律》"杂条"门、卷23《斗讼律》"告反逆"门、卷24《斗讼律》"告周亲以下"门、卷5《名例律》"共犯罪分首从及不分首从"门、卷1《名例律》"十恶"门，页478、481、119、411、419、94—95、11—12。

③ 参见戴建国，《〈宋刑统〉制定后的变化——兼论北宋中期以后〈宋刑统〉的法律地位》，《上海师范大学学报》1992.4，后收入戴建国，《宋代法制研究丛稿》（上海：中西书局，2019），页26—38；薛梅卿，《宋刑统研究》（北京：法律出版社，1997），页135—152；［日］川村康，《宋代用律考》，收入［日］池田温编，《日中律令制的诸相》（东京：东方书店，2002），页429—449。

④ 中国社会科学院历史研究所宋辽金元史研究室点校，《名公书判清明集》（北京：中华书局，1987），页448。

⑤ 《宋刑统》，页433、543。

其查得寡母奸罪，可"举牒"别论。但南宋时对奸罪另有特殊规定："诸奸犯奸，从夫捕。"①如胡石璧在查知吕道士可能犯奸时，明确表示既然丈夫"未有词，则官司不必自为多事"②；范应铃认为"若事之暧昧，奸不因夫告而坐罪……开告讦之门，成罗织之狱，则今之妇人，其不免于射者过半矣"③。目前虽不知法律上如何规定针对无夫之在室女与丧夫之寡妇的奸罪，但在司法实践中，除非捉奸在床，否则奸罪证成的难度极高④，所能采用的手段只有刑讯逼供而已，"如必欲究竟虚实，则捶楚之下，一懦弱妇人岂能如一强男子之足以对狱吏哉？终于诬服而已矣"⑤，所以许多官员的态度是"不欲以疑似之迹，而遽加罪于人"⑥。因此，包恢对此案的处理自然有法律技术层面的考量。至于最后淫僧之死，已非"司法"所致，与唐代淫道被"杖杀"的性质判然有别。

上述漫无边际的"瞎想"，只想说明一点：若欲更加完满地回答柳先生的"大哉问"，需要我们搜集更多的例证，拆解更多的中、小问题，增列更多的比较项。典型已在，我辈当继续努力。

---

① ［宋］谢深甫等，《庆元条法事类》卷80《杂门·诸色犯奸》，页921。

② 《清明集》卷12《惩恶门·奸秽》"道士奸从夫捕"，页446。

③ 《清明集》卷12《惩恶门·奸秽》"因奸射射"，页448。

④ 参见赵晶撰，［日］山口智哉译，《南宋時代の姦通事件における立証のジレンマ》，收入［日］平田茂樹等编：《宋代とは何か》（东京：勉诚出版，2022），页65—80。

⑤ 《清明集》卷10《人伦门·夫妇》"既有暧昧之讼合勒听离"，页389。

⑥ 《清明集》卷10《人伦门·夫妇》"女嫁已久而欲离亲"，页380。

二

2022 年 1 月 21 日接柳先生来函，因应天津人民出版社“长城砖”丛书出版本书之邀，希望由我全权负责校正、修订等所有事宜。这是训练学生的良机，我求之不得，自然满口答应。作为执事者，燕文青编辑非常迅速地办妥了选题报批等手续，我于当年 5 月 30 日给云梦沙同学（本科毕业于四川师范大学历史文化与旅游学院，现为中国政法大学专门史硕士生）写信如下：

近日接到史语所柳立言先生来信，天津人民出版社拟重版他的著作《宋代的宗教、身分与司法》一书，希望我能代觅一位学生帮助修订，不知你是否愿意参与？我想了一想，修订的工作包括如下内容：

第一，柳先生目前存有繁体字 word 版（包括对中华书局一校样的修订意见），因此第一步工作就是将繁体转化为简体。如你所知，繁简转化时会出现各种问题，除了"乾道"变成"干道"之类外，切勿勾选"转换常用词汇"，否则容易出现更大的错误。因此，在繁简转化之后，理应对照中华书局出版的定本，逐一对读，一是校正转化之误；二是补入出版社编辑在二校以后所作的修改。当然，如果你认为这种修改并无必要，请标红，以便我来做最终的判断。

第二，第一步工作是提供出一份精当的简体 word 本，这是形式上的工作，虽然需要花费精力，但基本是体力劳动。第二步工作涉及内容，也考验你的学力，甚至可以从中寻找学位论文的选题。我的大致想法是：

1.以其书名、结集成书之前的单篇论文名，在中国知网等数据库中做"全文检索"，检出引用过此书或此文的论文，查看商榷意见或研究进展，认为可取者，可出"补注"以"*"打头，与原本的脚注进行区别，内容则是评断是非，提醒读者留意。

2.征诸网络评论，部分研究者认为，柳先生此书前半部分的最大问题是多据圣严法师的作品立论。那么我们或许可以参读宋代佛教史乃至于通代佛教理论的一些经典作品，看看圣严法师的判断有无问题，尤其是柳先生赖以为据的观点是否并非通说？如果这种背景知识被瓦解，柳先生的看法是否需要修正、如何修正？是否修正，也应出"补注"予以说明；至于"如何修正"，或许可由你自行撰写文章，导向更为妥帖的结论。当然，这是举例说明，在你覆按柳先生之著时，随时随地都应留意他的论证，判断他立论的基础是否有其他不同观点，若前提存疑，是否会影响他的结论？当然，若通过你的研判，圣严法师的看法与其他学者的论点并无二致，仅引圣严之说，并不影响柳先生的结论；哪怕圣严之见与他人有别，但立足其说，也不影响最后的结论，那么我们也可以借此修订回应那些研究者的质疑。

3.这样的商榷与回顾，不应限于汉语学界，也可按图索骥，看看域外的研究成果，能否对柳先生的观点加以回应。甚至于你也是一位独立研究者，如果你对柳先生的看法有不同意见，也可利用"补注"提出商榷。如果你觉得这种商榷可积累成篇，不妨独立撰写成一篇书评，或可先单独发表，再作为附录，加在书后。

补注可用修订模式，以便我复核。待正式出版时，书中会明确标记你的贡献，并给予相应的报酬。此书的篇幅不大，未知你意下如何？

梦沙十分爽快地接下了这一校订任务，并分三次发来了校订稿。在补注部分，她尽可能地为圣严法师的说法找到内典的依据，也检索出许多本书出版以后的成果。我在初读之后做了大量删节，考虑如下：

第一，既是证实圣严法师之说，自然不影响柳先生的立论，留之无益。从"法庭辩论"的角度上说，只有在反方亮出证据后，我们才可以围绕其"真实性、合法性、关联性"进行质证，目前无须盲目增加同质性证据；

第二，梦沙采用了常见的学术史综述的写法，面面俱到地胪列各种新发表的成果，而不加辨别。其实，没有任何学术推进，甚至可谓"学术倒退"的新成果，实在没有必要浪费字纸、予以回顾。

柳先生冒着眼疾再度恶化的风险（事实上最终又导致左眼外出血），审读全稿，对梦沙的补注、我的答复作出了许多回应。以下例举未被我纳入书中的两点：

撰文之时，我有点担心某些读者会模糊焦点，把我对佛教的批评视为"宗教战争（基督教vs佛教）"，故的确有意多一些引用佛教学人来助阵。可惜，的确是干一行、爱一行吧，正如研究新儒学的学人很少批评新儒学，研究佛教的学人也很少批评佛教，有时也不算很高深，但我还是可引则引，避免孤军作战。……联军之中，自以圣严的知名度和可信度最高，他不但是学人（立正大学，博士论文为明代佛教），又是高僧，他对自家人的批评应能代表高度的公平、公正和善意。他的著作也多，可以让我在多处引用来助阵，也表示他没有改变他的批评。所以，说我借重他来支持我对佛教的批评，是对的；说我的批评来自他，只对了百分之一（腹语：错了百分之九十九），他毕竟是明代而非宋代佛教的专家。要测试其实不难，把我引用圣严的地方全部删去出处，看看结果如何？是否不引用亦可以？（2022年6月4日回信）

不妨引用，因为研究佛教与立法的著作实在不多，X氏亦可算一家之言了……不妨引用Y文，以见拙著出版后的研究情况……列出亦无妨，不是所有人都能找到《史朋》二〇，但愿译者是能手。今日的英文书价奇昂，加上动辄二十五美元的运费，我都只看中译本……既是一说，可加入……（2022年11月4日、6日，2023年7月25日批注校订本，X、Y皆是我做的替换修改。）

根据柳先生的第二点意见，我又恢复了部分研究论著胪列的条目。而上述的校订流程，最终以"云注"（云梦沙补注）、"赵案"（赵晶案语）、"柳答"（柳立言回答）的方式在新版的注释中予以呈现，凡是新增内容，皆使用不同于正文字体的仿宋体加以标识。新注所引史料与原著所用版本相同者，不再标注出版信息，敬请读者留意。

总而言之，除形式（如新的书名、装帧、排版）外，新版在实质内容上也呈现了三代学人些许的新思考，希望能给读者带去一些有别于旧版的阅读体验，更希望得到有论有据有证的批评性反馈，帮助我们摆脱"就法论法"的视野限制，实现跨学科的知识互通与交流。

本书的再版，得到了天津人民出版社沈海涛副社长，金晓芸、燕文青等编辑的大力支持，谨此致谢。但由于我个人的原因，导致新版的校订工作一再愆期，谨向出版社的同仁、柳先生、梦沙同学致歉。

赵晶

2023 年 7 月 30 日草成于宁波源和巷家中

承蒙出版社同仁盛情，要以一定形式明文标记梦沙的"校订"（校对+修订）与我的"修订"，这着实令我们惭愧，毕竟增补部分的体量可谓微不足道，标记"云注"与"赵案"已属"佛头着粪"。柳先生亦来信相劝"不妨人、不碍己之事不必太三思"。却之不恭，谨此再向各方申谢。

赵晶

2024 年 1 月 19 日补记于北京源和柳庄

垒书为城　故史惟新

编辑团队	沈海涛	装帧设计	图文游击工作室	发行统筹	乔　悦
	金晓芸		汤　磊	营销专员	秦　臻
	燕文青			新媒体营销	高　颖
	郭聪颖